卓越教师
教学主张丛书

厦门市卓越教师培育项目成果
西南大学教育学"双一流"学科建设实践成果
总主编 陈 珍 朱德全

问·道中学历史教学

王翠霞 著

西南大学出版社
国家一级出版社 全国百佳图书出版单位
· 重庆 ·

图书在版编目(CIP)数据

问·道中学历史教学 / 王翠霞著. -- 重庆：西南大学出版社, 2024.11. -- (卓越教师教学主张丛书). ISBN 978-7-5697-2785-2

Ⅰ.G633.512

中国国家版本馆CIP数据核字第2024AJ6334号

问·道中学历史教学
WEN·DAO ZHONGXUE LISHI JIAOXUE

王翠霞　著

责任编辑：王玉竹
责任校对：王　兰
封面设计：闰江文化
版式设计：散点设计
排　　版：杨建华
出版发行：西南大学出版社(原西南师范大学出版社)
　　　　　地址：重庆市北碚区天生路2号
　　　　　邮编：400715
　　　　　市场营销部电话：023-68868624
印　　刷：重庆亘鑫印务有限公司
成品尺寸：170 mm×240 mm
印　　张：22.75
字　　数：404千字
版　　次：2024年11月　第1版
印　　次：2024年11月　第1次印刷
书　　号：ISBN 978-7-5697-2785-2
定　　价：68.00元

编委会

总主编
陈 珍　朱德全

副总主编
洪 军　刘伟玲　庄小荣　潘世锋　罗生全　周文全

执行主编
范涌峰　魏登尖

编委（以姓氏笔画为序）
王天平　王正青　牛卫红　艾 兴　叶小波　朱德全
庄小荣　刘伟玲　陈 珍　陈 婷　范涌峰　罗生全
周文全　郑 鑫　赵 斌　侯玉娜　洪 军　唐华玲
　　　　　　　　　韩仁友　潘世锋　魏登尖

总序

习近平总书记在2024年全国教育大会上指出,要实施教育家精神铸魂强师行动,加强师德师风建设,提高教师培养培训质量,培养造就新时代高水平教师队伍。《中共中央 国务院关于弘扬教育家精神加强新时代高素质专业化教师队伍建设的意见》指出,要加强中小学学科领军教师培训,培育一批引领基础教育学科教学改革的骨干。强化中小学名师名校长培养。

厦门市历来重视名师队伍的培育培养工作,根据教师专业成长规律,经二十年探索,逐步形成了"骨干教师—学科带头人—专家型教师—卓越教师"的金字塔式名师阶梯成长体系。自2021年起,厦门市教育局与西南大学开展战略合作,共同推进厦门教育高质量发展和教师队伍建设。"厦门市首期卓越教师培育项目"是由厦门市教育局与西南大学教育学部联合倾力打造的精品培训项目,也是厦门市迄今为止最高层次的教师培训项目。该项目旨在打造一支具有教育情怀、高尚师德,富有创新精神,具有鲜明教育教学思想和教学主张,在教育教学和教育科研上发挥领军作用的高层次教育人才队伍。项目以产出导向为理念,坚持任务驱动,通过个人自学、高端访学、课题研究、讲学辐射、挂钩帮扶、发表论文、出版专著、提炼教育思想、推广教学主张等方式优化培育过程。

三年琢磨,美玉渐成。通过三年的探索,围绕成为"有实践的思想者"这一核心目标,每一位卓越教师培育对象形成了特色鲜明、理念前沿的教学主张,并以教学主张为中心形成了一本专著,从而汇集成目前呈现在大家面前的"卓越教师教学主张丛书"。本丛书,既是"厦门市首期卓越教师培育项目"三年实施成果的沉淀,是每一位卓越教师培育对象思想的结晶,也是西南大学教育学"双一流"学科建设的实践成果。

仔细阅读本丛书,可以欣喜地看到,卓越教师培育对象们不仅能敏锐地捕捉到教育教学领域的难点、热点问题,揭示其中的本质规律,还能结合本地教学实际智慧地提出解决方案。总体来说,本丛书有以下三个方面的特点。

一是有较浓厚的学术气息。29位培育对象中有获得国家、省级基础教育教学成果奖的教师,有正高级教师,有省特级教师,但他们还在不断突破,追寻对教育教学本质的理解,追寻从实践到思想的蝶变,追寻高水平的专业表达。他们从实践中提炼出主张,再用主张引领实践,他们在书稿中融入了理论的阐释,学会了建构模型,并借助模型简洁地表述自己的教育教学思想,读起来不生涩也不单调。

二是有较强的系列探索味道。《义务教育课程方案(2022年版)》提出,应做好学段间的教育教学衔接。29位培育对象中,既有教育科研专职人员和学校的管理者,也有班主任、一线教师等,研究成果覆盖了小学、初中和高中的大部分学科,最终形成了29本培育对象教学主张的专著和1本全景式呈现卓越教师培育的经验和初步成效的论著。因此,本丛书既有基于教育者几十年教学实践的思想提炼,又有深入课堂的案例剖析,可以"用眼睛来读",作为教师专业发展的自读文选;也可以"用行动去做",作为教学范例直接进入课堂实践,在行动研究中孵化、创生;也适合专门研究者或管理人员参阅,从中窥探从小学到高中的教育教学重点与发展脉络。

三是有鲜明的课程育人特色。本丛书的撰写以学科课程为载体,以学科课程核心素养为目标,积极探索新时代背景下的育人方式变革,寻求育人最佳路径,以德施教,立德树人。因此,单看每本专著,已能感受到其中鲜明的课程育人特色,综合丛书来看,这一特色更加明显。

期盼厦门市首批卓越教师培育对象大力弘扬践行教育家精神,追求卓越的步伐永不停留,不断完善、应用和推广自己的教学主张和教学成果,为厦门教育做出更多更大的贡献。也期盼本丛书能为广大中小学教师深化教学改革提供参考,为教育学"双一流"学科服务教育实践提供借鉴。

是为序。

陈 珍
(中共厦门市委教育工委书记、厦门市教育局局长)
朱德全
(西南大学教育学部部长、西南大学教育学一流
学科建设"首席责任专家"、国家重大人才工程
特聘教授、国务院学位委员会学科评议组成员)

前言

我自大学毕业后就在中学一直从事历史教学工作,一晃已经28个年头了。问·道历史教学是我基于长期教学实践与理论研究而提出的教学主张。价值引领是历史教学的核心价值观和导向,问·道历史教学强调以问题探究为中心,以解释为主要形式,以意义建构为目的,关注教学资源的拓展,强调问题的产生及解决。在课堂教学过程中,引导学生完成"认识冲突—发现问题—探究问题—解决问题"这一过程。通过问题追问形成"问题链",有效地推进教学,提升教学对话过程中的思维品质,达成核心素养落地和立德树人根本任务的实现。

学习是最美的姿态,培训是最真的遇见,成长是最好的风景。我1996年毕业于福建师范大学历史系历史专业,2000年回到母校攻读教育硕士,2003年被授予教育硕士学位。自从毕业走上历史教学岗位后就与"历史"结下了不解之缘。2019年,我被福建省教育厅确定为福建省中小学历史学科教学带头人培养对象。2020年,我入选厦门市首期卓越教师培养对象。2023年,我获得"福建省学科带头人"称号。在这段时间里,我得到了学校领导的支持、同事的关心和导师的帮助。在福建省学科带头人培养过程中,福建教育学院陈超教授成为我的导师,在此衷心感谢陈超教授5年来的悉心指导与帮助。她带着我们到深圳的吴磊历史名师工作室、浙江嘉兴的戴加平名师工作室学习取经,让我们聆听了全国知名专家的高端讲座与示范课,受益匪浅。

如果说陈超教授是我专业成长的引路人,那么西南大学专家学者们的讲座更多的是引发了我对历史课程教学的新思考。

2020年至2024年,怀揣着对教育事业的梦想与热爱,我们跨越山海,奔赴坐落于缙云山下、嘉陵江畔的西南大学,向教育专家求取教育教学的真经。好的老师是学业精进的明灯,这里群星璀璨,交相辉映。教授们的讲座各具特色、各有侧重,但都异曲同工,指向核心素养背景下的课堂教学和教师专业化成长。罗生全教授、王天平教授和范涌峰教授的悉心指导,让我在西南大学收获的不仅仅是知识,更是理念的更新、视野的开阔、思维的发展、认知的提升以及精神的洗礼。专家们的丰厚学养、敏锐思维、全新见解,转变了我的思维方式,使我的教学主张逐渐清晰,理论和实践对接得更加紧密。当然,还有我的28位伙伴们,4年的相处,我们一起看嘉陵江的潮起潮落,在北温泉沿江边和白羊背古道的漫步中深入探讨教育教学真谛,让我对教学主张有了进一步的理解。

2020年12月,我入选了厦门市首期卓越教师培养对象,培养基地西南大学教育学部要求我们29位学员撰写教学主张专著。我的教学主张是什么,该怎么提炼,"怎么写"和"写什么"一直让我很纠结。在完成任务的过程中,写着写着,我越来越觉得,虽然自己的业绩不是特别突出,但还是有一些东西可以和大家分享的。比如,自己的学习成长轨迹,促进自己成长的那几次难得的机遇,20多年来的德育工作心得和一线教学的几点感悟,以及自己对教育、教学的理解,等等。在教育教学过程中,我养成了"思考"的习惯,如反思一天的工作,构思第二天课堂教学的关键点(引入、重难点、创新点),以及如何设置情境,激发学生提出问题、分析问题和解决问题,如何把学生的最近发展区和我的教育教学及时对接。这需要我不断和学生对话、追问,有时为了构思一篇文章中的论点、论据,甚至斟酌一句话的表达,我翻阅了许多书籍,请教了很多同行,同时在课题研究中找到了答案。从教学意义上,历史教育的价值之一在于透过如烟旧事领悟其中的道理。在习得知识中体验习得过程,进而领悟习得方法,并内化为一种稳定的心理特征和思维习惯。

2019年,我主持福建省教育厅的福建省高校哲学社会科学研究项目"历史'问题链'教学应用研究",历经两年多的研究,课题在2023年8月顺利结题。问题链教学是问题驱动教学的典型方式,是指教师在研究教学内容的过程中,事先设计一系列问题,然后将这些问题按照需要的顺序联系起来构成一条或几条问题链,课堂教学要通过解决这些问题而逐层深入教学内容,直到实现教学目标。在课题驱动下,通过3年的教学实践,我发现问题链教学在激发学生的学习兴趣,使学生在整节课中保持精力高度集中方面,效果非常突出,是培养学生历史解释素养的有效途径。

2022年5月,厦门市王翠霞名师工作室成功获批,教科院魏登尖老师要求工作室要体现教学主张,并通过课题进行跟踪。我的"省学带"同学陈祥龙和卓越教师班的同学傅闰冰帮我设计了工作室的图标(见下图)。图标的寓意为:向下扎根,向上生长,不断追问,到达"道"的殿堂。

我和工作室的老师们一起思考历史教学的学科价值是什么;我们该通过哪些教学素养去改变课堂;教师该如何不断点亮学生的精神火种;怎样让学生走进理想的历史教学殿堂;在问·道的路上我们会遇到怎样的困难;当我们奔向理想时,历史教师该是一个什么样的人……对这些问题的思考促成了问·道历史教学主张的初步成型,并逐步在工作室活动中实践着。毛经文老师提出:"一切教学活动都是为润泽生命、点化生命、开启智慧服务的……我们对学生学习情况的了解,要像古代中国农民一样——对自己

的一亩三分地了如指掌、精耕细作。"①这样的话语朴实而真切,又是那么直指要害。当我们在教育教学技术层面走得越来越远的时候,我们几乎忘记了自己从哪里来,要到哪里去。

我领衔的名师工作室主要从以下几个方面开展工作。

第一,问·道历史教学下的教学研讨。2023年,工作室邀请省内外专家开展多场讲座,举行省级公开课、市级活动课,以真实探究主题驱动学生学习,专家们也从"学术史回顾""资料搜集""实地考察""辨别资料""确定体例""组织串联""补充修改"等方面为我们带来了一场场精神盛宴,体现出他们严谨治学的态度和丰厚的专业素养。工作室教师充分挖掘本区的乡土历史,带着学生走进现场,查阅文献,调查访谈,具有很强的行动力和创造力。教师不仅是学生学习活动的"发令员",更是学生学习活动的"陪伴者"和"参与者"。在参与、陪伴过程中用创造性的方式引导学生沉浸式开展学习活动,为学生呈现了一节节生动、有趣、有深度的地方史活动课。这些活动课以初中历史活动课为依托,以培养学生历史思维品质为目的,通过对活动课的认真观察、仔细品评,引导学生考察身边的历史,了解历史发展的来龙去脉,同时对学生的思维活动进行监控和调整,逐步引导学生增强历史思维的明晰性和批判性,从而培养学生的历史思维能力,提升历史思维品质。

第二,问·道历史教学下的共读成长。新时代的高质量教育应该有怎样的样貌?在课堂中又会有怎样的体现?一是紧跟专家学者引领的阅读。我们为此选择了戴维·珀金斯的《为未知而教,为未来而学》,李政涛的《活在课堂里》,约翰·哈蒂的《可见的学习》《如何提问》,王天蓉、顾稚冶、王达等编著的《学会追问》等著作,引领工作室教师们展望未来,找寻变革之路。二是聚焦当下实际的阅读。为了让学生在校园和家庭里过好每一天,让自己的教育教学实践活动更加贴合学生的需求,用什么具体的策略和方法,更容易被学生所接受、所喜爱?为此,我们共读周靖、罗明

---

① 毛经文.帮助学生寻找幸福生活密码[M].北京:中国书籍出版社,2019:序.

主编的《核心素养——中学历史学科育人机制研究》、赵亚夫的《中学历史教育学》、毛经文的《帮助学生寻找幸福生活密码》、程修凡的《美国特级教师的历史课》、贾雪枫的《问道历史——现代中学历史教学实践体系的构建》、喻照安《历史对话教学研究与实践》等书籍，从书中找寻教育教学的智慧。三是直击教育本质的阅读。教育的现象是纷繁复杂的，教师最需要提升自己透过现象看本质的本领。该怎样拨开复杂教育现象的迷雾，把握教育的本质特征？我们为此引领大家共读倪闽景的《学习的进化》、马克斯·范梅南和李树英的《教育的情调》、佐藤学的《学习的快乐——走向对话》等著作，让教师们体验"云开雾散"的喜悦。四是关注教师心灵的阅读。我们正处于教育变革的关键时期，各种改革的任务、各种探索的实践接踵而至，让教师目不暇接；多元化时代学生思想的复杂性、新技术日新月异地融入教育，也让教师手忙脚乱。在这样的时代背景下，如何做教师？我们一起共读帕克·帕尔默的《教学勇气——漫步教师心灵》、任鹏杰的《历史·教育·人生》，在阅读中增强教师的使命感、责任感，从中获得前行的力量。

第三，问·道历史教学下的写作提升。写作是将阅读汲取的信息和教学实践加以消化，和自己原有的教育观念、教学实践行为相比照，重新建构自己的教育观念的过程。只有自己对这件事情想通了、理顺了各方的关系，才能用文字顺畅地将自己的想法表达出来。将阅读和写作这两件事情紧密结合，是教师专业成长的重要通道，是教师反思自身教育行为的核心载体，是教师能够作出改变的可能契机，更是帮助教师养成终身学习习惯的有效途径。工作室教师们根据自己的教学实践、阅读、交流与沟通提出自己的问题，然后就导师提出的问题进行分享和交流。以问题带动共读活动的深度进行。每一次的线上交流活动都是一场盛会，吸引着大家早早地打开电脑，进入线上会议室等着伙伴们的精彩发言。工作室教师们认真地对待每一期的阅读，并将教学实践和读书会的感悟沉淀为一篇篇论文，仅2024年8月和9月就在《中学历史教学参考》(上旬刊)上发表了8篇文章。如田秀莉的《利用乡土资源培育学生历史核心素养》，林艺婷的《基于"家国情怀"培养的初中历史项目式学习的实践探索》,陈美玲的《指向深度学习的初中历史活动课设计策略》(与陈琳合撰),王翠霞的《"动"起来的课堂 "活"起来的思维》,易红的《项目式学习在初中历史教学中的优化策略》,张金金的《地方史融入初中历史校本作业的设计策略》,张威的《乡土资源在初中历史校本课程中的运用策略》(与刘智彬合撰)等。教师们在历史学科教研这块土地上不断深耕钻研,永远行走在深化历史教学研究之路上。

第四,问·道历史教学下的学生学习力的培养。以学生为本,鼓励各种教学方法的创新,如在教学中使用思维导图,思维导图的主要作用就是对思维过程和其中的关键逻辑节点进行展示。思维导图本身存在逻辑,且通过图示来展示关键节点,形成整体上的概括。对于中学历史课程的教学来讲,思维导图的运用可以体现出多方面的积极价值。一是可以对历史知识予以整体化构建。基于思维导图,对章节知识进行整体化的构建,可以形成一个知识体系,让学生从整体上形成有效的理解、掌握。二是能够增强历史教学的生成性。思维导图的运用,可以在教学过程中逐步形成知识思维导图,这样就产生了具体的教学成果。三是能够提高学生的学习能力。思维导图本身是一种思维工具,具有工具的属性。既然是一种工具,那么学生也可以对其进行利用。通过教学,指导学生掌握思维导图的构建方法,引导学生将思维导图运用到学习之中,不仅有助于培养学生的历史思维,还易于培养学生积极主动的学习态度,从而使学生的学习水平得到提升。问·道历史教学强调更多的是对知识的灵活掌握,所以对知识点的融会贯通非常重要,思维导图的使用让学习变得简单而有趣。通过对同一主题思维导图的多次绘制,不仅可以促进知识的整体建构,更能激发创造性思维。

根据美国学者、著名学习专家爱德加·戴尔提出的学习金字塔理论(如下图所示),让学生充当"小先生",知识的留存率达到90%以上,可以让学生真正进行思考。在某种程度上,学生要想做好"小先生",自己必须进行深度思考,想明白才能讲清楚。父母或者老师辅导孩子的过程,也是自己学习和巩固知识的过程。

让学生当"小先生",能更有效地增强他们学习的主动性、积极性。"做一遍"和"讲一遍"的效果是全然不同的。能清楚地讲一遍的东西必定包含着认真的思考,并且学生已经清楚地理解,然后才能清晰地讲出来。讲过的东西会更深地印在大脑中。如果说"做一遍"只是再一次学习,"讲一遍"就已成为一种实践,这对学生来说也是一项知识应用活动,能帮助他们掌握得更好。

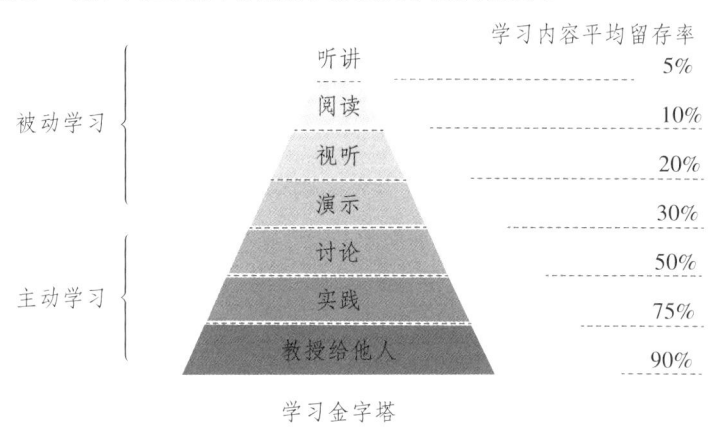

	学习内容平均留存率
听讲（被动学习）	5%
阅读（被动学习）	10%
视听（被动学习）	20%
演示（被动学习）	30%
讨论（主动学习）	50%
实践（主动学习）	75%
教授给他人（主动学习）	90%

学习金字塔

工作室启动了"人人争当小先生"的教学变革项目。这一变革项目旨在成就一批浸润"先生味"的学生,设置"全景式"课程,构建"小先生"课堂,引领"小先生"治理。而"小先生"课堂旨在让每个学生"以教人者教己"的态度"为教而学",激发学生对学习的自觉性和主动性。

实践证明,"小先生"课堂既符合"输入+输出=知识内化"的学习观,又契合"思考+表达=关键能力"的核心素养内涵。思考力和表达力是核心素养的关键能力。"思考"是提出问题、解决问题的能力,"表达"是把自己内化了的知识以能够传递给他人的形式来表现的过程。"小先生"课堂重视问题的设计,重视表达的空间、时间建设,促进了学生独立思考,满足了学生的表达需求,从而促进了学生核心素养的发展。

以学生为主体的历史教学,历史教师需要学会宽容、学会妥协、学会调整、学会思考,特别是需要学会等待,等待学生主体作用(即内驱力)的激发,在充分发挥主导作用时做到坚决不越位,并让这种主导作用转变为一种深谋远虑的洞察、一种慧思敏锐的思维、一种捍卫信念的态度、一种雷厉风行的风格、一种直面风险的坦然和一种胸襟万里的气度。

从市教坛新秀到市学科带头人,再到省学科带头人,我始终对历史教学永葆敬畏和虔诚。初为人师,满怀热情,很快从一名教学新手成长为教学熟手,但成为一名"熟练工"以后,教育教学陷入迷惘之中,似乎找不到进一步发展的方向与机会……学习与对话揭示了矛盾冲突背后的原因,使我发现了解决问题的有效途径,也开阔了我的视野,提升了我的职业素养,充实了我的精神生活,乃至荡涤了我心灵的杂质。

正是通过这样的学习与对话,我养成了阅读与写作的习惯,具备了系统的基础知识和专业知识,并且在教学实践中创设了富有书卷味的、严谨而又活泼的高效课堂,得到学生和同事的喜欢和认可。教师,不仅是一个学者,更应该是一个研究者。在工作中研究,在研究中工作,不断在客厅、论文、讲座中呈现自己有些许深度的教育思考,注重于自身师德和教学业务水平的提高,这些学习和提升对我个人来说,不仅是理论的学习,更是一次思想认识的提升。

从上公开课到举办讲座,再到成为工作室领衔人,我在实践的磨炼中淬炼教育教学艺术。自新课程改革以来,我更积极地参加各级教育教学研讨活动,多次应市教科院的邀请,上市级公开课,举办市级讲座,送教下乡等。每一次公开课,我都大胆尝试创新,不断自我挑战、自我突破,形成独特的教学风格。从论文撰写到课题研究,我坚持不懈。2022年,我主持的厦门市教科院课题"基于高阶思维的问题链教学"顺利结题。2023年,我主持的省教育厅课题"历史'问题链'教学应用研究"顺利结题。

"进阶学习,问·道历史教学",对于历史教学的问·道,我不会停下前行的脚步。

目录

第一章 问·道历史教学的理论基础

第一节 人本主义教育理论 …………………………… 003
第二节 建构主义学习理论 …………………………… 010
第三节 深度学习理论 ………………………………… 020
第四节 "做历史"教学论 ……………………………… 028

第二章 问·道历史教学的内涵诠释

第一节 问·道历史教学的内涵界定 ………………… 037
第二节 问·道历史教学的本质特征 ………………… 044
第三节 问·道历史教学的价值意蕴 ………………… 050

第三章 基于核心素养的问·道历史教学

第一节 唯物史观素养的培育案例 …………………… 060
第二节 时空观念素养的培育案例 …………………… 078
第三节 史料实证素养的培育案例 …………………… 093
第四节 历史解释素养的培育案例 …………………… 111
第五节 家国情怀素养的培育案例 …………………… 129

第四章　基于课改理念的问·道历史教学

　　第一节　历史大单元教学……………………………147
　　第二节　历史大概念教学……………………………173
　　第三节　历史跨学科主题教学………………………200
　　第四节　历史项目式教学……………………………226
　　第五节　"问题链"教学………………………………248

第五章　基于思辨能力培养的问·道历史教学

　　第一节　思辨能力的内涵与构成……………………267
　　第二节　学生思辨能力培养的必要性与可行性……271
　　第三节　学生思辨能力培养的途径…………………278
　　第四节　在活动课中培养学生历史思辨能力的实践策略……282

第六章　基于"教—学—评"一体化的问·道历史教学

　　第一节　"教—学—评"一体化的概念与内涵………293
　　第二节　"教—学—评"一体化的历史教学设计路径…………298
　　第三节　基于"教—学—评"一体化的初中历史教学设计……304

第七章　基于乡土课程资源的问·道历史教学

　　第一节　乡土课程资源的概念界定及分类…………315
　　第二节　乡土课程资源开发运用的价值与原则……318
　　第三节　福建乡土课程资源在中学历史教学中的运用………325
　　第四节　触摸乡土历史　涵养家国情怀……………335

参考文献………………………………………………………341

第一章

问·道历史教学的理论基础

"问·道历史教学"是笔者基于长期教学实践与理论研究而提出的教学主张。它是以教师为主导,以学生为主体,以真历史问题为核心,徐步进阶引领学生不断探究的历史教学。通过探究、发现、交流和反思等方式,促进学生的批判性思维的培养和历史核心素养的落地。"问·道历史教学"主张的形成既融入了笔者长期的教学实践经验,也受到人本主义教育理论、建构主义学习理论、"做历史"教学论以及深度学习理论的深刻影响。

第一节 人本主义教育理论

人本主义教育理论根植于西方心理学界的人本主义思潮,兴起于20世纪50年代末至60年代初,它通过发起一场教育革新的风潮,撼动了美国传统教育体系的根基,并在全球教育领域产生了深远影响。该理论高度重视人的尊严与自我价值,批判了行为主义将人类行为简单化的机械论视角,同时指出精神分析学派过分聚焦于心理障碍患者,而忽视了心理健康人群的多样性与复杂性。人本主义教育理论强调,教育应聚焦于那些对个体成长及社会发展具有深远意义的议题。卡尔·罗杰斯作为人本主义心理学与教育学领域的杰出代表,其著作《自由学习》深刻阐述了其教育理念。他极力推崇在教育教学环节中促进学生的个性成长,充分挖掘学生的内在潜能,同时注重培养学生的学习热情与自主性。这些观点对当代教育思想的演进以及教学方法的革新产生了不可忽视的推动作用。

一、人本主义教育理论的渊源与基础

人本主义教育理论的孕育与成长,深深根植于哲学、心理学、社会学及教育学的肥沃土壤之中。

(一)哲学基础

人本主义心理学的理论体系深受存在主义哲学和现象学的影响。存在主义哲学关注人的非理性存在、个性、价值、尊严和自由选择等议题,主张建立以人的存在意义为中心的"新人道主义"理论体系。这些观点与人本主义心理学对人内在世界的关注、对自由意志的强调以及对自我实现的追求不谋而合。

现象学则为人本主义心理学提供了方法论上的支持。它以内在精神世界中的意识为研究对象,强调"面向事物本身",通过直观知觉和意识活动来揭示心理现象的本质。这种方法论与人本主义心理学对个体经验的尊重、对复杂心理现象的接纳以及对心理现象自明性的认可高度一致。

在人本主义教育思想中,这些哲学观念得到了进一步的体现和应用。人本主义教育强调以学生为中心的教学理念,尊重学生的个性、需求和价值选择,鼓励学生在自由、宽松的环境中发挥潜能、追求自我实现。这种教育理念不仅促进了学生的全面发展,也为教育改革提供了新的思路和方法。

(二)心理学基础

人本主义心理学,是20世纪中期在美国蓬勃兴起的心理学流派,汇聚了众多理念相近的心理学家。与当时主导的行为主义及弗洛伊德精神分析学派不同的是,人本主义心理学拒斥将人类心理简化为机械反应或病态心理研究的倾向,它转而聚焦于健康个体的内在世界,探索人的意识、情感、自我概念等丰富的心理层面。马斯洛强调,真正的创造力与心理健康紧密相连,这一观点为人本主义心理学奠定了基石,使其成为心理学领域的一股新兴力量,被誉为继行为主义与精神分析之后的"第三思潮"。

1.深入探索人的精神世界

人本主义心理学强调心理学应全面关注人的内心世界,而非仅局限于可测量的行为反应。该心理学派认为心理学是一门"关于人的科学",致力于揭示正常人意识经验的复杂性。这些经验包括感知觉、认知、情感、自我概念、梦境、焦虑等丰富多样的心理现象。人本主义者反对"逻辑实证论"对无法直接观测的心理现象的忽视,主张所有心理现象,无论其是否符合逻辑、是否明确表达,都应成为心理学研究的对象。

为实现这一目标,人本主义心理学采用了现象学的研究方法,将心理现象视为自明的存在事实,无须进行深层的解释或还原为更简单的元素。这种方法论强调对个体经验的直接理解和接纳,拒绝将复杂心理现象拆解为基本单位。因此,人的精神世界被视为一个既丰富又统一的整体,每个人的内在世界都是独一无二的。

此外,人本主义者还指出,人的行为并非完全由生物本能或外界刺激所决定,而是个人在自由意志下作出的选择。这种选择受个人价值观、需求动机的驱动,体现了人的自主性和责任感。人本主义心理学认为,通过理解个体的内在动机和选择,可以更有效地促进人的成长和自我实现。

2.尊重个体的自由与责任

人本主义心理学强调,人作为生活的主体,对自己的行为和生活负有完全的责任。尽管人受到遗传、体质等生理条件的限制,但在面对这些条件时,人拥有自由选择的权利。这种自由不仅体现在行为选择上,更深入意识层面,人的每一个意识、行为都是自我选择的结果。

这一观点挑战了精神分析学派对潜意识决定论的过分强调,认为人的行为并非完全由过去经历或潜意识冲突所支配。相反,人本主义者主张创造一种能够统摄人类行为与经验的心理学理论,以增强人的自主性、自尊心和生命力。他们认为,通过理解并尊重个体的自由意志和责任感,可以激发人的内在潜能,促进其全面发展。

3.追求自我实现的生命意义

"自我实现"是人本主义心理学的核心概念之一。这一概念由哥尔德斯坦等人提出,强调每个人都有实现自身潜能和禀赋的倾向。人本主义者认为,生命的意义在于不断追求自我实现的过程,即通过努力成长、成熟、分化、独立和自律,达到自我价值的最大化。

罗杰斯等学者进一步阐述了自我实现的过程,指出个体在追求自我实现时,会经历一种内在的倾向和努力,这种倾向促使个体不断发展自我。这种过程不仅体现在认知和技能的发展上,更深入情感、态度和价值观的层面。通过自我实现,个体能够形成独特的自我认同,获得对现实的良好适应和有效认知。

马斯洛则进一步将自我实现与人的最高理想联系起来,认为只有当人的最高理想得到实现时,生活才能获得真正的意义。他提出了需求层次理论,指出人在满足基本的生理和安全需求后,会追求归属与爱、尊重以及自我实现等更高层次的需求。这些需求的满足过程正是人不断追求自我实现、迈向更高人生境界的体现。

(三)社会学与教育学的影响

人本主义心理学的理论根基还涵盖了社会学和教育学等多个学科领域。社会学家们对于社会现象如何通过人们的互动和协商来建构的认识,在人本主义心理学中得到了体现。人本主义者认为,人的内心世界与外界环境之间存在着密切的联系和互动关系,个体的成长和自我实现离不开社会环境的支持和影响。

在教育学领域,人本主义心理学对传统教学模式进行了深刻的反思和批判。它主张学习是个体在一定情境下结合已有知识和经验主动建构意义的过程,强调教育者应转变角色成为学习过程的引导者和支持者。这种教学理念不仅促进了学生的主动学习和发展,也推动了教育模式的创新和变革。

人本主义心理学以其独特而丰富的理论体系深刻影响了多个学科领域。它强调对人的内心世界、自由意志和自我实现的关注和研究,为心理学、哲学、社会学和教育学等领域提供了新的视角和方法。在未来的发展中我们有理由相信,人本主义心理学的理论观点将继续发挥重要作用,推动相关领域的进一步发展和创新。

二 人本主义教育理论的核心构成

人本主义教育理论是一个结构严谨的系统,其核心要素涵盖教育理念、师生关系、学习论及教学评价模式四大方面。

(一)人本主义教育理念的深化

人本主义教育理论深受马斯洛"自我实现"理论的启发,将教育的终极目标定位于促进个体的全面发展与自我实现,而非仅仅追求成绩的短暂提升。它强调教育应关注人的内在成长,即情感、精神和价值观念的丰富与深化。在现代社会,理想的教育应培养能够自主学习、灵活适应变化的人,而非仅限于知识的传授与智力的训练。罗杰斯进一步指出,教育的理想成果是培养出身心和谐、情感与理智并重的"完整个体",他们能够在复杂多变的环境中,展现出创造力与自我责任感。

(二)人本主义师生关系的重塑

区别于传统的指导与被指导关系,人本主义教育理论倡导一种新型的师生关系:教师转变为学生的学习伙伴与促进者,而学生则成为学习活动的主体。这种关系强调解放学生的潜能与好奇心,通过构建积极的学习环境,激发学生的主动性与积极性。在非指导性教学模式下,教师致力于营造和谐的人际氛围,以隐性指导的方式促进学生的自主发展。教师须真诚对待学生,接纳他们的多样性与独特性,同时积极参与教学活动的组织,激发学生的求知欲与创造力。

(三)人本主义学习论的阐释

人本主义教育理论区分了机械学习与意义学习两种类型。机械学习仅停留于知识的表面累积,忽视了个体经验的融入与情感态度的培养,效率低下。相反,意义学习强调学习过程中个人的整体参与和完全投入,它促使个体的行为态度、个性特征乃至未来选择发生根本性变化。这种学习不仅关注知识的增长,更重视知识与个体经验的深度融合。因此,人本主义教育理论提倡以学生为中心,鼓励学生对知识进行灵活理解与自主探索,以培养其独立性、创造性和自我学习的能力。

(四)人本主义教学评价模式的创新

基于"完整人格"与"意义学习"的理论基石,人本主义教育理论构建了一种全新的教学评价模式。该模式强调学生参与学习过程的评价决策,倡导自我评价而非单一的外部考核。自我评价促使学生主动承担责任,增强学习的主动性与持久性。这种评价模式鼓励学生进行纵向的自我比较,全面审视个人成长历程,从而制订科学合理的未来规划。通过综合考量兴趣、个性等因素,学生能够在评价过程中不断完善自我,实现全面发展。

三 人本主义教育理论的革新与影响

在新时代背景下,面对复杂多变的社会挑战,我们必须重新定位教育理念,深刻反思并改革教育体制及教学方法。人本主义教育理念为此提供了宝贵的镜鉴。它倡导以人为本,致力于激发个体潜能,陶冶性情,促进人的全面发展,从而为国家繁荣和社会进步贡献力量。在教育实践中,人本主义思潮引领我们探索如下几个方面的革新。

(一)教育目标的重构与深化

在罗杰斯的教育哲学中,教育的崇高追求在于培养"全面发展的个体",这些个体不仅能够充分发挥自身潜能,实现自我价值,还能在复杂多变的社会环境中游刃有余。他强调,教育的终极目标是塑造那些能够自主决定人生方向、勇于担当责任、善于批判性思考与问题解决的人。具体而言,学校应当致力于培育这样一群学生:他们能够积极主动地投身于各类活动,并对这些活动负有高度的责任感;他们拥有独立思考与自我规划的能力,能够理智地设定并追求个人目标;在知识探索上,他们是批判性的学习者,不仅能够评价他人的贡献,还具备解决问题所需的广博知识;更重要的是,他们能够灵活适应新情境,创造性地运用经验,有效地与他人协作,而非仅仅为了外界的认可而行动。

罗杰斯认为,真正的学习是一场触及灵魂的旅程,它关乎个体的全面成长而非单纯的知识积累。学习,本质上是一个不断发现自我、塑造自我的过程。教学,则在这一过程中扮演着促进者的角色,旨在激发学生的内在潜能,引导他们逐步成为一个完整而和谐的人。因此,我们的教育目标应当聚焦于培养那些对变化保持开放态度、具备很强适应性与持续学习能力的人。他们应当如同不断生长的树木,即便面对风雨挑战,也能坚韧不拔地追寻自我实现之路。自我实现,不仅仅是个人创造力的展现,更是应变能力与社会责任感的完美融合,它使个体能够在实现个人价值的同时,积极服务于社会与国家的发展。

(二)教育方法的革新:从无意义到意义学习

罗杰斯将学习过程划分为无意义学习与意义学习两个截然不同的层次。无意义学习,如机械地记忆无关紧要的音节,仅停留在认知表层,缺乏情感与个人意义的介入,其效果往往事倍功半。相反,意义学习则是一场深刻的心灵变革,它不仅涉及知识的积累,更触及个体的行为、态度乃至个性的根本转变。在意义学习中,学习者全身心地投入,将新知与既有经验相融合,从而实现个人成长的飞跃。

为了实现意义学习,罗杰斯提倡采用非指导性教学策略。这一模式以学生为中心,强调情感与认知的和谐共生。教师不再是知识的灌输者,而是学生探索旅程中的促进者与伙伴。他们通过营造开放、真诚、相互支持的学习氛围,鼓励学生自由表达情感与思想,自主发现问题、解决问题。非指导性教学包含五个关键阶段:引导、发言、探讨、归纳与升华。在每个阶段,教师都须敏锐捕捉学生的需求与变化,适时提供必要的支持与引导,帮助学生逐步深化对知识的理解与应用。

(三)师生关系的重塑:真诚、接受与理解

罗杰斯深刻认识到,良好的师生关系是教学活动高效开展的重要基石。他借鉴"患者中心疗法"的理念,将教师角色重新定位为"促进者",以取代传统的权威形象。在他看来,理想的师生关系应建立在真诚、接受与理解三大基石之上。

真诚,是师生交往的首要原则。它要求教师以真诚的态度面对学生,坦诚相待,不掩饰、不虚伪,让学生感受到教师的真实情感与关怀。接受,则要求教师无条件接纳学生的所有情感与表现,无论是成功时的喜悦还是失败时的沮丧。这种无条件的接受能够让学生感受到被尊重与理解,从而更加自信地面对学习与生活中的挑战。理解,则强调教师应设身处地地站在学生的立场上思考问题,用学生的眼光看待世界,而非仅凭自己的主观臆断来评判学生的行为。这种移情性的理解有助于建立深厚的师生情感联结,为教学活动的顺利开展奠定坚实的基础。

罗杰斯的教育思想为我们提供了宝贵的启示:在教育目标的设定上,我们应聚焦于培养全面发展的个体;在教育方法的选择上,我们应积极推行意义学习与非指导性教学策略;在师生关系的构建上,我们应努力营造真诚、接受与理解的良好氛围。只有这样,我们才能真正实现教育的本质追求——促进学生的全面发展与自我实现。

第二节 建构主义学习理论

建构主义学习理论自产生以来就受到了极大的关注,它所提倡的"学生是学习的主体"等论点与课程改革提出的"以人为本"的思想不谋而合,知识的动态发展与新课改中的螺旋式教学相得益彰,强调学生对知识的主动探索、主动发现和对所学知识意义的主动建构,更是引起了一线教育工作者的重视。因此,有必要先介绍一下建构主义学习理论的发展渊源及主要观点。

一 建构主义学习理论的起源与演进

建构主义学习理论根植于德国哲学家康德所倡导的理性主义与经验主义交融的沃土,这一融合奠定了建构主义教育学的基石。康德提出,知识的起点在于经验,理性工作多在于对既有概念的深度剖析。这一见解与后现代主义理论不谋而合,均强调个体差异性在学习方法与教学策略中的核心地位,反对以单一尺度衡量教学效果,倡导教学中应凸显学习者的主体性和主观能动性。

从心理学视角审视,建构主义深受皮亚杰儿童认知发展理论的启迪。皮亚杰认为,学习过程本质上是通过不断探索与发现来构建理解的过程,这一过程既非由个体内部结构预先设定,亦非由客体特性所决定,而是主体与客体互动的结果。学习,尤其是对知识的认知与构建,是在学生与环境持续互动中完成的,其核心机制在于同化与顺应的动态平衡,促使认知结构不断丰富与发展。

杜威的经验性学习理论亦对建构主义产生了深远影响。他主张"经验乃主体之主观创造",强调学生本能与先天能力在学习中的优先地位,提倡"以学生为中心"的教学模式,鼓励学生发挥首创精神与个人主观理解能力,超越机械训练的局限。

布鲁纳作为心理学界及新教学论的领军人物,其思想进一步丰富了建构主义的理论内涵。他认为,知识体系是人类经验的结构化表达,学习即积极构建新知识的过程,这一过程依赖于旧知识的重组与新知识的融入。布鲁纳强调结构化教学的重要性,认为结构化知识更易于学生掌握与运用,进而促进创新能力的发展。其教育理念对建构主义教学理论的成熟与推广起到了关键作用。

维果茨基则进一步拓展了建构主义理论的教学应用范畴。他聚焦于社会环境在知识构建中的作用，认为教师的引导与调控是教育过程的核心，强调最近发展区理论的重要性。维果茨基指出，教师应通过引导、交流等方式将自身经验转化为学生的内在认知，助力学生在独立活动中不断丰富与扩展自身经验，从而创造新的最近发展区。这一过程体现了建构主义学习自下而上的经验积累特征。

哲学家、心理学家及教育学家的共同努力，不仅为建构主义学习理论构建了完整的理论框架，更为教育实践提供了宝贵的指导原则与操作方法。

二　建构主义学习理论的基本观点

建构主义学习理论，作为一种深刻影响当代教育实践的理论体系，其核心在于强调学习者基于已有知识经验，主动构建新知识的过程。这一理论不仅为学校教育提供了重要的理论指导，还促进了教学方式的深刻变革。下面将从知识观、学习观、学生观、教学观和教师观五个方面，对建构主义学习理论的基本观点进行深入阐述，并探讨其在教学实践中的应用。

（一）建构主义的知识观

建构主义学习理论在知识领域提出了一系列独特见解，深刻影响了我们对知识本质的理解与教育实践的导向。建构主义强调知识并非对现实的直接镜像反映，而是通过语言符号系统构建的一种主观解释或假设。这些解释与假设随着人类认知的不断深化而持续演变，每一次变革都标志着我们对世界理解的进一步深化与拓展。因此，知识并非一成不变的真理，而是不断探索与重构的动态过程。

在知识的存在形态上，建构主义学派明确指出，知识无法脱离个体经验而独立存在。语言固然为知识提供了表达形式，但这种形式化的知识仅是其外在表现，真正的理解与内化则须依赖于学习者的个人经验背景。这意味着，每个学生都会根据自己的生活经历、学习历程以及思维方式来建构知识的意义，从而形成各具特色的认知结构。这种基于个体经验的知识建构过程，不仅促进了学生的个性化发展，也增强了他们学习的主动性与创造性。

进一步地,建构主义对课本知识持谨慎态度。它认为,课本所呈现的知识仅是某一时期对特定现象较为可靠的解释或假设,而非解释现实世界的绝对真理。随着科学技术的进步和社会环境的变迁,这些解释与假设很可能会被新的发现所替代。因此,在教学过程中,教师应引导学生认识到课本知识的局限性,鼓励他们以开放的心态去探索更广泛的知识领域,不断拓宽自己的认知视野。

尤为重要的是,建构主义强调知识在个体接受前的无意义状态及其权威性的消解。在建构主义看来,知识并非预先决定且强加给学生的外在物,而是需要学生在特定情境下通过主动探索与建构来获得的。在这一过程中,学生不再是被动接受知识的容器,而是成为知识意义的主动创造者。他们根据自己的经验背景对新知识进行分析、检验和批判,从而形成个性化的理解与认知。这种以学生为中心的知识建构过程,不仅促进了学生的深度学习与发展,也培养了他们的批判性思维与创新能力。

(二)建构主义的学习观

在建构主义的框架下,世界作为一个客观存在,其意义与理解却深深根植于每个个体的主观体验之中。这一过程,实则是个体依据自身经验,对周围世界进行独特诠释与建构的旅程。每个人的经验世界,犹如一幅由自身心灵绘制的画卷,其色彩与纹理皆源于个体独特的经历、社会文化环境的浸润以及历史背景的烙印,从而使得每个人对外部世界的认知各具特色,异彩纷呈。

建构主义学习观的核心在于,学习并非教师单向的知识灌输,而是一个由学生主动发起并深入参与的知识建构过程。在这一过程中,学生不再是被动接收信息的容器,而是成为积极的意义建构者,他们依据个人经验,主动筛选、加工外部信息,赋予其独特的意义与价值。这种建构活动是独一无二的,无法由他人代劳,它充分体现了学生在学习过程中的主体性与创造性。

进一步地,建构主义学习观强调学习过程的双重建构性。一方面,学生须对新信息进行意义建构,将新知识融入个人认知体系;另一方面,这一过程亦伴随着对原有经验的改造与重组,实现知识的内化与升华。这一过程与皮亚杰所提出的同化与顺应机制不谋而合,但建构主义者更为重视后者,认为学习者应形成富有经验背景的概念理解,以便在面对新情境时能够灵活应对,有效解决问题。

值得注意的是,建构主义学习观将学习视为一个与个体经验紧密相连的复杂过程。在学习活动中,学生总是以其自身的经验库为基础,无论是正规学习前的非正式学习,还是科学概念学习前的日常概念积累,都成为学生理解新知识的重要资源。学生通过对外部信息的主动选择、加工与处理,赋予其个性化的意义,这一过程超越了简单的"刺激—反应"模式,展现了学习的深度与广度。

因此,建构主义学习观倡导一种以学生为中心的教学范式,关注学生在新旧知识经验间的互动与融合,鼓励他们在面对新情境时能够灵活调用已有知识,进行创造性思考与实践。这一观念不仅为我们提供了理解学习本质的新视角,也为教育实践指明了方向,即应致力于培养学生的自主学习能力、批判性思维与创新能力,使他们成为能够主动探索未知、积极建构意义的知识探索者。

(三)建构主义的学生观

建构主义教育理论不仅重塑了我们对知识本质的理解,也对学生在学习过程中的角色与责任进行了深刻的剖析。在建构主义视野下,学生不再是被动的知识接受者,而是积极的意义建构者与自我学习管理者。这一转变要求学生在多个方面发挥主体作用,以适应复杂多变的学习环境。

建构主义教学强调学生需要在真实的复杂情境中完成学习任务。相较于传统教学中学生常选择的无挑战性学习路径,建构主义环境要求学生直面真实世界的认知复杂性。这种情境不仅促使学生采取新的学习风格和认知加工策略,还激励他们逐步形成作为知识与理解建构者的自我认同。面对挑战性任务,学生不再逃避困难,而是勇于探索未知,通过实践深化对知识的理解和掌握。

建构主义教学对学生的学习管理能力提出了更高的要求。传统教学模式下,学生往往依赖于教师的直接指导,缺乏自主管理学习的机会。而在建构主义课堂中,学生被赋予更多的学习管理职责,这要求他们不仅要能够规划学习进程,还要学会评估和调整学习策略。然而,这一过程并非一蹴而就,教师需要适时提供"支架"支持,确保学习任务始终落在学生的最近发展区内。随着学生认知能力的提升,"支架"应逐渐撤离,以促进学生自我控制学习能力的增强。

建构主义还强调学生应成为自我控制的学习者。这一角色转变要求学生具备高度的自我意识和自律精神,能够主动融入建构主义教学过程,积极参与学习过程。学生需要认识到自我控制对于学习成效的重要性,并努力掌握相关技能与习惯,如时间管理、目标设定、自我激励等。通过这些技能的实践运用,学生能够更好地驾驭自己的学习旅程,实现由依赖到自主的华丽转身。

建构主义学生观深刻揭示了学生在学习过程中的主体性与能动性。它要求学生在复杂情境中挑战自我,积极管理学习任务,成为自我控制的学习者。这些要求不仅促进了学生认知能力的提升,还为他们未来的终身学习和自主发展奠定了坚实的基础。在建构主义教育理念的指引下,学生将逐步成长为有思想、有能力、有责任感的未来社会栋梁。

(四)建构主义的教学观

作为教育心理学领域的重要流派,建构主义理论对当代教学实践产生了深远影响。其核心在于强调学习的主动性、社会性和情境性,这些特性共同塑造了建构主义独特的教学观。

建构主义教学观强调学习的社会性,认为知识的建构是一个集体智慧碰撞与融合的过程。在这一视角下,事物的意义并非孤立存在,而是由个体在互动中共同构建的。因此,教学不再仅仅是教师单向传授知识的过程,而是促进学生之间合作与交流的重要平台。合作学习成为建构主义教学中的重要策略,它鼓励学生相互倾听、尊重差异,通过观点的交流与碰撞,拓宽认知视野,丰富理解层次。这一过程不仅促进了学生对知识的深入理解,还培养了他们的社交技能和团队合作精神,体现了维果茨基关于社会交往对儿童心理发展重要性的思想。

建构主义教学观倡导知识的个性化建构。每个学生都是独特的个体,他们以自己的方式理解世界,形成独特的认知结构。因此,教学不应追求唯一的标准答案,而应鼓励学生表达个人见解,尊重多样化的理解方式。教师须认识到,学生的已有知识经验是学习新知识的重要基础,应通过引导而非灌输的方式,帮助学生将新知识整合到原有的认知结构中,实现知识的动态生长。这一过程与维果茨基的"最近发展区理论"相契合,强调教学应走在学生发展的前面,通过提供适当的挑战和支持,促进学生的潜能发挥。

建构主义教学观提倡情境性教学。知识的建构离不开具体的情境,学生在现实或模拟的情境中学习,能够更好地理解和应用知识。因此,教学应努力创设与现实情境相似的学习环境,让学生在解决问题的过程中建构知识意义。这种教学方式不仅能够提高学生的学习兴趣和动力,还能培养他们的实践能力和创新思维。此外,建构主义还主张淡化学科界限,强调学科的交叉与综合,以适应现实问题的复杂性和多样性。这要求教师在教学中注重跨学科知识的整合与应用,培养学生的综合素养和跨领域解决问题的能力。

在教学内容的选择上,建构主义教学观强调真实性和情境性。教师应避免使用过于简化的学习任务和材料,而应选择那些贴近现实生活、具有挑战性的问题作为教学内容。这些问题往往涉及多个概念和理论领域,能够激发学生的探究欲望和创造力。在教学过程中,教师应展示专家解决问题的过程和方法,为学生提供解决问题的原型和工具,引导他们通过自主探索和合作学习来解决问题。同时,教师还应关注学生的个体差异和学习需求,提供个性化的学习支持和反馈,促进每个学生的全面发展。

而在教学进程的设计上,建构主义教学观主张呈现整体性的任务,让学生尝试解决复杂问题。这一过程中,学生需要自主发现子任务和相关知识技能,并在实践中不断调整和完善自己的解决方案。这种教学方式打破了传统的直线型层级结构,鼓励学生在知识网络中的任何一点开始学习和探索。这不仅有助于培养学生的自主学习能力和问题解决能力,还能激发他们的创造力和想象力,为未来的终身学习和职业发展奠定坚实基础。

在教学实践中,教师应积极践行这一理念,通过创设倡导合作与交流的学习环境、尊重多样化的理解方式、实施情境性教学和选择真实性的学习任务等措施,促进学生的全面发展和核心素养的提升。

(五)建构主义的教师观

在建构主义学习理论的框架内,教师的角色与职责经历了深刻的变革,从传统的知识传递者转变为学生学习过程中的辅导者、促进者以及高级合作者。这一转变不仅体现了对学生主体地位的尊重,也凸显了教师在引导学生主动建构知识过程中的关键作用。

首先,教师不再仅仅是知识的权威代表和呈现者,而是转变为学生学习的辅导者和高级合作者。建构主义强调以学习者为中心,重视学生的个体经验和主动建构过程。因此,教师应积极倾听学生的观点,理解他们的思考过程,并以此为基础引导学生丰富或调整自己的解释。这种辅导与合作关系要求教师具备开放的心态和敏锐的洞察力,以便及时捕捉学生的学习需求并提供必要的支持。

其次,教师成为意义建构的帮助者和促进者,而非知识的简单提供者或灌输者。建构主义认为,学习是学生对信息进行主动加工和意义建构的过程,而非被动接受知识。因此,教师应重视学生的情感领域,关注他们的学习体验和心理发展,使教学与学生个人紧密相关。在教学过程中,教师不仅要传授知识,更要教会学生学习的方法和技巧,培养他们的自主学习能力和批判性思维。同时,教师应逐渐减少外部控制,引导学生逐步走向自我控制的学习过程,最终实现独立学习。

再次,为了促进意义建构,教师应积极组织协作学习活动。通过讨论与交流,学生可以分享彼此的观点和经验,丰富和深化对知识的理解。教师应创设良好的学习环境和符合教学内容要求的情境,提供新旧知识之间的联系线索,鼓励学生通过实验、独立探究和合作等方式进行学习。在协作学习过程中,教师应发挥引导作用,确保学习朝着有利于意义建构的方向发展。

最后,教师还应为学生设置真实、复杂的问题情境。真实世界中的问题往往具有多种可能性和不确定性,这有助于激发学生的探究欲望和创造力。教师应放弃对"条件严密问题和确切答案"的执着追求,鼓励学生提出多样化的解决方案和观点。为了应对这一变化,教师需要改变传统的评价策略,采用元认知工具和心理测量工具来评估学生的学习成果和发展潜力。同时,教师应培养学生的联系性、批判性认知加工策略以及自我建构知识和理解的心理模式。

建构主义的教师观要求教师从传统的知识传递者转变为学生学习过程中的辅导者、促进者和高级合作者。这一转变不仅符合建构主义学习理论的基本原则和精神实质,也体现了当代教育对教师角色和职责的新要求。在实践中,教师应积极践行这些理念和方法,以更好地促进学生的全面发展和核心素养的提升。

三 建构主义理论的教学模式

在建构主义理论框架的指引下,教育模式历经演进而逐步成熟,教育学者们不仅明确了建构主义学习环境的核心特征,还确立了以学生为核心,教师担任指导、组织与促进角色的教学模式。该模式通过合作、协作、沟通等多元化互动方式,有效激发学生的主动性与创新精神,旨在促进学生知识体系的循环构建与不断深化。

当前,建构主义教学模式已发展出多种形态,其中支架式、抛锚式、随机进入式及认知学徒式等模式尤为成熟且应用广泛。

(一)支架式教学模式

支架式教学模式植根于维果茨基的"最近发展区理论",该理论将学生的问题解决能力划分为第一发展水平与第二发展水平。第一发展水平指的是学生独立解决问题的能力,而第二发展水平则是在教师指导下学生潜在的问题解决能力。最近发展区即这两者之间的差距,其大小受教学环境及方法的影响,差距越大表明学生的学习潜力越大。在支架式教学中,教师如同建筑中的脚手架,不断引导学生向上攀登,辅助而非主导学习过程。正如建筑施工需要脚手架支撑,学生的学习过程同样需要教师适时提供适宜的支持与引导,以推动其知识体系的逐步完善。

支架式教学模式涵盖以下关键环节:

(1)搭建脚手架——教师依据"最近发展区理论",设计学习框架与规划,明确学习意义与目标,为学生铺设学习路径。

(2)进入情境——通过设定具体学习情境,引导学生融入其中,形成浓厚的学习氛围。

(3)独立探索——鼓励学生自主探索相关概念与特征,教师提供引导性启发,学生自主分析、处理并整合信息,逐步构建知识体系。

(4)协作学习——组织学生团队合作,通过协商、讨论分享知识经验,促进复杂问题的解决与知识体系的完善。

(5)效果评价——通过自我评价、他人评价与小组评价相结合的方式,全面评估学习成效,促进自我反思与持续改进。

在此过程中,教师须特别注意"支架"的合理搭建,其巧妙性与合理性将直接影响学生对支架的依赖程度及学习效果。

(二)抛锚式教学模式

抛锚式教学,亦称"情境学习",由约翰·布朗斯福特领导的研究团队开发。该模式强调学生在真实问题情境中的主动探究与问题解决,通过合作与交流将新知识内化为个人经验。抛锚式教学中的"锚"即真实情境中的具体问题或实例,引导整个学习过程的有序展开。

该模式包含以下步骤:

（1）假设情境——设定贴近现实的情境，为问题的发生提供合适背景。

（2）确定问题——"抛锚"环节，即提出具体问题，引导学生识别并尝试解决。

（3）自主学习——教师提供线索与指导，鼓励学生主动搜集资料、解决问题，培养自主学习能力。

（4）协作学习——通过交流讨论，补充、完善对问题的理解，促进知识意义的全面构建。

（5）效果评价——基于问题解决过程进行动态评价，确保学习成效的及时反馈与调整。

抛锚式教学的核心在于"锚"的选定，一旦问题确定，整个教学过程便围绕其展开，形成有机统一的整体。

（三）随机进入式教学模式

随机进入式教学模式借鉴互联网的随机访问特性，强调在不同时间、情境下对同一问题进行多角度、多形式的学习。该模式基于弹性认知理论，认为不同主体或同一主体在不同环境中对同一事物的认知存在差异。通过反复进入同一学习内容，学生能够从不同角度深化理解，完善知识体系。

随机进入式教学模式包括以下几个步骤：

（1）多次进入——学生以不同目的与方式多次接触同一学习内容，每次进入均设定新的学习目标。

（2）多角度理解——通过变化的教学情境与途径，获得对问题的多维度认知。

（3）信息反馈与讨论——结合反馈信息与讨论，深化对知识的理解与掌握。

此模式强调学习过程的灵活性与动态性，有助于学生在多次重复中全面把握知识本质。

（四）认知学徒式教学模式

认知学徒式教学模式注重在专家指导下，新手通过观察、模仿与实践逐步获得知识与技能。该模式强调知识经验的显性化与内化过程，通过直观教学设计与现代技术手段，提高学习效率。

认知学徒式教学包括以下几个环节：

(1)示范——教师演示任务完成过程,学生作为观察者吸收经验、知识。

(2)训练——设置具体情境,学生在合作中学习并接收教师反馈,整合技能。

(3)搭建脚手架——适时提供辅助支持,帮助学生解决问题,同时注意避免依赖心理。

(4)清晰化——学生通过实践后,教师帮助学生明确知识体系,建立必要的知识范式。

(5)反思——对比自身与专家的解决过程,发现不足并逐步完善知识体系。

该模式体现了社会互动性、学习主动性与边缘参与性,有助于学生在真实的情境中高效学习。

建构主义理论下的多种教学模式各具特色,均以学生为中心,强调教师的引导作用与多元化互动。这些模式不仅丰富了教学手段,还促进了学生知识体系的全面构建与核心素养的持续提升。

第三节 深度学习理论

"深度学习"的概念最早源于人工神经网络的研究,1976年瑞典学者马顿和萨乔将深度学习引入教育和学习领域,引起人们的广泛关注,相关研究逐渐兴起。国内关于深度学习的研究相对较晚,伴随新一轮课改而逐渐展开。事实上,著名教育理论家杜威倡导的"做中学"就蕴含着深度学习的思想,他强调学生自主学习和反省思维。我们不难发现,心理学家皮亚杰的认知发展理论、布卢姆的教育目标分类学、布鲁纳的发现学习、奥苏伯尔的有意义学习等观点都包含着深度学习的理念。

一 深度学习的迫切性:信息时代的教学新使命

在悠长的教育历程中,"教学即知识传递"的观念根深蒂固,教师作为知识传递者,学生作为被动接受者,这一模式虽然简单明了,但在实践中却逐渐显露出其弊端和局限性。尽管有声音质疑这种传递模式,主张教学应是一种"体验"或"创新"的过程,但这些观点往往难以找到切实可行的实践路径,而"教学即传递"因其操作性强,仍在教育界占据主导地位。

然而,这种教学模式忽略了教学活动丰富而深刻的内涵,将教师和学生的角色过于简单化,削弱了知识的内在价值和教学活动的深远意义。在知识获取途径单一、信息传播渠道有限的过去,"传递式"教学尚能勉强应对,但随着信息时代的到来,知识爆炸性增长,信息真假难辨,这种教学模式显得力不从心。

面对"网络搜索一下你就知道"的便捷,我们不得不反思:如果教学仅仅停留在知识的传递与接收层面,其价值何在?在信息泛滥的时代,教师若仍只是知识的储存罐和传输带,其存在意义又何在?更为紧迫的是,当信息真伪混杂,学生如何能够在浩瀚的信息海洋中辨别方向、明辨是非?又为何要通过艰苦的学习去掌握那些看似枯燥无味的课本知识?

信息时代的到来,迫使教学必须从传统的"传递式"观念中解脱出来,探索新的任务与功能。教学不仅要帮助学生掌握人类的认识成果,更要在这个过程中引导学生体验知识的发现过程,感受思想的力量,培养正确的价值观,使之成为能够独立思考、勇于担当的未来社会栋梁。教学要促进学生的全面发展,培养其核心素养,这是信息时代赋予我们的紧迫使命。

正如恩格斯所言:"社会一旦有技术上的需要,则这种需要就会比十所大学更能把科学推向前进。"[①]信息时代的发展,凸显了教学改革的必要性,深度学习的研究应运而生,为我们指明了前进的方向。

二 深度学习的本质特征与实现条件

(一)深度学习的本质

要深刻理解深度学习的内涵,首先须明确其与浅层学习、机械学习的区别。深度学习并非简单的知识记忆或机械重复,而是强调学习者的主动参与、全面投入和深层理解。具体而言,深度学习具备以下几个核心要素:

(1)教师引导:深度学习发生在教学过程中,离不开教师的指导和帮助。教师的角色从知识的传递者转变为学习的引导者和促进者。

(2)挑战性内容:深度学习的内容应是有挑战性的人类认识成果,能够激发学生的探索欲望和深入思考。

(3)全面参与:深度学习要求学生感知觉、思维、情感、意志、价值观等多方面全面参与,形成全身心投入的学习状态。

(4)全面发展:深度学习的目的在于促进学生的全面发展,形成核心素养,使之成为既具独立性、批判性、创造性,又有合作精神和社会责任感的未来社会成员。

深度学习不仅强调个体参与和建构,更重视社会建构和历史建构,关注学生在学习过程中与社会环境的互动,以及知识对个人成长和社会实践的深远影响。

---

① 中共中央马克思恩格斯列宁斯大林著作编译局.马克思恩格斯选集:第四卷[M].北京:人民出版社,1972:505.

(二)深度学习的多维度特性解析

深度学习,作为现代教育领域中的一个核心概念,其核心本质在于激发并强化学生在学习过程中的主体性和主动性。这一过程在课堂情境中尤为显著,展现出高层次、整体性、意义关联以及社会性等四大基本特征,这些特征共同构成了深度学习的多维架构。

1.高层次:深度学习目标的深度剖析

深度学习旨在超越对知识的机械记忆与简单应用,它更加侧重于高级心理机能的培养与发展。这一过程涵盖了有目的的观察、随意注意、逻辑记忆、抽象思维、高级情感以及预见性意志等多个维度,远不止于单纯的认知技能提升。布卢姆的教育目标分类学为我们提供了深入理解这一特征的视角:教育的终极目标在于促进学习的保持与迁移,而深度学习正是聚焦于学习的迁移,它要求学习者能够在理解、应用、分析、评价乃至创造等更高层次的认知活动中展现其能力。

值得注意的是,深度学习并非排斥浅层学习,而是强调学习应在深层理解的基础上进行,即使是基础概念的记忆也应置于更真实、复杂的任务背景之中。例如,对于"圆柱体体积公式"的记忆,深度学习鼓励学生将其应用于解决如"保温杯包装问题"的实际情境中,而非孤立地背诵公式本身。这样的学习方式不仅增强了学生记忆的牢固性,也促进了他们的知识迁移与应用能力的提升。

2.整体性:深度学习内容的系统化整合

深度学习反对知识的碎片化与割裂化,它强调知识的整体性和系统性。在学习过程中,学习者需要调动视觉、听觉、触觉等多重感官机能,全身心地投入学习活动中。这种整体性不仅体现在信息加工过程中,还涵盖了情绪、意志等非认知因素的积极参与。脑科学研究表明,大脑的空间记忆系统能够同时处理并组织多项信息,形成完整的认知影像。因此,整合的学习经验对于高级心理机能的发展至关重要。

为了实现这一目标,教师可以根据教学目标和学习主题,对学科内及学科间的课程内容进行系统性设计。通过整合不同学科的知识点和新旧知识之间的联系,构建出贴近生活实际、富有探究意义的学习情境。这样的课程设计有助于学生在学科概念与生活概念之间建立起紧密的联系,同时也在实践探究中促进知识的应用、迁移与反思,从而实现深度学习。

3. 意义关联:知识重构与个体经验的深度融合

深度学习强调学习者对知识的重新建构与意义赋予。在学习过程中,学习者需要将自己的经验与认知融入新知识中,形成个性化的理解与解释。这种意义关联不仅有助于学生深入理解与长期记忆知识,还促进了他们知识迁移应用与问题解决能力的提升。为了实现这一目标,学习情境必须与学习者的感官形式紧密相连,激发其深层兴趣并引导其关注根本性问题。

信息加工理论与建构主义理论为理解这一过程提供了不同的视角。信息加工理论侧重于从个体内部出发,探讨信息的接收、存储与提取过程;而建构主义理论则更加强调知识的社会建构性,认为个体对事物的理解取决于其原有的知识、经验背景。因此,在深度学习过程中,学习者需要不断地将新概念与已知概念和原理相联系,整合到原有的认知结构中,从而实现对新知识信息的深度理解与长期保持。

4. 社会性:深度学习中的互动与协作

深度学习是一个高度社会化的过程。学习者对概念的认识不仅来源于个体内部的建构过程,更依赖于与外部环境的互动与协作。这种互动不仅包括学习者与教师之间的指导与反馈关系,还包括学习者与同伴之间的合作与交流。通过参与广泛的社会活动和学习共同体的构建,学习者能够内化与他人共同工作的成果并丰富自己的认知体系。

教师在这一过程中扮演着至关重要的角色。作为水平更高的成人指导者,教师需要在学生与知识之间架起桥梁,帮助他们与环境建立良好的互动关系并完成知识的建构与迁移。通过创设丰富多样的学习情境和提供必要的支持与引导,教师能够激发学生的学习兴趣与积极性,并促进其社会化发展。同时,深度学习也鼓励学习者之间建立积极的合作关系,并在互动中共同解决问题,从而实现知识的共享与深化。

深度学习的多维度特性共同构成了其独特的教育价值与实践意义。通过高层次的目标追求、整体性的内容整合、意义关联的知识重构以及社会化的互动协作,深度学习不仅促进了学生的全面发展与核心素养的提升,也为教育改革与创新提供了新的思路与方向。

(三)深度学习的促成因素与必要条件

深度学习作为一种高效且富有成效的学习方式,其发生并非自发的,而是依赖于一系列精心策划与实施的条件。在这一过程中,教师的自觉引导无疑是首要且至关重要的先决条件,但除此之外,还有多重因素共同作用于深度学习的实现。

首先,深度学习的有效进行离不开经过精心设计与结构化处理的教学材料。这些材料不仅是学生思考与操作的对象,更是知识传递与意义建构的载体。值得注意的是,这些教学材料并非简单地等同于教材内容或学生学习对象,而是需要教师深入理解知识的本质与学生的学习特点,进行有针对性的改造与提升。具体而言,教师需要从抽象的"知识"概念出发,融入对学生品质发展的考量,将其转化为具有明确教学意图的"教学内容"。进而,这些"教学内容"还须进一步转化为学生可直接操作(无论是思维层面还是动作层面)的具体教学材料。这一过程要求教师对知识进行深度挖掘与重构,使之既富含深意又贴近学生的实际认知水平,从而激发学生的学习兴趣与探索欲望。

其次,深度学习要求教学过程具备明确且可操作的预先设计方案。在有限的教学时空中,教师需要合理规划教学活动的各个环节,确保教学目标的丰富性与复杂性能够得到有序且有效的实现。这意味着教师需要对教学内容进行整体性的把握与分解,设计出层次分明、逻辑严密的教学流程。同时,教师还须密切关注学生的学习状态与反馈情况,灵活调整教学策略与方法,以应对教学过程中可能出现的各种变化与挑战。

再次,营造一个平等、宽松、合作、安全的互动氛围对于深度学习的发生至关重要。教学活动虽然有其固有的严肃性与紧张性,但一个和谐、包容的学习环境能够极大地缓解学生的心理压力与焦虑情绪,使他们能够更加自信地表达自己的见解与想法。在此过程中,教师应秉持开放与尊重的态度,鼓励学生积极参与讨论与交流,敢于质疑与挑战。同时,教师还须善于倾听学生的声音,给予及时且有针对性的回应与指导,以促进学生之间的合作与互动,共同推动深度学习的进程。

最后,依据反馈信息对教学活动进行及时的调整与改进是保障深度学习持续发生的关键环节。教学过程虽然具有预设性,但其本质仍是一个动态变化的过程。因此,教师需要具备敏锐的观察力与判断力,能够及时发现学生在学习过程中出现的问题与困惑,并据此调整教学策略与方法。同时,教师还须建立有效的评价机制与反馈系统,以便全面、准确地收集学生在学习过程中的表现与成果,为后续的教学改进提供依据与方向。通过不断的调整与改进,教师能够不断优化教学方案与流程,提升深度学习的效果与质量。

这些条件相互作用、相互依存,共同构成了深度学习得以实现的坚实基础。在实际教学中,教师应深入理解这些条件的内涵与要求,并积极探索与实践有效的教学策略与方法,以促进学生深度学习的发生与发展。

三 深度学习的理论价值:融合与超越

深度学习的理论体系并非某一学术流派的孤立产物,而是历经岁月积淀,广泛吸纳了历史上诸多优秀教育理论成果与教学实践经验的精髓。它不仅仅是对学生学习过程的简单探讨,更是对学生全面发展路径的一次深刻剖析与现实重构。

(一)教学理论与实践的误区与突破

长期以来,教学理论研究及其实践探索在诸多基本问题上陷入了一种偏狭的境地。在探讨师生角色时,往往走向极端,要么过分强调学生的主体地位,将其与教师的主导作用对立起来,导致"学生中心"的孤立倾向;要么则过分凸显教师的领导地位,发展出"教师中心"的模式,忽视了师生在教学过程中的互动与共生。这些倾向不仅割裂了师生之间的内在联系,也削弱了教学活动的整体效能。

在教学内容的处理上,同样存在着孤立化的倾向。教学内容常被视作静态、客观的知识体系,其价值被局限于被继承与被传递的范畴内,而未能充分探讨其与学生发展及未来社会实践之间的内在联系。这种机械化的处理方式不仅限制了学生的主动性与创造性,也削弱了知识本身应有的生命力与价值。

深度学习理论的提出,正是为了克服这些长期存在的弊端。它旨在打破师生之间的二元对立,实现教师、学生、教学内容之间的高度统一;同时,它也致力于将教学内容从静态的知识体系中解放出来,使其成为学生全面发展的有力支撑。在这个过程中,深度学习不仅克服了机械学习、浅层学习的弊端,更推动了教学理论与实践的深刻变革。

(二)深度学习的多维度价值解析

1.学生学习意义的重构

在深度学习的视域下,学生学习的最终目的不再仅仅是掌握既定的知识体系,而是为了将这些知识转化为参与社会历史实践的能力与素养。因此,学生在学习过程中不仅要注重知识的积累与掌握,更要注重能力的培养与价值观的形成。

深度学习强调学生的主动参与与深度思考。在教师的引导下,学生不再是被动的知识接受者,而是成为知识发现的积极参与者。他们通过亲身经历知识的形成与发展过程,不仅能够掌握知识的符号表达与逻辑结构,更能深刻理解知识背后的意义与价值。这种学习方式不仅有助于提升学生的知识水平与能力素养,更有助于培养他们的批判性思维、创新精神与社会责任感。

2.教学内容的动态转化

深度学习理论对教学内容的处理方式进行了根本性的变革。在深度学习中,教学内容不再是被孤立、静态的知识体系,而是被转化为蕴含丰富意义与价值的教学材料。这些教学材料不仅包含了知识本身的内容与逻辑结构,还蕴含了情感、态度、价值观等多方面的要素。在教师的精心设计下,这些教学材料成为学生深度操作、加工的对象,并在学习过程中逐步内化为学生的精神力量与思维方式。

当教学内容转化为教学材料后,静态的知识体系便转变为动态、丰富、鲜活的人类认识过程。学生通过对教学材料的深度操作与加工,不仅能够全面把握知识的核心本质与内在逻辑,更能深刻理解知识背后的意义与价值。这种处理方式不仅有助于学生更好地掌握知识本身的内容与逻辑结构,更有助于培养他们的思维能力、创新精神与社会责任感。

3.教师角色的重新定位

在深度学习中,教师的角色发生了根本性的变化。他们不再是单纯的知识传递者,而是成为学生学习过程中的引导者、促进者与支持者。教师的职责在于激发学生的学习兴趣与愿望,引导他们主动探究知识、发现问题并解决问题。在这个过程中,教师不仅要注重知识的传授与能力的培养,更要注重情感、态度与价值观的培养与引导。

深度学习要求教师具备高度的专业素养与教学能力。他们不仅要精通所教学科的知识体系与教学方法,还要具备深厚的教育学、心理学等相关领域的知识与技能。只有这样,他们才能在教学过程中更好地引导学生进行深入思考与探究,促进他们的全面发展与素养提升。

在信息化时代背景下,教师的角色更加凸显其重要性。随着知识来源的多样化与复杂化,学生面临着前所未有的信息挑战与认知困惑。教师作为知识的引导者与启发者,必须不断更新自身的教学理念,提升自身的能力水平,以更好地满足学生的深度学习需求并促进他们的全面发展。

(三)深度学习的实践意义与展望

深度学习理论的提出不仅拓展了教育理论的研究领域与实践范畴,更为教学实践提供了有力指导与重要启示。它促使我们重新审视教学活动的本质与价值追求,推动教育教学向更深层次、更高水平发展。

在教学实践中,我们应积极运用深度学习理论指导教学活动设计与实施。通过创设真实的学习情境、提供丰富的教学材料、引导学生主动探究与发现等方式激发学生的学习兴趣与主动性。同时,我们还应关注学生的学习过程与情感体验,及时反馈与调整教学策略,以满足他们的个性化需求与发展目标。

未来随着教育技术的不断进步与教学理念的持续更新,深度学习理论必将在教育实践中发挥更加重要的作用。它将继续引领我们探索更加高效、更加科学的教学模式与方法,为培养具有核心素养与创新能力的未来社会栋梁贡献力量。

第四节 "做历史"教学论

"做历史"教学论萌生于20世纪末的美国,其萌生的理论基础是基于建构主义的新型知识观、新型师生观和新型学习观。"做历史"教学范式既有科学性,又有实践性。在历史教学中有效渗透"做历史"教学理念,可以使学生实现由"被动学习""低效学习"到"主动学习""高效学习"的跨越式发展。

一 "做历史"的实践内涵与理论基础

"做历史"(Doing History)这一教学理念蕴含了丰富的实践意涵与深厚的理论基础。

首先,它倡导学生以历史学家的姿态参与研究过程,这不仅仅指对文献的搜集与审查,也包括问题的提出、证据的呈现及结果的探讨。学生须深入研读历史图像与文献,运用批判性思维区分原始资料与二手资料,依据确凿证据阐述个人见解。这一过程鼓励学生主动提出问题,分析材料,得出结论,甚至对未充分解释的历史材料给出独到解释。

其次,"做历史"强调以学生为中心的教学模式,鼓励学生积极发现问题并探索其深层意义。学生不再是被动接受知识的容器,而是主动参与到历史相关的活动中,如通过角色扮演置身于历史场景之中,以第一视角思考历史问题。历史课堂因此转变为一个充满探索精神的"实验室",历史文献成为学生探究的主要对象。

再次,"做历史"鼓励学生通过调查研究形成自己的结论。这包括解答历史的谜团,追求个性化的答案,并在听取他人观点的基础上,进行访谈、口述历史等活动。这一过程不仅锻炼了学生的独立思考能力,还培养了他们的合作与交流技巧。

最后,"做历史"强调历史情感体验的重要性,鼓励学生沉浸在历史的长河中,深切体会历史的厚重与深邃。通过情感的共鸣与历史的对话,学生得以更好地理解历史事件与人物,从而形成更为全面和深刻的历史认知。

"做历史"作为历史探究教学的一种创新方式,其多样化的实践样态赋予了历史教学引入多元维度的可能。这一教学理念的实施离不开教育学、心理学等相关理论的支持。在杜威"从做中学"教学理论、皮亚杰认知建构主义学习理论以及布鲁纳结构化课程论的共同作用下,"做历史"教学论的内涵得以不断丰富和提升。

(一)杜威的"从做中学"理念

20世纪初,美国教育哲学家杜威在进步主义教育运动期间提出了"从做中学"(Learning by Doing)的教学理念。他认为思维起源于生活中的疑难,而这些疑难需要通过实践经验来寻求解决之道。因此,杜威主张教育应与生活、生长和经验改造紧密相连,教学应以活动和经验为媒介,引导学生通过实践获取知识。这一理念打破了传统教学中理论与实践相脱离的僵局,为"做历史"教学提供了重要的理论支撑。

在杜威看来,"从做中学"不仅仅是动手操作的过程,更是思维与情感全面参与的过程。他构建了"进入经验情境—产生真实问题—活用知识资料—以方法解决问题—在实际中检验结论"的教学法路径,强调知与行、身与心的相互联结。这一路径在"做历史"教学中得到了充分体现:学生通过参与历史探究活动,进入特定的历史情境,产生真实的历史问题,并运用所学知识尝试解决问题,最终在实践中检验自己的结论。

(二)皮亚杰的认知建构主义学习理论

作为教育心理学的一个重要分支,建构主义学习理论强调学习者的主观性在认知结构形成中的关键作用。瑞士教育学家皮亚杰的认知发展理论为建构主义学习理论奠定了基础。他认为客体虽然独立存在于我们之外,但只有通过主体的运演结构才能被我们所认识。因此,知识的习得不是简单的传递过程,而是学习者通过主动建构形成的。

皮亚杰的认知建构主义学习理论为"做历史"教学提供了有力的理论支持。它主张学生在学习过程中应扮演主动建构者的角色,通过互动与情境化的学习来构建自己的知识体系。在"做历史"教学中,学生以问题为中心进入特定的历史情境进行探究性学习,通过与教师、同伴以及历史资料的互动来构建自己对历史事件的理解与解释。这一过程不仅促进了学生的认知发展,还培养了他们的批判性思维与合作交流能力。

(三)布鲁纳的结构化课程论

20世纪50年代,美国教育学家布鲁纳提出的结构化课程理论为课程设计提供了重要的理论指导。他认为学习的实质在于主动掌握课程的基本结构,即理论、概念、符号系统等,并注重挖掘课程中的知识层次,以促进知识的迁移与联结。布鲁纳强调学习者应主动进行"发现学习",通过多线融合而非单线突进的方式掌握事物之间的相互关联。

布鲁纳的结构化课程论在"做历史"教学中得到了有效应用。教师引导学生主动探索历史课程的基本结构,通过跨学科的概念整合与知识迁移来拓宽学生的视野和增加其思维深度。同时,鼓励学生进行"发现学习",通过自主探究与合作交流来构建自己对历史事件的全面理解。这一过程不仅提升了学生的历史素养,还培养了他们的跨学科思维与综合应用能力。

"做历史"作为一种创新的历史探究教学方式,其内涵丰富,且理论基础深厚。在杜威"从做中学"理念、皮亚杰认知建构主义学习理论以及布鲁纳结构化课程论的共同作用下,"做历史"教学得以在实践中不断丰富和完善,为学生的全面发展提供了有力的支持。

二 美国中学"做历史"教学的多元实践探索

随着"做历史"教学理念在美国中学教育中的深入推广,其多元化的实践探索呈现出蓬勃发展的态势。这一教学范式的广泛应用,不仅促进了历史学科与其他学科的交叉融合,还极大地丰富了教学手段和方法,为学生提供了更为广阔的学习空间和更为深入的历史认知体验。下面,笔者将从文学与艺术两个维度,详细探讨美国中学在"做历史"教学实践中的具体做法及其价值所在。

(一)文学维度下的"做历史"教学实践

在美国社会科学中,文学作品作为历史探究的重要辅助工具,被赋予了新的生命和活力。当文学元素与历史探究活动深度融合时,"做历史"教学便展现出独特的魅力和价值。

1.教学准备与合作

在文学维度下的"做历史"教学实践启动之前,社会科教师与语文教师之间的紧密合作成为关键。双方不仅须对照各自的教学计划寻找可能的交叉点,还须共同商讨如何将文学作品有效地融入历史探究活动之中。这种合作模式不仅体现了建构主义教学观的要求,还为学生提供了跨学科学习的宝贵机会。

针对中学生文学功底参差不齐的现状,教师在教学准备过程中须特别关注学生的阅读障碍问题。通过细致解读文学作品中的专业术语,提供必要的背景知识补充,甚至引导学生进行个性化解释,教师努力为学生营造一个无障碍的阅读环境,激发他们的学习兴趣和探究欲望。

2.文字与符号的转换

在以文史结合为主旨的历史教学中,文字作为信息传递的初始载体,其向符号信息的转换过程至关重要。这一过程不仅依赖于学生的主观能动性,还需要他们充分发挥理解力的作用。为了帮助学生摆脱孤立的信息观,教师应鼓励学生以原有知识为基础,主动探寻当前信息与先前经验之间的联系。这种联系可以是整体与整体间的、局部与局部间的,甚至是整体与局部间的。通过理解活动的不断深化,学生能够扩充信息含义、改组信息结构,进而形成对历史的全新认识。

3.文学对历史探究的辅助作用

文学作品的引入为历史探究活动提供了丰富的素材和多元的视角。它们不仅可以佐证历史信息、构建矛盾点以培养学生的思辨能力,还可以补充历史信息以构建更为完整的历史图式。尤为重要的是,文学作品以其独特的叙事结构和文字表现力,帮助学生形成时空观念。在文学的浸润下,学生能够在脑海中勾勒出一幅幅兼具时间感与空间感的历史图景,从而更加深入地理解历史人物的决策背景、历史发展的多重因素以及历史进程的必然性与偶然性。

(二)艺术维度下的"做历史"教学实践

艺术作为人类文化的重要组成部分,其在历史教学中的价值同样不容忽视。珍妮特·格罗斯等美国中学社会学科教师的实践探索表明,艺术维度的引入为"做历史"教学注入了新的活力。

1.艺术与历史的融合

在历史教学中引入艺术元素,不仅拓宽了教学资源的边界,还为学生提供了个性化的学习平台。通过整合手工艺品、绘画、音乐、雕塑等跨学科属性的艺术品作为史料和辅助材料,教师能够创设出更为生动、真实的历史情境。这种情境的构建不仅有助于学生回到历史现场、秉持问题意识进行探究,还能够激发他们的学习兴趣和创造力。

2.沉浸式探究与情境重现

基于艺术维度的"做历史"教学实践强调沉浸式探究的重要性。在情境的浸润下,学生能够通过角色扮演、实物操作等方式深入体验历史事件的发生过程。这种身临其境的学习体验不仅能够加深学生对历史知识的理解和掌握,还能够培养学生的同情理解能力以及对现实问题的深度思考能力。

3.艺术视角下的历史认知

艺术维度的引入打破了传统历史教学的单一视角限制,为学生提供了多元的历史认知机会。通过艺术具象的活现和历史线索的联结思考,学生能够更加直观地感受到历史的多样性和复杂性。这种多元的历史认知不仅有助于推动核心素养的涵养和关键能力的掌握,还能够促进学生的全面发展目标的实现。

美国中学在"做历史"教学实践中的多元探索为我们提供了宝贵的经验和启示。无论是文学维度的深入挖掘还是艺术维度的创新应用,都充分展示了跨学科教学在历史教育中的巨大潜力和广阔前景。在未来的教学实践中,我们应继续借鉴和推广这些成功经验,努力构建更加生动、丰富、有效的历史教学模式。

三 "做历史"理念对中国历史教育改革的深刻启示

(一)革新教育理念,培育全面发展的人才

教育理念作为教育实践的指南,其先进性与否直接关系教育的成效和人才的培养质量。相较于美国开放而先进的教育理念,中国虽已步入新课改的轨道,强调素质教育,但在实际操作层面,应试教育的阴影依旧挥之不去。成绩作

为升学考核的主要乃至唯一标准,导致学校教学与课外辅导活动均过度聚焦于分数,学生陷入机械记忆与题海战术的泥潭,忽视了综合素质与能力的培养。特别是在历史学科上,其因在某些省份的中考中权重较低或甚至不被纳入考试范围,而常被边缘化,这不仅限制了学生的历史视野与思维深度,也削弱了历史学科对学生全面发展的促进作用。

为此,中国历史教学应深刻汲取美国"做历史"教学理念中的精髓,积极优化教育理念。首先,应高度重视历史思维训练,将其视为历史教学不可或缺的一部分。历史不仅仅是过去的记录,更是培养学生批判性思维、决策能力的重要载体。通过"做历史"活动,如历史模拟、辩论、实地考察等,引导学生主动探究历史问题,形成个人观点,这对于提升其综合素养具有重要意义。

同时,历史教学应融入公民教育,强化学生的社会责任感与道德意识。美国历史教学中倡导的"公正、平等、思辨、责任、宽容"等公民素质,值得我们借鉴。历史教师在教学过程中,不仅应传授历史知识,更要引导学生从历史事件中汲取智慧,树立正确的价值观,为成为有担当、有责任感的社会公民奠定坚实基础。

(二)挖掘课程资源,拓宽历史学习途径

课程资源的丰富性与利用程度,直接影响到历史教学的质量与效果。美国中学在"做历史"教学中,充分利用校内外各种资源,为学生提供了广阔的历史学习平台。相比之下,中国学生在历史课程资源的利用上还存在较大提升空间。

图书馆作为知识宝库,是历史学习不可或缺的重要资源。然而,我国学生在图书馆资源利用方面普遍不足。针对这一问题,学校可以借鉴美国的经验,加强与图书馆的合作,通过开设图书馆使用课程、组织实地参观、举办专题讲座等方式,提升学生的信息检索与学术研究能力。同时,鼓励学生在历史学习中充分利用图书馆资源,查阅历史文献、专著、期刊等资料,深化对历史事件与人物的理解。

此外,社区与乡土资源也是历史学习的重要补充。历史遗迹、博物馆、纪念馆等场所,不仅承载着丰富的历史信息,也为学生提供了亲身体验历史的机会。历史教师应积极引导学生走出课堂,走进社区与乡土空间,通过实地考察、访谈等形式,了解身边的历史故事与文化传承,培养其历史兴趣与人文素养。

(三)创新教学方法,激发学习主动性

教学方法的创新是提升历史教学质量的关键。美国中学在"做历史"教学中,采用了多样化的教学方法与技术手段,有效激发了学生的学习兴趣与主动性。中国历史教学也应与时俱进,不断改进与创新教学方法。

首先,应充分利用现代教育技术,如动画视频、图片、文本展示等,创设逼真的历史情境,使学生身临其境地感受历史。这种直观而生动的教学方式,不仅能够吸引学生的注意力,还能有效降低历史学习的难度,提升学生的学习效率与兴趣。

其次,应鼓励学生自主探究与合作学习。在"做历史"活动中,学生需要主动参与问题探究、资料搜集与整理、观点形成与表达等环节,这不仅能够培养其独立思考与解决问题的能力,还能增强其团队合作精神与沟通协调能力。历史教师应作为引导者而非灌输者,适时给予学生指导与帮助,引导其在探究过程中发现问题、解决问题。

最后,教学方法的选择应根据学生特点、教学内容与教学目标灵活调整。不同年级、不同班级的学生具有不同的学习需求与特点,历史教师应结合实际情况,选择最适合的教学方法与技术手段。此外,传统教学方法中的精华部分也应予以保留并创新运用,如教师讲解、课堂讨论等,这些方式在帮助学生理解难点、掌握重点方面仍具有重要作用。

总之,"做历史"教学理念为中国历史教学改革提供了宝贵的启示。通过优化教育理念、挖掘课程资源、创新教学方法等措施的实施,我们有望打破应试教育的桎梏,推动历史教学向更加注重学生全面发展与素养提升的方向迈进。

第二章

问·道历史教学的内涵诠释

第一节
问·道历史教学的内涵界定

当前以"批判性思维""问题解决"的高阶认知能力为需求的21世纪新型人才培养观已初具形态,基于问题的中学历史教学与之有着内在契合。以问题链的解决为教学推进过程,以教师是问题的催生者和问题解决的合作者、引导者,学生是问题的建构者、探究者、学习者的新型师生互动关系为教学活动形式,明确指向立德树人宗旨和历史思维养成之教学目标,成为一种架构中学历史课堂教学新范式的重要方向。

一 问·道历史之"问"

《说文解字》中关于"问"的解释是:"讯也。从口,门声。""问"是一个动词,表示提出问题、寻求信息或建立对话的行为。当我们使用"问"时,通常是为了获取特定的知识、观点或意见,或者与他人进行交流和沟通。"问"也可以理解为名词,有"问题"之意,在这里,我们把它理解为核心问题和问题链。有关问题之说,中外古已有之,历史渊源久远。《论语》有云:"多闻阙疑,慎言其余,则寡尤;多见阙殆,慎行其余,则寡悔。""学而不思则罔,思而不学则殆。"关于问题的重要性,唐宋时期有诸多思想家发表了言论,如韩愈的"人非生而知之者,孰能无惑?惑而不从师,其为惑也,终不解矣";张载的"有可疑而不疑者不曾学,学则须疑","于不疑处有疑,方是进矣";陆九渊的"小疑则小进,大疑则大进";以及朱熹的"读书,始读,未知有疑。其次,则渐渐有疑,中则节节是疑;过了这一番,疑渐渐解,以至融会贯通,都无所疑,方始是学"。基于"问"的学习和探究不是最低限度指导的教学方法,而是提供大量的脚手架和引导来促进学生的学习。[1]研究表明,把课堂还给学生,并不是放弃指导,如何指导是一个教学技能问题,如何用问题指导,是教师专业化水平的标志。维特根斯坦说,洞见或透识

---

[1] 戴维·H.乔纳森,等.学习环境的理论基础[M].郑太年,任友群,译.上海:华东师范大学出版社,2002:5-6.

隐藏于深处的棘手问题是艰难的,因为如果只是把握这一棘手问题的表层,它就会维持现状,仍然得不到解决,因此必须把它连根拔起,使它彻底地暴露出来,这就要求我们开始以一种新的方式来思考,这种全新的思考是自我反思的过程,需要对既定思维的突破,更需要尝试的勇气和胆识。

历史学科的问题设置,应坚持历史唯物主义的原则,体现结构化、层次性的特点。(见图2-1-1)

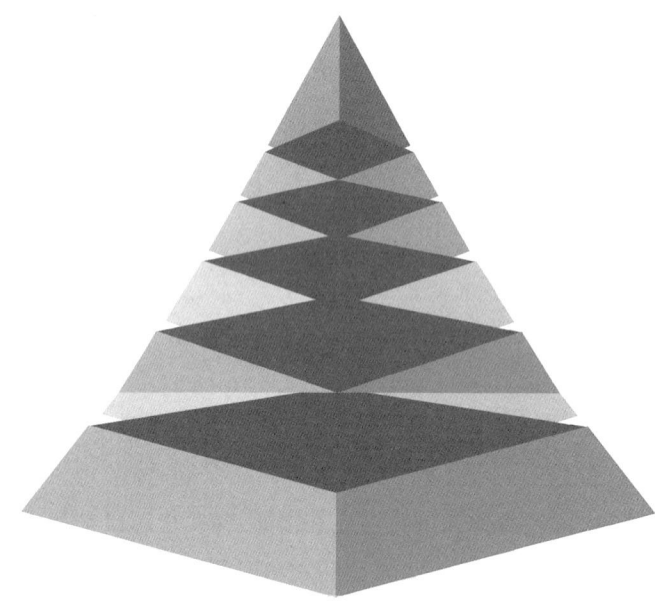

金字塔图自上而下标注:
- 如何融会贯通地体现历史唯物主义?
- 史料实证与历史叙事如何有机融合?
- 宏大的历史叙事与微观的历史故事材料如何处理?
- 如何发挥历史叙事的育人功能?
- 如何使这堂课有中心、有主旨、有立意、有灵魂?
- 如何从一堆碎片化的史料中构建出历史叙事严密的内在逻辑结构?

图2-1-1 历史唯物主义指导下的历史学科问题层级化设置

问·道源于问题,没有问题就难以激发其求知欲,难以深入思考,学习只能停留在表层。历史思维是历史研究领域独特的认识方法,其独特性取决于历史研究对象的特殊性。历史研究的对象是发生在过去的人类的言行,是个别的、特殊的事件。为什么要研究过去的人的言行?认识过去是可能吗?研究的材料从何而来?如何保证研究的客观性?研究人和物的方法有什么不同?如何研究人类个别的、特殊的言行?研究今人的言行与研究过去人的言行的方法有何区别?历史的思维就是在回答这些问题的过程中被界定的。

问·道历史教学强调以问题探究为中心,以解释为主要形式,以意义建构为目的,关注教学资源的拓展,强调问题的产生及解决。在课堂教学过程中,教师要针对学生存在的疑难问题,抓住问题的矛盾焦点,选准问题的突破口,精心设计一些既有一定难度又有实际思维意义的问题,引导学生完成"认识冲突—发现问题—探究问题—解决问题"这一过程。

教得好不如问得好，答得好不如问得好。什么问题具有探索性？什么问题能发人深省？教师用问题激发学生的求知欲能否真正引导学生展开有效的学习历程？能否引导学生跳出原有思维定式，发现并提出富有挑战性的问题，激励学生去学习更多的东西，并思考对于生命成长有价值的问题是什么？历史教学过程中是否可遴选某几类代表历史学科能力、学科思维的问题，作为教学中的核心问题？教学能否以问题解决的过程来呈现，使整个教学聚焦历史学科素养的培养？问题作为历史教学过程中促进学生人格发展、思维品质提升的重要载体，究竟应该如何实施？所有这些，都需要理论阐释与实践探索。

二　问·道历史之"道"

《说文解字》对"道"的解释为："行也，所以行也。"意思是"道"是行走的路线或方法，是人们行为的准则和方式。这个解释强调了"道"作为一种规范和方向的含义，与道家哲学中追求顺应自然、顺势而为的理念相符合。问·道历史意味着从多个角度探索并理解历史的内涵。历史不仅仅是过去事件的记录，更是人们智慧和思想的结晶。通过研究历史，我们能够了解人类社会发展的多样性、文化传承的重要性以及借鉴历史经验对当代社会发展的指导意义。因此，在日常生活中应该重视学习与探索历史，并将其内涵运用到实际中，以推动人类社会的进步与发展。

历史教学的学科价值是什么？是家长眼中教副科的老师，还是学生眼中死记硬背的学科？历史教学在社会发展及学生成长中所承担的使命是什么？它的魅力是什么？它的不可替代性体现在哪里？这些问题都需要我们认真思考。

在实际教学中，当笔者讲到殖民者用剥取的印第安人的头皮领取奖赏时，学生们面无表情；当笔者讲到奴隶贩子将大量生病的奴隶抛入大海中时，学生无动于衷；当笔者讲到奴隶的三角航程能换来百分之百甚至百分之千的利润时，台下学生一片惊呼：能挣这么多钱啊！之后，在讲拉丁美洲独立战争时，笔者重新提到前面的例子，学生知道殖民主义的压迫必将遭到反抗；在讲到马克思主义诞生时，笔者再次提到这一课，让学生思考应以什么作为选择职业的标准；在讲到改革开放这一课时，笔者让学生讨论什么才是获得金钱和利润的正途。学生说：金钱对我们仍有巨大的吸引力，但我们知道了比它更宝贵的是什么。

从学科特点看学科价值,首都师范大学赵亚夫教授说:"要明确作为教育学科的历史,它的教育本质和学科本质,有必要区别历史学与历史教育的概念。作为研究的历史学和作为教育的历史课……对于它们之间的联系与不同的内容概念,必须有明确的界定……历史学科不是一门'实用'的应用学科,而是一门文化素质养成性质的人文学科。"①那一个个正在成长中的学生,需要的不仅仅是一道道的习题、一次次的背诵,他们更需要的是历史带给他们的智慧,带给他们思考的能力,带给他们能够伴随终生的人文素养。

有历史学者提出一个问题:学习历史到底有什么用? 学习历史一共有三个功用,第一个功用是"启发智能"。最好的方法,是接近有智慧的人。但能不能遇见有智慧的人,他愿不愿和你交友,能认识到多深,这都是不能掌握的事。最简单的方法,就是读有智慧的书。因为有智慧的书就在那里,它不会跑。读书的目的,就是为了用古人的智慧,来启发我们的智慧。打个比方,历史就是磨刀石,它最大的功用就是磨利我们脑子中名叫"智慧"的那把刀。磨刀石不能帮助我们披荆斩棘,只有刀才可以。只是记忆历史是没有用的,只有从历史中学到智慧才是有用的。如果以为只是记住古代的历史,就能解决今日的问题,那就好像拿着磨刀石去切东西,自然问题百出。这不是磨刀石没有用,是我们的用法错了。为什么读历史没有用? 因为你本来就不是以"有用"的方法来读历史。书有古今,智慧没有古今。如果想让自己的智慧更加充实而锐利,那么学习历史是最简单的快捷方式。历史总结了在过去的几千年中,上自帝王将相,下到贩夫走卒,各种各样的人与事。如果不能从历史中磨炼智慧,我们所读的古人古事都早已逝去、腐朽,他们连骨头都烂成灰了,只是背诵他们的事迹又有何用? 他们的智慧,才是我们应该活用的宝贵资产。

历史学的第二个功用是"审时度势"。这个世界上,需要各式各样的人才。而历史学正是为了培养眼光不局限于当代,而能洞彻事物发展脉络与前因后果的人才,这也就是古人会把历史学当成是领袖必备教育的原因。

历史的第三个功用,也是最后一个功用,就是"感动人心"。荀子说:"百王之无变,足以为道贯。"经过无数个时代却始终没有改变的东西,才能作为纵贯古今的"道"而存在。什么是这样的东西呢? 那就是人性,就是良知。

---

① 赵亚夫.个性·创造性:新世纪中学历史教育的核心(续二)[J].中学历史教学参考,1999(11):4-9.

要改变世界,只能从改变人心开始。要成就大事业,也一定要了解人性、掌握人性。只有人心变了,世界才能改变。历史是追求真实之道的学问,只有从真实出发才能提炼出真实的道理,也唯有"真"才能打动人心,才能真正改变世界。

教育是民族复兴大业的根基,义务教育课程改革必须明确"培养什么人,怎样培养人,为谁培养人"的问题。只有用真的历史才能培育出美与善的价值观,虚假或伪造的历史培养不出善良与诚实的品格。人类就是因为能够正确对待历史,所以才会那么自信地面对现在和走向未来。一如朱永新在《每个人都有责任书写自己的历史》一文中所说的那样:"历史不仅仅是一个让人变得更聪明的学科,历史本身还是一个让人变得更有责任感、更有尊严的学科。"

三　问·道历史内涵

问·道历史教学主张具有问为表征、道为内核的特质,以教师为主导,以学生为主体,以真历史问题为核心,徐步进阶引领学生不断探究掘深的历史教学,通过探究、发现、交流和反思等方式,促进学生的批判性思维的培养。这种教学主张基于质疑、融通、审辩等科学思维路径,以全面反映历史学科的教学价值和育人价值,培育历史学科核心素养。道,是事物的本原、规律。老子告诉我们"道可道,非常道"。因此,问·道历史教学,就是一个去追问、去寻找、去接近的过程。问·道历史教学,强调对学生批判性思维能力的培养,这一目标值得我们拼尽一生的热情和智慧去实现。

历史是人类社会发展过程中的重要组成部分,它记录了人类的经验、智慧和成就。历史教学过程的本质是探究、对话、交流和沟通,是师生以教学资源为媒介的交互影响的过程。[1]教学是师生双方的共同活动,是由教师的教与学生的学组合起来的共同活动的过程。问·道历史教学,意味着我们不仅仅要简单地了解历史事件的发生,更要深入挖掘其中蕴含的思想、文化和价值观念。从历史学科内涵出发,可确定时空观念、史料实证、唯物史观、历史解释和家国情怀为中学历史教学中的核心素养。以核心问题勾连中学历史学科内容和学科思维,并以问题和问题链的形式进行整合,那么中学历史课堂教学过程就能在很大程度上成为问题解决的探究学习过程。通过问题追问形成"问题链",可有效地推进教学,提升教学对话过程中的思维品质,促进核心素养落地。

---

[1] 赵亚夫.中学历史教育学[M].北京:北京师范大学出版社,2019:199.

"问·道",简言之就是追寻存在的价值,"问·道"历史就是对历史存在(历史现象、历史事件、历史人物、历史过程)是什么、又为什么的追寻。法国学者雷蒙·阿隆指出,"历史认识或被当作认识的历史是根据现存之物对以往知识的重建或重构","这不是对过去的抽象重构,而是对一个发生在具体时空的过去的重构"。"具体时空的过去"是客观的历史,对"具体时空的过去"的"重构"是写的历史或主观的历史。历史既是客观存在,它便以自己的方式巍然永存,不可改变。但历史属于时间的存在,它不可能重复再现。这样,就形成了一个因果关系:主观的历史随客观历史之后而记述之,要了解历史的客观存在,必须通过叙述(系统的记录、研究和诠释),哪些当时被记述,哪些当时被遗忘,无不是记述者在对事实理解和解释基础上的选择。

这一模型(见图2-1-2、图2-1-3)呈现了发现和提出问题、分析和解决问题的全过程:学生在真实情境中进行体验,由于情境与已有经验发生冲突产生疑问,疑问的表达蕴藏着问题的提出;进而经过思考,这些疑问转化为可以讨论的问题。通过持续而深入的自我探索、合作、交流,学生经历解决问题的过程,运用所学知识和方法解决问题,或者进一步学习新的知识和方法。随着解决问题的过程深入,学生可能产生新的问题,并以新的问题为新的生长点带动学习。继而,在反思中总结所学知识和方法,建立内容之间的联系。而反思的过程同样可能引起新的冲突,从而在冲突与矛盾中产生新的问题。

图2-1-2　问·道历史教学模型1

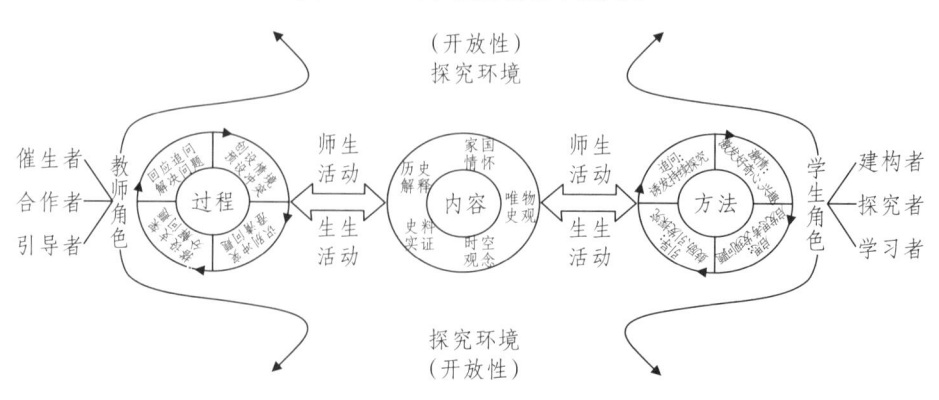

图2-1-3　问·道历史教学模型2

在这种模式中,宽松的氛围和真实的情境是促使学生提问的两翼。一方面,营造鼓励提问的氛围,让学生通过观察、思考、实践,或由于困惑,或由于好奇,提出自己感兴趣的问题;另一方面,创设真实的情境,引导学生通过情境体验进行主动思考,不断发现、提出、分析和解决问题。

第二节 问·道历史教学的本质特征

一 问·道历史教学的主体观

树立以学生为主体的教学观念,教学注重以生为本、以学为本、以学定教、以学促教,倡导自主、合作、探究的学习方式,培养和提高学生的历史学科核心素养。注重学生自主探究的学习活动,鼓励教学方式的创新。在教学中注重学生的需求,关注学生的反馈,以及时调整教学策略。历史教学的根本目的在于帮助学生理解过去的事件和过程,从而更好地理解当下的社会现象和未来的可能发展。通过历史教学,学生可以了解不同文化、社会和政治背景下的事件和决策,从而培养对历史复杂性和多样性的理解能力。此外,历史教学还旨在培养学生的批判性思维、分析能力和跨文化交流能力,使他们成为具备全球视野的公民。最终的目标是培养学生成为能够积极参与社会、具备社会责任感和价值观的公民,从历史中吸取经验教训,推动社会的进步和发展。

问·道历史教学的主体观强调学生作为学习历史的主体,应当具有独立思考、自主学习的能力。这种主体观下的历史教学注重培养学生的批判性思维、分析能力和创造性,鼓励他们主动参与历史事件的研究和讨论,而不仅仅是被动接受教师灌输的知识。还强调尊重学生的多元文化背景和个人经验,通过多样化的教学方法和资源,帮助学生能够更好地理解历史事件并形成独立的看法。这种主体观下的历史教学旨在培养学生的历史意识和社会责任感,使他们成为有独立思考能力的历史学习者和未来公民。

历史课程的教学以学生为本,充分考虑学生学习历史、认识历史的特点,通过学生自主探究的学习,体现学生在教学中的主体地位,实现历史课程育人方式的变革,提倡多样化的教学资源,探索多样化的教学方式和方法,鼓励将现代信息技术与历史教学深度融合,培养学生学会学习、发现和解决问题的能力,为创新型人才成长奠定基础。

让师生生命成长于历史课堂。教学中要有生命意识。在教学中注重学生的需求,关注学生的反馈,以及时调整教学策略。

学生主体观的因素包括以下几个方面:(1)教学质量——为学生所感知的教学质量。(2)教师期望——教师对教学、学习、评价和学生的观念,这关乎教师的这样一些看法:是否所有学生都能取得进步,是否所有人的成就都是可变的,以及是否理解和清晰表述了学生的进步。(3)教师的开放度——教师是否准备好接受意外。(4)课堂氛围——一个温暖的充满社会交往和情感的氛围,不仅容忍而且欢迎错误;教师清晰表达成功的标准和成就;促进努力;所有学生参与和投入。[1]

学生自身对其学习产生影响的因素包括:先前习得的知识,期望,对经验的开放程度,逐渐形成的有关学习投入的价值的信念,参与,通过参与学习建立自我意识的能力,以及作为一个学习者的荣誉感。[2]

二　问·道历史教学的目标观

《义务教育历史课程标准(2022年版)》指出:"历史课程是落实立德树人根本任务的重要课程,注重培育学生的核心素养。通过发掘人类优秀文化遗产的育人功能,使学生树立正确的历史观、民族观、国家观、文化观,增强责任意识和社会担当,成为德智体美劳全面发展的社会主义建设者和接班人。"[3]

具体地,问·道历史的目标包括以下几个方面:

(1)培养历史素养:历史教学旨在培养学生对历史事件、人物和文化的理解和感知能力,使他们具备正确的历史认知和价值观。

(2)激发学生兴趣:通过生动有趣的历史教学,激发学生对历史的兴趣,增强他们的学习主动性和积极性。

(3)提高思维能力:历史教学旨在培养学生的批判性思维、分析问题的能力

---

[1] 约翰·哈蒂.可见的学习:对800多项关于学业成就的元分析的综合报告[M].彭正梅,邓莉,高原,等译.北京:教育科学出版社,2015:42.
[2] 约翰·哈蒂.可见的学习:对800多项关于学业成就的元分析的综合报告[M].彭正梅,邓莉,高原,等译.北京:教育科学出版社,2015:38.
[3] 中华人民共和国教育部.义务教育历史课程标准(2022年版)[S].北京:北京师范大学出版社,2022:2.

和逻辑思维能力,让他们具备独立思考和判断的能力。

(4)传承文化遗产:历史教学旨在传承和弘扬民族文化遗产,让学生了解自己民族的历史发展脉络,增强文化认同感和自豪感。

(5)引导正确价值观:历史教学应当引导学生正确看待历史,正确认识历史事件和人物,形成正确的历史观,帮助他们树立正确的世界观、人生观和价值观。

总之,正如《义务教育历史课程标准(2022年版)》所指出的,"历史学是在一定的历史观指导下叙述和阐释人类历史进程的学科。马克思主义指导下的历史学,以探寻历史真相、总结历史经验、认识历史规律、认清历史发展趋势为其重要功能"[1]。

三 问·道历史教学的内容观

历史作为人类社会发展的记录和反映,内涵丰富,蕴含着人类经验的智慧、文明的传承以及对未来的启示。问·道历史内涵引导师生加深对历史事件、人物、思想等所蕴含的意义和价值的理解和认识,并掌握一定的史学思想方法(见图2-2-1)。

1. 引导学生理解历史知识的产生过程和历史认识的形成过程
2. 判断不同类型史料的价值
3. 揭示史实形成和史实之间的逻辑关系
4. 以历史的观点观察、分析、综合、比较尝试解决一些历史问题
5. 形成证据意识、逻辑意识和兼容意识
6. 历史思维品质

图2-2-1 史学思想方法

按照国际上最有代表性的布卢姆-特内的教学提问模式(见表2-2-1),教学提问可以分为由低到高的六个不同水平,即知识水平、理解水平、应用水平、

---

[1] 中华人民共和国教育部.义务教育历史课程标准(2022年版)[S].北京:北京师范大学出版社,2022:1.

分析水平、综合水平和评价水平。其中,前两种水平的提问都与学生不同类型或不同水平的思维活动相联系,都有其独特的思维发展价值。布卢姆-特内教学提问模式对教师课堂提问进行了界定,有助于把握课堂提问的指向性。

表2-2-1　布卢姆-特内教学提问模式

序号	提问水平	提问目的	提问要求	教师常用的关键词
1	知识	确定学生是否已记住先前所学的内容	用是、否来进行判断,其内容不超出已掌握的知识范围	谁、什么是、哪里、什么时候、写出等
2	理解	帮助学生组织所学的知识,弄清它的含义	能用自己的话叙述所学的知识,能比较和对照知识或事件的异同,能把一些知识从一种形式转变为另一种形式	用你自己的话叙述、比较、对照、解释等
3	应用	鼓励和帮助学生应用已学的知识去解决问题	能把所学的规则和理论应用于问题解决,进行分类、选择,以确定正确的答案	应用、运用、分类、选择、举例等
4	分析	分析知识的结构、因素,弄清事物间的关系或事项的前因后果	进行判断思维,能分析资料以确定原因,进行推论	为什么、什么因素、得出结论、证明、分析
5	综合	帮助学生将所学知识以另一种新的或有创造性的方式组合起来,形成一种新的关系	对某一知识有整体理解,要求学生能进行预见,创造性地解决问题	预见,创作,如果……会……,总结等
6	评价	帮助学生根据一定的标准来判断材料的价值	对一些观念、价值观、问题的解决办法或伦理行为进行判断和选择,还要求学生能提出自己的见解	判断、评价、证明、你对……有什么看法

每一根历史链条都是一个主题问题,如何围绕一个主题问题分设小问题展开探究活动,即"做中学历史"。问题诸如"被殖民的社会总是感到文化的不安全性吗?""从地域上来看,在知识和文化层面是呈现出地区分裂化、多样化和落后性的吗?""一个民族的文化是如何,又是在何时取得身份认可的?""具体构成因素有哪些?又该如何识别?""这样的身份鉴别经历了哪些历史发展阶段?"等,最后的问题会上升到对文化史的整体思考,如"什么是文化史?""研究文化史的历史学家们的兴趣焦点是什么?他们使用什么方法?如何使用资料?""文化史在历史中扮演什么角色?"等。

从学生角度可以做如下分析。

从提问技巧上,提问可分为总分式提问、台阶式提问等几种类型。

总分式提问是把一个比较复杂而有难度的历史问题分解为若干小问题,将一个大问题分解为若干小问题,这些小问题本身互不直接牵连,而分别与大问题相扣合。回答了诸多小问题,再综合探索大问题,其特点是"以大领小,从小到大"。这种提问符合学生从具体到抽象、从个别到一般的认识规律,不仅能使学生体会到课文内容组成部分之间的有机联系和各部分作用,而且锻炼了学生分析与综合的思维能力。这是一种化难为易的提问技巧,常能收到条理清晰、纲举目张的教学效果。

台阶式提问是指将几个连贯的问题由易到难依次提出,前一个问题是后一个问题的基础,后一个问题是前一个问题的深化,就像攀登台阶一样,步步升高,把学生的思维一步一个台阶地引向求知的天地。教师将所要展示的内容设计为环环相扣、前后连贯、形同阶梯的问题组,让学生登上阶梯去寻根究底,直至问题完全解决。台阶式提问可以从以下四个方面来预设:一是按同一历史事件内部的联系设计提问台阶;二是从不同历史事件的联系设计提问台阶;三是对同一史实,通过发散性提问引导学生多元思维,既让学生牢固地掌握基础知识,又有利于培养学生从了解进入研究的创造性思维能力;四是根据历史人物对同一历史事件态度的变化设计提问台阶。教师通过精心设疑,启发学生对其中的原因进行探求。

通过以上提问设计,学生可以在教师的问·道历史教学中把握以下历史内涵:

智慧与教训:历史内涵中包含了人类经验的智慧和教训。通过对历史事件的理解和分析,人们可以从中获得宝贵的经验教训,避免重蹈覆辙,指导未来的行动。

文明传承:历史内涵也承载着文明的传承和发展。历史上的伟大成就、文化遗产和精神传统,构成了人类文明的基石,对于今天的社会和文化仍具有重要的影响。

人类命运共同体:历史内涵还反映了人类命运共同体的价值关切。不同国家、民族和文化之间的历史交往和交融,形成了丰富多彩的历史画卷,展现了人类共同的价值追求和命运纽带。

未来的启示:历史内涵中蕴含着对未来的启示。通过对历史的总结和反思,人们可以更好地把握当下,规划未来,为构建更美好的社会和世界提供借鉴和启发。

总之,历史内涵是多维度的,它不仅包括了过去的经验和教训,也涵盖了对未来的思考和启示,对于人类社会和个体生活都具有重要的意义。

第三节 问·道历史教学的价值意蕴

历史是最好的教科书,也是最好的"清醒剂"。

问·道历史的价值意蕴包括对人类社会发展、文明演进和人类行为的深刻反思和启示,对人类社会和个体生活都具有重要的意义。

问·道历史,能让我们基于历史的大视野和大逻辑,弄清楚我们是谁、从哪儿来、往哪儿去。特别是通过学思践悟党领导人民进行艰苦卓绝的革命奋斗史、理论创新史和自身建设史,我们能基于历史、理论和实践逻辑等多个层面,去深刻感知红色政权来之不易、新中国来之不易、中国特色社会主义来之不易,从而在知史中爱党、在知史中爱国,不断厚植爱党爱国之情怀,让初心薪火相传,把使命永担在肩。

问·道历史,还能让我们深刻把握历史规律,看清历史本质,以史为鉴,从而更深入地认识党情、国情、社情,更好地把握共产党执政规律、社会主义建设规律、人类社会发展规律,以正确的历史观、民族观、国家观、文化观,弄清楚、理解透中国共产党为什么"能"、马克思主义为什么"行"、中国特色社会主义为什么"好"。

从问·道历史中不断汲取精神力量和经验智慧。"明镜所以照形,古事所以知今。"历史总是向前发展的,我们重视历史、研究历史、借鉴历史,就是为了更好地了解昨天、把握今天、开创明天,从中不断汲取开拓创新的经验、智慧和力量。通过问·道历史,我们能透过历史事件、历史人物、历史思想、历史影响等,更好地洞悉过往、明理立身,特别是通过培树辩证唯物主义和历史唯物主义,以此形成科学、正确、系统的历史认知观,从而更好地厘清历史脉络,洞察历史真相,汲取历史经验,把握历史大势,启迪昭示未来。

因此,通过问·道历史,我们能更好地聚焦问题导向,加强分析研判,强化忧患意识,坚持底线思维,做到学思用贯通、知信行统一,推进学史明理和以史鉴今的过程,是理论与实践、主观与客观相统一的过程。

一　承载批判性思维的培养

以往，历史教学只看到了儿童与生俱来的学习历史的天资，却忽视了同时拥有的批判性思维的潜质。遗憾的是，这份可贵的天资总不牢靠，并随着年级的升高而不断丧失。①

——赵亚夫

赵亚夫教授的这段话笔者深以为然，在中学历史教学的课堂上，需要将学生置于一个真实的问·道历史起点，而非脱离实际地预设"我不教他就不懂"。学生天生就具有批判性思维的潜质。如果我们授课时只讲教材内容，学生听起来就会索然无味；若穿插一些不同素材和观点，学生就会兴趣大增。这正是批判、质疑的表征，通过问·道教学抓住这可贵的萌芽，可以促进学生求异思维的形成与发展。

茅海建先生说，中国近现代史"学科发展的轨迹是主题先行，很早就有了许多重要的结论，但这些结论所依托的史实却在匆忙中搭建，根基并不是很深……学术发展到今天，我们的手中已经并不缺乏结论，相反的是，我们的思考却为各种各样互相对立抵牾的结论所累。"②问·道历史教学课堂具有两层含义：一是指向教师，执教者以批判性思维为工具可以提升教学质量；二是指向学生，学生可以通过课堂习得批判性思维技能和精神。因此，教学目标既包含教师使用批判性思维作为工具"教"的目标，也包括学生是否通过历史课堂习得批判性思维"学"的目标。批判性思维既要提升教师的教学胜任力，也要促进中学生历史学科核心素养的培育。批判性思维打破传统的历史思维，让知识教学转为问题教学或探究性学习。

根据理查德·保罗、琳达·埃尔德对"批判性思维"的定义不难发现，其中良好的判断、恰当的评估标准、对推理的信心、重视证据和推理，都与历史核心素养倡导的史料实证、历史解释不谋而合，学会换位思考，从他人的角度学会理解相反观点；强调思维正直，用同样的标准判断他人，则与历史核心素养所要求的对学生时空观念、唯物史观、家国情怀的培养理念高度契合。

---

① 赵亚夫.批判性思维决定历史教学的质量[J].课程·教材·教法，2013,33(2):72.
② 茅海建.戊戌变法史事考[M].北京：生活·读书·新知三联书店，2005：自序1.

二　促成历史学科核心素养的落地

问·道历史教学通过问题来推进、来激活、来检验。通过围绕问题并基于问题解决的教学设计促成学科核心素养的落地。

《义务教育历史课程标准(2022年版)》指出:"核心素养是学生通过课程学习逐步形成的正确价值观、必备品格和关键能力,是课程育人价值的集中体现。通过核心素养的培育,落实立德树人根本任务。"[1]培养学生的核心素养,使学生在学习、探索历史的过程中形成自己对历史的正确认识,是义务教育历史课程育人功能的重心所在。

义务教育历史课程要培养学生的核心素养,主要是指唯物史观、时空观念、史料实证、历史解释、家国情怀五个方面。这五个方面,也是历史课程要求形成的正确价值观、必备品格和关键能力的具体化。其中,唯物史观意味着要注重人类文明发展的实践性和以人为本的精神,是其他素养得以达成的理论保证;时空观念意味着要将所认识的史事置于具体的时空条件下进行考察,是其他素养得以达成的基础条件;史料实证意味着对史实的推理和论证必须以可靠的史料作为证据,是其他素养得以达成的必要途径;历史解释意味着历史的叙述在本质上是一种对过去事情的理解与解释,是其他素养得以达成的集中体现;家国情怀意味着涵养国家强盛、民族自强和人类社会进步的人文情怀,是其他素养得以达成的情感基础和理想目标。问·道历史教学针对历史学科的各个核心素养的水平设计,通过一系列的问题链设置,以问题探究为中心,以解释为主要形式,以意义建构为目的,关注教学资源的拓展,强调问题的产生及解决,实现学科核心素养的落地。

三　服务人生

历史是人为了实现自己的目的而从事的社会活动,理解历史是人的需要,人也必须从人的本质及其存在的方式出发来理解历史。"在马克思看来,人性是一种直接性的范畴,它与人的存在是直接统一的;人的本质则是间接性的范畴,

---

[1] 中华人民共和国教育部.义务教育历史课程标准(2022年版)[S].北京:北京师范大学出版社,2022:4.

属于反思的概念。"[①]人是有需要的动物,因生存和发展有需要,也因需要而改变和创造历史。

  中学历史教育在了解和研究过去的人类、认识现实的人类以及关注未来的人类方面,同样存在着广域且深层次的对"现实的人"的历史理解。所以,中学历史教育不能仅看重文本、材料,而不重视思想、方法;不能只讲故事或只关心微观时间,而不强调意义建构或对文明的真相进行跨视域的阐释;不能只满足对于个别的、偶然的史事的兴趣,而忽视对整体的、必然规律的把握。问·道历史教学既让学习者看到历史中的人和人类的行为动机、轨迹及真实理由,又借助"活着的历史或遗产"实现有效的社会互动和交流。从历史教育价值论的角度,问·道历史教学围绕人文性精选历史知识和技能。通过问·道历史教学,既叙述和阐释了历史知识,又建构了历史之间的关联,学科的人文性得到彰显。

  中学历史教育是公民的历史教育,是大众的、普及的历史教育。问·道历史教学,促使教学不再仅仅依赖语言叙事和课本阅读,而是通过问题链设置,学生探究、合作、归纳、提升等方式来提升学习者获得阐释人的思想和行为的机会和能力。由此,文明、科技、正义、道德以及审美等种种人类文化,才能作为人类实践或者劳动成果阐释学习的意义,或者说,作为值得学习的历史遗产,被学习者认识和利用。从事历史教育的人只讲"同情之理解"是不够的,还需要储备学识的、做人的良知;还需要依据学生的心理特征和学科教育规律,有序、有效地开展教学活动;还需要在回答"历史教育能够做什么"的问题时,充分想好"历史教育不能做什么"或"最应当做什么",从而帮助学生获得有用的历史知识,发展他们的历史思维能力,引导他们形成充满人文性、科学性和时代性的历史意识。

---

① 袁贵仁.马克思的人学思想[M].北京:北京师范大学出版社,1996:80.

第三章

基于核心素养的
问·道历史教学

历史课程的构建紧密围绕核心素养,凸显课程的核心性质,并准确反映课程的教育理念,从而确立清晰明确的课程目标。核心素养,作为课程育人价值的集中展现,是学生通过系统学习逐步形成的正确价值观、必备品格和关键能力。通过精心培育核心素养,问·道历史教学致力于深入贯彻落实立德树人的根本任务。

历史课程所强调的核心素养,主要包括五个方面:唯物史观、时空观念、史料实证、历史解释以及家国情怀。《义务教育历史课程标准(2022年版)》指出:"唯物史观是历史学习的理论指引,是其他素养得以达成的理论保证;时空观念是历史学科本质的体现,是其他素养得以达成的基础条件;史料实证是历史学习的必备技能,是其他素养得以达成的必要途径;历史解释是对历史思维与表达能力培养的基本要求,是其他素养得以达成的集中体现;家国情怀体现了历史学习的价值追求,是其他素养得以达成的情感基础和理想目标。"[1]这五个方面共同构成了不可分割的核心素养整体,每个方面在整体体系中均占据举足轻重的地位。具体而言,唯物史观是历史学习与研究的核心理论与指导思想,是学生应具备的立场、观点和方法,是整个历史学科核心素养体系的灵魂;时空观念是理解历史的基础,是历史认知过程中不可或缺的重要观念;史料实证是历史学习与认知的独特思维品质,是解读和阐释历史的关键能力与方法;历史解释则是在形成历史认知的基础上,对历史进行叙述的能力,是衡量学生历史观及历史知识、能力发展水平的重要指标;家国情怀则是历史学习与认知在思想、观念、情感、态度等方面的集中体现,是实现历史教育育人功能的关键标志。五大核心素养之间的关系如下图所示。

---

[1] 中华人民共和国教育部.义务教育历史课程标准(2022年版)[S].北京:北京师范大学出版社,2022:6.

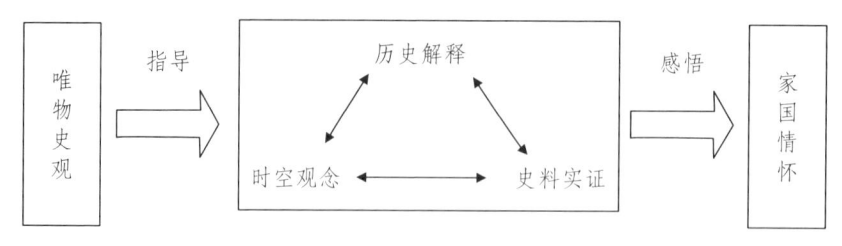

```
┌─────┐         ┌─────────────────────┐         ┌─────┐
│ 唯  │         │      历史解释        │         │ 家  │
│ 物  │  指导   │       ↗    ↖       │  感悟   │ 国  │
│ 史  │ ══════> │      ↙      ↘      │ ══════> │ 情  │
│ 观  │         │  时空观念 ←→ 史料实证│         │ 怀  │
└─────┘         └─────────────────────┘         └─────┘
```

历史学科五大核心素养之间的关系

总之,唯物史观作为历史核心素养的指导思想,明确引领了其发展方向。时空观念则精准地界定了核心素养在实际应用中的定位。史料实证的严谨性,成为衡量核心素养是否达成的核心标准。历史解释作为对历史事件和现象的深入剖析,具体展现了核心素养的实质内容。家国情怀则深刻体现了核心素养中的人文关怀精神。为此,教师在教育实践中,不仅需要全面、深入地理解核心素养的内涵及其教育价值,还需要充分认识到每个核心素养要素的重要性和独特性,以确保对历史核心素养有全面、准确的把握和深刻的认识。

历史学科核心素养的五个方面构成了一个不可分割的整体,各自在历史学科核心素养体系中占据独特地位并发挥关键作用。唯物史观作为核心理论,是揭示人类社会历史客观基础及发展规律的科学的历史观和方法论;时空观念是核心思维,指在特定的时间联系和空间联系中对事物进行观察、分析的意识和思维方式;史料实证是核心方法,是指对获取的史料进行辨析,并运用可信史料努力重现历史真实的态度与方法;历史解释是核心能力,是指以史料为依据,客观地认识和评判历史的态度和方法;家国情怀是核心价值观,是学习和探究历史应具有的人文追求与社会责任。[①]历史学科的五大核心素养在教学过程中应当作为一个有机整体进行培养,不宜割裂开来。

问·道历史教学须按以下步骤实施。首先,发现问题,提出问题。通过调查访谈、课堂观察确定研究方向,然后通过文献梳理、调查访谈发现问题——在课堂中"遇到了什么"和"应该是什么"来回答"是什么"。其次,分析问题,阐释问题。通过文献梳理、案例分析寻求问题在中学历史教学中的认识依据和功能阐释来回答"为什么"。再次,提出假设,解决问题。通过梳理文献,归纳提炼,结合历史学科五大核心素养——唯物史观、时空观念、史料实证、历史解释、家国

---

① 中华人民共和国教育部.义务教育历史课程标准(2022年版)[S].北京:北京师范大学出版社,2022:4-5.

情怀展开教学实践。采用核心问题分解形成问题链的形式构建素养目标化、目标问题化、问题思维化的问题实施的理论构想来回答"怎么做"。最后,验证假设,反思问题,走进课堂。

问·道历史教学特别强调学生问题解决思维的培养,倡导学生像历史学家一样思考(如下图所示)。

"像历史学家一样思考":学生问题解决模式图

在历史学科学习过程中,"产生问题"往往源于对历史事件、人物、现象的好奇或者疑惑,这是探索历史知识的起点。接着是"发现问题",在浩如烟海的历史资料中找到关键问题所在,例如在研究古代王朝更迭时,发现某一王朝灭亡背后隐藏的政治、经济等因素。然后,进入"分析问题"阶段,在历史学习中,这意味着要从多方面剖析问题。比如分析一场战争爆发的原因,就需要考虑当时的社会矛盾、国际关系、经济利益等诸多因素。随后是"提出假设",例如在研究某一历史人物的决策时,基于对当时情境的分析,提出该人物作出决策的可能动机假设。提出假设后需要"检验假设",在历史学科里,这需要通过查阅大量的史料、文献来进行验证。如果假设"通过检验",就能对历史事件或人物有更准确的理解,从而达到"解决问题"的目的;若假设"未通过检验",则需要重新回到"分析问题"这一步,再次提出新的假设并进行检验,直至问题得以解决。这种流程体现了科学且富有逻辑性的问题解决思路,在历史学科学习中,能够帮助学生深入地探究历史真相,培养严谨的历史思维。

第一节 唯物史观素养的培育案例

一 "唯物史观"的内涵

唯物史观为历史学赋予了科学的属性,其立场、观点和方法是全面、客观理解历史的基石。人类对于历史的认识,经历了由表及里、逐步深化的过程。要想透过历史的繁杂表象,洞察其内在本质,必须依赖于科学的历史观和方法论的指导。在中学历史教学中,引导学生学习唯物史观,不仅有助于学生掌握科学的学习方法,更能帮助他们树立正确的世界观、人生观和价值观,进而培育独立思考的理性精神,对学生的未来发展产生深远而积极的影响。鉴于"唯物史观"的宏大体系,中学历史教学应着重凸显并体现其核心的八个观点内涵。

1.实践观点

在深入探讨唯物论的视角中,实践观占据了认识论的核心地位。基于这一视角,"唯物史观"明确指出,实践是人类积极改造世界的具体、感性的活动,它具备能动性和革命批判性。实践不仅是认识的根本来源和持续发展的动力,更是检验认识的唯一标准和最终目的。

2.生产观点

"唯物史观"以其深刻洞见,确立了物质生产在人类实践活动中的核心地位。生产力作为人类通过实践征服、控制、利用并改造自然的能力,与生产关系——在物质生产过程中衍生出的人与人之间复杂的相互关联,共同构成了矛盾统一体中相互对立又统一的两个基本方面。这两者之间既存在相互促进的积极关系,又可能产生相互制约的消极影响,在这对矛盾体中,生产力始终占据着主导地位。生产关系的各要素相互交织,共同构成了稳固的经济基础。在此基础之上,意识形态得以孕育,与之相匹配的制度、组织和实施机制共同构建起了上层建筑,该结构涵盖了观念上层建筑和政治上层建筑两个层面。经济基础与上层建筑之间存在着密切的辩证关系,二者相互影响、相互作用,而经济基础在其中占据主导地位,二者在辩证统一中共同发展。

3. 辩证观点

"唯物史观"明确指出,世界展现出了两个根本特性。其一,世界是普遍联系的,这一观点强调应以全面的视角来审视世界与历史,反对片面或孤立的思考方式。其二,世界是永恒发展的,新事物的诞生与旧事物的消亡,是客观规律和历史发展的必然结果。唯物辩证法包含了对立统一、质量互变和否定之否定这三大基本规律,并涵盖了现象与本质、内容与形式、原因与结果、可能性与现实性、偶然性与必然性这五对基本的辩证范畴。

4. 整体观点

"唯物史观"秉持一种全面而系统的观点,强调人类社会历史应以整体性的体系呈现。因此,对人类社会历史的研究,须从全球、全局的维度出发,进行深入剖析。一方面,应纵向审视生产方式的演变以及社会形态的更迭,以揭示人类历史的进步与发展脉络;另一方面,亦须横向分析地域间日益紧密的联系,打破孤立隔绝的状态,展现人类社会逐步走向整体化的趋势。

5. 群众观点

"唯物史观"以明晰且坚定的立场表明,人民群众作为社会实践的基石和主体,是历史的真正创造者,并在社会制度变革和历史发展的宏阔进程中占据了不可动摇的决定性地位。群众观点亦强调,应全心全意地致力于服务人民,始终将人民群众的利益置于至高无上的位置,坚持源于群众、服务群众的根本原则,将获取最广大人民群众的广泛拥护作为我们行动的最高准则,并向人民群众虚心求教,汲取智慧和力量。

6. 阶级观点

马克思主义关于"阶级斗争学说"的核心观点是:阶级的存在仅限于与生产发展的特定历史阶段相关联;阶级社会的发展动力主要源自阶级斗争;阶级斗争的终极目标是实现无产阶级专政;在无产阶级专政的基础上,逐步消除阶级差异,进而实现向共产主义的过渡,只有同时认同阶级斗争与无产阶级专政的人,方能被视为真正的马克思主义者。

7.价值观点

此处的价值观点指历史价值观,即通过辩证统一地审视历史事实判断与价值判断,追求历史真实与历史意义的深度融合,进而提炼出明确的价值取向。这一观念强调以历史事实为依据,依据既定的价值观形成主观评判,客观地区分历史进程中的真伪善恶、进步与倒退、公平正义与偏见狭隘。通过对历史的深入考察,我们能够从中获取宝贵的经验,进而形成对自身成长及当前社会的深刻价值认识,从而涵养和提升人文素养。

8.历史观点

"唯物史观"强调,社会的存在与发展均源于历史进程的演进,社会无法脱离历史而独立存在和发展,二者之间存在着固有的继承与发展的联系。首先,对于历史,我们必须承认其存在,尊重其真实,承担起历史的责任,并享受由此带来的权益。其次,在运用历史的过程中,我们应展现出对历史深厚的理解力和广阔的包容性,以谦虚谨慎的态度,从中汲取有价值的经验。最后,在继承与发展历史的问题上,我们应认识到历史本身是一个不断演变和发展的动态过程。我们既要尊重客观形势,也要勇于变革,敢于推动历史向更高阶段迈进。

"唯物史观"作为一套完整的理论体系与逻辑架构,对于中学历史教学具有至关重要的指导意义。在教学过程中,必须严谨地应用并深入理解其八个核心观点的内涵与精髓,以确保学生能够形成对历史全面、客观、科学且辩证的认知。

二 "唯物史观"素养的培育路径

"唯物史观"是历史核心素养的灵魂,是其他诸素养得以达成的理论保证。《普通高中历史课程标准(2017年版2020年修订)》强调,要普及学生对"唯物史观"的认识,要将"唯物史观"运用于具体的历史学习和探究之中,要培养学生鲜明的实践品格,科学解释历史和解释世界。

表3-1-1　历史学科核心素养"唯物史观"水平划分[①]

素养水平	唯物史观
水平1	能够了解和掌握唯物史观的基本观点和方法,理解唯物史观是科学的历史观。
水平2	
水平3	能够将唯物史观运用于历史学习、探究中,并将其作为认识和解决现实问题的指导思想。
水平4	

《义务教育历史课程标准(2022年版)》《普通高中历史课程标准(2017年版2020年版)》都强调要用"唯物史观"阐释历史的发展与变化,强调以"唯物史观"为指导,对人类历史的发展进行科学、正确的阐释。唯物史观,作为五大核心素养的核心要素,是引导学生科学认识和解读历史的重要视角。在课堂教学过程中,教师应当以"唯物史观"为基石,全面强化学生对历史整体脉络的把握,从而使学生能够深刻洞悉历史发展的大势与规律。

在中学历史教学中,对于"唯物史观"的培育应当深深根植于具体的课例之中。鉴于中学生的学习特点和需求,教师在进行教学立意与设计、课程解构与重构的过程中,必须精心地将"唯物史观"融入教学的各个环节,注重在细微之处进行深入的阐释与引导。

以唯物史观作为理论基石,首要任务是确保我们对人类历史发展的阐释是正确的、科学的、深入、客观地分析和认识历史人物、事件及现象,并对历史问题进行实事求是的解释与评述。此外,我们须秉持论从史出、史论结合的原则,实现生动性、科学性与思想性的有机统一。在评价历史人物、事件及现象时,应坚守正确的价值导向,循序渐进地引导学生构建正确的世界观、人生观和价值观。同时,我们应积极拓展历史课程的情感教育功能,充分挖掘课程内容中的思想情感教育元素,以潜移默化的方式对学生进行情感、态度与价值观的熏陶。

在设计旨在培养学生"唯物史观"核心素养的教学案例时,教师首先需要精确理解并把握历史唯物主义理论的核心特征和关键要素。其次,教师要基于对学生实际情况的深入分析,从历史的视角,通过精心构思的教学策略,来深化学

[①] 中华人民共和国教育部.普通高中历史课程标准(2017年版2020年修订)[S].北京:人民教育出版社,2020:70.

生对"唯物史观"基本特征和要素的理解。这种教学方式旨在确保学生能够在系统学习的基础上,更加深入地理解和掌握"唯物史观"的核心思想。

(一)以"人"为主线,认识到人民群众是历史的创造者,杰出历史人物是历史发展的推动者

历史的发展深刻体现了人民群众的主体作用,同时,英雄人物(杰出人物)在历史进程中的推动作用亦与人民群众共同创造历史的过程相辅相成。这一历史规律彰显了人民群众与英雄人物(杰出人物)在历史发展中的相互作用与相互促进。"英雄(杰出人物)在社会发展过程中起着特殊的作用,他们是一个时代的先进方向的代表,能顺应历史要求,走在时代前列,引导人民走向正确的方向,与人民一起创造历史。"[①]

(二)以"物"为依托,认识到社会存在决定社会意识,社会意识是社会存在的主观反映,通过实物史料客观全面地了解历史

社会存在决定社会意识,此观点为"唯物史观"的核心要义之一。我们秉承论从史出、史论相结合的原则,以确凿的"证据"为依据,致力于探寻历史的真实面貌。物质生产活动的具体水平和表现形式,深刻影响了生产过程中人们之间的相互关系及其性质,进而决定了上层建筑中的政治制度、法律制度的构建,以及思想文化艺术的发展状态。

(三)以"事"为依据,坚持具体问题具体分析的原则,坚持主观目的与客观作用相结合的原则,全面客观地评价历史现象

"唯物史观"强调我们应秉持从客观、辩证及历史性的视角审视问题,坚持具体问题具体分析,同时融合主观与客观的方法论。在遵循矛盾普遍性原理的基础上,我们须对矛盾的特殊性进行详尽且深入的剖析。在阶级社会的框架内,历史人物皆承载着特定的阶级属性。这些历史人物为捍卫或变革本阶级的经济地位,追求相应的经济利益,势必在政治及思想文化领域内展开激烈的斗争与博弈。在评价历史时,我们应将其对历史发展进程所起的作用视为根本标

---

① 张庆海.唯物史观的教学设计与学业评价[M].广州:广东高等教育出版社,2020:118.

准,而将道德规范置于辅助而非核心地位。在历史评价的过程中,尤其是针对历史人物的评价,我们应当秉持客观、严谨的态度,重点关注其在社会经济和生产力发展中所做的贡献,考察其行为是否符合人民群众的普遍意愿和根本利益,以及是否顺应了时代潮流和历史发展的总体趋势。这些因素是构成历史评价核心要素的重要标准。

(四)要坚持用全面的、发展的、历史的眼光客观评价历史事件和人物,历史课堂不能缺"人"

在核心素养的培育框架下,历史课堂应秉持"唯物史观"的核心理念,对历史人物、历史事件及现象进行客观、深入的分析。对于历史问题的探讨,应坚持实事求是的原则,进行准确而公正的解释与评述。我们致力于通过正确的价值导向,引导学生树立科学的世界观、积极的人生观和健康的价值观。

一节好的历史课不能脱离了'人',而人性闪耀的课堂才能带给学生生命的养育、心灵的成长。在历史的宏大画卷中,即便是小人物也承载着重要的角色。我们通过深入挖掘和探究这些真实的人物经历,能够深刻感知历史的变迁,并从中领略历史的真实面貌。这一过程让我们意识到,人民群众,包括我们每一个人,都是历史的真正创造者和实践者,共同书写着历史的辉煌篇章。

(五)要坚持用生产力、生产关系(经济基础)、上层建筑三要素的辩证关系来分析历史线索与脉络,历史课堂不能缺"事"

"唯物史观"强调,社会存在是社会意识的基石,生产力的提升与社会经济的繁荣是推动历史演进的核心动因和最终力量。人类社会历史的发展遵循着客观规律,这一规律由生产力、生产关系(即经济基础)以及上层建筑三个层面共同塑造,三者间呈现相互交织、彼此影响的辩证关系。

在专题复习关于历史改革的内容时,务必引导学生深入理解历史上统治者调整统治政策的本质,即其核心在于对社会生产关系的调整。具体而言,对于土地政策的改革,关键在于调整生产资料所有制的形式;针对赋税制度的改革,重心则在于优化产品分配的方式;同时,对于统治政策的调整,旨在平衡不同社会个体之间的关系,以达到缓解阶级矛盾的目的。

"唯物史观"作为一个开放的体系,其理论内涵必然随着时代的演进而持续深化。在历史教学的实践中,教学方法并无固定模式,课堂环境的多样性和教学生态的复杂性要求我们在落实"唯物史观"这一核心素养的培养时,必须摒弃墨守成规和教条主义的倾向。为此,教师须持续学习,不断提升自身的专业素养,以确保能够有效培育学生的综合素养。

三 基于"唯物史观"素养培育的教学设计:以部编版《中国历史》七年级上册《夏商周时期:奴隶制王朝的更替和向封建社会的过渡》为例

（一）单元课标解读

1.单元要求

（1）导论

大约在公元前21世纪,中国历史上第一个王朝——夏朝建立。夏朝带有奴隶制特征。迄今发现有文字记载的历史从商朝开始。商朝的青铜冶炼技术和甲骨文代表了早期中华文明的辉煌成就。西周取代商朝后分封诸侯,对疆域的控制更加稳固。

东周分为春秋、战国两个阶段。春秋时期,王室衰微,诸侯争霸,分封制度渐趋瓦解。战国时期,铁农具和牛耕的推广,促进了农业发展。各诸侯国的变法推动了社会进步,思想文化出现了"百家争鸣"的繁荣局面。[1]

（2）内容要求

知道甲骨文是已知最早的汉字;通过了解甲骨文、青铜铭文、其他文献记载和典型器物,知道具有奴隶制特点的夏、商、西周王朝的建立与发展,了解西周分封制等重要制度;知道老子、孔子的生平与思想;通过了解这一时期的生产力水平和社会关系的变化,初步理解春秋时期诸侯争霸局面的形成、战国时期商鞅变法等改革和"百家争鸣"局面的产生;通过《黄帝内经》和名医扁鹊,了解这一时期的医学成就;通过都江堰工程,感受古代劳动人民的智慧和创造力。[2]

---

[1] 中华人民共和国教育部.义务教育历史课程标准(2022年版)[S].北京:北京师范大学出版社,2022:10-11.

[2] 中华人民共和国教育部.义务教育历史课程标准(2022年版)[S].北京:北京师范大学出版社,2022:12.

2.单元解读

(1)了解夏、商、周时期的基本线索和重要的事件、人物,知道重大史事发生的时间和地点、原因和结果,初步养成历史时序意识和历史空间感。

(2)知道具有奴隶制特点的夏、商、西周王朝的建立与发展,了解西周分封制等重要制度。

(3)了解夏、商、周时期是中国王朝产生和发展的重要阶段,创造了灿烂的文明,青铜器和甲骨文反映了当时高度发达的文明,知道甲骨文是已知最早的汉字。

(4)了解春秋战国时期的生产力水平和社会关系的变化,初步理解春秋时期诸侯争霸局面的形成、战国七雄的局面,知道战国时期商鞅变法等改革和"百家争鸣"局面的产生及影响。

(5)知道老子、孔子的生平与思想;通过《黄帝内经》和名医扁鹊,了解这一时期的医学成就;通过都江堰工程,感受古代劳动人民的智慧和创造力。

(6)能结合语文、地理等课程的学习,通过阅读古代的文献材料、图像材料,观察实物材料,查阅地图,并加以分析、概括,从而提取其中的历史信息。通过探究与讨论,强化国家认同、民族认同、文化认同。

(二)单元教材分析

1.单元概述

本单元由五节正课组成。夏朝是中国历史上第一个王朝。夏朝是奴隶社会,它开创的王位世袭制,为以后历代王朝所承袭。随后的商朝,创造了以青铜器、甲骨文为代表的文明成就。到了西周时期,统治者实行分封制,通过各级贵族维系国家的统治。而在春秋战国时期,各诸侯国之间的争斗日益激烈,周天子的统治权威衰落,整个社会处于动荡与巨变之中,兼并战争、制度变革和思想学术的繁荣,成为这一时期的主要特征。春秋战国时期的主要特征是政治变革、经济发展以及变法运动蓬勃开展,思想文化方面也出现了诸子百家争鸣的大发展。

2.单元时间脉络

夏朝建立	商汤灭夏 商朝建立	武王伐纣 西周建立	国人暴动	西周结束	平王东迁 东周开始	商鞅开始变法
约公元前2070年	约公元前1600年	公元前1046年	公元前841年	公元前771年	公元前770年	公元前356年

图3-1-1 夏商周时间脉络图

3.核心素养分析

(1)核心思维:唯物史观

学生通过对第二单元的学习,理解春秋战国经济的发展、政局的动荡是变法运动和百家争鸣出现的真正原因。生产力决定生产关系,经济基础决定上层建筑。正是由于春秋战国时期生产力提高,新兴地主阶级产生,加速了阶级分化和社会分工,进而出现了社会变革和百家争鸣的局面。中国慢慢从奴隶社会走向传统的封建社会。

(2)核心思维:时空观念

任何历史事件都是在特定的、具体的事件和空间条件下存在的,历史时空观念是中学生应该具备的核心素养之一。

引导学生通过地图了解"春秋五霸"和"战国七雄"的具体位置,并根据地理位置对应诸侯国,加深学生的印象,从而更为深刻地理解春秋战国时期诸侯扩张、混战的局面。

历史的发展总是存在一定的时间脉络,春秋战国同样也是如此。为学生梳理其发展的过程,有利于学生整体地把握这一历史时期。

(3)核心方法:史料证实

史料教学强调在历史的学习过程中,要求学生在教师的指导下,掌握获取史料、分析史料、运用史料的能力。在本课的教学中,大量而充分地运用了史料,让学生在史料中找到有效的信息,既有利于加深对课本知识的认识,又有利于提高学生历史阅读、提取信息的能力。

(4)核心能力:历史解释

学生在教师的指导下从图片和文字资料中提取关键的信息,在了解春秋战国时期的基本史实之后学会归纳升华,学会对商鞅变法等历史事件进行解释,总结历史发展的规律,进一步揭示深层次的内涵。

(5)核心价值观:家国情怀

学生通过学习诸侯纷争与变法运动,增强自身的民族认同感,深切感受认识中国传统文化的价值,弘扬中华优秀传统文化的必要性。

4.学情分析

由于授课对象为初中七年级学生,他们正处于从具体形象思维向抽象逻辑思维过渡的阶段,但仍以形象思维为主。他们对于直观、生动的教学方式更感兴趣,需要通过图片、实物、故事等多种形式来帮助理解。学生的自主学习能力和合作学习能力逐渐发展,但在历史学习方法和分析能力方面还需要进一步培养。

对于本课内容的认识,学生还停留在较为粗浅的层面,因此,教师需要引导学生通过春秋战国时期的生产力发展状况理解战国时期的政治变革,理解"百家争鸣"局面的出现,理解变法运动的必然性。他们将更深入地用"唯物史观"的理论了解春秋战国时期政治、经济、文化等方面的知识。

5.教学重难点

重点:春秋战国时期经济的发展、商鞅变法的内容、各学派的代表人物及其思想主张。

难点:春秋战国时期经济的发展、政局的动荡是如何推动社会变革的,是如何推进变法运动和百家争鸣的产生的。

(三)教学过程

1.导入

展示公元前771年中国联合犬戎攻破镐京、公元前770年周平王东迁洛邑两幅图片。

教师解读图片内容:烽火戏诸侯致使周幽王失信于天下,最终在内乱和犬戎的频繁入侵的双重打击下,周平王被迫将国都从镐京东迁至东都洛邑(今洛阳)。因洛邑在镐京之东,此后的周朝史称"东周"。进而提问:"西周之变,只是都城的变迁吗?"教师给出政治、经济、思想文化等角度让学生回答,引导学生从经济基础决定上层建筑、社会存在决定社会意识的层面去思考。

结合西周到春秋战国时期的时间轴(见图3-1-2),梳理朝代更迭情况和关键历史史实,让学生感受春秋战国是中国历史上的大动荡、大变革、大发展、大解放、大交融的时期。这一时期,也是重要的社会转型时期,社会经历了从奴隶社会向封建社会的过渡。在培养学生的时空观念的同时,让他们体会一定时期的政治、经济、思想文化发展是相互关联、相互作用的。

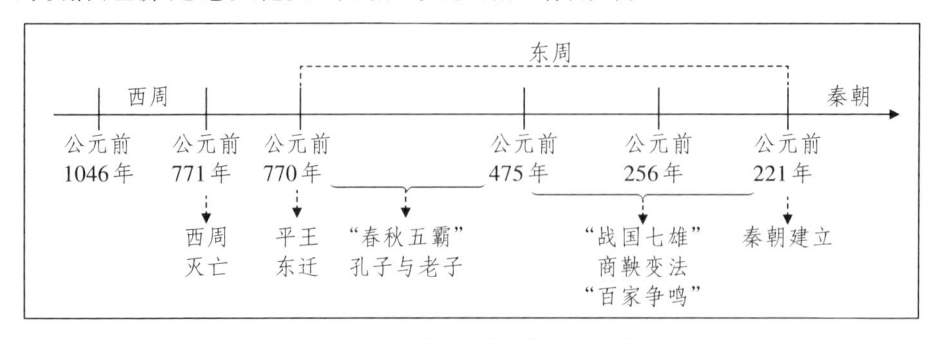

图3-1-2 "春秋战国"时空架构

2.大动荡:春秋争霸与战国兼并

教师带领学生春秋时期形势图(见图3-1-3)从中得出,春秋时期,一些大的诸侯扩张势力,力图号令和控制中小诸侯国,确立霸主地位,因此形成了"春秋五霸"。再对比春秋和战国时期形势图发现春秋时期的晋国没有了,变成了韩、赵、魏三国,也有其他诸侯消失了。说明经过长期的纷争,许多中小诸侯国消失,形成了齐、楚、燕、韩、赵、魏、秦七个大国,史称"战国七雄"。教师为学生解读春秋时期诸侯国之间进行的是争霸战争,发展到战国时期变化为兼并战争。春秋争霸是各诸侯国争夺霸权,是大国靠武力胁迫小国,承认其领导地位的强权政治;战国时期的兼并战争,符合人民群众强烈要求分裂割据结束的意愿,具有统一战争的性质。这也是生产力的发展的结果,春秋时期的争霸战争是建立在生产力比较落后的情况下,战国时期的兼并战争(见图3-1-4)则是建立在生产力较高的情况下,这里运用了生产力决定生产关系的"唯物史观"原理。

图3-1-3 春秋争霸形势图　　图3-1-4 战国时期形势图

3.重大变革:政治变革

【问题探究】根据材料结合所学知识,分析从西周至战国政治权力有何变化?

材料一:

礼祭天子九鼎,诸侯七、卿大夫五、元士三也。

——《公羊传·桓公二年》

材料二:

王夺郑伯政,郑伯不朝。秋,王以诸侯伐郑。郑伯御之……王卒大败。祝聃射王中肩。

——《左传》

材料三:

齐大夫田桓废齐君而自立,吕齐亡。晋六卿中的韩、赵、魏三家分晋,晋亡。

教师引导学生根据材料并结合课本内容得出:

春秋时期,周天子"天下共主"的地位丧失,控制力日渐削弱。由西周时期的"礼乐征伐自天子出"转向"礼乐征伐自诸侯出",周天子反而在政治、经济上依附于诸侯。战国时期,士大夫夺权,兼并战争频繁,又变成了"礼乐征伐自大夫出"。这说明随着生产力的发展,春秋战国时期的社会出现政治变革,权力的下移导致传统的等级制度走向瓦解,也就是分封制、宗法制逐渐瓦解。在教师引导下,学生自主思考发现在不断的战争过程中社会出现变化,战争的主要群体是将士和士兵等群体,让学生体会人民群众是历史的创造者,在不断的争战中推动了社会的变革。

4.大发展:时代发展

(1)民族大发展——民族交融,华夏认同

【问题探究】结合教材正文与地图,思考:从春秋到战国,民族关系发生了怎样的变化?

(2)经济大发展

【问题探究】阅读教材,找出春秋战国时期农业、手工业、商业的代表事物和进步标志。

学生探究,教师总结:

农业:①铁制农具、牛耕的广泛应用;②各国水利工程(都江堰、郑国渠);

③土地制度:井田制逐渐瓦解,封建土地私有制逐渐确立

手工业、商业:①手工业规模不断扩大,分工更细,货币广泛应用;②出现了中心城市,私营工商业者富裕

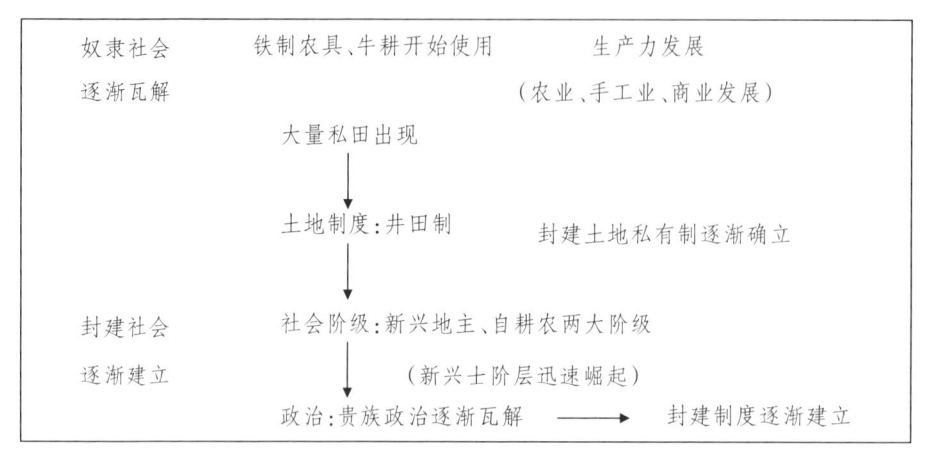

```
奴隶社会        铁制农具、牛耕开始使用        生产力发展
逐渐瓦解                                    (农业、手工业、商业发展)
                    ↓
                大量私田出现
                    ↓
            土地制度:井田制        封建土地私有制逐渐确立
                    ↓
封建社会      社会阶级:新兴地主、自耕农两大阶级
逐渐建立                   (新兴士阶层迅速崛起)
                    ↓
            政治:贵族政治逐渐瓦解  →  封建制度逐渐建立
```

图3-1-5 春秋战国时期的社会发展与变革

【设计意图】通过学生自主探究加上思维导图的展现,学生了解到春秋战国时期出现了经济上的大发展,特别是铁制农具、牛耕的出现,加上水利的兴修,大量荒地得到开垦。农业生产有所发展,手工业和商业也发展起来。社会生产力的发展推动了井田制瓦解,进而使得土地私有制和小农经济形成并发展。在封建土地所有制形成的基础之上,新的剥削方式产生,地主和农民阶级产生。这是生产力发展促使生产关系发生变化(生产方式变革与人类社会进步)。

经济基础发生了变化,对上层建筑也提出了新的要求。新兴地主阶级为了自身的利益,要求获得政治地位、废除奴隶主贵族特权,各国纷纷开展政治、经济、军事、社会制度变革。例如:商鞅变法用奖励军功取代了世卿世禄制,用中央集权的官僚政治取代了血缘关系维系的贵族政治。由此让学生明白商鞅变法取得的成果,离不开商鞅个人的努力,并让学生学会客观地、全面地、辩证地看待历史事件和评价历史人物,同时理解人类是历史的创造者,并且历史人物是具体历史事件的直接参与者或策划者、指挥者这一"唯物史观"理论。

5.思想发展:思想解放——百家争鸣

概念讲解:"百家"是泛指多的意思,说明春秋战国时期出现了很多学派,有儒家、道家、法家、墨家等;"争鸣"是指各家学派针对当时社会现实问题提出了自己的政治主张。

(1)"百家争鸣"的背景

经济:铁制农具、牛耕的推广,生产力发展;井田制崩溃,土地所有制兴起。

阶级:奴隶主阶级衰落,新兴地主阶级兴起;士阶层崛起。

政治:诸侯纷争,分封制瓦解,各国统治者出于争霸需要,争相招揽人才。

文化:礼崩乐坏,从"学在官府"到"学在民间",私学兴盛。

【设计意图】在讲百家争鸣的背景的时候,给出思维导图,让学生结合前面所学进行分析。春秋战国时期经济的发展、制度的变革、阶级关系的变化等促成了百家争鸣。也就是说一定的思想观念是一定历史时代的产物,这就是"唯物史观"中的社会存在决定社会意识。

(2)百家思想

首先,列出各学派代表人物及其思想主张和著述(见表3-1-2)。

表3-1-2 各学派代表人物及其思想主张和著述

时期	派别	代表人物	主张	著述
春秋	儒家	孔子	"仁"为核心,为政以德,克己复礼,有教无类	《论语》
	道家	老子	"道"为本原,天人合一,朴素辩证法,无为而治	《老子》
战国	儒家	孟子	性善论,仁政	《孟子》
		荀子	性恶论,隆礼重法	《荀子》
	道家	庄子	逍遥自由	《庄子》
	墨家	墨子	节用、兼爱、非攻、尚贤	《墨子》
	法家	韩非子	以法治国,控制臣民,中央集权	《韩非子》
	阴阳家	邹衍	五行"相生相胜"理论	《邹子》

【设计意图】通过图片材料,学生更直观地感受到春秋战国时期诸侯国之间的战争使周边的戎狄蛮夷融入华夏族,并逐渐形成了华夏认同的思想观念。由此使学生从中理解社会存在决定社会意识,社会意识对社会存在具有反作用的"唯物史观"理论。

6.大变革:社会转型——变法运动

国家统治者变法运动成效:魏国魏文侯当政时,李悝变法使魏国成为战国前期最强大的国家;楚国楚悼王当政时,吴起变法加速了楚国封建化的进程;韩国韩昭侯重用申不害为丞相主持改革,取得一定成效;齐国齐威王任用邹忌进行改革,使齐国成为较强大的国家。

讲授战国时期随着兼并战争日益剧烈,各国进行变法这一内容时,可以结合刚刚讲过的春秋战国时期的经济发展进行分析。经济基础发生了变化,对上层建筑也提出了新的要求。新兴地主阶级为了自身的利益,要求获得政治地位、废除奴隶主贵族特权,各国纷纷开展政治、经济、军事、社会制度变革。例如:商鞅变法用奖励军功取代了世卿世禄制,用中央集权的官僚政治取代了血缘关系维系的贵族政治。

以商鞅变法为例,具体说明如下:

(1) 背景

经济方面:铁器和牛耕的推广使用,生产力得到发展;工商业繁荣;实施变法是封建经济发展的需要。

政治方面:随着兼并战争日益剧烈,各国为了在争霸中处于有利地位,竞相进行了富国强兵的改革。新兴地主阶级要求废除奴隶主贵族的特权政治,建立满足自身阶级利益的封建专制统治。

(2) 目的:富国强兵。

(3) 性质:新兴地主阶级的封建改革。

教师在讲解过程中注意强调商鞅变法并不是维护奴隶主贵族的利益,相反还打击和限制了贵族特权,因而其性质为封建地主阶级的改革。

(4) 教学内容

【课堂讨论】学生阅读教材,找出商鞅变法的主要内容,根据教材内容填写下面的表格。

表3-1-3 商鞅变法的主要内容及其作用

涉及方面	内容	作用
政治	推行县制,县的主要官员由君主任免 废除"世卿世禄"制	打破世袭贵族的政治特权,发展官僚政治
经济	废井田,开阡陌	以法律形式废除井田制,实行封建土地私有制; 国家承认土地私有,允许自由买卖
	重农抑商,奖励耕织	发展农耕,富国强兵
	统一度量衡	方便税收和商品交换,促进秦国经济发展

续表

涉及方面	内容	作用
军事	奖励军功,剥夺和限制贵族特权	打破了世袭贵族的军事垄断特权,为秦国统一奠定了坚实的军事基础
国家治理	强制大家庭拆散为个体小家庭;在民间实行什伍连坐,互相纠察告发	强化了对基层民众的管理与统治

从春秋争霸到战国兼并,秦国通过商鞅变法达到富国强兵的目的,在兼并战争中统一了六国,蕴含着由分裂走向统一的发展趋势。

另外,春秋战国时期,在旧统治秩序被破坏的过程中,新统治秩序逐渐建立起来,这一社会变革的根源是以铁器为主要代表的生产力的革命。

学生回答,教师归纳总结:

积极性:①顺应历史潮流,是战国时期持续时间最长、涉及面最广、改革最为彻底的一次变法;②变法使秦国国富兵强,为秦统一中国奠定了基础。

局限性:轻罪重罚,压迫和剥削百姓等;变法轻视教化,鼓吹轻罪重罚,开文化高压政策之恶例。

材料一:

随着铁制农具、牛耕的使用和推广以及水利事业的发展,农业生产提高了,剩余产品有所增加……由于生产力的发展和产量的增加,使一家一户的个体小农生产有了发展的可能,这就为小土地私有制的出现提供了条件。建基于"耦耕俱耘"的共耕制之上的奴隶制经济基础发生了动摇,以一家一户为生产单位的封建经济开始产生。

——朱绍侯《中国古代史(上册)》(福建人民出版社,1982年版)

材料二:

及秦孝公用商君,坏井田,开阡陌,急耕战之赏,虽非古道,犹以务本之故,倾邻国而雄诸侯。

——《汉书·食货志》

问题:商鞅变法在社会转型方面起到了什么作用? 商鞅变法在中国历史上有何重要地位? 商鞅变法成功的根本原因是什么?

对于上述问题,教师先让学生结合教材知识悉心思索、相互讨论,逐步引导学生运用"唯物史观"的生产力与生产关系原理进行分析,得出结论:春秋战国时期,由于铁制农具和牛耕技术的使用推广,生产力水平得到显著提高,私田大量出现,井田制逐步瓦解,公田逐步转化为私田。随着土地所有制的变化,封建小农经济产生,封建农民与地主的生产关系最终取代了奴隶与奴隶主之间的生产关系。商鞅变法废除了奴隶社会的旧制度,如井田制、宗法制、分封制,以法律形式确立了新的封建制度,如封建土地私有制、中央集权制度和官僚制度,实现了由奴隶社会向封建社会的转型。商鞅变法使秦国实现了国富兵强,为后来秦国灭六国,统一全国,建立统一的多民族封建国家奠定了基础。商鞅变法之所以成功,其根本原因是对生产关系的调整适应和解放了秦国生产力的发展,迎合了新兴地主阶级的要求,顺应了历史发展的潮流。举一反三,以此类推,在学习有关改革史的过程中,学生就可以以"唯物史观"理论作为思维逻辑主线,对改革的相关知识进行重构,形成能力层次上的"唯物史观"深度内化。

(四)板书设计

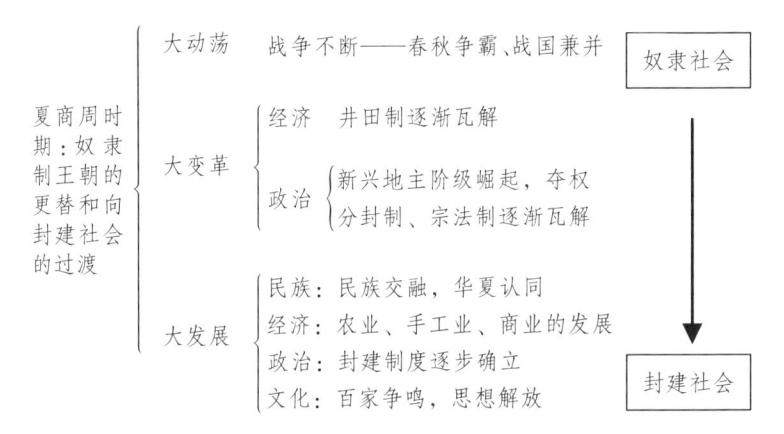

夏商周时期:奴隶制王朝的更替和向封建社会的过渡
- 大动荡　战争不断——春秋争霸、战国兼并　→　奴隶社会
- 大变革
  - 经济　井田制逐渐瓦解
  - 政治　新兴地主阶级崛起,夺权
  　　　　分封制、宗法制逐渐瓦解
- 大发展
  - 民族:民族交融,华夏认同
  - 经济:农业、手工业、商业的发展
  - 政治:封建制度逐步确立
  - 文化:百家争鸣,思想解放
  →　封建社会

(五)教学反思

春秋战国是社会大动荡、大变革、大发展的时代,我们要探寻这一时期历史发生的客观规律,就需要用"唯物史观"来进行分析。本课坚持用"唯物史观"贯穿整个教学设计,在教学过程中也坚持用"唯物史观"引导学生理解春秋战国时期的社会变革。围绕着春秋战国时期,随着生产力的发展,新阶级、新统治秩序在旧阶级、旧统治秩序被破坏的过程中确立,思想文化也在社会变革的过程中得到巨大发展这一主线进行教学,引导学生理解社会变革的根源是生产力的发展。

从课堂教学反馈来看基本达到了教学目标。但是本课内容多,教学时间把控难度大;历史概念多,在讲授的过程中把重点放在培养学生的唯物史观、史料实证素养方面,难以做到面面俱到,对于有些历史概念,学生在课后仍然处于懵懂状态。

教师总结百家争鸣是春秋战国时期社会大变革在社会意识形态上的反映,同时意识形态又反作用于社会存在,也就是说百家争鸣对社会的各个方面产生了影响。在经济上,百家争鸣促进了经济的繁荣,经济的发展又反过来促进社会思想的解放,推动了中国的社会转型;在政治上,百家争鸣的局面也推动了社会中各种力量的壮大崛起,动摇了周天子的统治地位,思想文化的繁荣也影响着各诸侯国的政治改革;在文化上,百家争鸣使教育由原来的局限于统治阶级内部进行的"学在官府",发展成为人人都能够通过各种渠道获取知识的"学在民间",促使人们对社会现象和世界发展进行思考,使文化传播和文明进步都跨入了一个新的阶段。同时,百家争鸣中形成的学术派别为中国传统文化的发展奠定了基础,在推动社会主义文化繁荣兴盛的今天,也要汲取这些传统文化的精华。

一切历史的前提即物质生活资料的生产。生产力与生产关系的原理贯穿课程标准中。人民群众与英雄在历史中的地位在2022年版新课标中被着重强调。中学历史教学中运用"唯物史观",提倡历史教育和有关社会学科融合、在史事的比较与分析中运用"唯物史观"、在历史知识学习过程中结合"唯物史观"、历史教学评价与"唯物史观"结合、社会生活与"唯物史观"联系,以及在认知冲突中实现对"唯物史观"理解,在理论分析的同时结合案例进行探讨。由此对如何达成培养"唯物史观"这一目标有了进一步的认识。

培养"唯物史观"是中学历史教学中一项艰巨而复杂的工作,一方面,教师要不断提升理论水平;另一方面,教师要对教材进行深入的研究,找到问题的切入点,使其与教育实践相结合。中学阶段是学生确立世界观、人生观和价值观的关键期,"唯物史观"为学生树立正确的"三观"打下了坚实的理论基础。

第二节 时空观念素养的培育案例

时空是历史最基本的特征。时空观念是历史学科核心素养之一,是历史学科本质的体现,是其他素养得以达成的基础条件。任何史事无一不镶嵌于特定的时间脉络与空间框架之内,这决定了我们唯有置身于当时的历史情境,方能洞悉其真谛,实现对史事的精准把握与阐释。

一 "时空观念"素养的内涵与要求

(一)"时空观念"素养的内涵

鉴于历史学科的固有特性及其在历史认知中的核心地位,《普通高中历史课程标准(2017年版2020年修订)》赋予时空观念非常重要的地位,指出它是历史学科"诸素养中学科本质的体现"[1],是历史学科有别于其他学科的重要特征。

所谓时空观念,是指"在特定的时间联系和空间联系中对事物进行观察、分析的意识和思维方式"[2]。具体地说,时空观念使学生能够"知道特定的史事是与特定的时间和空间相联系的;知道划分历史时间与空间的多种方式,并能够运用这些方式叙述过去;能够按照时间顺序和空间要素,建构历史事件、历史人物、历史现象之间的相互关联;能够在不同的时空框架下对史事作出合理解释;在认识现实社会时,能够将认识的对象置于具体的时空条件下进行考察"[3]。

---

[1] 中华人民共和国教育部.普通高中历史课程标准(2017年版2020年修订)[S].北京:人民教育出版社,2020:4.
[2] 中华人民共和国教育部.普通高中历史课程标准(2017年版2020年修订)[S].北京:人民教育出版社,2020:5.
[3] 中华人民共和国教育部.普通高中历史课程标准(2017年版2020年修订)[S].北京:人民教育出版社,2020:6.

(二)"时空观念"素养的具体要求

为了有效培养学生的时空观念,《普通高中历史课程标准(2017年版2020年修订)》对时空观念做了4个层级的要求(见表3-2-1)。

表3-2-1　历史学科核心素养"时空观念"水平划分[1]

素养水平	时空观念
水平1	能够辨别历史叙述中不同的时间与空间表达方式;能够理解它们的意义;在叙述个别史事时能够运用恰当的时间和空间表达方式。
水平2	能够将某一史事定位在特定的时间和空间框架下;能够利用历史年表、历史地图等方式对相关史事加以描述;能够认识事物发生的来龙去脉,理解空间和环境因素对认识历史与现实的重要性。
水平3	能够把握相关史事的时间、空间联系,并用特定的时间和空间术语对较长时段的史事加以概括和说明。
水平4	在对历史和现实问题进行独立探究的过程中,能将其置于具体的时空框架下;能够选择恰当的时空尺度对其进行分析、综合、比较,在此基础上作出合理的论述。

细读此表,我们可以清晰观察到:水平1聚焦于观念的树立,而后三者则侧重于方法的实践与应用;水平2强调通过"历史年表""历史地图"等工具,将史事精准定位于具体时空,并理解史事与周围环境的联系;水平3强调在"较长时段"中将史事之间进行联系;从水平4则强调能够采用合适的"时空尺度"将现实中的事物与历史进行比较,得出结论,为现实服务。从水平1到水平4,由观念到方法,层层递进,逐步深入,最后结合社会现实问题,以史为鉴。这就要求我们在历史教学与学习中,不应仅仅将时空观念视为一种静态的观念传授,而应将其视为一种动态的实践方法。

基于历史学科的独特魅力与功能,我们可以从四个维度来解析时空观念素养:"知道时空事实""建立时空关联""建构时空解释""养成时空思维"。

---

[1] 中华人民共和国教育部.普通高中历史课程标准(2017年版2020年修订)[S].北京:人民教育出版社,2020:70.

1. 知道时空事实

历史时空观念首先需要明确任何史事都是特定时空的史事。历史中的时空与特定事件、现象之间存在紧密的相互依存关系；脱离史事的时间与空间，其存在便失去实际意义。特定的史事总是发生于特定的时空坐标之中，为时间和空间赋予了丰富的内涵。同时，时空亦作为史事的基本条件，共同勾勒了历史的宏大画卷。"唯物主义既然承认客观实在即运动着的物质不依赖于我们的意识而存在，也就必然要承认时间和空间的客观实在性。"[①]史事以历史叙述的方式得以呈现，在描述基本历史事实的过程中，必须明确所述史事均发生于特定的时空背景下，时空要素是历史事实不可或缺的基本构成要件。此外，历史叙述不仅是对史实的简单陈述，更包含了叙述者基于一定解释性要素的建构性解读，这种解读是叙述者对于历史事实有限而深入的探索。因此，针对特定的史事，可以采用多样化的时空叙述方式。知道时空事实，对于学习者而言，意味着能够在多种常用的时空叙述方式中，敏锐地捕捉到历史时空叙述中的真实内核。简而言之，历史学科的时空观念素养，首要体现在通过时空要件对历史事实进行准确而深入的把握，从而在历史叙述中呈现其真实面貌。

2. 建立时空关联

在"知道"层面，叙述与历史事实紧密相连的时空框架，为历史学习提供了坚实的基石。然而，这种时空在概念构建中往往显得静态而单一，缺乏必要的动态性和丰富性。历史追求的不只是准确无误的事实，更在于寻求合理的阐释。在时间维度上，每一史事都有其起源和演变的过程。在时间之流中对于特定史事的关注，实际上是聚焦于其演进过程中的某一暂时状态。若忽视对史事的历时性审视，则难以对其作出合理理解和解释。同样，在空间维度上，若忽略空间中多元素之间的相互关联，便无法洞察史事所受的制约与支持条件。时间与空间相互依存，相互渗透。只有在立体、延展的时空背景下，以特定主题为核心，展开历时与横向的关联性分析，方能揭示史事之间错综复杂的关联，进而深入理解历史中的必然性与偶然性、可能性与现实性的交织。

---

① 中共中央马克思恩格斯列宁斯大林著作编译局.列宁选集：第二卷[M].北京：人民出版社，1995：137.

3. 建构时空解释

在立体、延展的时空下,历史的丰富性和复杂性得以呈现。历史学,作为一种回溯过往的学科,其形成深受时代背景以及研究者立场、方法、情感等主观因素的影响。因此,必须明确区分"历史学"的时空与"历史"的时空之差异。"历史"所固有的时空,具有客观性和稳定性,呈现出均质的特征;而"历史学"中的时空,则是建构性的时空。换言之,在"历史"中,时空是事实的载体;而在"历史学"中,时空也扮演着观念和方法的角色。鉴于不同的研究方法、目标和理论倾向,研究者与学习者能够依据各异的时空视角,对同一历史事实进行多元化的解读。基于这一学科特性,核心素养中的时空观念要求学生具备在多样化的时空背景下对历史进行合理阐释的能力,并通过时空的变换,创造性地构建对特定历史事件的独到见解。

4. 养成时空思维

时空观念素养最根本的是养成一种依据时空分析和理解问题的思维方式。这种素养在学生持续的学习过程中逐渐内化为一种广泛适用的思维特质。其显著体现于学生在面对迁移性问题的探究过程中,可以认为,迁移性水平越高,则学生的时空素养表现越成熟。学生形成时空思维,意味着他们在处理历史与现实问题时,能够积极接近并尊重历史事实,构建多维度的时空联系,创造性地解释时空变化。这将大大地拓展学生面对自我和面对世界的时空视野,进而深化对历史与现实重大问题的理解,以及对未来的前瞻性洞察。

二 "时空观念"素养培育的基本路径

(一)依托思维导图培育时空观念

建构主义理论着重强调学习的主动性,认为知识的掌握是学习者在特定文化背景下,借助必要的学习资料及他人协助,通过自主建构实现的过程。因此,教学过程旨在协助学生在既有认知结构基础上,构建新的认知结构。

历史学科以其深厚的学识底蕴和严谨的科学思维要求,要求学生在学习过程中不仅要记忆,更要主动建构历史认知。单纯的知识碎片积累、僵化思维灌输和机械记忆训练,无法真正体现历史学习的核心价值。

1.以地图为基石,构建时空关联

干树德在其著作《中学历史地图教学概论》中指出:"历史地图以表现史事的空间状态为内容,通过简明而又形象的形式,反映着人类历史的发展和演变。"依托地图,以史事为核心,构建思维导图,将时间、地点、人物、现象等要素有机整合,直观展现历史事件或现象的全貌。

2.以史实为脉络,提炼时空特征

历史现象的出现均有其特定的时代背景。将历史事件置于历史发展的大背景下进行审视,依据历史现象产生的时空背景,将相继出现的历史事件串联起来,有助于全面理解和观察历史发展的全过程,进而揭示历史发展的基本脉络与规律。

3.以时间为线索,厘清时空顺序

恩格斯说过:"一切存在的基本形式是空间和时间,时间以外的存在和空间以外的存在,同样是非常荒诞的事情。"[①]从哲学角度看,时间是物质运动的存在形式;从史学视角分析,时间则表现为历史发展的顺序性与持续性,即我们通常所说的历史进程。因此,以时间为线索,能够清晰梳理历史事件的先后顺序,深化对时空观念的理解。

(二)整合零散历史知识点,整理时空线索,以点串线、以线带面,使历史知识体系化

课堂作为知识传授的核心场所,对于高中学生时空观念的培养具有举足轻重的作用。在教学过程中,将时空观念的培养融入整个历史学习之中,不仅能够有效提升学生的时空观念素养,还有助于学生深入理解历史知识。在实际教学中,教师应充分利用各类教学资源和手段,对零散的历史知识点进行整合,梳理清晰的时空线索,使知识点形成连贯的线索,进而形成系统化的知识体系。这种以点串线、以线带面的教学方法,对于历史知识体系化具有显著效果,是在历史课堂上培养学生时空观念的重要策略之一。

---

① 中共中央马克思恩格斯列宁斯大林著作编译局.马克思恩格斯选集:第三卷[M].北京:人民出版社,1972:91.

1. 设"点":运用年表梳理历史事件

在教学过程中,教师应整合教材内容,将历史事件梳理为时间节点上的具体事件。笔者推荐使用历史年表的方式进行梳理,但在实际教学中,教师可以根据教学需要采用其他有效方法,旨在强化高中生的时空观念,服务于教学目标。

历史年表,顾名思义,就是将某一关于历史的主题,按照时间顺序进行排列整合。我们所熟悉的有《中外历史大事年表》。历史年表凭借其记录历史细致全面、清楚明了等特点,十分有利于营造历史情境,让学生感同身受,同时还能够让学生清楚地分析历史发展线索,所以说合理地利用历史年表对历史教学有着重要作用。常用的历史年表有大事年表、比较年表、分段年表。在实际教学中,教师在选择年表时,应确保其确切性和合理性,以适应教材内容。

2. 串"线":厘清历史事件发生的线索

将发生的历史事件串联起来,用特定的线索讲解历史知识,要求教师将历史事件按照特定线索进行串联,构建完整的知识体系。这种教学方法有助于学生思考和理解历史现象之间的关联,对培养时空观念具有重要意义。在实际教学中,教师可以根据历史事件的发展顺序,构建清晰的历史线索,引导学生系统掌握历史知识。

3. 铺"面":树立学生的"大历史观"

铺面就是将历史知识进行整合,形成历史框架,帮助学生搭建一个完整的知识体系。教师应注重培养学生的"大历史观"。所谓"大历史观",即将历史事件置于不同的时空环境下进行考察,通过比较历史与现实,预测未来走向的一种历史观。这种观念强调从整体和发展的角度看待历史问题,有助于培养学生的长远思维和比较分析能力。新改编的教材是将通史式与专题式二者进行结合的方式呈现的,所有学生都必须学习的必修课本采用通史题材,将中国史和世界史按时间顺序进行排列,目的是让学生把握整体的历史。部分学生要学习的选修课本,采取专题史的方式呈现,目的是让学生从不同的视角认识历史。这样的教材编纂方式,有利于学生对历史的整体把握,也有利于教师引领学生掌握"大历史观",在实际教学中将历史与现实结合,引导学生思考,启发学生思维,让其思维在不同时空下转换,十分有利于培养其历史时空观念素养。

(三)运用文本阅读技能,辨析文本信息,透视其中的时空认识

核心素养是一个整体,我们难以仅从时空维度着手来塑造学生的时空观念。事实上,时空观念的培养必须建立在史料实证、历史解释等核心素养的坚实基础上。历史叙述者和研究者的时空背景、个人立场,以及他们掌握的史料等因素,都将不可避免地影响他们对历史的认知,进而影响其分析、叙述历史的客观性,以及他们对历史的解释。

为了培养学生的时空观念,我们需要借助历史地图和史事背景信息的支持,并结合具体的文本材料。在此过程中,我们应鼓励学生尝试站在作者的角度,深入历史情境,辨析作者的历史解释,并理解其叙述的时空语境。在文本中,叙述者的历史解释往往蕴含着他们的时空观念。

在引导学生解读文本信息时,我们应引导他们从"何人、何地、何时、何物、为何"这五个维度进行深入思考。首先,要关注文献的作者、写作时期、该时期的社会时空环境以及文献的类型。其次,要分析作者是如何叙述信息的,包括他们说了什么、怎么说的、为什么这么说,以及未提及的内容。再次,要深入解读文本对历史现象的解释,以及其中蕴含的时空认识。最后,要关注文献的主要观点、论证方式以及相关证据,以便将时空观念、史料实证、历史解释等核心素养有机结合起来。

通过引导学生关注文本叙述者的时空语境,结合教材文本中的历史观与时空观,去辨析不同文本记录中的差异,并以恰当的时空视角解释历史,我们可以帮助学生更好地理解历史,认识历史的真相。

三 "时空观念"素养培育教学实践:以《明清中国版图的奠定》为例

(一)教学目标

通过观察明清相关地图,能够从时间、空间上对明清时期经略边疆相关举措的史实加以概括;通过研习相关史料,概括、分析明至清中叶是现代中国版图奠定的关键期及统一的多民族国家奠定的意义;理解明至清中叶中国疆域版图的奠定的影响,把握明清历史发展的轨迹,增强对中华民族的归属感和自豪感。

(二)教学重难点

重点:明清经略边疆的举措、特点。

难点:中国统一的多民族国家版图的奠定。

(三)教学内容

本课为部编版高中历史教材《中外历史纲要》(上)第四单元13、14课的整合,主要讲授主干知识明清时期经略边疆的相关举措以及现代中国版图的奠定。

(四)教学方法

合作探究法、讲述法。

(五)学情分析

高一学生对历史课程非常感兴趣,在课堂上积极性很高。因此,教师可以通过创设情境,引导学生迅速融入课堂,积极进行探究。对于高一新生,要注重历史学科素养的培养,补充地图、文字等史料,让学生结合所学分析材料,从而突破本课重难点,从而达成课程目标,以及培养学生的历史学科素养。高一学生的基础知识掌握得还不够牢固,答题能力尚欠缺,故设问须循序渐进,通过小组讨论、合作探究达成教学目标。

(六)教学过程

1.导入

出示云南丽江木氏土司衙门图片,及《明神宗实录》相关史料。引出明清中央政府对边疆治理,以及现代中国版图的奠定。

教师:图片上的建筑是坐落于云南丽江的木氏土司衙门,它曾经的主人是纳西族首领木氏一族,当地有句俗语:"一座土司城,半部丽江史。"木氏一族的兴衰史就是明清两朝治理边疆的历史。伴随着开疆拓土,经略边疆,明清中国版图渐趋定型。今天,我们一起来学习第四单元中的一部分内容《明清中国版图的奠定》。我们这节课是由第13课和第14课主要知识组合而成。首先,我们来看看明朝政府经略边疆的相关内容。

2.新课讲授

(1)明朝经略边疆

①基础知识梳理

学生分组合作:在《明朝形势图(1433年)》上梳理明朝经略边疆的相关举措。

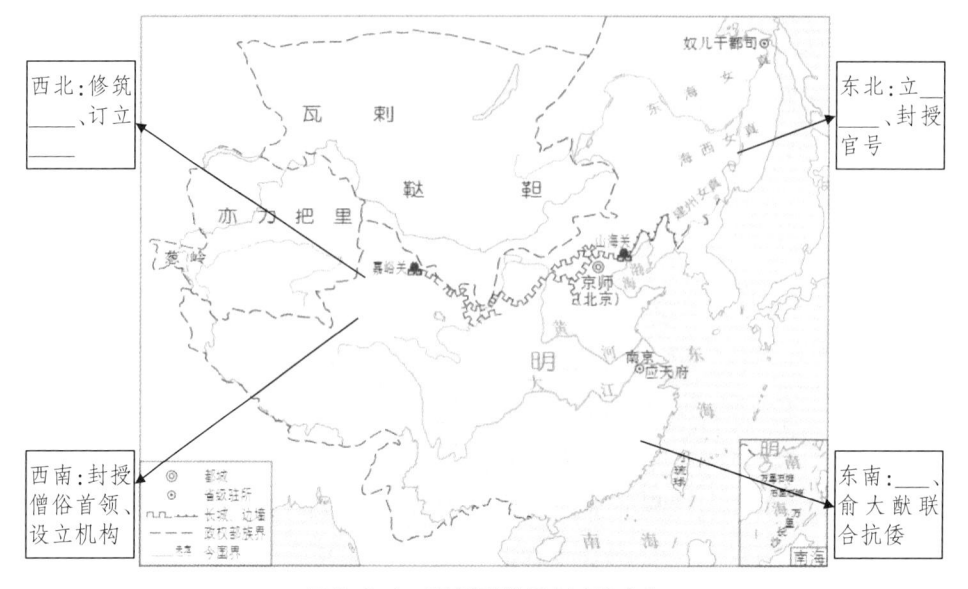

西北:修筑____、订立____

东北:立____、封授官号

西南:封授僧俗首领、设立机构

东南:____、俞大猷联合抗倭

图3-2-1 明朝形势图(1433年)

【设计意图】通过观察地图信息,以及利用文字信息梳理史实,了解明朝经略边疆的相关史实。

②合作探究一:概括明朝经略边疆的特点

展示材料:

材料一:

其四川、云南边夷土官,皆设儒学,选其子孙弟侄之俊秀者以教之,使之明君臣、父子之义,而无悖礼争斗之事,亦安边之道也。

——摘自《明太祖实录》

材料二:

云南诸土官,知诗书,好礼守义,以丽江木氏为首云。

——摘自《明史·云南土司二》

【问题1】根据材料一、材料二以及所学知识,概括明朝经略边疆的特点。

【答案】

A.设置地方机构,加强管理;

B.订立和议,采用封授(册封)方式,任命少数民族首领;

C.修筑防御设施,招抚地方少数民族首领;

D.抵御倭寇和西方殖民者;

E.在思想文化方面,传播儒学。

【设计意图】通过梳理史实,以及解读分析史料,引导学生认识明朝经略边疆的特点。

教师过渡:出示时间轴,简要介绍明清朝代更替,以云南木府的经历引出清朝经略边疆的举措。

1644年明朝灭亡,清军入关,远在云南的木氏一族有什么际遇呢?顺治时期,木氏一族被清政府赐予丽江府印,承袭土司一职,到了雍正年间,伴随着大规模的改土归流实施,中央改派流官管理丽江事务,木氏一族结束了在丽江长达470余年的统治。接下来,我们来一起看看清朝经略边疆的措施。

(2)清朝经略边疆

①基础知识梳理

学生分组合作完成。

【问题2】根据《清朝疆域图(1820年)》,提取清朝前中期有关经略边疆的信息。(要求:按照地理方位回答)

图3-2-2 清朝疆域图(1820年)

【设计意图】图片中有很明显的文字信息,学生结合课本,较容易提取清前中期经略边疆的相关举措,培养了学生历史素养——时空观念的水平2:能利用历史年表、历史地图等方式对相关史事加以描述。

②合作探究二:概括清朝边疆政策的特点

展示材料:

材料三:

清朝根据边疆地区的情况设置不同的行政机构。在地方行政方面,清政府分别采取郡县制、盟旗制、伯克制等。在蒙古族聚居的北疆地区,清朝则实行盟旗制度。在新疆地区,清政府主要采取军府制实行统治。在西藏地区,实行政教合一制度。从雍正年间开始,清政府就设有驻藏大臣。西南地区,雍正年间开始大规模推行改土归流政策。

——摘编自韩茂莉《中国历史地理十五讲》(北京大学出版社,2015年版)

【问题3】根据材料三并结合所学知识,概括清朝边疆政策的特点。

【答案】

A.因地制宜,在不同地区设置不同机构。(在新疆设置伊犁将军,在西藏设立驻藏大臣)

B.因俗而治,尊重不同民族的宗教信仰和生活习惯。(在蒙古族聚居的北疆地区,清朝实行盟旗制度。在西藏地区,实行政教合一制度)

展示材料:

材料四:

(19世纪中叶前)"内地商民至恰克图(中俄边境城市)贸易……初时俗尚俭朴,故多获利,嗣是百货云集,市肆喧闹,恰克图遂为漠北繁富之区。"

——何秋涛《朔方备乘》

【问题4】根据材料四并结合所学知识,分析清朝经略边疆产生的影响。

【答案】

A.促进了内地与边疆地区的贸易往来;

B.有利于边疆地区的经济发展和社会进步;

C.促进了民族交融;

D.稳固了统一的多民族封建国家。

【设计意图】通过合作探究两则史料,对清朝经略边疆进行深层次学习。在对历史问题进行探究的过程中能置于具体时空之下,进行分析、综合、比较,并在此基础上作出合理的论述,以此达到核心素养时空观念的水平4要求。

教师过渡:明清两代通过不断对边疆地区开疆拓土,同时采取改土归流等相关措施,并且掌握了近代西欧地理学与绘图技术的相关知识,清朝自康熙皇帝到雍正、乾隆、嘉庆皇帝的150多年间,多次在全国实测疆域,绘制了全国性的地图。

(3)明清中国版图的奠定

①合作探究三

呈现三幅清朝全国性地图:《康熙皇舆全览图》(1718年)、《乾隆内府舆图》(1760年)、《嘉庆皇舆全览图》(1820年)。

【问题5】分别提取三幅图片的疆域信息,并据此说明其对应的历史地图是哪一幅地图。

【答案】《康熙皇舆全览图》(1718年)所描绘的疆域对于西北、西南的测绘是空缺状态,直到1757年清朝才彻底平定准噶尔叛乱,之后才统一西北地区。据此判定该图为绘制于1718年的《康熙皇舆全览图》。

《乾隆内府舆图》(1760年)所描绘的疆域外界边界的许多地段尚未划定,疆域在不断变化之中,对于西部边疆的管辖也不完善。1762年,清朝在新疆设立伊犁将军,总领新疆地区军政事务,重点驻防北疆地区。据此判定该图为绘制于1760年的《乾隆内府舆图》。

《嘉庆皇舆全览图》(1820年)标出了盛清疆界,对边疆地区行政机构的绘制翔实而深入。1793年,清政府颁布《钦定藏内善后章程》29条,以法律形式落实了中央政府对西藏的管辖权,清朝的疆域已基本定型。故判断该图为1820年完成的《嘉庆皇舆全览图》。

【设计意图】展示三幅清朝疆域图,并模仿2020年山东高考第16题,创设情境,出示三幅清朝前中期的全国疆域图,让学生提取相关有效信息,从而认识到清中叶中国版图的奠定。

教师过渡:清朝政府在绘制全国舆图的同时,还在编修《大清一统志》。我们摘取了《大清一统志》里的相关史料,进行分析。

【问题6】清朝编修《大清一统志》参考了哪些类型的史料?请根据表3-2-2举例说明,并说明表3-2-2中的材料对研究清朝前中期中国疆域奠定的史料价值。(要求:史论结合,表述清晰)

表3-2-2　康熙、乾隆、嘉庆《大清一统志》对西北、西南地区的记载

地区	康熙时期编修《大清一统志》(1686—1743)	乾隆时期编修《大清一统志》(1764—1784)	嘉庆时期重修《大清一统志》(1811—1842)
西北地区	哈密、吐鲁番等地只列入《蒙古属国》少数民族地区,占篇幅4卷	增加《西域新疆统部》,下辖伊犁、哈密等14个地区,占篇幅7卷	《新疆统部》位列《贵州统部》之后,下辖30个地区,形同内地省份,所占篇幅15卷
西南地区	下辖贵阳、安顺等12府	下辖贵阳、安顺、遵义等13府	下辖13府,增4个直隶厅,增设记述当地少数民族的部分
卡伦(边界哨所)	无记载	无记载	记载翔实,如:喀什噶尔参赞大臣所属卡伦有13处

备注:对于新开拓的地区,《凡例》记载:"采用群书自国史外,如《平定准噶尔方略》《西域图志》等书,旁搜博采。"

书中载录了清军平定准噶尔部和回部过程中的勒铭碑文,如《御制平定回部告成太学碑文》等,书中对于这些碑刻资料予以全文载入。

——摘编自《大清一统志》

【答案】参考史料类型:

A.参考相关书史,如《平定准噶尔方略》《西域图志》。

B.参考相关石刻、碑文史料,如《御制平定回部告成太学碑文》。

教师总结:从西北地区相关史料看出对新疆地区的记录越来越细致,《新疆统部》地位提高。清朝政府平定大小和卓叛乱,在1762年设置伊犁将军,总领军政事务,稳定了西北边疆。从西南地区史料看出在西南地区增设地方机构(由12府增加至13府,加4个直隶厅),表明中央政府对西南地区管控日益严密;专设"苗蛮"一门记述当地民族,表明改土归流之后中央对西南民族地区的管理日趋规范、严密。中央政府对西南地区管理加强,稳固了西南边疆。从材料看出嘉庆时期重修的《大清一统志》关于边疆哨所记录翔实、严密,表明清政府对于边疆领土主权意识清晰,现代中国版图逐步形成。

【设计意图】从《大清一统志》摘选相关边疆治理、版图奠定的史料,创设情境,让学生能够区分不同类型的史料,并能对史料进行整理与辨析。在整合本课基础知识外,培养历史学科素养,并模仿2020年山东高考第18题进行设问。

展示材料:

材料五：

天朝疆界严明，从不许外藩人等稍有越境掺杂……天朝尺土俱归版籍，疆址森然，即岛屿沙洲，亦必划界分疆，各有专属。

——《清高宗实录》

【问题7】根据材料五，指出清朝统治者对于疆域版图的认识。

【答案】清朝统治者对疆域和边界有极强的主权意识，认识到领土疆界不容他国染指。

展示材料：

材料六：

格尔必齐河发源处为外兴安岭，此岭直达于海，亦为两国之界：凡岭南一带土地及流入黑龙江大小诸川，应归中国管辖；其岭北一带土地及川流，应归俄国管辖……又流入黑龙江之额尔古纳河亦为两国之界：河以南诸地尽属中国，河以北诸地尽属俄国。

——节选自《尼布楚条约》

【问题8】根据材料六概括《尼布楚条约》中有关中俄边界划定的内容，并分析其意义。

【答案】内容：以河流、山川等明确标明了中俄两国的边界，从法律文献上确定了黑龙江、乌苏里江流域等地都是中国的领土。意义：中国的疆域版图得到了法律上的承认。

【设计意图】对两则史料的分析，让学生更加理解中国版图奠定的相关史实。

教师结语：改土归流之后，丽江木氏一族的后人们依然为丽江地区的发展作出了自己的贡献，其中比较突出的是木正源，他不仅通过自己的努力考取了科举，后来还回到了丽江，出任雪山书院的院长，促进了纳西族地区的教育发展。从秦始皇在公元前221年建立了幅员辽阔的中央集权国家开始，其后虽然经历了内战纷争、改朝换代，但是以汉民族为主体的多民族政权实体始终存在，疆域不断扩大，最终形成为统一的多民族国家，并在清中叶疆域达到了极盛状态，奠定了现代中国的版图。

【本课总结】明清中国版图的奠定。

明清中国版图的奠定
- 1.明朝经略边疆：西北：与蒙古族的关
  - 西南：对藏族地区的招抚和管理
  - 东北：封授官号，设置奴儿干都司
  - 东南：戚继光、俞大猷抗倭
- 2.清朝经略边疆：西北：击败准噶尔部，稳定新疆
  - 西南：巩固对西藏的管辖
  - 东北：抗击沙俄
  - 东南：驱除荷兰，统一台湾
- 3.现代中国版图逐渐定型

第三节 史料实证素养的培育案例

学科核心素养作为学科育人价值的集中体现,代表着学生通过系统性学科学习而逐步构建的正确价值观念、必备品格与关键能力。在历史学科中,历史研究的过程往往依赖于史料作为确凿证据来形成相应的历史判断或解释。其中,史料实证素养特指学生在学习和研究过程中,对获取的史料进行审慎辨析,并运用可靠史料努力还原历史真实性的严谨态度与科学方法。

一 "史料实证"素养的内涵与要求

(一)"史料实证"素养的内涵

鉴于历史学科的独特性质及其在历史认知中的核心地位,《普通高中历史课程标准(2017年版2020年修订)》赋予史料实证以举足轻重的地位,明确指出它是历史学科"诸素养得以达成的必要途径"[1],也是历史学科与其他学科相区别的重要标识。

史料实证,作为学生在学习历史过程中不可或缺的核心素养,体现了学生对史料的深入学习能力。它涉及对史料的细致分析和准确解读,力求在理解的基础上最大程度还原历史事实,并据此作出合理推论,形成独到的历史解释。具体而言,史料实证要求学生能够熟练运用多种方法搜集史料,精确区分史料的类型,审慎辨析史料的真伪,逻辑清晰地梳理史料,进而提取出可靠信息作为论据,以此支撑自己的观点。这一过程旨在培养学生发现真实历史的严谨态度,同时促进其证据意识的养成、实证精神的深化以及独立思考的历史思维的发展。

---

[1] 中华人民共和国教育部.普通高中历史课程标准(2017年版2020年修订)[S].北京:人民教育出版社,2020:4.

(二)"史料实证"素养的具体要求

《义务教育历史课程标准(2022年版)》对史料实证做了4个层级的要求[①]。

表3-3-1　初中历史学科核心素养"史料实证"水平划分

素养水平	史料实证
水平1	初步学会依靠可信史料了解和认识历史。
水平2	了解史料的主要类型,初步学会从多种渠道获取历史信息,提高对史料的识读能力。
水平3	能够尝试运用史料说明历史问题,学会根据可信史料对历史进行论述。
水平4	初步形成重证据的意识和处理历史信息的能力。

《普通高中历史课程标准(2017年版2020年修订)》对史料实证做了4个层级的要求[②]。

表3-3-2　高中历史学科核心素养"史料实证"水平划分

素养水平	史料实证
水平1	能够区分史料的不同类型;在解答某一历史问题时,能够尝试从多种渠道获取与该问题相关的史料;能够从所获得的材料中提取有关的信息。
水平2	能够认识不同类型的史料所具有的不同价值;明了史料在历史叙述中的基础作用;在对史事与现实问题进行论述的过程中,能够尝试运用史料作为证据论证自己的观点。
水平3	在探究特定历史问题时,能够对史料进行整理和辨析;能够利用不同类型史料,对所探究的问题进行互证,形成对该问题更全面、丰富的解释。
水平4	能够比较、分析不同来源、不同观点的史料;能够在辨别史料作者意图的基础上利用史料;在对历史和现实问题进行独立探究的过程中,能够恰当地运用史料对所探究问题进行论述。

[①] 中华人民共和国教育部.义务教育历史课程标准(2022年版)[S].北京:北京师范大学出版社,2022:7.

[②] 中华人民共和国教育部.普通高中历史课程标准(2017年版2020年修订)[S].北京:人民教育出版社,2020:71.

高中历史课程标准中,水平1明确界定了史料实证素养的基础要求:首要在于准确区分史料的类型,了解获取史料的多种途径,并能够有效地从史料中提取关键信息。水平2在此基础上,提出了更为深入的要求,即学生能够判断史料的价值,明确史料在学术研究中的作用,并能进行严谨的论证。这两个水平主要聚焦于史料搜集、提取等基础性能力,适用于必修课程的教学需求。水平3对学生史料运用的能力提出了更高标准,即要求学生对史料进行系统的整理、深入的辨析和相互印证。水平4则与前三个水平显著不同,其主要面向的问题不再局限于特定的历史范畴,而是拓展至历史与现实问题的结合。通过这一水平的训练,学生能够运用求真求实的实证精神,将历史知识应用于现实问题的解决,从而实现该素养培养的现实价值。因此,水平3和水平4在巩固水平1和水平2的基础上,进一步强化了实证精神的培养和史料运用能力的提升,适用于必修课程与选修课程的综合教学。

基于以上分析,史料实证素养教学着眼点可大体从"区分史料类型,获取多种史料,提取史料信息""判断不同史料的价值,明了史料对叙述的作用,运用史料作为证据""对史料整理辨析,用史料进行互证""比较分析史料,辨别作者意图,运用史料论述"四个层面进行阐述,具体可以划分为以下具体的培养目标。

1.明确史料的作用

这一培养目标整合了水平1中"在解答某一历史问题时,能够尝试从多种渠道获取与该问题相关的史料"以及水平2中"明了史料在历史叙述中的基础作用"的要求,旨在引导学生明确在解答历史问题时,史料作为研究历史的核心基石,是历史叙述不可或缺的依据,从而树立"以史为证,论从史出"的严谨意识。

历史包罗万象,我们在历史教学中所涉及的内容,实则仅为其浩瀚之海中的一滴水珠。在教学过程中,教师所能传授给学生的知识是有限的,若要深入解答历史问题,必须明确认识到史料的重要性。史料,作为连接历史与现实的关键纽带,是形成问题、提炼论点、建构解释的基本材料。当学生在面对由史料所构建的新情境时,或是遭遇知识盲区,抑或是遇到与既有知识相抵牾的史料时,务必避免主观臆断,应秉持严谨的求真精神,言必有据,信而有征。任何历史论点的形成,都应源自对史料的深入分析与提炼,而非基于预设的概念或假设。

2.区分史料的类型

准确区分史料的类型不仅是判断其价值的基石,更是深入辨析史料的关键步骤。为此,我们设定的教育目标旨在引导学生深入理解史料的基本类型及其划分依据,同时掌握不同类型史料所蕴含的独特价值,从而确保在研究中能够充分发挥各类史料的最大效用。

3.判断史料的价值

在应对特定的历史问题时,我们虽可接触到众多史料,但并非所有史料皆具备同等价值。区分史料的不同类型就是为了清楚不同史料的价值。针对特定的研究对象,我们应当采取多元化的策略,精心挑选不同类型的史料,去粗取精,从而充分发挥史料的实用效能。

4.多渠道获取史料

在深入认识史料的作用,以及明确区分史料类型及其价值的基础上,学生在面对历史问题时,应致力于掌握通过多渠道获取史料的技巧。在当前的历史课堂中,学生往往习惯于依赖教师提供的史料,而鲜少自行搜集。教师提供的史料多基于讲解知识点、达成教学目标之考量,这可能导致学生形成固定观念,从而削弱其探索历史真相的兴趣。因此,教师有必要着重培养学生从被动解答历史问题转变到主动探究历史问题的意识。教师通过示范,引导学生熟悉并掌握获取史料的多种渠道和方法,在模仿过程中逐步深化对史料获取方法的理解,并在未来的学习中能主动、全面地搜集资料,以探究历史问题,乃至解决现实问题。这一培养目标旨在强调发展性、过程性的历史学习方法,虽然在历史试题中的直接考查并不多见,但在实际教育过程中,它起着至关重要的基础性作用。

5.提取史料的信息

对史料的信息提取是进行深入分析、准确辨别的基石,同时也是培养史料实证素养的关键环节。在教师的专业指导下,学生应逐步习得并掌握提取信息的科学方法,最终能够独立、精确、全面地从史料中获取与特定历史问题密切相关的信息。在提取史料过程中,首先要明确主次,选取与所研究历史问题紧密相关的关键信息。其次,除了通过作者的背景和处理方式来理解史料的显性内容外,还须深入挖掘史料的细节、隐含信息,以清晰洞察作者的立场,理解其背后的意图。此外,务必关注史料的上下文语境,避免片面理解、过度解读或主观臆测,始终忠实于史料的原始面貌。

6. 整理、辨析史料

鉴于史料的非系统性特征,与某一历史问题相关的史料通常散落于各处。因此,对搜集到的史料进行严谨整理和深度辨析尤为重要,旨在去除冗余,提炼精华,并逐步明确解答问题的逻辑路径。在教师的示范引导下,学生应掌握对史料进行精确整理和辨析的技巧,深入分析其作为历史证据的价值,进而在史料中找寻并构建支持自己历史论述的可靠依据。

7. 运用史料进行实证

实证,作为历史教学中不可或缺的核心要素,其目标在于精确解决历史及现实中的疑难问题,代表了史料实证素养的终极追求。在历史教学的实践中,实证亦是一种重要的学习方法。实证的内涵不仅局限于"证实"的真实性,更涵盖了"辨伪"的严谨性。在实证的过程中,结果的准确性固然重要,但过程的科学性和合理性同样不容忽视。在培养学生实证能力的过程中,首要任务是强化学生的实证意识。随后,通过教师的专业示范和悉心指导,学生将逐渐模仿并掌握这一方法,进而形成自主运用史料解决历史问题的意识。最终,当学生面对历史与现实问题时,能够依据规范准确地引用史料作为论证依据,对所探讨的问题进行深入且系统的阐述。这种实证精神将成为学生终身受益的宝贵财富,渗透至其生活的各个领域。

史料实证素养的培养目标,是基于史料实证的核心内涵,结合课程标准所划分的四个能力层级以及评价标准的界定来确立的。这些培养目标之间存在严密的逻辑联系,呈现出层层递进的态势。其中,每一个前一层次的培养目标,都是后一层次培养目标得以实现的基础,它们之间相互依赖,互为支撑,无法割裂。史料实证素养的培养,是一个需要长期坚持的过程,只有通过逐步递进的培养目标,才能最终汇聚成史料实证素养的整体培养目标,每一个环节都不可或缺。

二 "史料实证"素养培育的基本路径

(一)以史料为中心,围绕史料实证落地

历史研究之基在于史料,而历史教学的进行亦无法脱离其轨道。从这一视角审视,史料在历史教学中的核心地位毋庸置疑。在史料实证的教学中,我们必须以史料为出发点,史料占有的丰富程度与真实可靠性,直接决定了史料实证教学的价值与成效。

1.合理规范选取史料,克服"印证式"教学

史料实证的实施依托于可信史料的基石之上,教师在史料的选择和使用上的科学性及规范性,对于能否实现培育"史料实证"核心素养这一课堂教学目标具有至关重要的作用。为培养学生的核心素养,教师首先须自我审视,确保自身已具备相应的素养基础。

教师在教学过程中对史料的规范选取和运用,充分展现了其深厚的史料学造诣。教师是否以规范且合理的标准来筛选史料,对于史料实证教学的成功与否具有决定性的影响。鉴于课堂时间的限制和学生能力水平的考量,教师必须优先选取那些具备较强操作性的史料。在此过程中,史料的来源成为判断其真伪或价值的关键指标,对于来源不明的史料,其真伪或价值往往难以评估。史料的来源或出处,不仅有助于研究者理解史料作者的意图,还有助于研究者将自身"移情"至史料所处的历史情境中,从而更深入地理解史料所探讨的问题和观点,把握其显性信息,并挖掘其潜在的隐性信息,进而进行科学合理的推论。

2.质证史料

(1)质证史料的必要性

在史学研究和史料实证教学的深入进程中,对史料的质证显得尤为重要,它是整个研究与教学流程中不可或缺的关键步骤。史料的质证功能具有其独特性和不可替代性,这一特性使得史料的客观性与真实性成为史学研究的基石。然而,必须清醒地认识到的是,并非所有史料都能完全反映历史的真实面貌,许多史料可能仅包含了部分事实真相。

在史料实证教学的实施过程中,科学研究史料的必要性并非仅源于其质疑价值,而是与课堂核心教学目的——培养与训练学生的思维能力紧密相连。教

学过程实为师生双方相互学习、共同成长的历程,其中,学生通过接受系统的教育训练,发散思维,形成并深化知识。因此,在史料实证教学的具体实践中,学生的参与,特别是在科学研究史料方面的投入,成为一个不可或缺的关键环节。

(2)质证史料的课堂实践路径:不断追问、"二重证据法"及合理推论

首先,课堂上不断追问史料。在史学研究领域,科学处理史料主要包含两大层面:一是对史料文本的细致考订,二是对史料内容的精准阐释。鉴于史料文本考订的难度较高,课堂中的实际操作性受限,因此,在史料实证的教学实践中,教师应更侧重于对史料内容的解读与价值评估。这一过程涉及师生共同从史料作者的生活背景、价值观念、文风特色等多个维度出发,进行深度分析与挖掘,以揭示史料所蕴含的事实真相。同时,我们还须确认在特定语境下这些史料与所学知识的内在关联。最终,师生将共同运用这些发掘出的历史信息,为所学知识提供有力支撑。

其次,在教学过程中,为了确保史实的准确性,我们倡导采用"二重证据法"对史料进行质证。这是一种严谨且科学的方法,要求在研究每个问题时,必须广泛搜集并占有多种类型的材料。具体而言,我们鼓励结合考古发掘所得的实物资料与文字资料,通过这两类资料的相互印证,以增强历史学习的规范性和科学性。这种方法的运用,有助于我们更全面地理解历史,确保历史教学的严谨性和准确性。

最后,在探讨教学过程中的史料运用时,我们必须对所占有的史料进行合乎逻辑的推论。

综上所述,在"史料实证"这一环节中,要求师生必须深刻认识到科学研究史料的重要性,并须通过掌握精准的科学方法,来审慎考证史料,深入发掘其内在价值。构建史料与史论之间严谨的逻辑关联,是实现实证的关键所在。通过这样的方式,科学研究史料的深刻内涵才能在历史课堂中得以切实体现并生根发芽。

3.解释史料

首先,必须强调有效设问与引导在史料实证教学中的核心地位,它构成了该教学活动开展的关键驱动力。为了构建符合课程改革要求的高效课堂,历史教师们普遍认同优化提问方式与技巧、科学引导学生进行学习的重要性。就历史学科而言,开展史料实证教学活动,构建有效的设问与引导机制,关键在于历

史教师应以史料为基础,围绕史料设计具有层次性、启发性、思维性和开放性的问题,通过问题的引导,激发学生的历史思考,激活其历史思维。

其次,基于情境的分层设问。在开展史料实证教学的过程中,历史教师的设问首先要是一个"历史问题",即符合历史学科的特点,要"以问题为中心展开研究,而且任何问题都必须置于具体的历史情境之中……研究事物的形成和变化的过程,而不是静止的状态;任何论点都是从材料中提炼出来的"[①]。

(二)构建问题链,培养学生的"史料实证"素养

"问题链教学"模式在近年来基础教育领域中备受瞩目,该模式着重强调教师应精心构建有效的问题情境,将教学内容依照知识的内在逻辑转化为连贯且深入的问题链。这些问题之间紧密相连,层层递进,构成了一个严谨完整的逻辑体系。在教师的引导下,学生逐步解锁问题,实现问题的高效解决,同时在这一过程中显著提升其学科关键能力。这一教学模式对于历史学科同样具有重要的参考价值。教师借助史料,构建出富有成效的问题链,引导学生"通过对史料的辨析和对史料作者意图的认知,判断史料的真伪和价值,并在此过程中增强实证意识"[②],在解决问题的过程中,学生逐步构建并深化自己的历史认知。利用问题链培养学生的"史料实证"素养的流程大致如下:

(1)细处着手,从教材的叙述中寻找"原问题"。

(2)再问:敢于质疑权威,从历史定论中探寻不合常理之处,提出新的问题。

(3)追问:了解史料及解释的多元性,避免选择性地忽略指向不同观点的史料。

(4)反问:小心求证,谨慎论证、评估新的史料和新的观点。

(5)解锁:考辨史料细节和证史逻辑,关注实际历史情形,认识历史的复杂性。

(三)充分开发史料资源,丰富课外活动形式

在教学环节中,史料实证的课外活动往往被忽视,其形式单一,且缺乏评估

[①] 李剑鸣.历史学家的修养和技艺[M].上海:上海三联书店,2007:147.
[②] 中华人民共和国教育部.普通高中历史课程标准(2017年版2020年修订)[S].北京:人民教育出版社,2020:6.

效果的可靠手段。鉴于此,我们应当全面融合课堂教学与课外实践,以创新和有效的方式发掘并利用教学资源,使之更加贴近学生的生活实际,促进历史与现实的相互渗透,确保"史料实证"素养的切实落地。历史作业作为历史教学的延伸,其内容的创新能够更有效地帮助教师评估学生素养的达成状况,进而及时调整教学策略与方法。旨在培养"史料实证"素养的课外活动的实施途径包括以下三种。

1.自主阅读书籍或文章,撰写读书心得

鼓励学生进行自主阅读是深化知识理解、提升思维品质的重要途径。鉴于历史的复杂性和多样性,教师在课堂教学中的讲解往往难以全面覆盖所有细节,而更多侧重于关键节点的阐述。因此,我们鼓励学生通过阅读专业的历史书籍或文章,来补充课堂知识的不足,进而对历史事件有更为全面和深入的理解。在选择阅读材料时,我们强调选择专业、权威的书籍与文章,这些作品通常具备完整的论述体系和实证精神,能够为学生提供丰富且可靠的历史信息。教师可根据具体教学内容,有针对性地推荐与"史料实证"素养相关的书籍或文章,以满足不同学生的学习需求。为了检验学生的阅读成效并促进其深入交流,教师可以组织读书会活动,鼓励学生共读一本书或一篇文章,并分享彼此的心得体会。这种方式不仅可以加深学生对阅读材料的理解,还能帮助他们掌握正确的阅读方法和技巧,进而提升其整体的学术素养。

2.参观历史博物馆、纪念馆、历史遗址遗迹等,确定相关主题,撰写观后感

在历史教育的实践中,建议组织学生参观历史博物馆、纪念馆及历史遗址遗迹,选定特定主题,撰写深入的观后感。充分利用这些立体化的历史展示场所,发挥遗址遗迹、文物等作为珍贵一手史料的价值,使学生能够自主探寻历史发展的脉络,从而培养他们尊重历史的情感,并让他们深刻感受到历史的厚重与深远。通过近距离观察文物,学生能够直观体验到不同史料所承载的丰富内涵和价值。为此,教师应积极将课堂延伸至博物馆、纪念馆、历史遗址遗迹等实地场所,结合具体的历史情境,设计富有探讨意义的问题。这将引导学生从现实情境中提取历史信息,进行深入的头脑风暴和论证,从而提升学生的历史思维能力和分析能力。在此过程中,学生可能会产生新的问题和兴趣点,因此,鼓励他们在课外进行史料的搜集与整理工作,并撰写详细的观后感。需要特别强

调的是，整个学习过程应侧重于引导学生深入体验历史的真实感，而非仅仅浮于表面的走马观花，从而确保历史教育的深刻性和有效性。

3.充分发掘生活中的史料，选定主题，撰写调查报告

鉴于史料广泛存在于日常生活之中，我们应引导学生深入发掘这些资源，以缩短历史与现实之间的距离。例如，在学习抗日战争这一重要历史阶段的内容时，我们应鼓励学生积极搜集与之相关的实物史料，如八路军使用过的水壶、徽章等，这些物件承载着历史的记忆。同时，亦应指导学生对健在的抗日战争老兵进行访问，整理其口述资料，以获取更为生动、真实的历史信息，并结合情况撰写调查报告。

三 高中"史料实证"素养培育教学实践：以《耕织图》为例

（一）教材分析

《耕织图·耙耨》为部编版高中历史必修《中外历史纲要》（上）第四单元第14课《明至清中叶的经济与文化》中的一则图片史料，处于"基本史料"抑或"核心史料"的位置。其理由如下。

其一，就教学契机而言，很多学生不知道何为"耙耨"，就连能否读对都是问题，从心理学上讲这是探究学习的绝好契机。

其二，就教学重点而言，康熙年间《耕织图》推广的初衷是教化百姓、规劝农桑，既符合了当时的政治安定需求，又对亟须恢复农业生产的清前期社会产生过一定的现实意义，它正好呈现了明清农业、手工业的发展变化，而这恰好紧扣本课重点内容。

其三，就串联教学内容而言，明中后期，程朱理学受到士大夫的批判，开始强调经世致用、治国济世，而此时传教士来华传教带来几何学、医学、天文学、解剖学等实用性科学知识，康熙更是热衷西学，西画技法正是通过自然科学在宫廷中扩散且成熟起来的。该图结合西画，而未完全遵循传统中国画法的技法来绘制，这又涉及本课"社会经济的发展与局限""思想领域的变化""科技"三个子目内容。

其四，就衔接教学单元而言，该图一是反映清廷认同农耕文化，折射出民族

交融、民族认同,与前几个单元中的"华夏认同"一脉相承,此为"承上"。二是该图呈现出传统农业精耕细作、自给自足的特点,其内容延续几个世纪并无质的变化,与世界近代化趋势形成鲜明的对比反差,暗喻了第四单元"盛世与危机"的单元主旨,衔接与铺垫了第五单元"晚清时期的内忧外患与救亡图存",此为"启下"。三是其绘画技法说明新航路开通后世界逐渐融为一体的趋势,这又与《中外历史纲要》(下)世界近代史及选择性必修教材内容相扣。

(二)教学重难点

重点:掌握明清时期经济领域的新变化的表现。

难点:认识世界变化对中国的影响;对比中国与世界,认识中国社会面临的危机。

(三)教学内容

本课为《中外历史纲要》(上)第四单元第14课,主要囊括了明至清中叶社会经济与思想文化领域的重要变化,同时暗含了中国社会面临的危机,本课位于中国古代史的结尾,具有总结中国几千年古代历史和开启近代史的重要作用,为第五单元的教学奠定基础。

(四)教学方法

探究法、讲述法。

(五)学情分析

高一学生对历史课程非常感兴趣,在课堂上积极性很高。因此,教师可以通过创设情境,引导学生迅速融入课堂,积极进行探究。对于高一新生,要注重历史学科素养的培养,补充地图、文字等史料,让学生结合所学分析材料,从而突破本课重难点,从而达成课程目标,以及培养学生的历史学科素养。高一学生的基础知识掌握得还不够牢固,答题能力尚欠缺,故须设问循序渐进,通过小组讨论、合作探究达成教学目标。

(六)教学过程

学生阅读教材可知,《耕织图》是康熙命人在南宋同名图画基础上改绘而成的,反映江南农业生产的场景,《耙耨》是其中一图。教师指导学生在问题引领下研习该图。

1.环节一:抓住基本信息,逐层深入,培养逻辑推断能力

(1)呈现材料一

材料一:

图 3-3-1 耕织图·耙耨

【问题1】材料一属于哪一类型的史料?你能从中提取哪些历史信息?

【问题2】结合教材导言及材料一,能否准确理解图画的名称"耙耨"? 如果不能,还需要哪些史料信息辅助你作出判断?

【学生活动】区分史料的不同类型,提取表层信息。

【教师活动】引导学生观察和描述该图,待学生思考后自主产生疑问,培养学生自主发现问题的能力,激发学习兴趣;引导学生观察图中戴着草帽、拄着棍子的老农。他站在一个似乎是"板子"的物体上被耕牛拖着在田里行走,为何农耕离不开这一程序呢?"耙耨"是何用呢?

【设计意图】此处设问是让学生提出与农业生产相关的"其他问题",形成"问题链"以便后续史料研读及追问。图像中的文字对图像解读有重要意义,若图像表意不明,文字就是解图的关键,故《耙耨》的"题诗"是重要的解读媒介。

此外,教材已暗示"耙耨"是"耕织"的某道程序。若知道《耕织图》的整体信息,尤其是"耙耨"前后的程序,无疑有助于问题的解决。此处,引导学生发现这两点细节,在学生提出问题的同时,进一步帮助其建立解决问题的"证据意识"。

(2)呈现材料二、材料三

材料二:

耙耨

雨笠冒宿雾,风蓑拥春寒。
破块得甘霪,啮塍浸微澜。
泥深四蹄重,日暮两股酸。
谓彼牛后人,着鞭无作难。

——《耕织图·耙耨》

材料三:

1.浸种;2.耕;3.耙耨;4.耖;5.碌碡;6.布秧;7.初秧;8.淤荫;9.拔秧;10.插秧;11.一耘;12.二耘;13.三耘;14.灌溉;15.收刈;16.登场;17.持穗;18.舂碓;19.筛;20.簸扬;21.砻;22.入仓;23.祭神。

——据《耕织图》整理

【问题3】材料二用了什么样的词语来描述"耙耨"?文本如何表明"耙耨"是什么,用处何在?

【问题4】根据材料二、三,对"耙耨"作出合理的解释,并归纳其反映出的中国古代农业特点。

【学生活动】学生研读"破块""泥深"等词语,对"耙耨"产生粗略印象。在此基础上,根据材料三,学生抓住"耙耨"之前的"耕"及之后的"布秧"等信息,基于层层递进的信息推断出"耕"后土块被翻起,而"耙耨"则是碎土、平地,便于后续播种、插秧。另外,图文互证,图中老农站立在方形的"耙"上,以增加压力而达到碎土的目的。

【设计意图】前述材料反映出我国古代农业发展至清朝,每年农耕须经历复杂的步骤、使用多样的农具,体现出农业精细化生产的特点。粮食收割后还须"祭神",以祈求上天保佑与来年丰收,反映农耕文明对"天"的敬畏,农业既是百姓的基本生活保障、国家赋税来源,也是"天人沟通"的重要桥梁。此外,学生研习材料后也能感受古代人们的辛勤,一个古代老农辛勤劳作的情境跃然纸上:头戴斗笠、身披蓑衣,夜雾还未散去,便要早起冒雨耕作,待太阳下山而息,两腿早已酸痛。这样学生既能感悟劳动人民的不易,亦能更好地理解劳动人民的勤劳与智慧创造了我国灿烂的农耕文明,还助推了"唯物史观"核心素养的涵养。同时,强调对中华民族劳动精神的继承与发展,渗透了《大中小学劳动教育指导纲要(试行)》中对学生"劳动素养"的培养要求。

2.环节二:关注历史细节,图文互证,深挖图像隐藏信息

材料四:

高宗皇帝,身济大业……伯父(楼璹)时为临安于潜令,笃意民事,慨念农夫蚕妇之作苦,究访始末,为耕、织二图……未几,朝廷遣使循行郡邑,以课最闻,寻又有近臣之荐,赐对之日,遂以进呈。

——[宋]楼钥《跋扬州伯父〈耕织图〉》

焦秉贞,济宁人,钦天监五官正。工人物,其位置之自近而远,由大及小,不爽毫毛,盖西洋法也。康熙中祗候内廷,圣祖御制《耕织图》四十六幅,秉贞奉诏所作,村落风景,田家作苦,曲尽其致,深契圣衷,锡赉甚厚,旋镂版印赐臣工。

——[清]张庚、刘瑗《国朝画征录》

材料五:

图3-3-2 初秧    图3-3-3 祭神

楼图《耕》为21幅,焦图在楼图《耕》的部分增加《初秧》(总图第7图)、《祭神》(总图第23图)2幅。《祭神》一图右下角配诗为:"一年农事周,民庶皆安逸。歌谣遍社村,共享升平世。五风君德生,十雨苍天济。当年后稷神,留与后人祭。"

【问题1】结合材料四,教材导言说到的"南宋同名图画"是何人、何时、何地所作?其创作动机与目的是什么?受众是哪些人?

【问题2】结合材料四、材料五,"改绘"的部分有何"玄机"?反映出康熙《耕织图》的创作目的与南宋楼氏《耕织图》有何不同?是何种因素造成这种差异?

【问题3】为何清康熙《耕织图》选择在南宋楼氏《耕织图》的基础上改绘,而不是进行原创?

【设计意图】问题1意在研读史料后探究《耕织图》的创作目的,进一步认识影响图像史料创作的因素,同时,联系南宋与清朝的时代特征,破解该图隐藏的历史信息。

【学生活动】研读材料四,认识到教材导言提到的"南宋同名图画"为南宋高宗时临安于潜县令楼璹所作,关注到其作画的"时空信息"与"县令"的身份对理解创作动机与目的的作用。

【教师活动】引导学生注意材料四的细节,"慨念农夫蚕妇之作苦"仅是史料作者楼钥对伯父楼璹创作《耕织图》"主观动机"的描述。动机与目的并非一定一致,楼璹作该图有"勤政爱民"的情怀,但"朝廷遣使循行郡邑,以课最闻",这一句看似无关的叙述却暗含创作的现实目的。此时,引导学生从楼璹的身份入手,建构起绘制"耕织二图"与"以课最闻"的历史逻辑。

【设计意图】该图详细记录了当时的农业生产流程,并对农具使用有图文并茂的刻画。楼璹身为县令,其治理的于潜县能为朝廷贡献大量赋税,除了自身"笃意民事"外,该图无疑起到了指导农民农业生产、营造重视农桑的社会风气的作用。正如日本学者渡部武所言,"对于身居县令要职的楼璹来说,完成征收赋税是其职责,而《耕织图》的制作正是为完成这一职责而采取的劝农政策之一端"。此时,学生已意识到该图最初受众是普通民众,至于楼璹升迁,该图被呈献给高宗而得以推广则是后话了。

问题2本有两种简单的方式考查学生对该图创作目的的理解:方案一是学生直接抓住焦秉贞"宫廷画师"的身份与材料的"奉诏所作"作答;方案二是出示康熙为《耕织图》所作的序(如下),并设问——康熙《耕织图》创作的目的是什么?

朕早夜勤毖,研求治理,念生民之本,以衣食为天……爰绘耕、织图各二十三幅,朕于每幅制诗一章……复命镂板流传,用以示子孙臣庶,俾知粒食维艰,授衣匪易……且欲令寰宇之内皆敦崇本业,勤以谋之,俭以积之,衣食丰饶,以共跻于安和富寿之域。

——《耕织图》序

【教师活动】第三种方案:以材料五的两幅图为线索,通过对比两版《耕织图》,破解康熙《耕织图》"改绘"的玄机。《初秧》与《祭神》为焦秉贞在楼璹《耕织图》版本上的新增。

【学生活动】学生通过观察《初秧》《祭神》两幅图,发现《耕织图》本是描绘具体农耕生产流程的"参考书",但两幅新增图似乎未涉及具体农耕活动,也非其必需环节。《初秧》图中,农夫等人散步于田间,似乎是插秧后短暂的"休憩",顺便观察秧苗的长势,而《祭神》图描绘了一年劳作后农民的祭祀祈福。

【教师活动】提问:宫廷画师焦秉贞为何要刻意增加这两幅图呢?

【学生活动】学生兴趣被激发后,开始解读《祭神》一图的配诗(材料五)。焦氏乃"奉旨而作",如何贴合上意、表现帝王意志就决定其创作动机。《祭神》图配诗中的"皆安逸""升平世""君德生"等,体现了对康熙治世的歌颂。相对于楼璹基于传播农耕技术,完成政务工作的"现实考量",焦氏更多是想通过对民众心理及生活的"艺术加工",表达民众对丰收的期待,营造出对太平盛世的感恩之情。二者目的不同,皆因作画者身份、立场等有异。

【设计意图】通过对比,意识到康熙《耕织图》的"政治韵味"与"教化功能"大于其作为"农业生产指导书"的目的,从而明确"分析史料须回到具体的时空情境,考虑创作者的身份与立场"这一基本史料分析方法。

【教师活动】问题3紧扣教材关于宋朝经济的主干知识"江南经济的发展"与"经济重心的南移",引导学生从"唯物史观"的角度建构起"楼璹《耕织图》的突出成就"与"南宋初期的社会发展状况"的联系;接着,通过《耕织图》由南宋到清的"时空延展",引导学生意识到康熙《耕织图》描绘的是"太平盛世",也从侧面反映出农业发展"无可突破"的无奈。康熙《耕织图》"非原创",是因楼璹《耕织图》已非常完备。通过材料四中"高宗皇帝,身济大业"的信息,引导学生定位南宋临安这一具体时空。

【学生活动】学生回顾教材前一单元的主干知识,结合材料理解:就南宋王朝来说,无论是出于军事国防还是求和苟安的目的,保证财政收入肯定是其头等大事。江浙作为当时全国农业最发达的地区,需要为高宗"大业"提供稳定赋税。因此,楼璹必然站在"现实需求"的角度,想方设法劝课农桑。楼璹"究访始末",深入农耕生产一线,借鉴前人大成,于是体系化的、可直接指导农业生产的

《耕织图》应运而生,成为后世一切《耕织图》系列绘画的来源和母本。可以说楼璹《耕织图》所取得的成就,一方面反映了宋高宗时实际的政治、经济需求,另一方面也印证了经济重心南移的趋势。

当然,还须回到清朝本身进行思考,进一步追问。

追问1:若是"强行原创",是否存在可能与必要?

追问2:从农业技术发展角度说,原创的空间有多大?

结合前面对康熙《耕织图》创作目的的分析,学生很容易理解该图的政治目的和艺术价值远大于对指导农耕的现实需要,其原创的"动机"就不足,且康熙时期与南宋相比,农业技术并无质的变化。故该图实际已失去"原创空间",折射出古代农业技术发展的瓶颈。

3.环节三:辨析教材表述,批判思考,重估图画的史料价值

针对教材的图画文字说明,再次追问:

【问题1】教材说康熙《耕织图》描绘了"江南地区农业生产的场景"。结合前面对该画的创作动机、作画者身份的分析,你对这一表述是否存疑?如何证明你的假设?

【问题2】结合上述材料,你如何认识康熙《耕织图》的史料价值?

【设计意图】此环节意在让学生认识作为图像史料的康熙《耕织图》所具有的史料价值,尝试引导学生对教材表述"大胆质疑"。从"史料运用"层面出发,让学生对自己的"假设"证实或证伪,以培养其"史料实证"素养及"像史家一般思考"的求真意识。

【学生活动】学生研读前面材料就能发现一些疑点。如康熙《耕织图》的政治目的很明显,必然会冲淡其作为"农业生产指导书"方面的作用,教材表述自然受到质疑。再者,学生发现楼璹绘制《耕织图》时是江南地区于潜县县令,对农业生产场景的描绘可信度较高,但材料四显示"奉旨作画"的焦秉贞是山东济宁人,作画时供职于钦天监。根据钦天监的职能,学生可作出合理推断:焦秉贞改绘时,很可能并未到南方实地考察,因此作画时极有可能受自己在北方经历和所见的影响,无意中加入北方生产的诸多元素,这就会让图像的可信度受影响。当然,这只是符合逻辑的质疑,还须查阅史料来实证。

【教师活动】教师给出实证的方向,如"求证清康熙《耕织图》中对江南农业

生产描绘是否有误"或"证明清康熙《耕织图》中是否存在北方元素"。出示以下材料：

材料六：

焦秉贞所绘《耕织图》……在内容上也有所不同……又如"灌溉"，原图以桔槔汲水为陪衬，突出了龙骨水车的运用……龙骨水车，它是南方普遍使用的抗旱防涝工具，但焦秉贞所绘的"灌溉图"，却突出了用桔槔汲水灌田，反映了北方的实际情况。

——摘编自王潮生主编《中国古代耕织图》(中国农业出版社，1995年版)

【学生活动】根据材料学生可认识到，受作画者身份与个人经历的影响，康熙《耕织图》融入了一些北方农业生产的实际情况，并有浓厚的"政治目的"，虽大体反映出江南农业生产的场景，但并不能将其视为研究清朝江南农业的"第一手史料"。学生对康熙《耕织图》进行深入解读后，可以该问题为总结，深化对图像史料价值的理解。

尽管康熙《耕织图》并不是以"指导农业生产"为第一目的，但因其沿袭南宋《耕织图》的基本架构，对研究中国古代农耕的基本生产流程和农具使用情况仍有重要价值，可配合相应的文字史料对古代农业问题进行互证。此外，"以诗配画"的创作形式有着不可忽视的艺术与美学价值。从焦氏生平与其新增的两幅图画来看，其"西洋画透视法"为研究宫廷画的艺术技巧提供了重要参考，也折射出新航路开辟下早期西学东渐及其对中国的影响。加之该图传播"农耕文化"的政治意图，亦是当时"民族交融""民族认同""文化认同"的重要注脚。

第四节 历史解释素养的培育案例

中学历史课程的宗旨在于精心培育与发展学生的历史学科核心素养。而"学生历史学科核心素养的发展,绝不是取决于对现成的历史结论的记忆,而是要在解决学习问题的过程中理解历史,在说明自己对学习问题的看法中解释历史"[1]。这种从单纯识记历史向深入解释历史的转变,正是当前历史学科新课程改革的一大显著特征。中考、高考作为评价学生学业水平的重要标准,严格遵循课程标准,坚持素养导向,其核心考查点聚焦于学生运用核心价值、学科素养、必备知识和关键能力,在历史解释过程中所展现出的综合素养水平。

一 "历史解释"素养的内涵与要求

(一)"历史解释"素养的内涵

所谓历史解释,乃是"以史料为依据,对历史事物进行理性分析和客观评判的态度、能力与方法"[2]。在历史学科核心素养的架构中,历史解释占据重要地位,它对学生历史学习能力的要求颇高。该素养以唯物史观为方法论基石,以史料实证为不可或缺的途径和工具,以时空观念为逻辑路径和思维方式,同时以家国情怀为价值追求的目标,从而全面展现学生历史学科核心素养的综合水平。在教学过程中,学生依据既有知识,对历史信息进行系统梳理与整合,解决历史问题的过程,即进行历史解释的具体实践。在此过程中,除了须关注学生历史分析和评判的具体内容外,还应深入考量其在分析和评判历史时所秉持的态度、所运用的方法,以及在此过程中所展现出的思维方式、视角选择、逻辑路径等,这些都是学生智力和非智力因素综合运用的体现。

---

[1] 贾雪枫."问道历史"的教学实践[M].成都:西南交通大学出版社,2022:308.
[2] 中华人民共和国教育部.普通高中历史课程标准(2017年版2020年修订)[S].北京:人民教育出版社,2020:5.

（二）"历史解释"素养的具体要求

课程标准对历史解释做了4个层级的要求①。

表3-4-1　历史学科核心素养"历史解释"水平划分

水平层次	历史解释
水平1	能够辨别教科书和教学中的历史解释；能够发现这些历史解释与以往所知历史解释的异同；能够对所学内容中的历史结论加以分析。
水平2	能够选择、组织和运用相关材料并使用相关历史术语，对个别或系列史事提出自己的解释；能够在历史叙述中将史实描述与历史解释结合起来；能够尝试从历史的角度解释现实问题。
水平3	能够分辨不同的历史解释；尝试从来源、性质和目的等多方面，说明导致这些不同解释的原因并加以评析。
水平4	在独立探究历史问题时，能够在尽可能占有史料的基础上，尝试验证以往的说法或提出新的解释。

学业质量标准，作为对课程目标和教学目标的精确化体现，其核心在于学科素养，同时亦是中考、高考考查目标的基本参照和依据。深入理解和把握学业质量标准中某一水平层级的具体要求，以及不同层级要求间的内在关联与差异，是制订具体教学目标和考查目标，推动学生学科核心素养发展，并对其进行科学评价的必要前提。课程标准所规定的学业质量水平层级，虽以学科核心素养为核心进行标定，但其涵盖内容远不止于此，亦包含核心价值、关键能力和必备知识目标。

在教学与考试实践中，若以"历史"为解释对象，学业质量标准可大致划分为"记述历史""理解历史""构建历史"三个层次。"记述历史"明确对应于学业质量标准水平1，要求学生基于正确的历史观和方法论，对历史事物的基本状况进行客观、准确、完整且逻辑清晰的叙述，涵盖单一及多重因素的历史事物。"理解历史"则涵盖了学业质量标准水平2、3的目标，侧重于建立历史事物间的联系，包括学科内部联系、跨学科联系及历史与现实的联系，要求学生能对历史事物进行具体分析、本质把握和综合论述。"构建历史"作为学业质量标准水平4的

---

① 中华人民共和国教育部.普通高中历史课程标准(2017年版2020年修订)[S].北京：人民教育出版社,2020:71.

目标,强调学生的主体性和创新性,要求学生根据试题要求和个人历史知识,构建新的历史联系,对历史解释进行质疑、批判和验证,提出新见解。

从"记述历史"到"理解历史"再到"构建历史",学生的历史思维经历了由低阶到高阶的递进过程,历史解释的主体也完成了由"知识"到"学生"的转变,即从"它"(客观史实)到"他"(他人解释)再到"我"(个人见解)的演化。在这一过程中,教学活动和等级性考试的重点正逐步由"科学知识"转向"生活问题",由"标准答案"转向"思维过程",这一转变亦体现了当前高考考试内容改革的重要方向,即由"解题"向"解决问题"的深化。

二 "历史解释"素养培育的基本路径

(一)发现问题

历史解释的起始点,即在于确立探究的起点问题。通过问题的激发,能够促进学生深入参与历史思考过程,形成并检验假设,依托历史材料对假设进行验证,最终实现对问题的不同程度解决。历史解释作为对历史事件的理性剖析与客观评价,其核心围绕四类关键问题展开:①是什么样的?②为什么会这样?③这样怎么样?④一定是这样吗?这四类问题体现了从基础到深入、从封闭到开放的递进性,越趋近于后两者,越能触及历史学习的核心,对学生的综合素养要求也相应提升。在考试评价中,试题所侧重的问题类型,直接反映了考试设计的不同侧重点,即知识立意、能力立意,还是素质立意。(见图3-4-1)

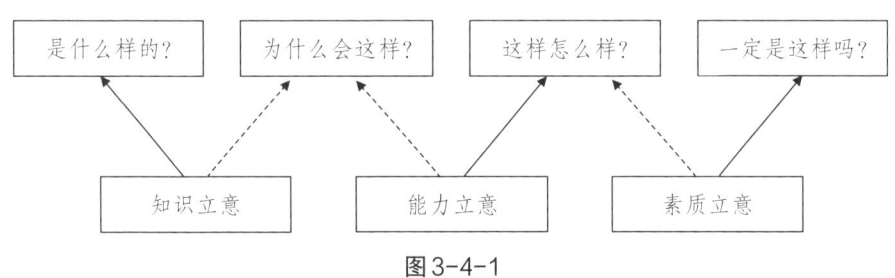

图3-4-1

它们与考试评价的目标和任务之间具有内在的逻辑联系,这些联系对于确定考试评价的方向具有决定性作用。课程改革的导向明确,即坚持素质立意,其核心目标是强调学科核心素养,并侧重于检验学生对核心价值、学科素养、关键能力和必备知识的综合应用能力。因此,学业水平等级性考试坚持素质立意,但并不排斥对"是什么"等低阶问题的考查。

从试题设计的角度来看,我们遵循适应性原则,确保问题设计、考查的思维过程和评价策略呈现出梯度性和循序渐进的特点。首先,要求学生能够准确识别情境中的关键信息,理解"有什么",并在此基础上明确"是什么"。随后,学生需要将情境信息与所学知识相结合,建立两者之间的联系,进而解释"为什么"的问题。最后,在特定的时空背景下,学生需要回答"怎么样"的问题。

在教学过程中,我们并不追求学生将问题与必备知识直接对应,即不将必备知识简单地作为问题的结论。相反,我们鼓励学生将必备知识作为解决问题和进行历史解释的工具和证据。正如汤普森在《理解历史:程序与内容》中指出的,历史学习"不是把焦点集中在历史本身发生了什么上,而是要集中在我们如何具有对历史的认识"。

在创设问题情境时,我们不仅仅要求学生从史料中获取信息并得出具体结论,而且引导他们从史料的必要性、充分性、客观性和完整性等多个维度进行审视和思考。试题所关注的不仅仅是学生掌握了多少历史知识,更重要的是他们如何运用这些知识和史料,形成正确的历史认识。在这一过程中,学生过去所学的知识不再是单纯的问题答案,而是作为一种证据,帮助他们理解不同史料对于具体问题的价值和意义。

我们须对历史解释的本质进行精准阐述。历史解释实则是历史学习主体对历史事物间复杂关系的自我构建过程。鉴于历史事物间存在的多样化联系,从不同维度挖掘并建立这些联系,将导向各异的历史解释。从内容维度审视,这些联系涵盖了学科内部的关联,以及历史知识与其他学科知识的交叉融合。而从形式视角分析,试题情境所涵盖历史信息的数量、种类及其呈现形式,将直接影响试题中各要素间联系的复杂程度。部分试题情境展现了封闭、单一、确定、直接的要素对应关系,此类联系被归类为简单联系;而另一些试题情境则展现了开放、不确定、间接、结构性的联系,这被界定为复杂联系。基于历史学科的特性及中学历史新课程改革对学生创新能力的期望,学生在解决具体历史问题时,须全面、多层次地梳理和构建历史事物间的联系,这些联系通常表现为复杂性。在这些纷繁的联系中,我们应特别重视并学会妥善处理整体与部分以及多维度系统之间的联系。首先,关于整体与部分的关联。整体通常指代历史事物的全局或其发展的完整过程,而部分则指的是历史事物的局部或其发展的各个阶段。当我们将某一特定的历史活动视为整体时,其构成或影响其发展的各要素便构成了部分。在构建历史事物的联系时,我们须坚持整体与部分的统一性原则,即应着眼于历史事物的整体,从整体出发,将历史发展的各个部分、各个要素联系起来进行考察,统筹考虑,并采用综合的思维方式来全面认识历史事物。在历史学习中,我们应当妥善处理整体与部分的关系,既要关注具体的历史事物,深入了解历史发展的特殊性,同时更应注重把握历史发展的基本线索和规律,从而深入理解历史发展的统一性。其次,鉴于历史事物联系的多样性,学生须学会处理多维度的系统联系。随着考试内容改革的不断深化,试题的开放性逐渐增强,建立历史事物的不同联系,从多视角、多层面考察历史问题,进而形成不同的历史认识,已成为等级性考试考查的一种趋势。在教学过程中,我们应创设开放且多维度的时空环境,鼓励学生自主、多视角、多路径、创造性地认识和解释历史。在历史学习中,我们应遵循联系多样性的原则,从多视角、多层次考察历史事物,不仅要掌握历史事物之间存在的表面、直接的联系,更应关注那些间接但本质和长远的联系。这将有助于我们更全面、深刻地认识历史现象,同时也为我们提供了多方案、多途径解决历史问题的可能性。

(二)历史表述

历史解释的显性表达,即历史表述,是学生在历史学科中展现对历史问题认知的重要方式,亦为该学科的基本能力要求之一。在《中国高考评价体系》中,"语言表达"是学科素养体系的九个二级指标之一,也是三大关键能力群中"实践操作能力群"的一项关键能力要求,它要求学生能够根据具体的问题情境,合理地组织、调动各种相关知识与能力,借助口语、书面语或绘图等方式,准确传达信息,准确表达抽象的概念及个人的情感、思维和观点。课程标准是中学教学和等级性考试命题的依据,在学业质量标准部分,"讲述""概述""说出""叙述""描述""论述"等行为动词都是以历史表述能力为目标的,具体要求是学生能够"在正确的历史观和方法论的指导下","选择、组织和运用相关材料并使用相关历史术语","在历史叙述中将史实描述与历史解释结合起来","有条理地讲述历史上的事情,概述历史发展的基本进程","全面、客观地论述历史和现实问题"。[①]在以知识立意为核心的传统考试框架内,历史表述能力的评价主要聚焦于学生对概念化知识或结论性历史认识的掌握,侧重于评估表述的标准化、规范性、准确性和完整性。然而,随着教育理念的更新,基于素质立意的评价体系对学生历史表述能力的考查重点进行了调整。当前,更为关注的是学生的历史思维,特别是创新思维的体现。具体要求涵盖以下三个方面:首先,语言必须准确,叙述须有条理;其次,逻辑须严密,层次须清晰;最后,须史论结合,说理须充分。长期以来,中学历史教学在培养学生历史表述能力方面存在忽视,学生往往能熟练背诵某一历史活动的背景或意义的一、二、三条内容,但在要求他们系统、有条理地叙述某一历史活动的全貌时,常表现出叙述连贯性差、内容杂乱的问题。

层次划分标准如下:

层次1:能够基于历史信息和相关历史现象,构建基本的联系,并确保其阐释具备合理性。

层次2:能够深入挖掘历史信息和相关历史现象之间的内在关联,使阐释更为合理且完整。

层次3:在充分理解时代背景的基础上,能够精准地建立历史信息与相关现象之间的联系,并通过多角度的阐释和说明,展现严密的逻辑和充分的论述。

"层级化"评价策略正是基于上述评价模式的借鉴与灵活应用。该策略以层次替代传统的要点,凸显了试题评价的核心已转向对学生动态思维和问题解决能力的考查,而非单一的知识储备量。评价的重点由传统的标准答案转向了学生解决问题的实际过程,其中学生独特的思维路径和创新的问题解决方案成为评价的核心。这一策略旨在承认并尊重每位学生的个体差异,同时鼓励他们运用不同方法、通过不同路径创造性地解决问题。随着考试内容改革的深入,试题的开放性和灵活性将持续提升,这类评价策略将成为等级性考试评价的重要发展趋势。

---

① 中华人民共和国教育部.普通高中历史课程标准(2017年版2020年修订)[S].北京:人民教育出版社,2020:42-44,71.

三 初中"历史解释"素养培育教学实践:以部编版《中国历史》七年级上册第9课《秦统一中国》为例

(一)教材分析

《义务教育历史课程标准(2022年版)》(以下简称《课标》)对本单元教学内容的分析如下:"秦始皇建立了中国历史上第一个统一的多民族的封建国家,创立了专制主义中央集权的国家体制。秦朝因暴政短命而亡,但它的一些制度对以后历代王朝具有深远影响。"[1]

《课标》对该课的内容要求是:通过了解秦朝统一,知道统一多民族封建国家建立和早期发展的过程。[2]

《课标》对《秦统一中国》一课学习内容的范围给出了明确的要求:知道秦始皇和秦统一中国,了解秦代的中央集权制度和统一措施对中国历史发展的影响。本课包含三个子目:秦灭六国、建立中央集权制度、巩固统一的措施。三部分内容是密切联系的,共同围绕"秦统一全国"这一主题。秦灭六国,完成了初步统一,中央集权制度的确立和巩固统一的措施都维护了统一的多民族国家,对后世产生了深远影响。秦的统一,结束了春秋战国以来长期争战混乱的局面,建立起我国历史上第一个统一的多民族的封建国家,从此中国开始了以统一为主要趋势的两千多年的封建朝代更迭。《课标》中列出的学习内容体现了五大核心素养的要求,教师在进行本课的教学设计时,应以《课标》要求的学习内容为重点进行讲解,同时将核心素养的培养体现在教学设计中。对于《课标》中提到的本课主要的学习内容,将秦朝从建立到统一的过程连接起来,并让学生了解统一的成就,可以让学生抓住这一过程中的逻辑,体会其中的前因后果关系,从而真正理解和掌握秦朝的史实,使学生形成一个较为系统的知识体系。

(二)单元课标解读

(1)了解秦汉时期的基本线索和重要的事件、人物,知道重大史事发生的时

---

[1] 中华人民共和国教育部.义务教育历史课程标准(2022年版)[S].北京:北京师范大学出版社,2022:11.
[2] 中华人民共和国教育部.义务教育历史课程标准(2022年版)[S].北京:北京师范大学出版社,2022:13.

间和地点、原因和结果,初步养成历史时序意识和历史空间感。

(2)知道秦始皇建立起中国历史上第一个统一的多民族的封建国家,并推行一系列巩固统一的措施,对后世有深远的影响。认识汉武帝的大一统不仅是西汉强盛的顶点,也是中国封建时代的第一个鼎盛局面。了解匈奴的兴起和在我国古代历史上所作的贡献,知道汉朝与匈奴战与和的关系史实。认识到我国自古就是一个多民族的国家,祖国的历史是由各族人民共同缔造的,民族友好是我们多民族国家发展的主流。

(3)能结合语文、地理等课程的学习,通过阅读古代的文献材料、图像材料,观察实物材料,查阅地图,并加以分析、概括,从而提取其中的历史信息。通过探究与讨论,强化国家认同、民族认同、文化认同。

(三)单元教材分析

本单元由七节正课组成,本教学设计有整合和重构。

战国后期,秦国成为诸侯国中实力最强的国家,具备了统一六国的基础。公元前221年,秦始皇建立了中国历史上第一个统一的多民族的封建国家,创立了专制主义中央集权的国家体制。秦朝因暴政短命而亡,但秦朝推行一系列巩固统一的措施,对后世有深远的影响,如:秦朝中央集权制度的确立,奠定了我国古代政治制度的基本模式;秦朝实行的郡县制,开创了此后我国历代王朝地方行政的基本模式。

秦朝统治者实行残暴统治,最终被大规模的农民起义推翻。秦亡后,项羽、刘邦进行了历时四年的楚汉之争。最终,刘邦建立了我国历史上又一个统一的封建王朝——西汉。西汉建立后,统治者采取休养生息政策,使经济恢复和社会稳定。西汉王朝在汉武帝时国力达到鼎盛,大一统的局面得到进一步的巩固和发展,是当时世界上的大国。

(四)单元预设目标

通过阅读教材,知道秦统一中国,开创了统一的局面,秦始皇实施巩固统一的措施有利于多民族国家的发展。学生85%以上能够列举相关措施,形成基本的历史解释能力。

通过阅读教材,知道西汉的历史及盛世局面的形成。学生通过识图、自行制作思维导图等形式,发现规律,总结经验。

通过阅读教材,知道汉武帝的大一统及汉匈的关系发展。进一步认识到我国自古就是一个多民族的国家,祖国的历史是由各族人民共同缔造的,民族友好是我们多民族国家发展的主流,由此强化家国情怀。

尝试阅读古代的文献材料、图像材料,观察实物材料,并加以分析、概括,由此提取其中的历史信息。尝试运用可靠的、典型的史料对历史问题进行论证,有根据地说明自己对历史问题的看法。在此基础上形成学习历史的必备能力。

(五)学情分析

七年级学生大部分好奇心强,抽象逻辑思维虽然开始占优势,可是在很大程度上还属于经验型,他们的逻辑思维需要感性经验的直接支持。他们看问题仍然处在直观和感性阶段,缺乏思考深度,表达缺乏思想性。

针对上述情况,教师应该采用形式多样的教学方法和作业形式来激发学生的学习兴趣,调动学生的学习积极性,同时培养学生的逻辑思考和知识整合能力。另外,教师还应兼顾图文设计、课件制作。对于七年级的学生而言,这应该具有较强的吸引力。

(六)重难点分析

重点:秦朝确立中央集权制度,秦朝巩固统一的措施,汉武帝大一统采取的措施及作用。

难点:理解中国、天下、国家等新概念。

(七)教学过程

1.导入新课

从《中国通史》纪录片中截取一段秦朝统一的视频在课前播放,并要求学生在观看视频的同时总结归纳出秦朝统一中国的原因。

【设计意图】在课堂的开头通过播放视频的形式引起学生的学习兴趣,形象化地展示历史知识,便于学生理解。

2.讲授新课

(1)秦统一的原因

教师:我们在上一课中学到,春秋战国时期社会动荡不安,长期的战乱给人们带来了负担。到了战国中后期,统一成为社会上的共识。我们先复习一下上节课学习的内容,孟子是儒家学派的代表人,儒家学派由孔子创立,哪位同学来说一下孔子有什么思想主张?战国时期儒家思想的代表都有谁?他们的思想主张分别是什么?

学生:孔子思想主张的核心观念是"仁",即关心他人,提出"为政以德"的政治主张;恢复西周的礼乐制度;主张"有教无类"的教育思想,创办私学。

学生:以荀子和孟子为代表。荀子主张"性恶论",提倡隆礼重法;孟子主张"性善论",提倡"仁政"。

【设计意图】首先进行复习上节课知识的环节,起到承上启下的作用,将两节课的知识连起来,有助于学生形成完整的历史知识框架,也有助于学生通过完整的历史知识理解历史、分析历史,提高历史解释的能力。

教师:两位同学回答得很全面,大家要注意做好课后复习。好,我们继续今天的内容。

教师:在当时,统一是人们的共识。也就是说,历史的发展趋势是实现统一,经过春秋的"酝酿"、战国的"变革",统一的趋势越来越明显。最终,秦顺应历史发展大势,建立统一国家。我们都知道,战国时期争霸的诸侯国远非秦国一家,为什么最后完成统一大业的是秦呢?这是各方面原因共同促使的结果。秦完成统一的原因有哪些?

学生:根据课本上的内容,客观条件有——经济的发展需要一个稳定的统一社会,人民也渴望安定。秦自身的条件有——地理位置优越,秦国的历代统治者励精图治,商鞅变法进行得比较彻底。

教师:这位同学根据教材内容进行归纳,刚才同学们也对材料进行了讨论,现在我们一起来分析一下这几则史料。

材料一:

掘地财,取水利。

——《吕氏春秋·慎人》

材料二：

徐偃王作乱，造父为缪王御，长驱归周，一日千里以救乱。

——《史记·秦本纪》

筑甬道，自咸阳属之。是岁，赐爵一级。治驰道。

——《史记·秦始皇本纪》

材料三：

秦并兼诸侯山东三十余郡，缮津关，据险塞，修甲兵而守之……秦人阻险不守，关梁不阖，长戟不刺，强弩不射。

——《过秦论》

材料四：

秦以牛田，水通粮，其死士皆列之于上地，令严政行，不可与战。

——《战国策·赵策一》

材料五：

大王之国，西有巴、蜀、汉中之利，北有胡貉、代马之用，南有巫山、黔中之限，东有肴、函之固。

——《战国策·秦策一》

材料六：

孝公用商鞅之法，移风易俗，民以殷盛，国以富强，百姓乐用，诸侯亲服，获楚、魏之师，举地千里，至今治强。

——《史记·李斯列传》

教师：请同学们先思考一个问题——对于史料，我们应该从哪些方面进行分析呢？

学生：我认为拿到史料首先要对其进行翻译，初步理解史料的意思，看史料是从哪些方面提供信息的，其次从中提取出史料想要传达的与解决特定问题有关的信息，最终对相关信息进行分析和归纳，整理成最终结论。

【设计意图】让学生思考怎样对史料进行分析以解决历史问题，可以使学生先形成处理史料的思路，避免了学生在进行历史解释的过程中盲目地分析史料，从而让学生形成正确的历史解释的逻辑思维。让学生阅读史料、分析史料、理解史料，并在此基础上对问题进行分析和解决，形成自己的思路并归纳出来。

教师：这位同学回答得很好，根据刚才的思路，我们对材料进行解释。请同学们思考材料是从哪些方面进行解释的，从中能得出什么结论。

学生：这六则材料分别从水利、交通、战争器械、牛耕、地理位置和商鞅变法几个方面对秦统一六国的原因进行分析。

教师：下面请同学们对这六则材料进行翻译，通过材料的文字意思，深入理解材料中传达出的关键信息。

学生：通过材料一可以看出，当时的灌溉方式已经不仅仅依赖于雨水，而是通过水利设施进行灌溉。从材料二中第一段史料可以看出造父驾车可以一日千里。第二段史料讲秦始皇修筑驰道，驾车技术和交通条件都是秦朝具备的优势。从材料三中的"修甲兵而守之""长戟""强弩"可以看出秦朝的军队在武器装备方面的优势。材料四中的"牛田""水通粮"的意思是秦朝使用牛耕，并且利用水利以运输粮食，这样开发和利用自然力，可以有效节约人力，从而提高生产力。材料五表达的是秦优越的地理位置，秦西边有巴蜀、汉中之地，拥有富饶的物产，北边有马可以驱使，南边有高山阻隔，东边有重要关隘，地理位置的优越使秦统一六国具备了物质基础。从材料六中可以看出，商鞅变法取得了巨大的成果，国富民强，为之后的统一奠定了基础。

教师：同学们经过思考与讨论，对这六则材料进行了翻译、分析和整理，从中提取出对解答秦统一的原因这一问题的有用信息。在这一过程中同学们对史料进行了解释。下面我们归纳一下秦统一六国的原因，总结出一个简洁的答案。

学生：客观条件有——经济的发展需要一个稳定的统一社会，人民也渴望安定。主观条件有——秦国的历代统治者励精图治，商鞅变法进行得比较彻底，利用水利灌溉和牛耕发展农业，交通条件便利，军队建设有力，兵器制造精良，开发自然力以节约人力，地理位置优越。

【设计意图】在确定历史解释的思路之后，教师通过提问的方式，引导学生对史料逐步进行独立的解释，目的是让学生形成由浅入深的思考方式，从而提高学生的实践能力，在实际的操作中培养学生历史解释的能力，最终引导学生将对史料的解释进行总结、归纳，形成一个结论，有利于完善学生的历史逻辑思维。

教师：对，之前我们已经提到，学习历史，史料是非常重要的。对于我们接触到的史料，要学会整理、分析和运用。请同学们现在仔细阅读以上文字材料，思考这六则史料是从哪个角度对秦实现统一的原因进行分析的。

教师：同学们请看这个表格（见表3-4-2），它展示了秦国灭掉东方六国的事件。根据表格上的时间提示,我们可以看出,秦国在统一过程中,先后灭掉了韩、赵、魏、楚、燕、齐六个国家。请同学们思考,秦朝为什么按照这个顺序攻打六国呢?为什么不先打齐国呢?

表3-4-2 秦灭六国历史事件

时间	国别	秦派大将
公元前230年	韩	内史腾
公元前228年	赵	王翦
公元前225年	魏	王贲
公元前223年	楚	王翦、蒙武
公元前222年	燕	王贲
公元前221年	齐	王贲

材料:

王不如远交而近攻,得寸则王之寸,得尺则王之尺也。

——《战国策·秦策三》

学生:秦国采取远交近攻的策略。

教师:这位同学提到了远交近攻的策略,这一策略是范雎提出的。范雎主张先攻势力弱的韩、赵、魏,由于齐国势力强大,先与其结盟,待平定南方各国之后,再来攻打齐国,最终实现统一。事实证明,范雎的这一策略确实是正确的。所以我们在解决问题的时候,要分析所处的实际情况,选择最合适的方法,从易到难,逐步解决。

教师:秦灭六国之后,定都咸阳,建立起秦王朝,之后又继续统一南方和北方。同学们请看课本上的秦朝形势图,找出秦朝都征服了南方和北方的哪些地区。

学生:根据地图上的"秦边界线"可以看出,秦朝在南方征服南越、西南夷地区,并在此设郡;在北方北击匈奴,修筑长城。

【设计意图】通过历史地图,重现历史事件发生的过程,引导学生将历史地图与史料结合起来,能够丰富学生的历史知识体系。

(2)秦巩固统一的措施

教师:我们都知道,打江山易,坐江山难。秦统一六国,建立秦朝之后,为了江山永固,就要实施一系列巩固统一的措施。请同学们阅读课本第54至56页的内容,结合材料,总结、归纳出秦朝巩固统一的措施都有哪些。

教师：按照刚刚我们进行历史解释的思路，请同学们对下面这四则材料进行分析和总结。首先，请同学们思考这四则材料分别是从哪些方面阐述秦的统一措施的。

材料一：

"臣等昧死上尊号：王为'泰皇'，命为'制'，令为'诏'，天子自称曰'朕'。"王曰："去'泰'，著'皇'，采上古'帝'位号，号曰'皇帝'。他如议。"

——《史记·秦始皇本纪》

天下之事无大小，皆决于上……丞相诸大臣皆受成事，倚办于上。

——《史记·秦始皇本纪》

朕为始皇帝。后世以计数，二世三世至于万世，传之无穷。

——《史记·秦始皇本纪》

材料二：

秦兼并天下，建皇帝之号，立百官之职，不师古，始罢侯，置守。太尉主五兵，丞相总百揆。又置御史大夫，以贰于相。

——《通典·职官一·历代官制总序》

材料三：

丞相绾等言："诸侯初破。燕、齐、荆地远，不为置王，毋以填之。请立诸子，唯上幸许。"始皇下其议于群臣，群臣皆以为便。

廷尉李斯议曰："周文、武所封子弟同姓甚众，然后属疏远，相攻击如仇雠，诸侯更相诛伐，周天子弗能禁止……置诸侯不便。"

始皇曰："天下共苦战斗不休，以有侯王。赖宗庙，天下初定，又复立国，是树兵也，而求其宁息，岂不难哉！"

——《史记·秦始皇本纪》

材料四：

一法度衡石丈尺。车同轨。书同文字。

——《史记·秦始皇本纪》

学生：分别从制度、官职和经济、文化生活方面分析、总结。

教师：同学们小组之间进行讨论，对四则材料进行分析和解释，思考以下几个问题——秦始皇为自己确立了什么称号？他的地位如何？秦统一后在中央和地方都实行了怎样的制度？

学生：根据材料一第一段史料可知，秦始皇号"皇帝"，自称"朕"，并且对皇帝的命令进行规定;从第二段史料可以看出皇帝的地位是至高无上的,天下的大事小事都要由皇帝来决定,百官处理政务时,也要听从皇帝的意见。

学生:根据材料二可知,秦朝统一后在中央实行三公九卿制,丞相掌管政务,太尉掌管军务,御史大夫负责监察。

教师:同学们需要注意的是,三公九卿制实行分权制约,最终都集中到皇帝手中。请同学们再看材料三,对于管理地方的制度,王绾和李斯分别有什么见解?你们支持哪种观点呢?

学生:材料三中呈现了关于地方制度的两种意见,首先王绾主张继续实行西周以来的分封制,而李斯认为分封制是导致周王朝灭亡的原因,因为分封的同姓子弟越来越多,之间的关系逐渐疏远,斗争不断,而郡县制可以避免这种斗争,实现社会安定,因此他主张实行郡县制。我更支持郡县制,因为秦朝在基层设置乡里组织,将地方官的任免都集中在皇帝手中,使得中央能够对地方实现直接领导,有利于对地方的统一管理。

教师:同学们看这个结构图(见图3-4-2),它清晰地展示了秦朝在中央和地方实行的制度。同学们在平时的学习中,也可以将知识点总结、归纳成结构图,这样有助于大家厘清思路。

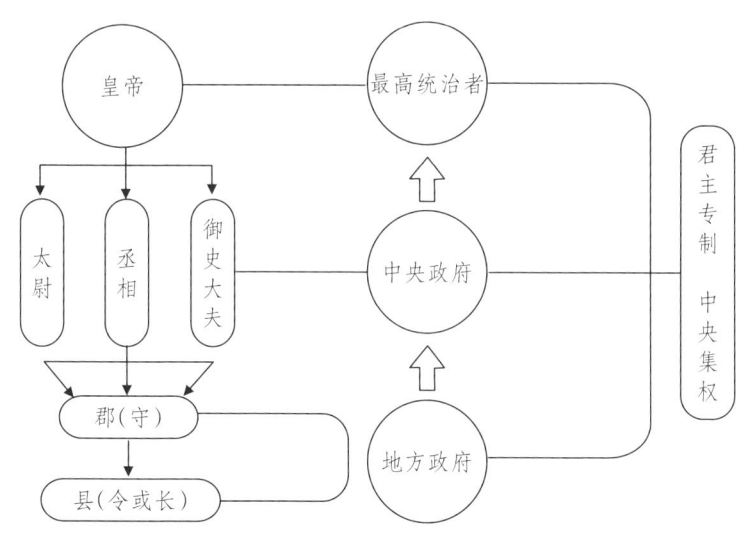

图3-4-2 秦朝的政治建制示意图

教师:刚刚同学们分析得很好,并且提出了自己的观点。在历史学习中,我们要时刻认识到,不同的历史学家会根据自己和当时社会的需要对历史进行解释,我们在分析历史的时候,要有自己的想法,并且通过分析史料来证明自己的观点,不要只在意观点的正确与否,更重要的是对历史进行解释的过程以及形成自己的观点。好,现在我们总结一下秦朝巩固统一的措施都有哪些。

学生:在中央设三公九卿,在地方实行郡县制;统一车轨、文字、货币和度量衡;修驰道、直道;颁行法律;编制户籍,整顿社会风俗等。

教师:这位同学总结得很好,还有没有要补充的?

学生:确立皇帝制度,皇帝拥有至高无上的权力。

教师:对,不要忽略皇帝制度这一点。那么请同学们根据刚才的材料,思考一下——皇帝制度有什么特点呢?

学生:根据材料一的第一段史料可知,皇帝有自己的称号,命为"制",令为"诏",可以看出皇帝制度的特点是皇帝独尊;根据第二段史料可知,天下的大小事都由皇帝决断,可以看出皇权至上的特点;根据第三段史料可知,后世皇帝传之无穷,可以看出皇位世袭的特点。

【设计意图】课外史料的搜集是培养历史解释能力不可或缺的部分。教师在课堂上展示课外史料不仅能丰富教材内容,更能引导学生重视课外史料的搜集和分析,帮助课内问题的解决。教师通过提问题的教学方法,引导学生思考,让学生有针对性地分析史料,解决问题,最终形成自己的观点,进一步为历史解释能力的提升打下基础。

(3)秦统一的意义

教师:同学们,经过之前的学习,我们了解了秦朝能实现统一的原因、统一的过程以及秦朝建立之后巩固统一的措施。秦朝是中国历史上第一个统一的封建王朝,那么它的建立有什么意义呢?请同学们先看下面这两则材料,这是史实还是历史解释呢?

材料一:

撇开道德方面的考虑,秦只维持了那么短的时期也可能是一件好事。不寻常的是,尽管昙花一现,它却成功地把一套国家官僚机器的制度传给了它的政治继任者……这套制度经过汉代的完善和巩固,又继续推行了1700年,其间逐步作了修正。

——《剑桥中国秦汉史》

材料二:

不过,秦的统治虽然如此短命,却给中国留下了深刻且持久的印记。中国已由分封制的国家改变为中央集权制的帝国,并一直存在到20世纪。如果说中国的西方名字(China)由秦(Ch'in)而来,那是恰当的。

——[美]L.S.斯塔夫里阿诺斯《全球通史:1500年以前的世界》(上海社会科学院出版社,1988年版)

学生:历史解释。

教师:前面也有提到,我们在历史学习的过程中,除了史料还会遇到史学家和学者的历史解释,我们要认真分析史学家和学者的历史解释,同时也不要局限于现有的历史解释,要形成自己的见解。下面,请同学们根据之前我们分析过的史料和这两则材料,结合课本内容,思考秦统一的历史意义有哪些。

学生:秦朝的统一对当时和后世都产生了很大的影响。对当时的影响是——政治方面,顺应历史发展潮流,建立了第一个统一的中央集权国家,巩固了统治,加强了中央集权;经济方面,推动了社会交流,促进了经济发展;民族方面,促进了各民族的交流与融合。对后世的影响是——秦朝的政治制度被以后的王朝长期沿用,产生了深远的影响。

【设计意图】对历史事件进行评价是历史解释能力的重要体现。回答秦朝统一的影响这一问题,能够让学生在理解史料的基础上对秦朝统一进行评价,从而提高历史解释的能力,使学生不仅能够对历史事件的时间、经过、结果进行解释,还能对其进行评价。让学生养成善于总结、归纳的习惯,有助于历史解释能力的培养。让学生体会秦朝统一的成就,有助于培养家国观念,产生民族认同感和自豪感。

(4)秦的灭亡

教师:请同学们看下面这则材料,秦朝只经历了短短的二世就速亡,这与秦的暴政有着极大的关系。秦实行绝对的专制统治,极易产生暴政,而这又会激化社会矛盾,最终为秦的速亡埋下祸根。下面,请同学们自主学习,归纳秦的暴政都有哪些表现。

材料:

秦始皇的封建王朝,至此完备了由土地的最高所有权,政治上的绝对统治权,以至在思想意识上的绝对顺从之整个专制体系。在他的自我满足的精神状态下,为所欲为,对人民群众进行残酷的剥削和奴役,以致人们忍无可忍,终于在始皇死后不久就埋葬了这个皇朝。

——白寿彝主编《中国通史》第4卷(上海人民出版社,2015年版)

学生:秦始皇大兴土木,寻求长生不老之道,大规模外出巡访,给百姓带来极大的负担。他还焚书坑儒,限制思想的自由发展。

学生:秦二世残忍昏庸,实行严酷的刑法,更加重了人民的负担,导致阶级矛盾和统治阶层内部矛盾尖锐,最终爆发农民起义,秦朝灭亡。

教师:同学们的自学能力和总结归纳能力很强,大家总结得很全面。秦速亡的原因有三个方面——首先是秦始皇的暴政导致阶级矛盾激化;其次,秦始皇焚书坑儒,这其实上是思想文化上的专制;最后是秦二世的暴政。

【设计意图】让学生自主学习,由此培养学生学会自学的习惯,在这一过程中提高学生分析和处理史料的能力,培养学生的历史解释能力。

教师:关于秦朝末期的农民大起义,请同学们看课本第60页的秦末起义形势图。下面我们根据这幅历史地图来一起探讨一下如何看历史地图。

教师:历史地图中隐含的信息有很多,学会看历史地图可以为我们提供大量的有效信息。同学们拿到一幅地图,不能盲目地看图。看这幅图,如果没有左下角的图标注释,我们就不能看懂图中描绘的起义过程,所以在看图之前,首先要把注释看懂,才能对整幅图进行描述。

教师:作为我国历史上的第一次农民大起义,陈胜和吴广起义虽然没有成功,但是对秦政权造成了重创,产生了重要的影响。请同学们自主学习课本第三子目的内容,结合地图,对陈胜、吴广起义这一事件进行解释。

3.课后作业

同学们认为秦始皇是一个什么样的君主呢?请同学们课后阅读《史记·秦始皇本纪》的内容,并搜集相关资料,对秦始皇进行评价,要有自己的观点,并进行论述,写成一篇历史小论文。

4.教学设计反思

本课的教学设计主要是为了培养学生历史解释的能力。在教学目标的制订上,要求教师在明确课标要求的前提下,仔细研读教材内容,以培养学生的历史解释能力为宗旨。教学重难点的界定并不是凭空而来,而要根据课标要求和教材内容进行设计。关于学情分析,教师首要分析到学生的知识和思维水平,在此基础上进行教学设计的研究,这样才能够尽可能地形成科学、合理并且能适应学生水平的教学设计。

第五节 家国情怀素养的培育案例

家国情怀作为中华优秀传统文化的重要组成部分,其深远影响不言而喻。数千载岁月中,家国情怀激励着一代又一代的中华儿女,为家庭和睦、家乡繁荣、国家富强而孜孜不倦地奋斗与奉献。在中学历史教育中,强调家国情怀的培育,既基于其内在的重要价值,也得益于历史学科为家国情怀培养提供的丰富素材。此外,这样的教育举措还有助于中华优秀传统文化的传承,激发青少年深厚的爱国情感和坚定的责任意识,同时促进他们形成更宽广的国际视野与更强烈的世界意识。

一 "家国情怀"素养的内涵解读

一般而言,家国情怀体现了个体对国家深厚的认同感、归属感、责任感与使命感,它表现为个体为实现国家繁荣富强、人民幸福安康而持续追求的理想信念。这种情怀不仅涵盖了对本国和本民族的深情厚爱,更扩展至对整个人类社会前途与命运的深切关怀。家国情怀的提出,根植于立德树人教育的核心使命,其核心涉及国家认同、民族认同、文化认同、政治认同等多维度的教育内容。在历史学习与研究的道路上,它代表着学生应坚守的人文追求与价值关怀,同时,它也是历史教育所追求的核心价值目标。鉴于此,它成为学生素养要求中至关重要的组成部分,具有不可替代的地位。

家国情怀,作为学习历史与认识历史的深层体现,在思想、观念、情感、态度等方面扮演着至关重要的角色,它是实现历史教育育人功能的核心标志。因此,中学历史教育在致力于培养学生核心素养的同时,将"家国情怀"确立为最终的教育目标。这一教育目标旨在引导学生"形成对祖国的认同感和正确的国家观……具有民族自信心和自豪感……确立积极进取的人生态度,塑造健全的人格，树立正确的世界观、人生观和价值观"①。这一情怀的内涵与中华民族深厚的乡土观念、家国一体的精神、民族自强的意志、精忠报国的品质、和谐共存的理念以及天下为公的胸怀等传统思想观念和行为准则相契合，更加凸显了"立德树人"这一教育的根本宗旨。

根据课标规定，"家国情怀"被确立为历史学科核心素养的关键要素，这深刻体现了对历史课程在培养与熏陶学生形成正确世界观、人生观、价值观及历史观方面所肩负的至关重要使命的明确认知与殷切期许。家国情怀的素养，作为历史知识、能力、方法、情感态度与价值观的集中体现，不仅位列历史课程目标的最高层次，更是历史教育的核心要义，鲜明彰显了历史课程在育人功能上的关键价值。

关于"家国情怀"，《义务教育历史课程标准（2022年版）》的表述是："家国情怀是学习和探究历史应具有的人文追求与社会责任。学习和探究历史应充满人文情怀并关注现实问题，热爱家乡，热爱祖国，放眼世界，以服务于国家富强、中华民族伟大复兴和人类命运共同体的构建。在义务教育阶段，要求学生形成对家乡、国家和中华民族的认同，具有国际视野，有理想、有担当。"②

家国情怀素养的提出，旨在通过历史教学的途径，引导学生深入探究历史，从而培养出具备社会责任和人文追求的精神品质。其核心目标在于服务于国家的繁荣强盛、民族的自我崛起以及人类社会的全面进步。这一素养的内涵，与构建人类命运共同体的理念及中华五千年文明的深厚底蕴紧密相连，共同体现了历史传承与文化积淀的精髓。在历史长河中，诸如"大道之行也，天下为公""世界大同，天下一家"以及"兼济天下"等理念，均深刻体现了中国人对天下大同理想的执着追求与深切期盼。在全球化时代背景下，世界各国日益紧密相连，形成了一个你中有我、我中有你的命运共同体。这正是新课标中提出的家国情怀素养教育导向的具体体现，强调通过拓展学生的国际视野与增强学生的全球意识，以促进国家间的和谐共处与共同发展。

第一，在弘扬中华民族精神的过程中，我们必须秉持宽广的国际视野。致力于培养和涵育以爱国主义为核心的民族精神，这不仅有助于社会成员明确自

---

① 中华人民共和国教育部.普通高中历史课程标准（2017年版2020年修订）[S].北京：人民教育出版社，2020：7.
② 中华人民共和国教育部.义务教育历史课程标准（2022年版）[S].北京：北京师范大学出版社，2022：5-6.

身的归属感和认同感,更使他们对自己的语言、文化和历史传统怀有深厚的情感,从而有力维系了中华民族的团结统一。特别是在当今世界多极化、经济全球化、社会信息化和文化多样化日益发展的21世纪,中国与世界紧密相连,形成了不可分割的整体。因此,我们特别强调,具备强烈的世界意识和广阔的国际视野,以及树立构建人类命运共同体的意识,已成为当代家国情怀不可或缺的重要组成部分。

第二,弘扬以改革创新为核心的时代精神至关重要。中国历史,实则是一部中国先民自强不息、坚韧不拔的奋斗历程。革新进取精神作为中华民族精神的重要优秀传统,深刻体现了中华民族的核心特质。随着人们对历史的深入了解,特别是对前人的实践经验的深入了解,他们更加认识到改革创新的重要性和紧迫性,这种认识常常反映出他们对社会大众福祉的深切关怀以及对社会未来命运的深切关注。

第三,为了更准确地把握人类社会发展的规律与趋势,我们必须深刻理解过去、现实与未来之间的紧密关联。对社会历史运动的认识深化,是接近真理的必由之路,而这样的深化将使我们能更清晰地洞察社会历史发展的规律和趋势。因此,通过不断深化对社会历史运动的认识,我们能够坚定对历史前途的信心。

第四,坚决致力于维护人类社会正义、基本伦理、人与人之间的友爱以及国与国之间的和睦相处等人类最基础的价值准则。我们强烈谴责任何形式的暴行、仇恨、屠杀和侵略行为,这些行为严重破坏并颠覆了人类的基本价值准则。我们将继续引导社会向真、善、美的方向稳步前进,以实现未来更加和谐、稳定与繁荣的发展。

第五,学生应当通过深入的历史学习,将所获取的知识与家乡、民族以及国家的持续发展和繁荣紧密关联,坚定信念,立志为新时代中国特色社会主义建设及实现中华民族伟大复兴的伟大事业贡献自己的力量。

二 "家国情怀"素养的培育路径

根据课标要求,家国情怀涵盖了"五个认同",即对伟大祖国、中华民族、中华文化、中国共产党领导、中国特色社会主义的认同;强调了"四个自信",即道路自信、理论自信、制度自信和文化自信。在实际教学中,培养学生的家国情怀核心素养,可以依据《普通高中历史课程标准(2017年版2020年修订)》的水平划分展开教学设计。

1. 家国情怀素养的水平划分

表3-5-1 历史学科核心素养"家国情怀"水平划分[①]

水平层次	家国情怀
水平1	能够具有对家乡、民族、国家的认同感,理解并认同社会主义核心价值观和中华优秀传统文化,具有对祖国和人民的深情大爱;能够理解和尊重世界各国优秀文化传统。
水平2	
水平3	能够把握中华民族多元一体的发展趋势,以及世界历史发展的进步历程,形成正确的世界观、人生观、价值观和历史观;能够表现出对历史的反思,从历史中汲取经验教训,更全面、客观地认识历史和现实社会问题;能够将历史学习所得与家乡、民族和国家的发展繁荣结合起来,立志为新时代中国特色社会主义建设、中华民族伟大复兴作出自己的贡献。
水平4	

2. 家国情怀素养培育路径

家国情怀对于个体学生的成长、家庭与故乡的繁荣以及民族国家的振兴具有深远的影响。依据家国情怀的核心意义与课标的具体要求,中学生在家国情怀的培育上应聚焦于家国文化、家国情感、家国实践和家国担当四大核心维度。中学历史教师在教学实施过程中,应紧密把握教学重点,通过多样化的教学手段和方法,将爱国情怀融入历史教学的各个环节,从而增强学生的社会责任感,使他们深刻领悟并承担起自身的历史使命。在教学过程中,教师应以身作则,为学生树立典范,增强学生的团队协作与集体意识,将核心素养教育有机融入中学历史课堂,以增强学生的道德观念。

在具体的历史教学实施中,我们应当精准把握以下三个方面的核心要点。

一是应当从传承中华优秀传统文化的角度,牢固树立家国同构的意识。从夏朝"家天下"开始,中国逐步形成为一个家国同构的国度,家作为国的基础,国其实也是家的放大,几千年来,这种家国同构的意识一直存在于我们中国人的基因和血脉之中。教材内容无处不体现中华民族世代赓续的家国同构思想,在

[①] 中华人民共和国教育部.普通高中历史课程标准(2017年版2020年修订)[S].北京:人民教育出版社,2020:71-72.

教学中要充分地把握和运用。

二是必须强调德行修养的重要性,以塑造和弘扬民族自强精神。中华民族素来重视将个人的品德修养与对国家和民族的忠诚相结合,将"修身齐家治国平天下"的理念视为千百年来有志之士的行为准则和理想追求。在教材的使用和教学过程中,必须有机地融入对中国精神的培育,这包括爱国爱家、勤劳勇敢、团结统一、自强不息、坚韧不拔、聪明智慧、无私奉献等优秀品质和价值观。

三是着重于引导学生形成宽广的国际视野,涵盖古今中外。家国情怀的培养目标,本质上应当拓展至涉及全人类命运共同体的教育层面,以培育学生具备全球视野与人文关怀。

首先,应研读课标、教材,发掘人文因素。中华优秀传统文化深厚广博,为弘扬家国情怀,教师在教学实践中应紧密结合教材内容,精心梳理教学脉络,明确教学目标。鉴于中学生正处于心智成长的关键阶段,教师应提供正确的引导和辅助,助力学生构建正确的价值观念,并深刻理解家国情怀在其成长道路上的重要性。家国一体,国为千万家之基石,在中华民族五千年的文明演进历程中,国家利益始终位居首位。中学历史教学应致力于培养学生的爱国情怀,使学生在日常学习中自然形成深厚的家国情怀。学生乃国家之未来,教师须指导学生系统学习历史教材,深入了解以家国情怀为核心的历史文化知识,并领悟其作为推动社会进步的关键因素之一的重要价值。同时,应引导学生将家国情怀内化于心、外化于行,通过学习中国历史和历史上杰出人物的事迹,深刻领会家国文化的核心内涵,激发对家国共同体的深切向往与热爱。例如:通过展示我国不同历史时期的疆域版图,从微观到宏观,从秦灭六国实现大一统,到汉代中国版图不断扩展,再到元代空前扩大,一直到清代割地赔款后的版图"缩水",多元呈现不同时期国家版图的变化,从心理维度达成国家认同,这也是培育家国情怀的历史唤醒。

其次,应创设教学情境,注重自我生成。为了促进学生家国情怀的内化与自我生成,教师须整合有情、有趣的素材,创设生动且专注的学习情境。鉴于中学生的年龄特点,教师可以采用具有强烈视觉刺激的呈现方式。随着时代的发展与社会的进步,历史教师需要持续更新教学理念和模式,利用信息技术的便利构建高效的历史课堂。借助多媒体技术开展家国情怀教育,能使学生从多元角度、不同方式深入了解历史内容,深化对家国情怀的理解。此举旨在拓宽学生的学习渠道,丰富他们的知识储备,激发其主观能动性,提高其学习积极性,进而实现从被动到主动的教学转变。教师在运用多媒体技术时,应紧密围绕教学主题,遵循学生的发展规律制订教学计划。家国情怀素养的培养,既要深化对家国情感的理解,强化情感认知基础,增进情感认同;也要深入挖掘情感资源,满足情感需求,凝聚情感共识,达到情感共鸣,以提升家国情感的境界水平,实现中学生家国情感的升华。教师可以定期以文字、图片、视频等多种形式推送家国情怀的相关内容。例如,在学习虎门销烟这一历史事件时,通过音视频资料,教师可以引导学生体会林则徐"苟利国家生死以,岂因祸福避趋之"的崇高境界,以国家、民生为念,不计较个人荣辱的精神。增强学生对家国共同体的直观感受与深度理解,唤醒中小学生的情感记忆,在历史与现实、国内与国外的比较中,不断厚植家国情怀,增强家国认同。

再次,通过开设主题课程筑牢家国情怀。如开设"中华优秀传统文化"校本课程,在此课程中,学生将围绕教师精心设计的与主题紧密相关的探究问题,进行深入学习。通过这一系列的主题课程,引发学生强烈的情感共鸣,激发他们的爱国热情,使他们对于国家繁荣与民族振兴充满信心和责任感。这样的教育模式,正是开展家国情怀教育的坚实基石。鼓励学生在探索问题的过程中,深刻感受到家国情怀的重要性,并激发他们的爱国情怀。教师应不断丰富家国历史知识,拓展学生的历史视野,培养他们的历史思维,使他们能够从历史发展脉络中深刻理解并高度认同家国文化,树立正确的家国历史观,承担起新时代赋予的历史责任。

最后,关注时事热点,渗透家国情怀。家国情怀的培育应当超越教材与课堂的界限,融入学生生活的每一个细微之处,实现"随时、随地、随心"的全方位渗透。这并非空洞无物的说教,而是一种润物细无声的潜移默化。教师须引导学生关注体现时代特色、弘扬时代精神的"热点",探寻其与教材内容的契合点,使学生通过感知、辨析、判断与领悟,实现课程核心素养的内在渗透。应通过时事与历史的交融、事实与政策的交汇,使家国情怀教育具体化、实践化,体现在学生的思考与行为之中。作为新时代的青年,广大中学生应家事国事天下事事事关心,积极将个人小我融入国家大我,与时代同频共振。

由此可见,通过多元化学习形式的实施,可以有效培养学生的爱国情怀,增强学生的荣誉感和自豪感。

三 初中"家国情怀"素养培育教学实践:以部编版《中国历史》八年级上册第17课《中国工农红军长征》为例

(一)选材背景

中国近代史带给我们的不仅是屈辱、消极,更多的是广大中国人民奋起反抗、不畏牺牲,为中华民族重振声威的不懈付出。自鸦片战争起中国社会饱经沧桑,在侵略者的战火硝烟中,中国人民不断探索救亡图存的道路。经过地主阶级、资产阶级、无产阶级的不断探索,最终开辟出来一条适合中国发展的道路。部编版《中国历史》八年级上册第17课《中国工农红军长征》中所展现的长征精神,有助于学生体会中国革命道路的艰难,国家富强、人民富裕的梦想的实现来之不易;更有助于学生增强对中国共产党、对国家的认同感,增强自己的责任感和使命感,坚定自己为国家繁荣昌盛贡献力量的决心。

(二)教学设计

1.教学准备

(1)观看中央电视台为纪念红军长征胜利80周年拍摄的纪录片《长征》,明确长征细节知识点,并记录纪录片中可能会使用的片段,方便截取视频。

(2)阅读纪录片中提到的有代表性的书籍,例如《红星照耀中国》《神灵之手》等积累史料。

(3)阅读、观看相关课例,积累经验。

2.教材分析

(1)研读课程标准。《义务教育历史课程标准(2022年版)》对本课的内容要求是:认识遵义会议在中国革命史上的地位;通过了解长征途中红军爬雪山过草地等艰难历程的史事,感悟长征精神。[1]

(2)教材的地位与作用。《中国工农红军长征》是部编版《中国历史》八年级上册第五单元《从国共合作到国共对立》最后一课。本单元中从国共第一次合作进行北伐战争开始,讲述了国民党从坚持革命到最后叛变革命的过程,讲述

---

[1] 中华人民共和国教育部.义务教育历史课程标准(2022年版)[S].北京:北京师范大学出版社,2022:20.

了中国共产党在国民党反动派"围剿"下的艰难求生之路。本课共分为3个子目:战略转移与遵义会议、过雪山草地、红军胜利会师陕甘,展现了这条艰难求生之路中红军不畏险、勇往直前的一面。本课的学习有助于学生理解中国共产党作为中流砥柱在之后的抗日战争中展现出的顽强拼搏、坚持不懈等精神,同时对于学生理解和把握中国近代史、现代史及政治史有较大帮助。

3. 学情分析

本课的知识对学生来说可以概括为有基础、有兴趣、有难度。本课的授课对象为八年级学生,他们在小学已学过有关红军长征路上的小故事,对于红军长征有初步的了解。刚刚学习了《国共合作与北伐战争》和《毛泽东开辟井冈山道路》两课内容,对于国民党与共产党之间的复杂关系有相当的认识,便于理解红军长征的背景。同时,八年级学生思维活跃、乐于表现、求知欲望强烈,这些都有助于他们积极参与探究性学习,乐于学习有挑战性的知识。但是,八年级学生心智还不成熟,而本课细碎知识点较多,本身又是政治史的内容,学习起来有一定难度。

4. 单元教学目标

知识与能力:(1)知道遵义会议等历史史实,认识其在中国革命史上的地位;(2)通过影像资料的阅读,分析红军开始长征的原因,提高对历史的观察能力;(3)通过史料分析,初步掌握搜集、分析和处理历史信息的能力。

过程与方法:(1)通过重走长征路的方式,逐步掌握识别和运用历史地图和图表的方法;(2)通过史料分析,逐步掌握论从史出、史论结合的方法。

情感、态度与价值观:(1)通过学习,体会红军战胜艰难困苦、勇往直前的革命英雄主义精神,感悟近现代中国人民进行的英勇奋斗和艰苦探索,珍惜今天的幸福生活;(2)初步形成对国家、民族的认同感,增强历史责任感与使命感。

5. 教学重难点

重点:中央红军的长征路线、遵义会议等相关史实。

难点:遵义会议和长征的历史意义。

6.教学方法

以讲授法为主,结合问题探究法和情境教学法。

7.教学过程

(1)新课导入

教师活动:出示毛泽东《七律·长征》一诗,请学生齐读。革命领袖毛泽东以恢宏的气势为我们描绘了一幅波澜壮阔的历史画卷,有哪位同学知道这个著名的历史事件是什么?

学生活动:(预设)长征(中国工农红军长征)。

教师活动:那么为什么中国工农红军选择走上长征的道路?这条荆棘遍布的道路上迎接他们的又是怎样的艰难险阻?这节课我们一起走进第17课《中国工农红军长征》(出示标题)。

【设计意图】一方面,毛泽东作为中国革命领袖较为学生所熟知,这样的人物学生会有熟悉感;另一方面,毛泽东的这首大气磅礴的诗歌正是本课主题的整体概括,而且学生又有陌生感,容易激发学生的兴趣。与此同时,采用朗诵的方式则更好地帮助学生在上课之初集中精神,以此达到凝神起兴的目的。

(2)讲授新课

教师活动:我们通过三个模块去感受历史为我们留下的壮丽诗篇:叹·长征始·硝烟现(让我们一起去探寻长征背后的原因)、悲·长征遥·行路难(让我们去了解这条漫漫长征路上红军经历的艰难困苦)、感·长征魂·耀今朝(让我们去感悟一种精神,一种支撑着千千万万红军前进的脚步永不停歇的精神)。

【设计意图】采用模块教学的方式对教材进行适当的整合,以红军长征为主线设计出更符合学生认知的教学设计。

①叹·长征始·硝烟现

过渡语:以星火燎原之势在全国建立大大小小根据地的中国工农红军,为何不得不撤离养育他们的土地呢?让我们通过一段视频去了解一下战火硝烟中中国工农红军无奈的抉择。(播放视频)

教师活动:通过视频,再结合教材,大家了解到长征开始的原因了吗?

学生活动:(预设)国民党反动派对中央革命根据地发动"围剿",共产党在第五次反"围剿"中失败。

教师活动:设置问题,层层深入——国民党反动派进行了几次"围剿",结果如何？第五次反"围剿"失败的原因是什么？出示中国共产党和国民党反动派在五次"围剿"中的势力对比表格，帮助学生归纳原因。

学生活动：(预设)发动了五次"围剿"；国民党反动派前四次失败，最后一次成功；客观原因是国民党反动势力强大，主观原因是李德、博古的军事指挥错误。在各方因素影响下中共中央被迫放弃中央革命根据地，开始战略转移的漫漫征程。

【设计意图】看视频、听音频等是学生较为喜欢的方式。结合问题观看视频，一方面能保持学生的课堂兴趣，另一方面能帮助学生逐步掌握提取信息、分析信息的方法。

②悲·长征遥·行路难

教师活动：漫长而又艰难的二万五千里长征拉开了序幕，这条鲜血铺就的漫漫长路上，迎接红军的是更为艰险的历程。下面这组数字或许能为我们透露些许长征路上的艰辛，这一串串数字背后是红军的坚持与无畏。

出示《红星照耀中国》史料："红军一共爬过了18条山脉，其中5条终年冰雪覆盖；渡过24条河流；经过12个省份；占领过62座城市；突破10个地方军阀组织的包围；此外，还打败或躲过追击的国民党中央军。平均每天行军71华里（35.5千米），一支大军及它的辎重要在一个地球上最险峻的地带保持这样的平均速度，可说近乎奇迹。"配合讲解展现长征路上的艰难。

教师活动：文字相对于长征路上的艰难显得有些苍白，接下来我们通过一个活动"重走长征路"去感受长征路上的艰辛。活动共分为两个任务——一是结合地图研读教材，标注长征路上重要的地点、河流和历史事件，并将其串联，然后与大家分享；二是选取你心目中长征路上最重要的地点，分享给大家，并说明理由。请大家结合教材83—86页的内容熟悉长征路上的重要地点与历史事件。请一位同学为大家描绘这条漫漫征途。(出示地图)

学生活动：(预设)阅读课本，标注重要地点，能够将长征路上重要的地点一一找到。

教师活动：感谢这位同学的分享和大家的补充，恭喜大家通力合作顺利完成任务一。我们将地图上曲折的路线变作简图(出示长征路线图)——一条曲线记载着长征路上的起承转合。我们进入任务二——在这条曲线上记录着长征路上的地点，你认为哪些值得大家关注？请发表你的观点。

学生活动：(预设)瑞金、遵义、会宁、湘江……

教师活动:大家的答案几乎囊括了整条长征路上的地点与历史事件,老师最为关注的地点首先是瑞金。瑞金是长征的起点,是长征开始的地方,对长征有特殊的启示意义(出示图片和知识点:时间、人数、队伍)。

教师活动:在这次战略转移中发生了一次具有转折意义的事件,那就是?

学生活动:(预设)遵义会议。

教师活动:请同学们填写知识卡片——遵义会议开始的时间、地点、内容及意义。

学生活动:(预设)填写知识卡片。

教师活动:通过内容着重讲解遵义会议的历史意义。最终长征结束于会宁(出示表格),红军长征宣告胜利结束。

学生活动:(预设)阅读教材,填写表格,明确宣告长征胜利的历史事件是会宁会师。

过渡:瑞金、遵义、会宁是一座座矗立在长征路上的丰碑,见证着长征路上的起承转合。我们在拂拭这一座座丰碑时,似乎错过了一些宝贵的记忆。让我们再回到长征路上,去拾取那些我们遗落的珍贵印记。

教师活动:配图讲解红军湘江血战、四渡赤水、强渡大渡河、飞夺泸定桥、过雪山草地和突破一个个天险的一系列历史事件。

过渡:是什么样的精神支撑着他们克服对死亡的恐惧,在战火硝烟中翻雪山过草地,不断奋进?

【设计意图】长征过程的讲述更多的是一次感悟体会之旅,二万五千里漫漫征途,如何让学生体会长征的艰难困苦是本次教学设计的重点。在这里采用了史料教学和活动探究的方式进行突破,借助数字的直观和活动的趣味帮助学生体会。

③感·长征魂·耀今朝

学生活动:(预设)长征精神。

教师活动:这是一种怎样的精神?我们来观看一段采访视频,听一听当年长征的亲历者为我们讲述他们的故事。看完视频后,请同学们概括你们眼中的长征精神。

学生活动:(预设)坚持不懈、艰苦作战……

教师活动:(出示预想答案)总结长征精神内涵。长征取得了胜利,这场战略转移的胜利又对中国共产党、中国革命乃至中国未来产生了怎样的影响呢?

(出示毛泽东评论。小组合作,分析历史意义)

学生活动:(预设)长征的胜利粉碎了国民党反动派消灭红军的企图,保存了党和红军的基干力量,使中国革命转危为安。红军长征播下了革命种子,铸就了长征精神,打开了中国革命的新局面。

教师活动:出示习近平总书记在党的十九大报告中的话——全党一定要保持艰苦奋斗、戒骄戒躁的作风,以时不我待、只争朝夕的精神,奋力走好新时代的长征路。

教师活动:新的历史时期应该如何继承与发扬长征精神这个问题留给你们思考。长征精神是一座丰碑,长征也永远在路上。希望大家铭记历史、不忘初心、缅怀先烈、砥砺奋进、怀抱梦想、勇往直前。

【设计意图】在学生理解、体会长征的原因及过程后,进行情感升华。

8.教学调整与教学反思

①教学调整

实践是检验真理的唯一标准,在实际教学后会发现教学设计中的不足之处。在进行了课堂教学后,笔者修改了学生活动方式,对部分内容的顺序进行了调整,形成了上述的教学设计。而这两方面的修改也更好地体现了对学生家国情怀的培养。

其一是中央红军的长征,也就是通常所说的二万五千里长征,是本课教学的重点内容,重点在于要帮助学生明确长征的起点、终点以及长征路上重要的历史事件。为了突出重点,笔者设计了为"重走长征路"招募导游的活动。活动分为两个部分。

第一部分资格审查,要求学生结合教材内容,在地图上将红军长征的路线标画出来(地点、河流)向同学们展示。笔者出示地图,结合学生讲述动态演示(如图3-5-1)。教材上内容较为明确,这部分的教学比较流畅,在此不过多赘述。

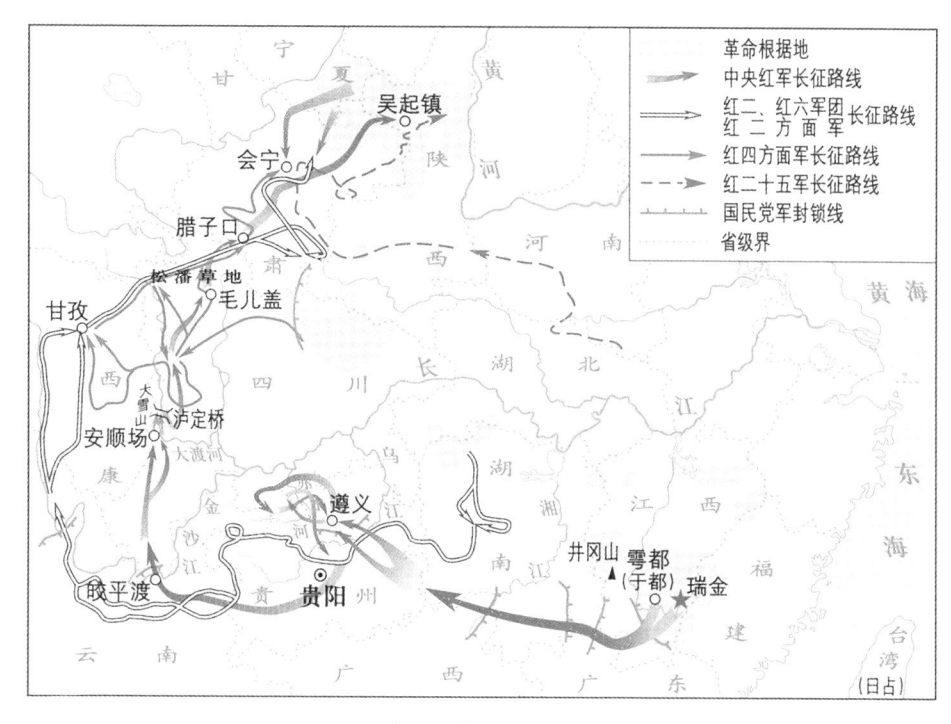

图3-5-1　中国工农红军长征路线示意图

第二部分能力提升,要求学生结合教材内容和长征路线示意图,选取其自身认为的长征路线上的著名旅游景点并撰写推荐词(每一个重要历史事件的历史意义),这部分的教学并没有达到预期效果。学生回答问题的积极性并不高,课后指导老师给出建议——既然问题提示模糊,可以将问题细化,并由教师给出示范,引导学生回答。笔者按照指导老师的建议再次进行课堂教学,随后又出现了新的问题。

这部分教学设计的目的在于,通过活动引导学生明确长征路上的重要历史事件,感受漫漫的长征路上红军经历的艰难险阻,感悟红军坚定的革命英雄主义精神。虽然在新一堂授课中,笔者给出示范后,学生能够领会意图并快速作出反馈,但是每一个重要历史事件的讲解反而没有突出笔者预先想要突出的内容,学生只是单纯地去为了回答问题而选择了长征中的几个重要事件,说了自己的理由。随后,也因为笔者按照时间顺序进行平铺直叙的讲授,学生更多的只是单纯的聆听,与笔者课前所想出入较大。课后与指导教师的讨论让笔者茅塞顿开:并不是学生的回答漫无边际、没有重点,实际上是笔者在进行教学设计时的疏忽。笔者通过对长征路线重要地点的梳理,补充长征路上的重要历史事件,看似全面地讲授了每一个重点知识,但实际上并没有突出重点。据此问题笔者再次修改教学设计,活动第二部分修改问题为:在这条曲线上记录着长征路上的地点,你认为哪些值得大家关注?请发表你的观点。随后笔者进行聚焦,将起点瑞金、转折点遵义(会议)、重点会宁进行突出,其他内容则按时间发展顺序补充历史故事,增强了课程的趣味性。由此,笔者体会到培养学生的家国情怀,并不是一味将知识"输送"给学生,而是要讲究策略与方法。

其二是对于教学内容顺序的修改方面,在修改前的教学设计中,学生先通过小组合作讨论长征胜利的意义,再通过观看视频感悟长征精神。笔者的指导老师给出建议:调换两项内容的顺序,使得内容更具有连续性,这样会更符合学生思考的逻辑顺序。笔者根据指导老师的建议修改了顺序,进行新一轮课堂教学后确实取得了较好的成效。情感的体验是不断积累的过程,通过前两个模块的教学学生的情感不断深入,正是进行情感升华的好时机。按照初期的教学设计,不仅打乱了这种情感的延续,也不利于情感升华,还会因为探讨长征胜利的历史意义而客观地影响学生的情感体验。

②教学反思

《中国工农红军长征》是一节较能体现家国情怀教育的课程,本课教学也尽我所能激发和培养学生的爱国之情、报国之志。整节课的教学设计最大特点在于对于教材的整合,将教材整合为三个部分:叹·长征始·硝烟现、悲·长征遥·行路难、感·长征魂·耀今朝,分别从原因、经过与结果及长征精神(胜利原因及意义)三个方面对长征进行分析。整合过后,内容更为符合学生的认知特点,有了一条较为明晰的线索。通过层层递进的方式,引导学生在掌握知识的同时有所体会和感悟。课堂讲授中数字长征部分,主要是用数字的直观让学生体会长征一路的艰辛。后面的活动设计,一方面帮助学生明晰长征路上重要历史地点和发生的事件,另一方面则想通过重新回顾长征路上的艰难,呼应史料中那一串串数字,帮助学生体会数字直观表达后面的真实历史。但是活动设计新意不足,在趣味性上效果没有达到预期。预想学生通过积极参与重走长征路、推荐旅游地点等活动体会长征路上的艰难,但是实际教学中学生参与积极性有所欠缺,可以替换为更具有趣味性的活动。最后的情感升华部分,预设有两个小高潮:长征精神的领悟和长征精神的弘扬。在领悟长征精神时主要是播放《长征》纪录片,让学生通过长征亲历者的描述,再结合整节课的体会,说出自己感悟到的长征精神。这样能够更好地帮助学生体会中国革命成功的艰辛,增强对国家的认同感、归属感、责任感和使命感。之后的史料教学,则让学生采取小组合作探究的方式去探寻长征胜利的意义,培养学生的合作探究能力及提取信息、分析信息、处理信息的能力。最后,采取开放式问题的方式,留给学生更多的思考空间,结合整节课的教学给学生发出寄语,在实际教学中取得了一定效果,学生反响较好。

第四章

基于课改理念的
问·道历史教学

第一节 历史大单元教学

2014年3月教育部印发的《关于全面深化课程改革 落实立德树人根本任务的意见》中首次提出"核心素养体系"这一概念。2017年,教育部发布了《普通高中历史课程标准(2017年版)》,这一版本的课标凝练了历史学科核心素养,明确了学生学习历史课程后应该达成的正确价值观、必备品格与关键能力,提出了唯物史观、时空观念、史料实证、历史解释、家国情怀五大核心素养。核心素养的提出更加强调了学科内部以及学科之间的联系和衔接,在一定程度上冲击了传统教学模式,倒逼教学设计进行变革,从单一的、碎片化的知识点转变为整体性更强的大单元教学设计,尊重学生的学习规律和特点,帮助学生对学习内容形成整体感悟与认知,锻炼学生的建构能力,从而达到落实学科核心素养的目的。

在核心素养框架的指导下,初中历史大单元教学设计有助于提升学生的综合素养和历史思维能力。通过实施大单元教学,初中历史教学能够激发学生的学习积极性,更新教师的教学观念,推动课程改革。

一 大单元教学设计的概念与内涵

(一)大单元教学设计的概念

大单元教学设计是立足于学科核心素养与"大任务""大观念"等教学设计逻辑,并在完善传统单元教学设计的基础上产生的。钟启泉在《学会"单元设计"》中指出单元设计是教师基于学科素养,为了创造优质教学,有机地、模块式地组织碎片化教学内容并围绕一定目标与主题展开探究活动叙事的教学模式。[1]

聚焦大单元教学设计的逻辑,有学者以"大主题"作为大单元教学设计的逻辑,阐述大单元教学设计是在一个学期内将学习内容分为若干教学主题,依据课程标准及学情,以主题贯穿课堂教学,并且重新编排和开发相关教学内容,形

---

[1] 钟启泉.学会"单元设计"[N].中国教育报,2015-06-12(9).

成系统性的大单元教学。

从大单元教学的整体性设计层面来看，板块化的内容被置于大单元教学设计的全局性视角来进行有效处理，使其成为一个整体化教学过程的教学系统，关注学生主体，使学生能够像科学家一样去独立地思考和深入地探究问题、专心地解决问题和细致地分析问题，从而提升个体对知识与信息的整体性认知，使得核心素养能够实实在在地在各个教学环节得到落实。

综上所述，大单元教学设计是以"立德树人"为根本任务，以学科核心素养为指向，在分解课程标准、分析学情和重构教学内容的基础上，以大主题、大概念、大任务等理念为指导对学习内容进行分析、整合、重组，形成明确的大单元主题或单元大观念，并对学习目标、评价任务、真实情境、结果迁移、学后反思等教学因素进行统筹规划和科学设计的教学设计模式，具有系统性、整体性、主题性及真实性等特点。

（二）大单元教学设计的内涵

大单元教学设计的"大"并非指一个单元内容含量的庞杂和教学目标的齐全，而是体现在基于学科特点及学生具体情况，并区别于常态化的单元教学，凸显其"大站位""大逻辑""大时间""大驱动""大结构"的"大"。

大单元教学设计是"大站位"的设计。在现实教学中，有些教师仍未改变固有的唯分数论、唯知识论的教学观念，教学重点仍是强调知识的掌握而忽视关键能力的锻炼与必备品格的形成；在制订教学目标时，指称仍以教师为主；教学手段仍是满堂灌式的单向性知识点、习题教学，或是为了活动而活动的形式化课堂教学；教学过程紧抓知识、技能的传授；教学结果过分聚焦分数、升学率，这就容易导致教学列车的错轨，驶向"高分低能、有分无德、唯分是图"的错误方向。而大单元教学设计一方面立足于教材本身，紧扣学术的热点和时代的脉搏，使学生在真实的活动中自主地养成历史学科核心素养；另一方面，促使教师改变以往的教学观念，纠正其落脚点过小而导致"只见树木不见森林""见书不见人"的教学习惯，使其站在更高的教学层次和更高的教学设计站位，不仅重视当下学生的学习结果，更关注到学生以后能力和品格的养成对其整个人生的影响，真正做到立德树人和寓学于教。

大单元教学设计是"大逻辑"的设计。指向核心素养的大单元教学设计是基于大单元逻辑的设计，大单元逻辑包括"大观念"（"大概念"）、"大任务"、"大问题"、"大项目"等。大单元教学设计的出发点不是某个单一的知识点,也不是某篇课文,而是围绕着大单元教学逻辑展开,可以以大概念或大问题来统率单元设计,也可以按几种不同的大单元逻辑来设计单元教学。大单元逻辑统率着大单元教学设计的核心要义,是大单元教学设计的必要线索。教师以大单元逻辑去进行大单元设计才能高屋建瓴地统摄整个教学过程,才能从宏观层面有整体把握和从微观细节聚焦学生的学习过程,才能使教师成长为专家型的教师。

大单元教学设计是"大时间"的设计。大单元教学设计是教师拓宽了教学的时间界限,将教学延伸至课堂之外的教学设计。常态的教学设计多是以一个课时为单位来进行教学设计,学生的学习时间取决于授课时间。大单元教学设计以学生为本位,使得下课铃响不再成为课堂结束的标志,历史学习对学生的影响也不再局限于课堂和应试,而是贯穿其一生。历史学科大单元教学设计路径中学习过程的安排,注重情境与任务设置,强调历史知识在现实生活中的迁移性,使学生的学习自主性与探究性增强。由此,历史真正成为一门实用的学科,历史学科的育人作用能够充分发挥,学习时间延伸至课后,从而有助于学生优良学习习惯的形成。

大单元教学设计是"大结构"的设计。"大结构"指的是依据学生原有的知识储备,将旧知与新知进行归纳、梳理,使知识、能力、素养、品格从只见树叶到树枝到树干,最后形成一棵完整的树。这一过程也使学习系统化、纲领化。当前历史新教材具有体量大、纲要性强等特点,给实际的教学带来了一定的挑战。大单元教学设计依据教材的呈现形式,以结构化的设计重整教材来展开教学。"大结构"的单元教学设计不仅注重单元内容的呈现,而且考量学生思维习惯的形成。面对新教材,教师不能只是负责传递课本知识和简单地罗列知识点,或者形式主义般地要求学生绘制知识结构图,而是应梳理知识之间的逻辑关联和建构完整的历史框架,按照一定的学科逻辑顺序来对教学内容进行整合,并引导学生内化知识结构。

大单元教学设计是"大驱动"的设计。大单元教学设计是问题或任务驱动的教学设计,它要求教师能够运用开放式的问题或具有灵活自主性的任务,来驱动学生发挥自主性、能动性,充分地参与到课堂学习活动中,并且将所学知识与技能运用到真实的生活情境中。大单元教学设计不仅仅是教师对教学的设计,而且也是对学生学习的设计及引导,能够使学生基于大单元目标,对照单元评价标准去自主调整学习行为并进行学后反思。"大驱动"的大单元教学设计是立足于核心素养并基于学生主体的,必然进一步激发学生的学习自主性,使得学生在学习过程中潜移默化地形成必备品格和关键能力。

从大单元教学设计的"大站位""大逻辑""大时间""大结构""大驱动"可见大单元教学设计是核心素养培养的有效方式,落实到具体学科也成为必然的趋势。

二 历史大单元教学设计的类型与特点

(一)历史大单元教学设计的类型

明确历史大单元教学设计的类型有助于教师更好地开展教学设计,做到有的放矢。依据单元内在结构的构建,笔者参考李惠军老师的观点将历史大单元教学设计分为以下两种类型(如图4-1-1所示)。

```
              ┌─ 历史教材大单元教学设计
              │                          ┌─ 整合型大单元教学设计
历史大单元教学设计 ┤                          │
              │                          ├─ 跨越型大单元教学设计
              └─ 历史重构型大单元教学设计 ┤
                                        ├─ 关联型大单元教学设计
                                        │
                                        └─ 贯通型大单元教学设计
```

图4-1-1 历史大单元教学设计的类型

1. 针对常态教学单位和微型课程的历史教材大单元教学设计

例如,现行中学历史教材中的时序沿革维度下的通史单元设计就是此类大单元教学设计。

2. 指向历史核心素养和教—学—评三位一体的历史重构型大单元教学设计

历史重构型大单元教学设计包含以下四种类型。第一类为在课程单元内部进行拆分、重组而建构的整合型大单元教学设计。教师可依据大单元逻辑重新梳理单元本体内部以整合单元。第二类为在单元之间进行归类统合、梳理的跨越型大单元教学设计。第三类为在课程单册体系之间进行中国史与世界史融合和空间统摄的关联型大单元教学设计。例如,部编版教材《中国历史》七年级下册[①]第三单元《明清时期(至鸦片战争前):统一多民族封建国家的巩固与发

---

① 如无特别说明,本书所采用的部编版《中国历史》七年级下册的内容均为2025年春季即将使用的新修订教材内容,后面不再一一详注。

展》,可以联系教材《世界历史》九年级上册第七单元《工业革命和国际共产主义运动的兴起》和九年级下册第一单元《殖民地人民的反抗与资本主义制度的扩展》。第四类为在课程结构系统之间进行通史与专题史交集的贯通型大单元教学设计。例如,以基础型课程与功能型课程相结合的形式来贯通和重组大单元。

明确历史大单元教学设计的类型是单元建构的重要一步,但在实际教学中鉴于学校课程规划及教师自身的专业素养,较常建构的往往是单元本体中的整合型单元或是跨越型单元,对关联型单元和贯通型单元的设计难度较大。

(二)历史大单元教学设计的特点

1.结构的整体性

大单元结构的整体性是初中历史大单元教学设计的首要特点,表现为单元教学的目标、单元教学的内容及方法的整体性。在教学目标的整体性上,历史单元教学目标的设计并不是孤立的,除了依据课程标准及学生情况,还要结合每一课时的课时目标。但单元教学目标的整体性并非课时教学目标的简单加总,而是在高度把握单元内容和单元主旨的前提下,融合课时教学目标。因此,单元教学目标是对课时目标的有效统筹和高效整合。在教学内容的整体性上,初中历史单元教学内容的设计不仅要考虑历史教学单元在教材体系中的地位、单元间知识的内在联系,而且要注意课时与课时间、子目与子目间的内容联系,再结合历史学科特点及学生的身心发展规律,对教材内容进行二次编排和设计,从而帮助学生自主建立起整体性的历史知识结构。在教学方法的整体性上,教学方法与教学目标及内容具有相适性,是一个环环相扣且完整的系统,教学方法的选择不是随意的,要基于单元教学目标,并且与单元教学内容相匹配。

由于学科特性,历史教学设计必须是整体性的教学设计。整体决定部分,整体大于部分之和。在历史大单元教学设计中,整体与局部是辩证统一的关系,强调大单元的整体性并不意味着忽视局部知识点,而是将子目间、课与课间的知识点以"点—线—面"的逻辑形式建构成完整的大单元。学生把握大单元整体性的程度取决于其对基础知识的掌握程度。大单元教学的整体性能帮助学生更有效地认识和掌握单个历史知识点,使学生自主构建起立体的思维框架,由部分到整体,再从整体的历史事件中去感受真实的历史情境,体会历史事件发生的必然性和内在根源。学生只有在掌握相对完整且具有内在联系的历史知识时才能从更广阔的视角审视历史和融入真实的历史情境中,才能养成历

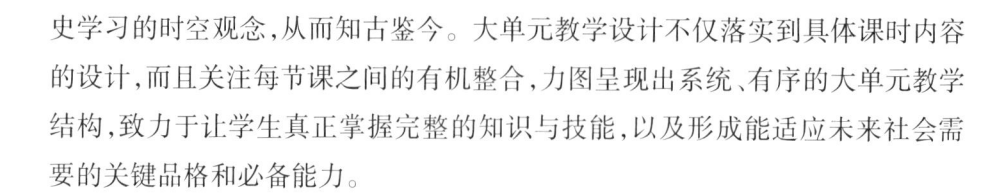

史学习的时空观念,从而知古鉴今。大单元教学设计不仅落实到具体课时内容的设计,而且关注每节课之间的有机整合,力图呈现出系统、有序的大单元教学结构,致力于让学生真正掌握完整的知识与技能,以及形成能适应未来社会需要的关键品格和必备能力。

2.主题的明确性

历史大单元主题的确立是历史大单元教学设计的前提,单元主题即单元内容主旨。通过对单元内容主旨的把握,学生既可以贯通单元或课程,又能够将所学知识与以后学习内容的核心概念相连通。明确大单元主题,可以使初中历史学习形成清晰的历史线索。例如,部编版教材《中国历史》七年级下册第三单元《明清时期(至鸦片战争前):统一多民族封建国家的巩固与发展》,基于本单元大概念"鼎盛与危机"可以设计"帝国忧思——政权强大背后的脆弱"为主题的三个板块——"政权更迭""制度变化""盛世之思",从政治视角来看明清时期的鼎盛与危机。通过"政权更迭"回顾明清时期的朝代更替大事件,建立起纵向的时空观念。通过"制度变化"从明朝君主专制的强化和清朝君主专制的顶峰把握这一时期君主专制的空前强化,理解相权和皇权发展的总趋势。通过"盛世之思"的学习从横向上进行中西方的镜像对比,从世界史观视角去看待这一时期政治层面的鼎盛与危机。

在核心素养框架的指导下,初中历史大单元教学设计有助于提升学生的综合素养和历史思维能力。通过实施大单元教学,初中历史教学能够激发学生的学习积极性,更新教师的教学观念,推动课程改革。历史大单元教学设计不仅能使学生掌握具体的历史事实,而且能使其站在更高、更广的视角看待整个历史发展的趋势及变化,并且为未来的学习做准备,从而培养其历史思维,并拓宽其历史视野。

3.设计的层次性

初中历史大单元教学设计蕴含系统设计理论的因素,既注重设计的整体性和全局性,又强调单元目标的层次性、单元内容的递进式编排。首先,历史大单元教学设计的层次性在单元目标的设计上尤为突出。因为学生具有个体差异性,所以在大单元教学设计中要设置不同层次的目标去兼顾不同学生的学习获得。而且历史学科核心素养的习得过程讲求层次水平,决定了单元设计目标的层次性,这一点与大单元教学设计具有共性。其次,单元内容的层次性可运用问题设置的形式得以体现,由浅入深,层层递进,能够改变平铺式的模块教材体例和直线式的逐课教学方式,转而注重立体化的横向、纵向层级内容联系。最后,评价任务的设定及作业检测也要具有层次性,这种层次性应贯穿于大单元教学设计路径的方方面面。但是需要注意的是,不能将大单元教学设计的层次性理解为对学生资质的划分,在实践上更不能走向单纯地由拔尖的教师教授拔尖的学生的误区,教师应在大单元教学中运用不同的教学方式兼顾不同层次的学生。

4.情境的真实性

历史大单元教学设计体现出情境真实性的特征。历史大单元教学设计的真实性即"真学习""做真事""真联系"。

其一,"真学习"指的是把现实世界融入历史课程之中,使得学习者在真实的世界中完成真正的学习。例如,部编版《中国历史》八年级下册第三单元《中国特色社会主义道路》,由于历史时空距离较近,学习内容也与现当代息息相关,所以教师可以以现实世界为切入口来创设真实情境,使得学生置于真实的情境,从而以现实世界的需求为基准去培养自身所需的关键能力和品格,以更好地进行认识世界和改造世界的"真学习"。历史课程强调创设情境,但并非虚构或虚拟的情境,历史不容虚构。

其二,"做真事"指的是学生在历史大单元教学设计中要实实在在地参与探究任务或实践活动,进行真实的历史体验。例如,在教授部编版《中国历史》八年级上册第四单元《新民主主义革命的开始》时可以组织活动,要求学生搜集并分享中国共产党成立过程中的历史小故事,说出曾参访过的长征纪念景点并讲述那里曾经发生的历史故事等,让学生认识中国革命新局面的开启,体会长征的艰辛和感悟长征精神。历史大单元设计不是仅局限在课堂上的设计,它将设计的触角延伸至课堂之外,潜移默化地培养学生的历史学科核心素养,帮助学生在更加复杂多变的情境中迁移知识或技能,去思考问题并提出解决的办法。

其三,"真联系"指的是将历史课程与现实生活中的人和事建立起联系,使得间接经验转化为直观的认识。历史课程离不开间接经验,但学生对于知识的理解常借助于真实的情境,如在教授"均输平准"这一历史概念时,教师直接解释起来较难,可以与现实生活中市场部门的职能相联系,帮助学生理解。

三 初中历史大单元教学设计路径

初中历史大单元教学设计的路径是指在历史学科核心素养的视域下,基于大单元教学设计的相关理论,在大单元主题的统摄之下,将课时教学内容进行有逻辑的系统整合,以学生为主体设计教学环节,并在每个环节的学习过程中渗透大单元教学评价理念的教学设计过程。它包含以下几个环节:历史大单元主题及课时的确定、历史大单元教学内容的整合、历史大单元核心目标的确立、历史大单元评价任务的设定、历史大单元学习过程的设计。

大单元教学是整体与部分的结合,历史大单元教学设计离不开具体的课时设计,但又不是课时设计简单地相加。在历史大单元教学整体设计之下,单元内的具体课时设计须依据大单元教学设计的结构和框架进行。课时设计的课时名称及主题是对大单元主题的分解及诠释,课时核心目标脱胎于大单元核心目标,课时设计中的具体教学环节设计无不贯彻和体现着大单元教学设计的思路及大单元和课时的逻辑联系。此外,历史大单元教学设计中评价任务的设定、学习过程的设计及作业和反思需要透过具体的课时设计体现出来。历史大单元教学设计下的课时设计与一般的单课设计的不同之处在于,前者被赋予大单元教学设计的思维内涵,它以历史大单元设计为骨骼,用具体的每一节历史单课设计作为肌肉组织,站在历史学科核心素养的角度,高屋建瓴地共同建构出一个上下相维、逻辑自洽的学习系统。

下面,笔者将大单元教学设计与历史学科相融合,阐述历史学科核心素养视域下初中历史大单元教学设计的路径。

(一)明确教学计划,确定大单元主题

历史大单元教学设计首先要明确大单元的主题。历史大单元教学主题的确立要紧扣初中历史课程标准且对接历史核心素养,要把握教材内容的逻辑和联系,要聚焦相关的历史学术研究前沿,这样才能高屋建瓴地统摄整个单元的教学,做到整体把握、细节聚焦,站在大历史观上去设置历史任务活动。下面以部编版教材《中国历史》七年级下册第三单元《明清时期(至鸦片战争前):统一多民族封建国家的巩固与发展》为例,阐述如何以课标、教材为依据确定历史大单元的主题。

1.课标依据

《义务教育历史课程标准(2022年版)》为历史大单元主题的确立提供了方向。如何把握历史课程标准,并对其分化解读以有助于大单元主题的确立呢?有以下两点思路可供参考。

首先,要整体感知课程标准,从课标中找出关键词句及核心内容。关键词句是能够高度概括、提炼单元内容的词句,核心内容是几个关键词句所共同体现的要点。例如,在对《明清时期(至鸦片战争前):统一多民族封建国家的巩固与发展》这一单元进行整体教学设计时,必须根据课标要求,找出"版图奠定""明清时期封建专制的发展""经济、思想、文化的变化""面临的危机"等关键词句。依据关键词句所体现的内在联系,概括出单元核心内容为"发展与挑战"。

其次,梳理关键词句的内在联系,在抓住核心要义的同时,联系具体的单元内容,对知识进行梳理,使主题与内容相嵌合。例如,从上述的关键词句能够梳理其中的逻辑联系:明清时期政治制度出现新变化,专制主义中央集权进一步加强,明清政府采取了一系列的措施开拓和巩固边疆,处理与周边民族的关系,国家版图得到开拓与奠定。此外,经济上发展较快,商品经济发达;文化上,市民文化繁荣;科技也取得了显著的发展与进步。但是在盛世之下隐藏着危机,高度的封建中央集权潜藏着政治危机,诸如人口膨胀、贫富差距大、人地矛盾突出、农民起义频发、列强的侵扰等,而且清朝闭关锁国的对外政策使其处于世界发展的逆流之中。总之,明、清两代既处于发展之中,也面临着巨大的内外挑战。

2.教材依据

(1)析教材,定主题

历史大单元教学设计要"依标托本",不仅应依据课程标准,还要围绕教材内容。教师在确立历史大单元主题时应认真研读教材,依据学生身心发展的规律、已有的知识基础和生活实际,精准地提炼出单元的主题,真正做到用教材教而不是教教材。那么,如何以教材为依据来确立大单元主题呢?有以下两个步骤。

首先,分析并提取单元导言的关键内容。单元导言是单元内容贯通的链条,帮助教师和学生对单元知识进行梳理,使其明白"这一单元主要是学习什么内容""内容间有什么逻辑联系""要学习到何种程度""要培养哪方面的关键能力"等。在教学中,不仅教师容易忽略单元导言的作用,而且学生也常常不知如何利用和把握单元导言,因此,教师需要分解单元导言,将高度概括且抽象的知识转化成学生易于理解的知识表述。只有这样,教师才能够结合课标并从单元导言的分析中,提炼出大单元主题,而且使学生对于大单元主题的认识和理解是水到渠成的。对《明清时期(至鸦片战争前):统一多民族封建国家的巩固与发展》这一单元的导言进行分析和提炼,从导言中提炼的要点与课标分析中的关键词句相似,这使得教师对教材内容进行逻辑梳理的融洽性得到了课标及单元导言的支撑。

其次,在大视野中去分析单元的地位和单元内容的基本线索、主要特征。这样有利于教师跨单元进行知识整合,并对后面的学习内容进行铺垫。例如,《明清时期(至鸦片战争前):统一多民族封建国家的巩固与发展》这一单元,从地位上看,本单元是中国古代史的末尾,近代史的前夜,上承《辽宋夏金元时期:民族关系发展和社会变化》,下启《中国开始沦为半殖民地半封建社会》,是多民族封建国家由盛转衰的关键节点。第15课《明朝的统治》、第16课《明朝的对外关系》、第17课《明朝的灭亡和清朝的建立》、第18课《统一多民族封建国家的巩固和发展》四个课时呈递进关系,主要讲述了统一多民族封建国家巩固和发展的过程;第19课《清朝君主专制的强化》、第20课《明清时期社会经济的发展》、第21课《明清时期的科技与文化》则主要讲述了明清时期的政治、经济、科技与文化,都体现了"发展与挑战"的时代发展特征。

(2)促衔接,明学情

历史大单元主题的确定,除了要在初中历史课程标准解读和教材剖析的基础上进行外,还需要注重初高中历史教材的衔接。探讨初高中历史教材的衔接,首要的就是对学生进行学情分析,这不仅有利于历史大单元教学设计在课时教学内容上的详略处理和确保学生所学知识的延续性,而且还为历史大单元学习主题的确定提供了重要信息。那么,如何在大单元教学设计的理念下衔接初高中历史教材呢?有以下两点建议。

首先,以一个单元为单位,将初高中的单元学习内容与课程标准进行比对。对初高中单元学习内容的比对,能够让教师知道在高中阶段的这一单元中"哪些内容是已经学习过的""哪些内容是新增的""哪些内容是须进一步深化的""哪些史实须从新的视角予以解释"。对初高中课程标准的比对,能够让教师明确在初中阶段已经完成了的课程总体目标,学生大致处于怎样的知识和能力水平,进而在高中阶段基于初中课程标准的要求提出进一步达到更高层次的课程标准要求。

其次,在大单元教学设计理念的指导下,依据初高中内容及课程标准要求的比对结果来处理教学细节。大单元教学设计具有整体性,在初高中历史教材衔接过程中,对于新增的内容,教师可依据其重要程度引导学生学习;而对于初中已学而教材未呈现的知识,教师要考虑知识的完整性并依据学生学习的逻辑性和整体性有选择地对史实进行补充。此外,大单元教学设计具有层次性,因此对初中已学过的重要知识,教师可引导学生进一步深入理解其背景、原因或影响,也可以依据学生的知识水平在高中阶段设置更高层级的教学目标和评价任务。

(二)构建知识框架,整合内容与确定课时

1.整合大单元教学设计内容

教学内容的整合要以课标与学情为出发点,教学内容的整合步骤实际上在大单元主题的设置和教材分析的环节早已进行。教材的内容不完全是课程的内容,初中历史课程内容中所包含的情感性经验和直接经验,除了依靠教师教学活动来诠释外,还需要借助教材内容来表述,这是落实历史学科核心素养的重要途径。历史教材中包含着知识、能力、品德等要素,教师在对教材整合的过程中充分地分析这些要素,有利于将教材内容蕴含的各要素与学生在学习中培养的能力、品格有机衔接,从而更有针对性地落实历史学科核心素养的培养。这不仅需要教师依据课标要求深入分析教材内容,还需要具体了解学生的情况,并在此基础上大胆地重组和整合教材内容,并且创设出符合历史学科结构内在逻辑的教学情境,帮助学生更好地认识和感悟历史。

大单元教学内容的整合须遵循课标实施建议,可采用结构—联系教学、主题式教学、问题式教学、深度教学等教学模式,也可以将教学内容进行有深度、有跨度且横向、纵向相联系的适度调整和重组,以形成整体的大单元教学设计。基于此,以下介绍大单元教学设计中教材整合的视角和注意要点。

(1)抓住主干知识,贯穿历史线索

大单元内容的整合要基于历史事件发展的脉络,抓住主干知识,建构出完整的且具有内在逻辑性的知识体系。单元主干知识的梳理要紧扣课程标准、历史学科核心素养的培养要求及教学主题,而且要体现出历史大单元教学设计的

大逻辑。单元主干就是连接整个单元的线索和关键纽带,它串联起单元内的每一课时。在大单元教学设计中,不仅要使学生知道"是什么",更要让学生自主挖掘出"是什么"背后的"为什么"。大单元教学设计在内容整合时要注意重难点知识的突破环节,在难点内容讲解时给学生留有思考的时间和空间,让学生能自主地分析和解决问题。单元内容的整合要改变传统历史教学中的"背景—过程—结果—意义、影响"的僵化式模块化教学模式,转向抓住历史教学内容的关键线索,以线带面,把大单元下各课时的主干知识串联在一起,探究历史背后的联系性与逻辑性,从而使得历史学科核心素养在对史实的背景、过程、结果及影响的学习中逐渐养成。

(2)衔接历史核心素养,整合教学内容

历史学科核心素养是学生适应未来社会需要的必备品格和关键能力,教师可依据历史学科核心素养的某一具体素养目标来整合教材内容。以唯物史观素养为例,教师基于唯物史观及大单元教学设计的理论基础,梳理出单元内容间蕴含的生产力与生产关系、经济基础决定上层建筑的关系。例如,把部编版教材《世界历史》九年级上册第七单元《工业革命和国际共产主义运动的兴起》和《世界历史》九年级下册第一单元第1课《殖民地人民的反抗斗争》、第三单元第12课《亚非拉民族民主运动的高涨》整合为一个大单元,单元的内容包括"第一次工业革命""马克思主义的诞生和国际共产主义运动的兴起""殖民地人民的反抗斗争""亚非拉民族民主运动的高涨"4个课时。在单元内容的整合上可把"工业革命的影响"与"马克思主义的诞生"相结合,使学生了解马克思主义诞生的时代背景。历史事件之间具有联系性,一个历史事件的影响或结果往往会成为另一个历史事件发生的背景或原因。再如,以历史解释素养为例,教师可依据历史解释素养的水平层次进行教学整合,让学生区分历史事实和历史评价,分析不同作者对同一历史事实的观点或表述。

(3)教学内容整合的注意要点

教师在整合教学内容时,除了注意依据课程标准和学生情况外,还需要考虑历史学科的性质。重构的教学内容应该符合学科逻辑,突出重难点,包含基础性和本质性的范例式内容。教师对教学内容的整合不是指随意更改或调换教材的顺序,而是要精选教材外的历史知识,使课内外知识形成衔接,或者是删减、忽略与大单元教学主题关联较弱的内容。此外,教学内容整合可以遵循奥苏伯尔提出的"逐渐分化"和"整合协调"的原则,依据学生对新旧知识的同化规律,按照从整体到局部、从上位概念到下位概念的整合顺序来对教学内容进行整合,以实现对教学内容有意义的重构,从而提高学生学习的效率。

尤其要强调的是,大单元教学设计中的教学内容整合并不是简单地打乱原有的教材内容顺序,而是以大单元教学逻辑为线索,依据学生学情、课标要求及历史学科结构逻辑,运用教师的智慧,对教材内容进行删节或增添,从而呈现出符合教学目标和符合学生核心素养培养要求的课堂教学。

本书阐述的教学内容整合主要是以大单元主题为核心,问题和任务驱动型的大单元教学内容整合。

2.确定大单元课时

大单元课时的确定指的是依据每个单元知识的重要性、地位及具体的教学内容来合理分配课时。单元内知识的重要性或地位不是由教师决定的,而是依据课程标准、教材及高考的要求而定。在确定大单元课时时,尤其不能忽视学生的情况,教师应依据学生对知识的理解程度和掌握程度,及时地调整课程的时间安排,这就涉及"评价任务"的重要性。此外,大单元课时的确定还需要教师与教学组(备课组、教研组)共同商讨,在一学期内,合理地分配各单元的课时。一个大单元必须最少由两课时构成,课时的不同使得教学的深度、角度以及学习方式具有差异性。

(三)把握教学方向,制订大单元学习目标

1.大单元学习目标的分层

历史大单元目标不是教师"教"的目标,而是以学生为主体的"学"的目标。制订历史大单元学习目标的前提之一是进行学习目标的分层。在制订大单元学习目标时进行目标分层,实际上是对学生所处年龄段的身心发展规律和已有的知识基础进行分析的过程。

按照目标的完成程度及学生的知识水平,把历史大单元的学习目标分为三个层次:一是基础性学习目标,二是拓展性学习目标,三是挑战性学习目标(见图4-1-2)。基础性学习目标是要求所有的学生都要达成的对知识点的记忆和理解的目标;拓展性学习目标主要涉及分析、应用层次,要求80%及以上的学生能够达到该层次的目标;挑战性学习目标涉及评价及创造能力的培养与提高,要求约10%的学生能够达成。三个层次的目标相结合才是立足于学生主体,满足学生发展需求的有意义的目标设计。大单元学习目标的设计为学生自主学习提供了条件,在大单元学习目标的指引下,学生能依据自身情况进行基础性巩固、拓展性练习及挑战性学习,并且分解大单元的学习目标来逐一实现课时的学习目标。

图4-1-2 大单元学习目标的分层

(金字塔分层：挑战性学习目标 / 拓展性学习目标 / 基础性学习目标)

2.历史大单元学习目标的确定

(1)依课标,托教材

课程标准是贯穿整个历史大单元教学设计的指南针,初中历史大单元教学要实现怎样的目标、目标要达成什么程度都离不开课程标准的指导,强调对历史核心素养的培养是课程标准的应有之义。因此,历史教师在制订历史大单元学习目标时应理解并掌握历史核心素养的含义及其不同水平的具体体现,应认识到五个历史核心素养并非割裂的存在,而是彼此关联的。虽然在一个单元中对历史核心素养的培养难以面面俱到,但是在一个大单元的教学设计中至少要落实一个历史核心素养。这并不意味着对历史核心素养的培养是均匀发力或厚此薄彼,而是指在制订大单元学习目标时可依据大单元主题对所要培养的学生的历史核心素养有所侧重。

教材内容是达成历史大单元教学目标的文本载体,通过课程目标的指导和对教材内容的分析,能够确定历史大单元教学目标,明确本单元要解决什么问题、期望学生学会什么。依课标、托教材是历史大单元学习目标确定的前提之一,上述内容已详细阐述其方法和路径,在这里不赘述。但有几点须强调:第一,历史大单元学习目标的确定不能仅拘泥于教材,由于大单元教学设计是"大时间"的设计,所以课堂教学并不一定以下课铃响为结束的标志;第二,由于大单元教学设计具有"真实性"的特点,学习目标的确定不能脱离真实的现实生活而陷入本本主义当中,所以,与教材内容相关的课外知识或技能仍属于教学的范畴;第三,还要考虑学习目标的分层,可设置一个或两个挑战性的学习目标,以满足不同基础学生的学科核心素养的培养要求。

(2)学习目标的制订要点

目标指称要准确。历史大单元学习目标的实施主体不是教师,而是学生,大单元学习目标陈述的是学生应该达成什么目标。但是在实际撰写教学设计时,还是存在目标主体错位的情况,这就导致了教师在教学设计的过程中是以教师为主体,在阐述教师该做什么,诸如教师怎么导入、如何创设真实历史情境、如何去讲授新知和设计作业等,而不是以学生为主体,去阐述学生该完成什么任务活动和学生该达成什么目标。

目标要具备可操作性和可测性。历史大单元学习目标的制订应结合学习主体的实际情况、知识基础及教学内容,让大单元学习目标具备可操作性;同时,要能够衡量学生经过历史大单元教学后的素养提升情况。例如,部编版教材《中国历史》七年级下册第二单元《辽宋夏金元时期:民族关系发展和社会变化》,这一单元的学习目标之一可以设置为"对比唐朝的中央、地方权力分配示意图,能准确简述两宋政治制度的变化;研读史料与教材内容,能归纳宋朝农业、手工业和商业的发展情况,清楚地认识生产力的发展所引起的宋朝社会结构的新变化及其影响"。这样就使得具体化的教学内容与唯物史观、史料实证等培养目标有机结合,切实可行地为学生指明学习的目标,并且具有可测性和可操作性。

历史大单元学习目标是在把握大单元学习主题的前提下,对课程标准进行深入剖析,对教材与学生情况进行充分了解而制订的,历史教师设置大单元学习目标应以培养学生的历史核心素养作为根本的出发点和落脚点。因此,明确历史大单元学习目标能够准确地把握教学方向,最终实现学科核心素养的落地。

(四)确保教—学—评一致性,设定大单元评价任务

1.历史大单元评价任务的内涵

作为完整教学的一个有机组成部分,大单元评价任务是大单元教学设计的重要环节和难点,必须即时地、持续地贯穿于学习过程,并始终以核心素养为指向。它运用正式或非正式的评价方式来分析学生对学习内容的理解与个人表现的情况,以此来了解学生的主题学习已经达到何种程度,并且进行相应的教

学调整。因此,历史大单元评价是一种动态的形成性评价。

历史大单元评价任务是置于大单元学习目标与学习过程之间的环节,又被称为"逆向设计"。一般的教学设计,大多将教学评价放置在学习之后以检测学习成果。但教学的过程是生成性的,学生的身心发展及个人理解是有阶段性的,仅仅以学习完成后的终结性评价来判断学生的知识掌握程度,会陷入应试教育的泥潭,无法真正培养学生的关键品格和必备能力。历史大单元学习目标要达到什么程度才算合格,要达成何种水平才能满足历史学科核心素养的培养需求,都依赖于历史大单元评价任务的设定。大单元学习目标指向何处,评价任务就追随到何处,这样才不会出现"无头苍蝇"的现象。

历史大单元评价任务能够推动历史大单元学习目标的达成。它能够检验历史大单元学习目标的设置是否具有合理性、可操作性或可检测性,以此来避免历史大单元学习目标"假、大、空"的倾向。此外,评价任务还具有"启下"的作用,除了上接单元学习目标,还下接学习过程。历史大单元评价任务是嵌入学习过程中的持续性评价,应按"教、学、评"一致性的路径进行设计。

2.历史大单元评价任务的多维设计

在设计历史大单元评价任务时应坚持以下原则。

一是评价主体多层化。在课堂实施过程中,评价的主体可以是教师、学生自己或其他同学。学生的自我评价能使他们从自身的学习情况出发去发现自己的缺点和优点,以扬长避短。在历史大单元教学设计中,要使学习主体自主地在真实的历史情境中发现问题并且通过实施任务活动来解决问题,就需要激发学生的探究自主性,在任务完成后,鼓励学生二次探究与发现,这也是学生自我评价的重要过程。学生自评和同学互评都不能脱离问题和情境,这时需要教师及时的引导和关注,教师也要融入学生评价的具体实施中,而不是作为旁观者。

二是评价方式多样化。教师可以口头提问、课堂练习、观察等形式进行评价。在教师提问方面,建议用开放性、综合性的问题去检测学生对单元内容的掌握程度以及在真实情境中对知识的迁移应用能力。课堂练习可以不拘泥于习题检测,可采用绘制历史思维导图或时间轴等形式,这种形象且直观的课堂训练往往更能激发学生的兴趣,吸引其注意,使其发挥自主能动性参与到课堂活动中。除此之外,教师还可以综合运用各种不同的评价方式,将多样的评价方式与多元的评价主体结合起来,全方位、多角度地去检验学生的随堂吸收水平及历史学科核心素养的培养程度。

三是评价内容多元化。以学生成绩作为主要评价标准的应试教育已成为过去式。因为历史大单元评价任务持续地贯穿在学习过程中,所以教师可以学生的课堂表现状态,包括解决问题时的反应程度、在具体而真实情境中对知识与技能的迁移运用、课堂上的参与度等作为评价内容,这也符合大单元教学设计"大站位"的特点。教学评价并不是以知识获取和掌握的程度作为唯一的评判标准,除此之外,还注重关键能力、必备品格和情感态度的发展水平。

3.历史大单元评价任务的要求

评价应以发展学生的历史核心素养为核心。初中历史大单元评价任务的设定要以课程标准为依据,以培养学生的历史核心素养为目标。同时,要将大单元评价任务贯穿教学的始终。要采用科学的评价方式,将量化评价和质性评价相结合,了解并分析学生信息,综合发挥检测、诊断、激励、引导、调整、反馈等方面的评价功能。在学习过程中,要及时发现学习目标的设定、学习内容的整合、学习方法策略的使用等方面的不足,并且迅速调整和改进,以确保学生历史核心素养的持续发展。

评价应对接学业质量要求。学业质量指的是学生在完成历史课程的学习后的学业成就表现。教师可依据学业质量的不同水平来设置评价任务,以衡量学生是否实现了大单元学习目标,以及判断学生是否达成了历史核心素养的五个方面的要求。

四 初中历史大单元教学设计实践:以部编版《中国历史》七年级下册《明清时期(至鸦片战争前):统一多民族封建国家的巩固与发展》为例

(一)单元分析与大单元教学设计建议

明清时期的时代主题是统一多民族封建国家的巩固与发展,主题和内容都很明确。具体而言,本单元内容主要是明朝和清朝在政治上强化皇权,通过多种措施对边疆实行有效管辖,巩固、发展大一统;同时,也涉及明清时期经济的发展、科技的进步、文学艺术的繁荣和对外交流。但是与此同时,我们也必须看到封建王朝末期潜藏的社会危机。随着人口的增长,经济上的人地矛盾日渐突出;因为思想的钳制,创新能力逐渐降低;因为闭关锁国,曾经领先世界的中国开始逐渐落后于世界发展潮流……

明清时期,如果以单元主题来统摄,对于学生来说,内容与主题的结合不够明确,所以不如以时期统摄教学内容,即把本单元的7课内容按照"明朝"与"清朝"两个时期进行划分,衔接二者的正是17课中的"满洲兴起和清兵入关"。

在进行大单元整合学习时,建议按照先政治、后经济、接着科技文化、最后对外关系等大概念,对教材内容进行再次整合,紧扣时代特征,完成明清时期的大单元学习,并为八年级上册中国近代史的学习做好铺垫与衔接。

简单规划如下。明朝时期:第15课——政治,第16课——对外关系,第17课——灭亡,第17课、第20课——经济,第21课——科技、文化;清朝时期:第17课、19课——政治(集权统治篇),第18课——政治(边疆管辖篇),第20课——经济,第21课——科技、文化,第19课、20课——潜藏的危机。

(二)大单元教学目标

《义务教育历史课程标准(2022年版)》中关于本单元的内容要求如下:"通过了解明清时期加强皇权的举措,初步认识君主专制带来的社会弊端;通过了解明清时期的经济改革和全球性经济互动,初步认识这一阶段中国经济发展的内因和外因;通过郑和下西洋、戚继光抗倭等史事,了解明朝的对外关系;通过了解郑成功收复台湾、清朝在台湾的建制、册封达赖和班禅以及设置驻藏大臣等中央政权在边疆地区的各种举措,认识西藏地区、新疆地区、南海诸岛、台湾及其包括钓鱼岛在内的附属岛屿是中国的领土,理解统一多民族国家版图奠定的重要意义;通过了解《本草纲目》《天工开物》《农政全书》,认识明朝的科技成就及其影响;通过了解小说、戏曲的繁荣,知道明清时期文学艺术的特色;通过明末李自成起义,清中叶以来的政治腐败、故步自封和19世纪的国际局势,认识当时中国社会面临的严重危机。"[1]

在进行大单元学习时,建议在时期划分为"明朝"和"清朝"的大前提下,按照政治(中央集权+边疆管辖)、经济、科技与文化、中外交流、灭亡(危机)等模块,重新分解并整合内容。

---

[1] 中华人民共和国教育部.义务教育历史课程标准(2022年版)[S].北京:北京师范大学出版社,2022:14.

在学习明清政治时着重展现明清时期加强皇权的举措,引导学生了解君主专制的强化措施,探究专制带来的社会弊端。在完成政治模块的中央集权篇后,着重带领学生学习政治中的边疆管辖篇,通过温故知新的方式,整合中国古代对新疆、西藏、台湾等地的管辖史,引导学生掌握清朝对边疆的有效管辖,重点理解清朝在巩固和发展多民族统一国家方面的贡献。

在学习明清经济时,引导学生了解明清时期中国经济发展的表现,探究经济发展的内因与外因。在学习明清科技与文化时,引导学生了解明清时期的科技、文化成就,知道这一时期出现的科技著作、四大名著等代表性作品,掌握承载与展现中华文明的优秀传统文化。在学习中外交流时,通过郑和下西洋的壮举展示中外交流中的和平交往;通过戚继光抗倭展示中华民族反抗外来侵略者的英勇;通过葡萄牙人攫取在澳门的租住权这一历史管中窥豹,引导学生了解当时的世界变化,理解后面清朝闭关锁国孕育的危机,进而导致了中国近代的百年屈辱,为八年级上册的学习做好衔接和铺垫。

(三)大单元学习规划

计划用11个课时完成本单元的大单元学习,其中第1课时为大单元学习导言,培养学生对大单元大概念的认知,为后续的学习做好铺垫。具体安排如表4-1-1所示。

表4-1-1 《明清时期(至鸦片战争前):统一多民族封建国家的巩固与发展》
大单元课时安排

学习课时	学习时期	所学内容	所属课节	学习主题
1		大单元学习规划,整体认知"明清时期(至鸦片战争前)"这一大单元,为后续的大单元学习做好准备		
2	明朝	明朝的建立、强化皇权、科举考试的变化、民族关系	第15课	明朝的政治
3		张居正经济改革——"一条鞭法"、农业生产的恢复和发展、手工业和商业的发展、人口的增长	第17课部分 第20课部分	明朝的经济

续表

学习课时	学习时期	所学内容	所属课节	学习主题
4	明朝	科技名著、明长城和北京城、思想家、小说和戏曲	第21课部分	明朝的科技与文化
5		郑和下西洋、戚继光抗倭、援朝战争、葡萄牙人攫取在澳门的租住权	第16课	明朝的对外关系
6		政治腐败与张居正改革、李自成起义推翻明朝、满洲兴起和清军入关	第17课	明朝的灭亡 清朝的建立
7	清朝	清朝对全国的统治、军机处的设立、文字狱与文化专制政策	第17和19课部分	清朝的集权统治
8		郑成功收复台湾和清朝在台湾的建制、清廷对西藏地方的有效管辖、巩固西北边疆、雅克萨之战、清朝的疆域	第18课	清朝的边疆管辖
9		农业生产的恢复和发展、手工业和商业的发展、人口的增长	第20课	清朝的经济
10		明末清初的思想家、《红楼梦》、昆曲和京剧艺术	第21课	清朝的文化
11		不断加剧的社会矛盾、"禁海令"的颁布	第19和20课部分	清朝的危机

(四)过程设计

1.大单元学习一:学习目标的确定

教师展示单元目录,明确本单元的学习内容。

一方面,引导学生从单元导言中明确大单元学习目标:通过泛览明清史,知道明清时期的时代特征,并从中央对台湾、西藏、新疆等地区的有效管辖入手,理解这一时期的特征;从政治、经济、科技、文化、中外交流等方面,全面了解明清两朝五百多年的历史。另一方面,引导学生阅读《义务教育历史课程标准(2022年版)》,明确本单元的学习目标。如表4-1-2、表4-1-3所示。

表 4-1-2 《明清时期(至鸦片战争前):统一多民族封建国家的巩固与发展》单元导言分析及课标要求对照(部分)

对教材单元导言的分析	课标要求
学习了解明清时期的政治:了解君主专制的强化措施,探究专制带来的社会弊端。	通过了解明清时期加强皇权的举措,初步认识君主专制带来的社会弊端。
学习了解明清时期的经济:了解明清时期中国经济发展的表现,探究经济发展的内因与外因。	通过了解明清时期的经济改革和全球性经济互动,初步认识这一阶段中国经济发展的内因和外因。
了解明朝的对外关系,知道郑和下西洋的壮举和戚继光抗倭的英雄事迹。	通过郑和下西洋、戚继光抗倭等史事,了解明朝的对外关系。

2.大单元学习二:单元内容认知

第一步:通过教材目录引导学生发现明清时期的时代特征——统一多民族封建国家的巩固与发展;引导学生阅读理解单元导言,了解本单元的整体内容。如表4-1-3所示。

表 4-1-3 《明清时期(至鸦片战争前):统一多民族封建国家的巩固与发展》基于单元导言分析的单元主题内容提炼

单元内容简介	单元导言
明清时期的时代特征	明清时期,统一多民族封建国家得到进一步巩固和发展。明初统治者进行一系列改革,大大强化了皇权。明朝一度出现强盛局面,郑和下西洋是我国乃至世界航海史上的壮举。明朝后期,统治危机不断加深,明政权最终在农民大起义和东北满洲势力的双重夹击下崩溃。清朝统一全国后,加强君主专制,并对西藏、新疆、南海诸岛、台湾及其包括钓鱼岛在内的附属岛屿等进行有效管辖。面对世界形势的剧变,清朝统治者故步自封,古老的中国逐渐落后于世界发展的潮流。
明初的改革与集权	
明朝的强盛与壮举	
明朝的危机与灭亡	
清朝的集权与统治	
清朝的自大与落后	

第二步:引导学生翻阅教材目录,从目录安排中大致了解单元内容构成;根据本单元的内容特点,提出大单元学习规划建议。

师:对单元主题与课节有了简单认知(见表4-1-4)后,我们发现,这一单元的主题——"统一多民族封建国家的巩固与发展"虽然突出,但所学内容中真正与之明确对应的并不多。所以,本单元的大单元学习,我们可以换一种方式,不是主题引领,而是时期引领。

表4-1-4 《明清时期(至鸦片战争前):统一多民族封建国家的巩固与发展》单元主题、内容与课节

目录	主题内容分析
第15课:明朝的统治	对单元主题与课节有了简单认知后,我们发现,这一单元的主题"统一多民族封建国家的巩固与发展"虽然突出,但所学内容中真正与之明确对应的并不多,反倒是明清时期的两个时期——明朝和清朝,共占据了6课的内容。所以,本单元的大单元学习,我们可以换一种方式,不是主题引领,而是时期引领:首先,学习明朝时期的内容(第15至17课,第20至21课);然后,学习清朝时期的内容(第17至21课);重点学习体现时代特征的内容(第18课)。
第16课:明朝的对外关系	
第17课:明朝的灭亡和清朝的建立	
第18课:统一多民族封建国家的巩固和发展	
第19课:清朝君主专制的强化	
第20课:明清时期社会经济的发展	
第21课:明清时期的科技与文化	

第三步:带领学生验证这一大单元教学规划的可行性和具体内容,带领学生逐课罗列内容小标题,以此进一步了解每节课的学习内容。如表4-1-5所示。

表4-1-5 《明清时期(至鸦片战争前):统一多民族封建国家的巩固与发展》明朝时期部分的课节及其对应内容标题梳理

课节序号	课节标题	内容标题
15	明朝的统治	明朝的建立、强化皇权、科举考试的变化、民族关系
16	明朝的对外关系	郑和下西洋、戚继光抗倭、援朝战争、葡萄牙人攫取在澳门的租住权
20	明清时期社会经济的发展	农业生产的恢复和发展、手工业和商业的发展、人口的增长
21	明清时期的科技与文化	科技名著、明长城和北京城、明清的思想家、小说和戏曲
17	明朝的灭亡	政治腐败与张居正改革、李自成起义推翻明朝、满洲兴起和清军入关
备注:重点学习明朝的历史,学习明朝的政治、经济、科技、文化、对外关系,最后学习明朝的灭亡。		

第四步:完成内容标题的寻找与罗列,简单分析单元的综合内容,进行单元综述。具体如下:

明清时期的时代主题是统一多民族封建国家的巩固与发展,主题和内容都很明确,就是明朝和清朝在政治上强化皇权,通过多种措施对边疆实行有效管辖,同时也涉及明清时期经济的发展、科技的进步、文学艺术的繁荣和中外交流;但是与此同时,我们也必须看到封建王朝末期潜藏的社会危机:随着人口的增长,经济上的人地矛盾日渐突出;因为思想的钳制,创新能力逐渐降低;因为闭关锁国,曾经领先世界的中国开始逐渐落后于世界发展潮流……

第五步:通过教师的单元综述,学生将其与自己之前所畅想的内容对照,对本单元内容形成一个"总(单元导言)—分(目录标题)—总(单元综述)"的认知。

第六步:通过表格展示的形式,再次对内容进行时期划分,引导学生在"总—分—总"的基础上对单元学习内容进行二次划分、整合。如表4-1-6所示。

表4-1-6 《明清时期(至鸦片战争前):统一多民族封建国家的巩固与发展》大单元综合分解

时期	课节	内容	备注
明朝	第15课	明朝的建立、强化皇权、科举考试的变化、民族关系	
	第16课	郑和下西洋、戚继光抗倭、援朝战争、葡萄牙人攫取在澳门的租住权	
	第20课	农业生产的恢复和发展、手工业和商业的发展、人口的增长	
	第21课	科技名著、明长城和北京城、思想家、小说和戏曲	
	第17课	政治腐败与张居正改革、李自成起义推翻明朝、满洲兴起和清军入关	明朝的灭亡和清军入关,串联起了本单元的两个时期
清朝	第17、18课	清朝对全国的统治、郑成功收复台湾和清朝在台湾的建制、清廷对西藏地方的有效管辖、巩固西北边疆、雅克萨之战、清朝的疆域	
	第19课	军机处的设立、文字狱与文化专制政策、不断加剧的社会矛盾、"禁海令"的颁布	
	第20课	农业生产的恢复和发展、手工业和商业的发展、人口的增长	
	第21课	明末清初的思想家、《红楼梦》、昆曲和京剧艺术	

第七步：学生对本单元内容建立起"总（单元导言）—分（目录标题）—总（单元综述）—分（时期统摄）"的认知。

第八步：教师和学生一起讨论，对本单元的大单元学习进行规划。

第九步：学生在教师的引导下合作交流，畅所欲言，为大单元学习规划建言献策。

师：通过前面的齐心协力，想必同学们对七年级下册第三单元已经有了一个大单元上的整体认知，现在就让我们一起来规划本单元的大单元学习计划吧！

经过隋唐时期和辽宋夏金元时期大单元的学习，对于大单元的学习规划，想必同学们的经验更丰富了。不过明清时期这一单元的内容更加复杂，所以究竟该如何规划这一学期的大单元学习，理顺明清时期的历史发展脉络，突出学习主题呢？

附：大单元规划设计参考

关于明清时期大单元的学习，主要围绕时期展开，分为明朝和清朝两个大时期。在时期引领下整合内容，分课时学习，按照先政治、后经济、接着科技与文化、最后对外关系等大概念，对教材内容进行再次整合，紧扣时代特征，完成明清时期的大单元学习，并为八年级上册中国近代史的学习做好铺垫与衔接。简单规划如下：

明朝时期：第15课——政治，第16课——对外关系，第17课——灭亡，第17课、第20课——经济，第21课——科技、文化。

清朝时期：第17课、19课——政治（集权统治篇），第18课——政治（边疆管辖篇），第20课——经济，第21课——科技、文化，第19课、20课——潜藏的危机。

"莫道石人一只眼，挑动黄河天下反"是元朝末年的一句谶语，本质上是因为元朝实行的带有民族歧视色彩的四等人制和元朝统治者的腐朽引发了社会动荡，最终导致了元朝的灭亡。"山河奄有中华地，日月重开一统天"，代元而起的明朝通过驱逐鞑虏，恢复了对天下的统治。那么，明朝又会如何统治天下呢？我们在明清大单元学习第2课时"日月重开一统天"（对应第15课《明朝的统治》大部分内容）中学习。

经济基础决定上层建筑，是说经济与政治是密切相关的，所以在完成对明朝政治的学习后，我们会紧接着学习明朝的经济，以及明朝在经济宽裕的情况下修建的大建筑——明长城和北京城,从中一窥明朝的经济和社会。这一部分内容会综合第17课的部分内容和第20课的部分内容,在这两课部分内容的基础上整合出明清大单元学习的第3课时"经济支持的建筑"。此"建筑"一语双关,既是"经济基础决定上层建筑"中的"建筑"一词,又代指明朝建筑的典型——长城和北京城。

中国古代科技发达,绝大部分时间里都领先世界,这个绝大部分时间截止于明清的闭关锁国。所以,在明清大单元学习的第4课时"古代科技的余晖"中,我们会通过学习第21课的部分内容,了解明朝科技的代表和特点,泛览明朝的文学艺术,了解四大名著的创作。

郑和七下西洋,船队浩浩荡荡,以和平交流的方式,向世界宣扬了大明的国威;"上报天子兮下救黔首,杀尽倭奴兮觅个封侯",写出这首《凯歌》的民族英雄戚继光练精兵、创奇阵、杀倭寇、护海疆。在明清大单元第5课时"下西洋兮斩倭奴"(对应第16课《明朝的对外关系》)中我们将予以学习。

封建王朝的兴衰更替有其自身的规律。在近一年的学习中,我们先后见证了夏商周的兴衰更迭,秦汉三国的统一分裂,隋唐的繁华与落幕,辽宋夏金元的纷乱发展,明朝自然也不例外,与秦、隋一样,这个大一统的王朝,也因内部的腐朽而亡于农民起义,但这一次,起于东北白山黑水的满洲却成了最后的胜利者,成功建立了元朝之后又一个由少数民族建立的统一多民族国家——清朝。这段兴衰往事,尽在明清大单元学习的第6课时"农民起义换朝纲"(对应第17课《明朝的灭亡和清朝的建立》)中。

自从秦始皇创立大一统的中央集权制度以来,多个王朝的皇帝都在追求进一步强化皇权。秦汉、隋唐、宋元、明清,多个皇帝都在通过多种措施强化皇权。清朝时,君主专制终于达到了顶峰。在明清大单元学习的第7课时"中央集权的强化"中,我们将整合第17课和19课的部分内容,简单了解清朝如何从政治和思想方面强化了中央集权与君主专制。

自从秦王扫六合,秦朝建立统一多民族国家以来,大一统一直是中国历史的发展主流。前有秦汉建立巩固大一统,中有隋唐在大一统的基础上开创繁荣开放的时代,现在,在明清大单元学习的第8—9课时"巩固发展大一统"中,我们将通过第18课《统一多民族封建国家的巩固和发展》,了解清朝是如何巩固边疆、发展大一统国家的。在这里,我们也会通过温故知新的方式,总结中国历朝历代对边疆治理的措施与意义,掌握我国统一多民族国家版图奠定的过程,理解自古以来的厚重含义。

从一万多年前的原始社会开始,中国一直以农耕为本,从河姆渡到明清,五六千年的岁月流过,生产技术进步了,但种植的依然是能够让人衣食足的农作物,所以在明清大单元学习的第10课时"自然经济的余晖"中,我们将通过第20课《明清时期社会经济的发展》来了解清朝时中国自然经济的发展。

"满纸荒唐言,一把辛酸泪,都云作者痴,谁解其中味",一部小说《红楼梦》,写尽封建王朝的盛极而衰;但是相思莫相负,牡丹亭上三生路,一曲昆曲《牡丹亭》,歌尽古代爱情的极致,京剧的生旦净丑粉墨登场,脸谱勾勒的人物,道尽忠奸美丑。这些都是清朝文学艺术的代表,在明清大单元学习的第11课时"古典文艺的余晖"中,我们将通过第21课《明清时期的科技与文化》来了解《红楼梦》、昆曲、京剧等传统文学艺术的魅力。

封建,曾经是一个进步的制度,但随着社会的发展,封建已经变成了落后的代名词,落后的制度终将被替代,但是对于中国,这个过程略显漫长且痛苦。在明清大单元学习的第12课时"闭关锁国酿危机"中,我们将通过第19课《清朝君主专制的强化》和第20课《明清时期社会经济的发展》中的部分内容来了解封建制度残阳落日时的危机,为八年级上册的学习做好衔接。

第二节 历史大概念教学

本节的聚焦点为"大概念",主要方向是基于大概念进行部编版初中历史教科书的教学。理论指引实践,在历史学科教学实践中要围绕大概念组织教学,那就必须了解教育学领域中"大概念"和"历史学科大概念"的内涵,这是进行"历史大概念教学"的必要前提。

一 核心概念解析

(一)大概念

在教育研究领域,"大概念"(Big Ideas)的理念早已有之。美国学者格兰特·威金斯与杰伊·麦克泰格较早运用"大概念"一词,并对其进行了系统阐述。此后,关于大概念的内涵大致形成了三种基本观点:第一,从认知结构来看,大概念是指一种有组织、有结构的知识体系与模型,它能够提供连接、整合大量碎片化知识的认知框架或结构;第二,从课程结构来看,大概念居于学科中心,是以事实为依据而抽象出来的具有深层性、持久性、可迁移性的概念;第三,从认知结构和课程结构双重视角来看,吕立杰将大概念视为一种以认知结构化思想为指导的课程设计方式,是具有内在关联性的课程内容组块,也是学习者对核心概念进行理解之后的推论性表达[①]。

虽然中外研究者认识大概念的角度有所不同,但学术界对大概念的内涵有以下三点清晰的共识。第一,大概念具有中心统领性。大概念是基于事实基础概括和抽象而来的,反映学科本质,是具有广泛解释力的上位概念。第二,大概念具有整合联系性。大概念能够将具体知识有意义地联结成为一个整体,为学习者提供认识事物和建构知识的认知框架或结构。第三,大概念具有广泛迁移性。大概念的引入是为了培养学生形成专家型思维,使学生不仅能解决学科内和跨学科问题,还能够应对未来生活中的问题和挑战。

---

① 吕立杰.大概念课程设计的内涵与实施[J].教育研究,2020(10):53-61.

综上所述,大概念是基于事实基础抽象而来,处于教学内容的核心位置,具有联系整合作用,并能广泛迁移、应用的概念和认知结构。因此,历史学科大概念是居于历史教学内容中的核心位置,对事实经验抽象、概括后,具有联系整合作用,并能在真实生活中加以迁移、应用的概念和认知结构。

大概念是学科知识的中心点,也是认知的核心点,多重身份使其具有多层级性(见图4-2-1)和表现形式多样化的特点。

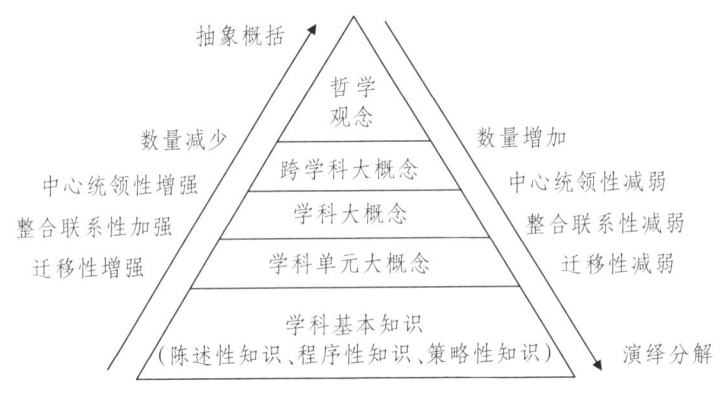

```
                    抽象概括 ↑
                      ╱哲╲
                     ╱ 学 ╲
     数量减少       ╱ 观念  ╲      数量增加
                  ╱─────────╲
   中心统领性增强 ╱ 跨学科大概念╲  中心统领性减弱
                ╱─────────────╲
   整合联系性加强╱   学科大概念   ╲ 整合联系性减弱
              ╱─────────────────╲
   迁移性增强 ╱   学科单元大概念   ╲ 迁移性减弱
            ╱─────────────────────╲
           ╱      学科基本知识        ╲
          ╱(陈述性知识、程序性知识、策略性知识)╲ → 演绎分解
```

图4-2-1 大概念的知识层级结构图示

大概念具有一定的知识层级。换言之,较大概念可以通过逐层分解具化为数量更多的较小概念,而较小的概念亦可通过抽象、概括整合成统领性更强的大概念。

由下往上,由具体到抽象,大概念的知识层级涵盖了学科单元大概念、学科大概念、跨学科大概念、哲学观念。以历史学科为例,大概念自下而上可分为:一是历史学科单元大概念,如"统一多民族封建国家的形成和发展"中涉及的"中华民族共同体"概念,中国古代史各单元涉及的"分裂与统一"的主题,中国近代史各单元所展现的中华民族"屈辱与斗争"的历程,世界现代史各单元所关注的"战争与和平"等。二是历史学科大概念,如"多元一体"的文明观、"史料实证"的研究方法、"时空观念"的历史分析框架等。三是跨学科的大概念,如"整体性"的思维方式、"结构化"的知识组织、"从现象到本质"的深刻理解等。四是概括性和整合性最强的哲学观念,如"经济基础决定上层建筑""生产力决定生产关系"等。

大概念的表现形式也是多样化的。"概念"是大概念的一种重要表现形式,但不局限于概念。威金斯和麦克泰格等学者认为大概念可以多种形式展现,如可以表述为一个词语、一个句子或是一个问题。由此可见,历史学科大概念可以是学科概念(如"多元一体""和平与发展"等)、学科问题(如"如何分析历史问题""如何评价历史事件")、学习主题(如"近代列强的侵略战争""近代资本主义的发展""社会主义现代化建设"等)、学科理论与方法(历史考据法、全球史观等)以及矛盾("文明冲击的双面性")等。

(二)历史学科大概念

1.内涵

初中历史教学中的历史学科大概念,是基于教育学中的"大概念"的内涵及理念,结合历史学科特点演变而来的。对于"历史学科大概念"的内涵,已有研究者对其进行了界定,但也存在较大分歧。基于相关学者的研究,并结合初中历史教学的特点,现对"历史学科大概念"加以厘清。

首先,历史学科大概念指向的是历史发展的规律和阶段性特征。历史学科主要研究的是"人类社会发展的过程、经验和规律"。历史学习必然要通过对具体历史人物、事件、现象等的深入分析和阐释,方能达到总结历史经验和把握历史规律的目的,所以"历史学科大概念"必然以较长历史时期的发展主线为轴心,从该时段的具体历史人物、事件、现象等的演变中认识和理解历史规律,从而形成自己的历史认识。进一步分析,重大历史现象或事件不能直接作为大概念。新教材体量大且高度概括,一单元所涉及的历史事件、现象众多,就较难用其中的一个历史事件或现象来统揽全局。例如:"中华文明的起源"这种史实概念就不适宜作部编版《中国历史》七年级上册第一单元《史前时期:原始社会与中华文明的起源》的大概念,因为该单元涉及石器时代的文化遗址就有7个,以"中华文明的起源"为大概念就很难抓住这一段时期的历史特征,而以"文明起源呈现多元一体的特征"为大概念,就可以较好地将这一单元繁多的知识有机联结,执简驭繁。

其次,历史学科大概念是对学科内容的高度提炼,而且也包含着对学习目标的考量。它着眼于内容的结构,更着意于学科核心素养。历史学科大概念不仅对零散的历史事件、历史人物、历史现象和历史概念具有联结和统整作用,其对于历史的理解、历史知识的建构、史学思想方法的习得与运用也具有重要价值。由于历史不仅指过去的一切事实本身,更是指人们对过去事实有意识、有选择的记录,从中提炼的历史学科大概念则蕴含着其对人类个体和整体社会的重要意义,因而具有自我价值。从历史这面"镜子"里,学生能够加深对自我的认识,并以大概念反观所学,深化理解,提高解决真实问题的能力。

结合上述分析,可知"历史学科大概念"是"那些能够将分散的知识、技能、观念等联结成为整体,并且赋予它们意义的概念、观念"①,其指向核心素养的培养,能够将较长历史时段内的历史人物、事件、现象等内容进行统整,并反映历史发展的逻辑、趋势和阶段性特征,它是历史学科核心内容的集中体现,通常被简称为"历史大概念"。基于大概念的概括性和迁移性,并结合历史学科特点,"历史大概念"包含"学科知识"和"学科思想方法"两层含义:前者指向统摄、整合众多历史知识,使内容结构化和教学主线更为清晰;后者是指以结构化的知识载体,习得具有广泛解释力的史学思想方法,如生产力决定生产关系,可以将它运用于新的历史情境中,具有较大的迁移、应用价值。因此,历史大概念教学是指教师基于历史学科本质和思想来剖析教学内容,进而提炼出历史大概念,并以之统整教学内容,设计具体的教学实施方案(教学策略),引导学生主动构建起结构化的知识体系,将习得的历史大概念活化运用,以实现培育历史学科核心素养目标的教学。

需要说明的是,由于历史学科大概念是经抽象、概括而来的,因此它具有两个方面的特点:一方面,大概念可以分解成一系列相关的小概念,而小概念可以进一步分解为具体概念;另一方面,涵盖较少历史知识的概念,可以与一个包含更多历史知识的概念相联系,并以此类推进行扩展。所以,一节课可能与不同的历史大概念相关联,这些概念的相对性使得历史学科大概念因统摄内容的多少而产生多层级结构。为了更好地理解上述阐释,在借鉴相关学者研究的基础上,笔者构建了历史大概念的知识结构层级图(见图4-2-2)。

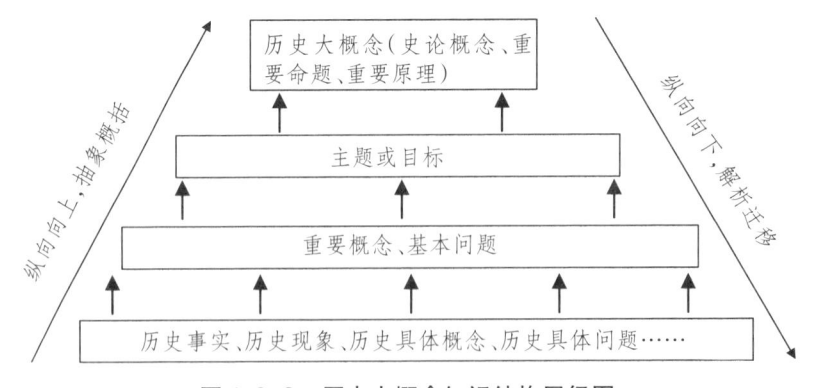

图4-2-2 历史大概念知识结构层级图

---

① 中华人民共和国教育部.义务教育历史课程标准(2022年版)[S].北京:北京师范大学出版社,2022:57.

2.分类

以大概念为统领,进行整合性的历史教学,就需要对历史学科大概念的类型做一探讨,便于深入把握与教学活动相适应的大概念。关于历史学科大概念的分类,郑林等吸收教育学中的分类观念,依据知识形式将历史学科大概念分为四种:历史学科核心概念、跨学科概念、历史思维与技能概念、历史学科本质概念[1];郭井生从陈述性知识和程序性知识的维度,将历史学科大概念分为"历史学科知识类"和"历史学科方法类"这两种类型[2]。

在上述划分的基础上,结合历史学科的内容,历史课程中的大概念,可以从横向上根据抽象概括程度和所包含的不同内容,以表现形式为标准进行划分;从纵向上依据所统摄内容的范围大小分为不同层次。从横向上来分析,历史学科大概念不是单一的知识概念,而是包括历史学科核心知识、观念、方法等的聚合性概念。因此,历史学科大概念主要分为以下三大类。

(1)史论概念类

史论概念是历史学科大概念主要的表现形式之一,是从众多史实中抽象而形成的概括性认识。此类大概念的内容构成既包含基本史实,也包含历史结论或理论,但更侧重于"论"。从作用上来看,史论概念可以统摄纷繁复杂的史实,能够帮助梳理历史事实之间的逻辑关系,有助于历史知识的结构化、系统化。

就中学历史教学而言,按照其包括的内容要素来划分,史论概念又可以分为政治概念(如革命、民族等)、经济概念(如生产力变革、商品贸易等)、文化概念(如宗教信仰、思想解放等)。除此以外,它还包含具有普遍指导意义的历史哲学概念,这些概念反映了历史思维方法,反复出现于教学过程之中,如因果、时序、变迁和延续等。此类概念是历史学科的核心概念,相对于具体的、明确的史实概念而言,史论概念是更上位的概念,具有概括性、统摄性、迁移性的特点,贯穿于历史教学过程之中,而且体现了历史学科的认知特点,因而属于历史学科大概念。

例如:"改革"属于历史学科大概念,可以整合统领商鞅变法、北魏孝文帝改革、洋务运动、伯里克利改革、日本大化改新等一系列子概念,其如同串链一般,

---

[1] 郑林,等.基于学生核心素养的历史学科能力研究[M].北京:北京师范大学出版社,2017.
[2] 郭井生.学科大概念统摄下单元教学的实践及思考[J].北京教育(普教版),2020(11):69-72.

能够连点成线,由线及面,将散落的概念珍珠串联成美丽的珍珠链,帮助师生构建知识间的联系,以结构化的史实、叙述等呈现方式来透视历史发展趋势和阶段特征,形成由低到高的历史知识层级。

(2) 重要命题类

历史学科大概念在指向史论概念的同时,其也可以以重要命题的方式呈现。命题是指基于一定立场或逻辑而对事物作出判断的语句,主要用陈述句进行表述。历史学科中的重要命题是对两个或两个以上概念之间内在的本质联系的表述。历史学科中的此类大概念更能凸显历史学科的价值引领作用,指引学生从更为宏观的视角来认识历史、体悟历史。

一方面,历史学科中的重要命题指向历史学科知识层面,统辖着许多历史学科知识,包括历史人物、历史事件等内容,概括程度高,包容性强。例如:"中国的近代史是屈辱、探索与抗争交织的历史"这一命题,揭示了从鸦片战争到辛亥革命,直至新中国成立的主要发展历程,也构成了解释中国近代历史的基本框架和范式。另一方面,历史学科中的重要命题也可以指向历史学科方法层面。例如:"史料的考证是确认史实的必要条件"这一命题,其作为历史学研究的基石,常常蕴含于历史教学过程中,而不是仅作为显性的知识进行学习。

(3) 重要原理类

历史学科原理也是对概念性关系的精准表达,是一系列解释历史事物之间必然、本质和稳定联系的基本观点。历史学科中的此类大概念是对历史发展规律的概括性论述,统摄着所有的中学历史学科内容,有助于学生形成对历史变迁、延续的整体认识。

历史学科中的重要原理类大概念,与命题有所不同:一是上升到了更高、更抽象的层次,如规律;二是原理比命题数量更少,更加凝练而直指本质。在中学历史教学中,此类大概念主要包括唯物史观的基本原理、观点和方法,如生产力决定生产关系,人民群众是历史的创造者等。

历史学科大概念作为一个相对概念,以中学历史教科书为主要教学媒介。从大概念相对性的角度而言,历史主线、单元主题、单元主题与课题之间的内在联系,可以说是历史学科中的核心大概念。对历史教学内容进行分析、整合后,按其统领的学科内容范围的大小,可以在纵向上将大概念划分为由低到高的三个层次。最高层次的是跨单元乃至跨教科书的统摄性大概念,其所包含的知识内容在两个单元及以上,如"统一多民族封建国家的建立、巩固和发展历程"就包含着初中历史教科书《中国历史》七年级上册第三至第四单元,以及整个七年级下册三个单元的内容。中间层次的是单元内的历史学科大概念,仅仅包含一个单元的知识内容。当然,这里的单元可以是教科书原有编排的一个单元,也可以是教师根据自己的理解重新整合的具有有机联系的一个单元,如大概念"革命的嬗变"就可以统领初中历史教科书《中国历史》八年级上册第三单元"资产阶级民主革命与中华民国的建立"的内容。低层次的是在历史学科课程内容的具体表述中挖掘的大概念。在课程内容部分,历史课程标准使用了概括性的语言来描述历史学科的核心内容和要求。这些表述中往往蕴含着历史大概念。要学会梳理历史事件的脉络,从多个历史事件中找出共性和规律,概括出具有普遍适用性的大概念;学会将关键人物、思想和社会背景等要素整合起来,形成全面而深入的大概念;在探究社会、政治、经济和文化背景中,学会借鉴学术成果,获取有关大概念的更多启示和灵感。

因此,从总体上分析,历史学科大概念是由横向上三种类型和纵向上三个层次有机联结的结构化体系,如表4-2-1。

表4-2-1　历史学科大概念的类型

层次	表现形式		
	史论概念类	重要命题类	重要原理类
课时内			
单元内			
单元间			

值得一提的是,在具体的历史教学实践中,虽然历史学科中史论概念较多,但由于史实的复杂性和多样性,有时候这些概念不适宜直接作为历史单元或课时教学的核心,因此,须根据不同的教学内容和学情提炼适当的大概念,以实现对知识的深刻理解、对内容的结构化整合,最终达成学习目标。

二　初中历史大概念教学设计路径

(一)学科大概念的提炼与确立

初中历史学科大概念的确立,应具有明确的学科指向性,既能够适应初中历史学科教学的需要,又能体现所确立的学科大概念在历史教学中的宏观地位。因此，历史学科大概念的确立可从反映初中历史学科的本质特征、依据初中历史课程标准的要求和适应学生发展的需要三个方面进行论证分析。

1.反映初中历史学科的本质特征

历史学科大概念是唯物史观指导下，位于历史学科中心的上位概念，能够反映历史学的学科本质，因此在确立历史学科大概念前我们须探寻历史学科的本质是什么。《义务教育历史课程标准（2022年版）》对"历史学"的界定是："历史学是在一定的历史观指导下叙述和阐释人类历史进程的学科。马克思主义指导下的历史学，以探寻历史真相、总结历史经验、认识历史规律、认清历史发展趋势为其重要功能。"[①]中学历史课程承载着历史学的教育功能，而初中历史学科教学又区别于史学研究。史学研究以研究为主，重在探索和发现；而初中历史学科教学是对初中生的历史教育，重在知识的普及性，提倡教育和培育人才，落实立德树人的根本任务。

因此，从初中历史学科教学的视角来看，历史学科大概念的确立应当基于史实之上，体现历史意识、历史思维和历史学习方法等核心要素，并能够将其迁移、运用到现实问题的解决之中。例如：部编版《中国历史》七年级下册第一单元《隋唐时期：繁荣与开放的时代》，从历史地位来看，隋唐时期是中国经历大的分裂与民族交融之后的又一大一统时期，在制度上承前启后，是中国古代制度发展的重要阶段，突出体现了中国古代政治文明发展的重要特征。本单元从盛世奠基、盛世之治、盛世终结三个方面描述了隋唐时期的政治、经济、科技与文化、民族交往与交融、中外文化交流等内容。隋唐时期的阶段特征是繁荣、开放。三省六部制、科举制说明了隋唐制度发生的重要变化、隋唐制度的创新之处及其在历史上的作用，构建了历史发展的前后联系，有助于探寻历史发展变化的原因及规律。本单元首先从政治文明的视角阐述了隋唐时期政治制度的变化与创新对促进统一多民族封建国家发展的重要意义，为隋唐盛世的形成奠定了坚实的基础，也为后世政治制度的发展提供了借鉴。基于此，本单元所涉及的一个大概念可以确定为"制度创新推动社会发展"，并据此确定本单元的一大教学主题"隋唐时期的制度创新与隋唐大一统的关系"，将看似分散的制度有

---

① 中华人民共和国教育部.义务教育历史课程标准（2022年版）[S].北京：北京师范大学出版社，2022:1.

机整合起来,构建起本单元的知识框架,使知识结构化,优化教学逻辑,引导学生进一步理解制度演进是时代发展的产物,同时又对时代发展有促进作用,从而认识到当下中国制度创新的必要性和艰难性。

2.依据初中历史课程标准的要求

历史学科大概念的提出与运用最终指向的是培育学生的历史学科核心素养,达成立德树人的目标。课程标准是国家课程的纲领性文件,对教学具有指导性作用。初中历史课程标准明确提出初中历史课程的目标是培育学生的历史学科核心素养,明确了"以学科大概念为核心",使学生逐步形成适应社会发展所需要的必备品格、关键能力和正确价值观。历史课程标准既是历史教科书编写的依据,也是历史课程实施(教学)的依据,还是历史学科考试评价的依据。因此,历史学科大概念的确立须进一步分析和把握课程标准的具体要求。

历史课程内容中的大概念可以进行多层面的整合和提炼。如图4-2-3所示,课程标准给出了能够统领每个学习板块的大概念,即处于第一层次的大概念,如:中国古代史中的"统一多民族国家",中国近代史中的"民族独立、人民解放",中国现代史中的"社会主义现代化",世界古代史中的"区域文明",世界近代史中的"资本主义发展、社会主义运动、民族解放运动",世界现代史中的"战争与革命、和平与发展"。

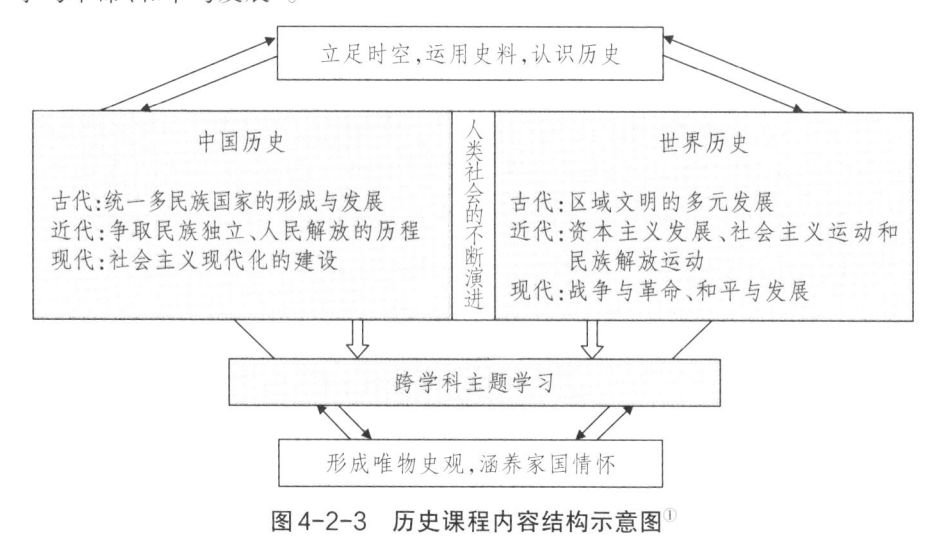

图4-2-3 历史课程内容结构示意图[1]

---

[1] 中华人民共和国教育部.义务教育历史课程标准(2022年版)[S].北京:北京师范大学出版社,2022:10.

学科核心素养是学科育人价值的集中体现,是对学科本质的高度凝练,因此在分析课标要求的时候,须牢牢抓住历史学科核心素养的基本要求。例如:从唯物史观的视角来看,唯物史观揭示了人类社会历史发展的客观规律,是科学的世界观和方法论,也是指导中学历史教学的基本史观,唯物史观的基本观点和基本原理可以用来直接整合初中历史课程的教学内容。如部编版《中国历史》七年级上册第四单元《三国两晋南北朝时期:政权分立与民族交融》,可将其置于整个中国古代朝代发展的脉络中进行分析,从唯物史观对"人类历史发展进程及其规律"的界定出发,从而确立本单元的学科大概念为"民族交融推动统一多民族封建国家的发展",再据此确定相应主题进行教学。

除了从核心素养中去提炼学科大概念外,还可借助课程标准和单元标题中出现的高频词句,从中去提取大概念。新课标和新教材均是以通史体例制定或编写的,每个专题或单元的命名都反映了这一历史时期最为核心的阶段特征和最重要的历史事件。如《三国两晋南北朝时期:政权分立与民族交融》这一单元,从政治史发展视角来看,这一时期既有分裂又有统一,汉族与各少数民族从战争冲突到和平交往,再逐步走向民族交融,并在此过程中孕育了中国古代多民族封建国家又一次大一统的趋势;因此,这一时期最为显著的阶段性发展特征为"民族交融推动统一多民族封建国家的发展",可以以此作为统摄该单元的大概念。

3.适应学生发展的需要

对学科大概念的挖掘必须基于对学科本质的深刻把握和对课程标准的深入分析,与此同时,还应考虑是否适应初中学生可以达到的理解程度,充分考虑学生的理解力,以学生的学习和发展作为教学的本位。大概念教学同样要依托具体的教学目标才能落地,但是教学设计中预设的教学目标和具体课堂教学实践存在着理想和现实上的偏差,在实际的课堂生成中具有很大的不确定性,学科大概念过于晦涩和过于浅显都不可取。因此,大概念的确立还必须适应学生发展的需要,具有可操作性和可检测性。

在新课程改革的背景下,学生是教学的主体,教学过程中须充分关注学生发展的需要。但在初中阶段的实际教学过程中,班级学生人数众多,每个学生的知识水平和认知发展存在着一定的差异。须充分分析学情,了解大多数学生的学习特点、学习方法与学习态度等,尤其要分析学生在初中阶段的历史学习情况。学科大概念的确立,一方面须关注学生已有的知识情况,在学生已掌握的旧知和要学习的新知之间搭建支架,通过唤醒学生的已有知识,重新构建起新知与旧知之间的联系;另一方面,通过观察学生在课堂中的表现,基本了解学生的接受程度和学习表现,关注学生学习目标的达成情况,以及学生通过学习是否能够理解课程主题及其承载的大概念,学习目标是否与学生的发展水平相适应。

综上,教师要充分分析学情,在学生能够理解的范围内去确立大概念,并据此确定教学主题和教学目标,以达到预期的教学效果。

(二)主题承载学科大概念

教学主题是课程教学的"魂"和"教学立意",是贯穿课程设计的核心线索,在一定程度上决定了课堂立意的高度与思维的深度,是课堂教学"形散而神不散"的关键。《义务教育历史课程标准(2022年版)》明确提出并强调"教师要根据大概念建构学习内容的框架,设计教学过程及环节,组织和开展教学活动"[①],围绕板块大概念,提炼具体单元的大概念。单元中的大概念、单元主题是提取大概念的重要抓手。每一个单元都有主题,其实有的主题本身就是一个大概念。例如:部编版《中国历史》七年级上册第三单元讲秦汉时期统一多民族封建国家的建立和巩固,第四单元讲三国两晋南北朝时期的政权分立与民族交融;《中国历史》七年级下册第一单元讲繁荣与开放的隋唐时期,第三单元讲明清时期(至鸦片战争前)统一多民族封建国家的巩固与发展;《中国历史》八年级上册第一单元讲中国开始沦为半殖民地半封建社会,《中国历史》八年级上册第四单元讲新民主主义革命的开始;等等。我们在教学实践中,可以在对本单元的整体把握的基础上围绕这些大概念展开课堂教学。

这需要教师引导学生在关联结构中发现事件间的联系,在网状结构中综合理解历史发展的复杂性,探寻历史发展规律,逐步构建关键概念、提炼课时主题,并打通逻辑链条、感悟单元立意,帮助学生构建起系统化的知识体系,搭建起单元整体框架,实现从具象到抽象的思维发展。同时,知识的学习是从思维的表层到深层,再从深层回到表层的理解过程,这是一个不断循环的建构过程。

---

① 中华人民共和国教育部.义务教育历史课程标准(2022年版)[S].北京:北京师范大学出版社,2022:57.

因此，学生对学习内容逐渐建立的并列结构、递进结构、网状结构的认识是一个持续深入、反复修正，甚至推倒重构的过程。

在初中历史教学实践中，部编版教科书的内容虽然是以课目为基本单位编写的，但新课标却是以专题为单位确定课程目标的。因此，教师在备课过程中可不局限于一课之内，可以将视野放大至本单元、本册教科书，甚至放眼于整个历史阶段发展脉络去进行考察，看到具体知识背后的大概念，揭示教学内容间的内在关联，进而围绕大概念组织教学。例如：部编版《中国历史》七年级上册第一单元《史前时期：原始社会与中华文明的起源》阐述了早期文明产生的条件及其特点，因此可将"文明"作为大概念统摄本单元内容，进行单元整合教学，有利于培养学生将中国历史置于世界历史的整体视野下进行观察的意识。可见，基于学科大概念的大单元甚至跨单元教学是培养学生历史学科核心素养的重要途径之一。但在初中历史教学实践中，大单元教学对教师和学生都提出了更高的要求，尤其是就七年级学生而言，他们初学历史，历史学科思维还未形成。近年来，教育学界的各位专家学者和一线教师就大单元、大概念、大观念教学提出了自己的理解和看法，并进行了一系列的教学案例研究。然而，就研究现状来看，大单元甚至跨单元主题教学的实效性还须进一步通过教学实践来检验。在新授课阶段，笔者主张既要分析学科单元内的大概念，也要确立学科课时内的大概念，并将两个有机结合起来，在不打乱课程顺序的情况下，仅整合一课的知识结构，并与单元大概念相呼应，从而形成从单元主题到课主题的逻辑结构，构建起明晰的知识框架，同时也避免将课程内容复杂化，更加有效地运用通史教材。

（三）围绕大概念设计教学过程

无论是通过分析教学内容提炼学科大概念的内涵，还是通过教学主题承载大概念，都是服务于历史学科教学的需要。因此，历史学科大概念运用于初中历史教学实践，须关注教学目标的制订、课程内容的结构化、教学情境和问题链的设计等问题。

1.确立学科大概念，制订教学目标

教学目标是提前预设的教学活动实施的最终方向和预期可能达成的结果，是对教学完成后学生应取得的学习成果的一种预期，是一切教学活动的出发点

和最终归宿。在"三新"(新课标、新课程、新教材)改革背景下,教学目标最终指向的是对学生核心素养的培养,而学科核心素养是基于学科本质的提炼,学科大概念又能够反映学科本质,在初中历史课程教学中,两者的链接点则在于课程标准。因此,在实施大概念教学时,教学目标的确定基本遵循如下流程:①基于历史学科核心素养分析课标内容要求;②确定学科大概念;③确立课程教学主题;④制订教学目标。与此同时,教学目标的设置应具有指导性和可操作性,在数量设置上不宜过多,且表述应明确而不宽泛,使学生通过学习可以达成并可进行检测,最终反映学生的学科核心素养水平。

2.构建知识框架,使课程内容结构化

部编版初中历史新教材在课程内容上与社会生活、学生经验、学习过程结合得还不够紧密,存在知识碎片化的问题,且知识学习和问题解决相对缺乏真实情境。

因此,在明确学科大概念与教学目标后,教师须梳理教材各部分内容之间的逻辑关系,合理搭建课程的结构性知识框架,调整和优化课程内容结构。由于历史学科涵盖的内容体量庞大,且具有深度,即使是历史学家也无法精通所有的史学知识,因此在初中历史课堂上想要对所有历史现象都进行详尽的探讨是不现实的。

教师在整合教学内容、建构知识框架的过程中,可以对教材进行合理取舍。对于一些过于晦涩复杂、专业学术性过强,且超出初中学生理解能力与认知水平的概念,可进行淡化处理。

《义务教育历史课程标准(2022年版)》关于初中历史课程是"学生在马克思主义唯物史观指导下,了解中外历史发展进程、传承人类文明、提高人文素养的课程"[1]的论述,为教师抓大放小地处理教学内容提供了思路。在初中历史教学中,应抓住历史发展的主线与趋势,把握不同历史要素间的逻辑关联。与此同时,在有限的课堂教学时间内,应当着重分析、阐释核心概念和重要命题,对于有争议性的学术问题、过于晦涩的理论概念、过于纷杂的历史现象或历史事件以及教材没有提及的内容等,可进行必要的删减取舍。尤其是部编版初中历史

---

[1] 中华人民共和国教育部.义务教育历史课程标准(2022年版)[S].北京:北京师范大学出版社,2022:1.

教材的教学,更加强调提纲挈领式地厘清历史发展脉络,而非追求学术性的精深。

总之,课程内容的结构化须基于历史学科大概念和初中历史学科的学业要求精选主题内容和基础知识,从而有效整合课程内容。通过创设真实情境和条件,设计任务型、项目化、主题式、问题解决等多种学习内容组织形态,力求教学内容的"少而精",实现提纲举目,从而达成培育核心素养的目标。

3.创设教学情境,设置问题链

已经提炼的大概念和教学目标在课堂教学中需要以情境和问题作为支撑。通过创设教学情境并设置问题链,围绕大概念进行以问题为导向的教学,将教学内容问题化,引导学生进行自主学习、自主思考,从而促进学生深度学习。开展以大概念为中心的情境教学和问题教学,对学生分析和解决问题的能力以及逻辑思维能力的提升具有积极作用,是关于新课程改革背景下有效教学方法的重要探索。

知识的获得和内化离不开特定的情境,历史教学亦是在一定的情境下进行的,历史情境是历史学科大概念教学的重要载体。黄牧航教授认为情境就是跟某个事件相关联的背景化信息。历史发展进程的不可逆性使历史学科具有过去性的特点。历史既不能重演,也无法实验,因此,在历史教学过程中可以通过创设历史情境,引导学生体会真实的历史情况和当时人们所面临的实际问题,拉近学生与历史的距离,激发学生的历史学习兴趣,进而去理解和解释历史。

同时,对情境的解读须借用问题探究的方式来实现。实践表明,问题教学在历史教学中具有较强的应用性和可操作性。随着新课程改革的深入推进,背景类、意义类等死记硬背的题型减少,而考查学生历史思维能力与综合能力的题型逐渐增多。当今,中学历史考试的试题一般通过特定的材料设置问题情境,学生需要根据材料并结合所学知识进行解答,重在考查学生在新情境下分析和解决问题的能力,从而达到检测学生已掌握的历史学习方法和必备知识的目标。

部编版历史教科书中总结性和概括性的结论较多,但历史教学不能仅仅是简单地告诉学生结论性知识,而要让学生学会学习历史的方法,培养学生分析和解决问题的能力。所以,问题驱动下的教学可以有效增强课堂教学的逻辑性,改变传统课堂枯燥乏味的知识传授方式,激发学生自主学习、探索解决问题的兴趣,使学生能够真切地参与到教学情境中,掌握分析和解决问题的方法,进而提升历史学科核心素养。

(四)教学评价指向学生对学科大概念的理解

教学评价是课堂教学的重要组成部分。教学评价一般指的是课堂教学评价,主要采用科学的评价方法,按照规范化的评价程序,对课堂教学活动的状态和价值进行判断。教学评价的设置应当与教学目标相匹配,采用科学的评价方法对课堂教学的效果和学生的学习结果进行评估。在实施教学活动之前就应该制订和完善评价方案,作为评估教学的依据。

教学评价一般包括形成性评价和终结性评价。对历史学科大概念的评价主要集中在考查学生是否理解相关的大概念并进行迁移、运用,主要表现在以下几个方面:①通过学习,学生是否掌握了必备知识;②是否能结合特定时空环境,运用相关史料,理解课程学习中体现的大概念;③是否能在新情境下迁移、应用相关学科大概念分析和解决新问题。对学科大概念的理解体现了学生历史思维能力的水平。赵恒烈将"历史思维能力"定义为一种再认和再现历史事实、解释和理解历史现象、把握历史发展进程,以及分析和评价历史客体的素养。[1] 在教学评价过程中,应注重考查学生对基础知识的记忆、对历史现象的理解、对历史规律的认识和对人类历史进程的宏观把握等,其目的在于评价学生的必备知识、关键能力和正确价值观。

在评价方式上,应将课堂教学、学生学习和课后评价有机结合起来,从而使围绕课堂教学构建起来的各项活动形成一个整体,为教师的教、学生的学和教师对学生的评价定好总方向。同时,评价活动应针对学生在上课过程中出现的问题进行反馈和总结,并作为衡量学生学习效果和教师教学效果的重要依据,不断满足学生的个性化学习发展需要,更好地促进学习目标的实现。因此,除了传统的纸笔测试外,可通过设计相应的评价任务和活动,运用多种评价方法,根据学生在不同学习阶段和发展水平的表现,从不同的角度对学生进行多元化的综合评价,从而对学生理解和运用大概念的能力进行测评。

---

[1] 赵恒烈.论历史思维和历史思维能力[J].历史教学,1994(10):23-27.

三 初中历史大概念教学设计实践：以部编版《中国历史》七年级下册第一单元《隋唐时期：繁荣与开放的时代》为例

（一）单元大概念分析

本单元为部编版《中国历史》七年级下册第一单元，单元标题为"隋唐时期：繁荣与开放的时代"，在内容编排上同样是根据大时序与小专题相结合的通史体例，上承《三国两晋南北朝时期：政权分立与民族交融》，历经三国两晋南北朝的政权更迭与分裂，下启《辽宋夏金元时期：民族关系发展和社会变化》。从纵向来看，这一时期的发展脉络体现了分裂中走向统一的历史趋势：三国两晋南北朝时期，尽管战火绵绵，政局动荡，但这一时期各政权的制度建设、民族交融、经济发展和思想文化成就均为隋唐时期大一统的盛世局面奠定了基础；从横向来看，三国两晋南北朝与隋唐分别体现出了不同的时代特征，三国两晋南北朝时期侧重于民族交融与南方经济开发，隋唐时期则更侧重于统一多民族封建国家的新发展。综上所述，民族交融、制度创新、思想文化多元开放均是三国两晋南北朝到隋唐这一历史时期突出的时代特征。

隋唐时期是中国古代历史发展中繁荣昌盛的阶段，政治、经济、文化、民族关系等全面繁荣，先后缔造了"贞观之治""开元盛世"的升平局面，在历史上熠熠生辉，构筑了享誉千年的盛世之景。但盛世局面之下，各种矛盾和问题暗中涌动，唐朝最终由盛转衰，中国历史再次走向分裂。

围绕着隋唐制度的变化与创新，对隋唐时期各项制度的形成及发展过程进行简单回顾，主要从科举制度、三省六部制发展演变的视角说明秦汉至隋唐时期在政治制度领域发生的重要变化，探究隋唐时期各项制度的创新之处及其对中国古代历史发展的影响。隋唐时期的制度创新是建立在三国两晋南北朝已有制度之上的，科举制体现出中国古代选官制度的成熟，三省六部制是古代中央行政制度的高峰。通过长时段纵向联系，进一步深化对中国古代政治智慧的感悟。

结合三国两晋南北朝与隋唐时期思想、文学艺术、科技的新成就以及中外文化交流的情况，体现出文化的多元发展，突出这一时期中华优秀传统文化的传承与发展。文化的变迁反映时代更迭。三国两晋南北朝时期近400年，山河破碎，大一统帝国文化随之崩解，再次出现文化多元走向，是人文自觉的生动耀现。唐文化最鲜明的特征就是它具有极大的开放性和包容性，平等地对待并主动吸收外来文化。唐朝以其博大的胸怀和主动的姿态,广泛汲取与内化外来文明的优秀成果,并进一步推动了社会经济、文化的发展,彰显了中华文化兼收并蓄的独特魅力。

利用学科大概念进行引导教学。例如,对本单元大概念的分析可根据教材内容以及课程标准的要求进一步提炼。《义务教育历史课程标准(2022年版)》对本专题作出了如下要求:通过了解隋朝的兴亡、"贞观之治"与"开元盛世",知道隋朝速亡和唐朝兴盛的原因;了解科举制度创建、大运河开通、文成公主入藏、鉴真东渡、玄奘西行等史事,从制度、经济、文学艺术、民族交往、中外文化交流等方面认识隋唐王朝在世界历史上的重要地位;通过了解"安史之乱"后藩镇割据和五代十国的局面,认识唐末五代的社会危机。[1]

在隋唐之前,汉族与其他民族从冲突到和平交往再逐步走向交融,在民族交融中孕育了大一统的趋势;同时,隋唐大一统王朝出现后,国力强盛,疆域版图拓展,民族交融也更加活跃。据此,本单元最为显著的阶段性特征为"民族交融推动统一多民族封建国家的发展",可以以此作为统摄本单元的其中一个大概念。

从学科核心素养出发提炼本单元学科大概念。比如从唯物史观的视角来看,唯物史观揭示了人类社会历史发展的客观规律,是科学的世界观和方法论。唯物史观居于历史学科五大核心素养的中心地位,是其他学科核心素养达成的理论保证,因此可将唯物史观的基本原理和基本观点作为统摄初中历史课程的大概念。据此分析,虽然三国两晋南北朝历经了近400年的分裂和战乱,政权更迭频繁,人民流离失所,却也在隋朝再次缔造了统一。基于对"人类历史发展进程及其客观规律"的理解和分析,可将唯物史观的重要理论"社会历史发展的总趋势是前进的、上升的,发展的过程是曲折的"作为统摄本单元的又一大概念。

将其置于整个中国古代历史发展的脉络中进行观察,可提炼出"统一多民族封建国家的曲折与强盛"这一大概念。

综上,学科大概念的提炼并不具有唯一性,立足于不同的视角可提炼出不同的学科大概念,再通过教学主题具象化用以指导教学。

---

[1] 中华人民共和国教育部.义务教育历史课程标准(2022年版)[S].北京:北京师范大学出版社,2022:13.

(二)本单元大概念教学设计

1.学科大概念与教学主题的确立

本单元紧扣着中国古代统一多民族封建国家的建立、巩固和发展这一主线展开。从单元地位来看,隋唐时期的制度创新是自三国两晋南北朝以来历朝历代不断加以发展、完善的成果,是此后中国古代统一多民族封建国家持续繁荣发展的重要制度保障,展现了中国古代制度文明的优越性和强大生命力。

从历史地位来看,隋唐时期是中国经历大的分裂与民族交融之后又一大一统时期,在制度上承前启后,是中国古代制度发展的重要阶段,突出展现了中国古代政治文明发展的重要特征。从政治文明的视角阐述了隋唐制度的变化与创新对促进统一多民族封建国家发展的重要意义,为隋唐盛世的形成奠定了坚实的基础,也为后世政治制度的发展提供了借鉴。基于此,可将本单元的其中一个大概念确定为"制度创新推动社会发展",并结合教材标题确定本单元的其中一个教学主题为"隋唐制度的变与新",将看似分散的制度有机整合起来,构建起本单元的知识框架,使知识结构化,优化教学逻辑,进一步理解制度演进是时代发展的产物,同时又对时代发展有促进作用,从而认识到当下中国制度创新的必要性和艰难性。

2.学情分析

在思维能力上,初中学生的感性思维较为活跃,在教师引导下,能够通过创设问题情境的方式对隋唐时期制度创新的原因、影响进行探究和分析。在发展需求上,初中的学生心理活动和思想较活跃,有强烈的好奇心,因此可以通过问题和活动的设计调动学生的积极性和思维,注重对相关能力和学科核心素养的培养。

3.教学目标

(1)通过史料研读、小组讨论与自主阅读等方式,了解隋唐时期选官制度、三省六部制的发展背景、内容及影响,认识到隋唐时期各项制度的发展趋势,培养史料阅读与归纳分析的能力。

(2)通过合作探究隋唐制度变与新的原因,认识到隋唐时期的制度创新源于其所处的时空环境的变化,学会站在特定时空条件下去分析和解决历史问题。

(3)通过史料探究,理解国家统一、社会发展和隋唐制度变化与创新的关系。

(4)认识隋唐时期的制度变化对我国古代统一的多民族封建国家的发展的作用,学会从历史动态发展的角度看待制度变革,形成作为青年公民正确的世界观、人生观和价值观,思考进入中国特色社会主义新时代的公民责任与使命,坚定制度自信。

4.教学重难点
(1)重点:了解隋唐时期选官制度、三省六部制的变化与创新。
(2)难点:理解隋唐时期制度变化与创新的原因及影响。

5.设计思路
(1)引导学生对隋朝时期的科举制、三省六部制的内容进行重点学习,在教学过程中着重突出能力提升及思维引领。将具体史实的学习交给学生,由学生阅读教科书并结合所学知识,进行梳理、归纳,培养学生阅读教科书的能力以及表达、交流的能力。

(2)结合部编版新教材的编写体例和初中历史学科教学的特点,对本课内容进行整合,以"隋唐制度的变与新"为主线,从"如何变""因何变""变之思"三个角度去思考"制度创新与社会发展"之间的关系,进而认识到制度创新是推动国家发展的不竭动力。

6.教学过程
(1)新课导入
播放视频《中国通史·再造统一》选段。并提问:隋朝建立之初面临着怎样的问题?

教师讲述:隋朝建立之初,地方豪强势力依旧强大,甚至还因此引发了多次叛乱。对比三国两晋南北朝与隋唐时期的地图可知,隋朝的建立结束了近400年的分裂割据,再次缔造了一个统一的中央王朝。但面对如此庞大的疆域和复杂的形势,隋唐统治者采取了怎样的措施去巩固统治、维护安定?以此导入新课。

【设计意图】播放视频调动学生的学习兴趣,使其快速进入上课状态。并且通过思考隋初面临的问题,埋下隋唐时期制度变化与创新的伏笔,引出本课核心:制度创新与社会发展的关系。导入环节主要聚焦隋唐制度变化的基础,即隋唐时期制度是在怎样的基础上变化的,为什么要这样变,这样变有怎样的影响,以此来呼应课时标题中的"变化"。同时,将制度创新部分融入制度变化的讲解之中,向学生呈现隋唐时期的制度新在何处。

(2)新课教学

①环节一:隋唐制度的变化与创新——如何变?

(过渡)教师讲述:《贞观政要》有言,"为政之要,惟在得人"。官吏是维持政权运转的基础,如何为国家选拔优秀人才是历朝历代都特别重视的问题,然而西晋的左思和唐代的孟郊却面临着不同的境遇,我们一起来看一下。

A.选官之变——从九品中正制到科举制

对比展示:

"左思之悲":左思,西晋文学家,出身寒门,才华出众,却屡不得志。

"孟郊之喜":唐代孟郊,出身低微,父亲是一名小吏,家中清贫。

材料一:

世胄蹑高位,英俊沉下僚。

——[西晋]左思《咏史》

材料二:

昔日龌龊不足夸,今朝放荡思无涯。春风得意马蹄疾,一日看尽长安花。

——[唐]孟郊《登科后》

设问:根据两段诗歌以及两人的家庭境遇,思考左思因何而"悲",而孟郊又因何而"喜"。

学生回答之后,自主阅读教材中科举制的相关内容,完成基础知识的学习。

【设计意图】学生阅读史料,思考并回答"左思之悲"与"孟郊之喜"的原因。通过对比,引发学生思考,激发学习兴趣。

对比展示:

材料一:

世胄蹑高位,英俊沉下僚。

——[西晋]左思《咏史》

材料三:

著名诗人谢灵运之父谢焕,"生而不慧",智力有问题,但也能做秘书郎,靠的是什么?陈郡谢氏的门第。

——赵冬梅《法度与人心：帝制时期人与制度的互动》（中信出版社，2021年版）

设问：为什么身处同时代的两个人却有着截然不同的境遇？

【设计意图】通过对比家世不同的左思和孟郊的个人境遇，理解九品中正制存在的弊端，认识到隋唐时期选官制度变革的必然。教科书中有这样一句描述："隋文帝即位后，废除了前朝的选官制度，依才能取士。隋炀帝时，设置进士科，标志着通过考试选拔人才的科举制创立。"这句话中存在一个隐性问题：为什么要废除前朝的选官制度，又为什么要采用考试的方式进行官员选拔？第一个问题的核心在于隋朝重新建立起一个统一的中央集权国家之后，九品中正制已经不适应于隋朝统治的需要，弊端日益凸显。第二个问题则在于，科举制设立以前，地方长官是拥有自辟官员权力的，这种选官方式与九品中正制共存，不利于隋朝进一步加强中央集权。因此，隋朝将以上选官制度废除，中央收回了把持在门第手中的官吏选举权、考核权和任免权。权力的收回，加强了隋朝的中央集权，同时又为新的选官制度（即科举制）的设立创造了良好的环境。通过对比分析的方式，厘清了其中的逻辑关系，加深了学生对制度创新与社会发展的关系的理解。

自主学习：学生自主阅读教材，梳理科举制的形成及演变历程并作答，并思考与之前历代选官制度相比，科举制有何创新之处。（提示从选拔方式、选拔标准和选拔范围等方向思考）

【设计意图】通过对比分析的方式，认识科举制的特点，突出科举制相较于前代选官制度的变化与创新之处，以及理解科举制对隋唐社会发展的激励作用，认识到科举制推动了中国古代选官制度逐渐走向成熟与完善，体会科举制中蕴含的公平与公开理念，影响后世。

（过渡）对每一个社会成员来说，向更高的社会地位爬升，是个人的梦想；而对于国家来说，无数人梦想的集合，则是社会进步的动力。[1]

教师讲述：张九龄生平，解释何为中书令，引入三省六部制。

B.中枢之变——从三公九卿制到三省六部制

合作探究：学生自主阅读教材，结合所学知识绘制表格，梳理秦汉至隋唐中枢政务机构的演变，了解三省六部制形成的历程、部门构成及其职权。同时，设

---

[1] 陆学艺.当代中国社会流动[M].北京：社会科学文献出版社，2004.

计活动探究问题——如果唐朝即将进行官吏考核,该如何操作呢? 利用流程图等方式将三省六部制的运转机制完善,并思考三省六部制相较前代中枢政务机构而言有何创新之处。

【设计意图】利用表格帮助学生梳理历代中枢政务机构的演变,落实时空观念素养的培养。以小组为单位进行合作探究,对三省六部制的运转机制进行梳理完善,从中枢政务机构运转的变化获知三省六部制的创新之处。通过合作探究的方式激发学生的主动意识和进取精神,并且通过绘制流程图,理解三省六部制的运转机制,训练学生的逻辑思维能力。引导学生理解三省六部制的优势所在,认识三省六部制在中国古代中枢政务机构变革过程中使得中国古代中央决策和行政体系日臻完备。

小结:利用框架图对小节内容进行归纳和总结,帮助学生构建知识框架,认识到隋唐时期的制度创新推动隋唐国家治理体系的不断完善和治理能力的不断提升,领悟制度创新推动社会发展。

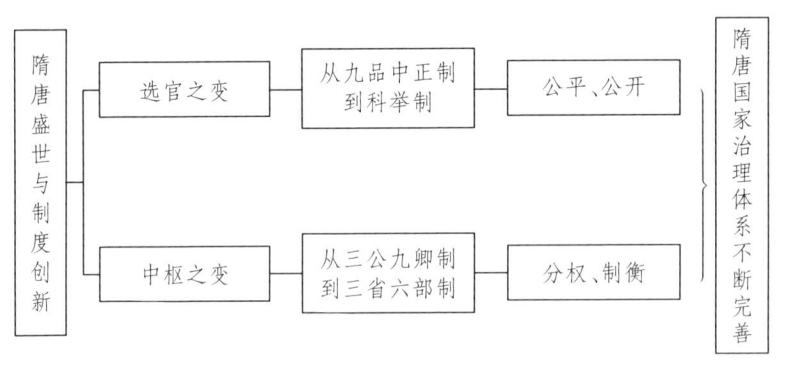

图4-2-4 隋唐时期的制度创新

(过渡)教师讲述:通过对隋唐时期选官制度、三省六部制的学习,我们发现隋唐时期的制度,朝着更加公平、公正、合理、有序的方向发展,为大唐盛世的繁荣奠定了基础,并促进了隋唐国家治理体系的不断完善。并且隋唐时期的制度,较前代相比有一个比较大的变化,但是这种变化并不是无根之木、无源之水,而是在前代的基础上继续进行了创新与再造,这让我们不禁思考——是什么因素促进了这种变化与创新?

②环节二:隋唐制度的变化与创新——因何变?

合作探究:请以小组为单位,根据材料并结合所学知识,讨论有哪些因素推动了隋唐制度的变化与创新。

材料一:

随着南北朝以来经济的发展,中小地主与富裕农民的数量日益增多,他们要求打破门阀士族的限制,在政治上得到发展。这一要求与隋朝打击豪强地主,加强中央集权的政策是相符合的。

——白寿彝主编《中国通史》(上海人民出版社,2015年版)

材料二:

至唐,承平日久,丁口滋众,官无闲田,不复给授,故田制为空文。

——[宋]刘羲仲《通鉴问疑》

材料三:

李唐一族之所以崛兴,盖取塞外野蛮精悍之血,注入中原文化颓废之躯,旧染既除,新机重启,扩大恢张,遂能别创空前之世局。

——陈寅恪《李唐氏族之推测后记》

基于学生回答之上总结:

政治:隋唐大一统多民族封建国家的巩固,加强中央集权的需要。

经济:社会经济进一步发展,均田制的兴废。

文化:政策开放,民族交融进一步深化。

……

教师总结:隋唐制度的变化与创新是政治的必然、经济的要求、文化的向往、人民的渴望。在历史滚滚向前的浩荡浪潮中,因时而变、因势而变成为必然的抉择。

【设计意图】本探究活动重在分析隋唐制度变化与创新背后的时代大背景,向上承接了导入及环节一中的隋唐时期采取了怎样的措施去巩固统治、维护统一,向下又衔接了环节三中对隋唐制度变化与创新的思考,紧紧围绕着制度创新与社会发展之间的关系进行探究,进一步加深学生对隋唐大一统的社会环境对进行制度创新的需求以及制度创新又反过来推动了隋唐社会进一步发展的认识。同时,采取合作探究的方式,培养学生的互动能力,使学生学会合作学习,培养学生提取、分析、归纳材料的能力及多角度发散思维能力,培养学生的史料实证素养和论从史出的意识。

③环节三:隋唐制度的变化与创新——变之思

学生分享:以史为鉴,可以知兴替。

教师提问:那么,通过学习本课,同学们得到了怎样的思考和启示?制度创新与社会发展之间又存在着怎样的关系？结合本课所学,请举例说明"制度创新与社会发展"的关系。

【设计意图】回扣本课大概念——制度创新与社会发展的关系,时代变迁呼唤制度创新,制度创新推动社会发展,通过史实举例的方式初步检测学生对本课大概念的理解程度和迁移运用能力。运用开放性问题驱动教学,引导学生思考制度创新与社会发展之间的关系,培养学生的逻辑思维和辩证思维能力,进而培养学生的历史解释素养。

(3)课堂小结

站在历史的窗口,我们总是不停地回望大唐盛世,每个人心中的盛唐梦,其实对应到国家,是我们美好的愿望和期盼,是对实现中华民族伟大复兴的中国梦的向往与追求！

盛唐气象之所以为"盛",那是经济繁荣给我们带来的底气、是民族交融呈现的和气、是社会开放与对外交流所彰显的大气,更是文化多彩所弥漫的才气。

归根到底,隋唐时期的繁荣与开放是从国家到民族再到人民,所呈现出来的制度与文化自信。千年回望,气象万千。今天的中国立足于优秀传统文化,扎根于历史的土壤,在政治、经济、文化、外交、军事等各个领域都取得了惊人的成就。今天的我们更加自信,更加自豪。

通过学习本课,可知隋唐时期的制度创新促进了隋唐社会的发展。而回顾当下,我们国家也在不断的创新中发展。从马克思主义传入中国开始,我们从最初的照搬照抄再到后面走自己的道路,1978年改革开放之后,中国开创性地走出了中国特色社会主义道路。到今天,改革开放已经40多年了,我们进入了改革的深水区,制度创新成为当前一个不可回避的问题。正如习近平总书记所说,"今天,摆在我们面前的一项重大历史任务,就是推动中国特色社会主义制度更加成熟更加定型,为党和国家事业发展、为人民幸福安康、为社会和谐稳定、为国家长治久安提供一整套更完备、更稳定、更管用的制度体系"。那么,我们应当如何去探索一套适合于中国国情的制度体系？在老师看来,制度应当为国家和人民服务,一个的好的制度应当具有其适用性和恒久的价值。我们不能抛弃过去,但我们也不能又局限于过去,而应当开拓创新,面向未来,在不断的实践与探索中去寻求最优解。

【设计意图】联系历史与现实,让学生感悟制度创新对当下中国的重要性和必然性,树立创新意识,增强对国家、对中国特色社会主义制度的自信,在历史学科教学中涵育家国情怀。

(4)作业布置

作业一:结合本课所学知识,制作本课的思维导图。

作业二:通过对隋唐制度的学习,你觉得隋唐制度中有哪些智慧值得借鉴?我们应当如何进行制度创新?

【设计意图】分层布置作业能够更好地满足不同层次学生学习的需求,促进学生发展。作业一,关于思维导图的制作,学生要完成这个任务,就要充分地调动本节课所学的知识,对所有知识点进行细化归类,构建知识框架体系。这样既关注了学生对知识的掌握,又将学生已有的知识和方法调动起来,培养了学生的知识迁移和运用能力。作业二,以史鉴今,通过进一步加深对隋唐制度创新的思考,引导学生进一步思考当前社会背景下如何进行制度创新,关注了学生思想情感上的收获,并对学生对本课大概念的理解和迁移运用能力再次进行检测,培养学生的学科素养。

(三)指向大概念的教学评价

初中历史新课标强调评价目标与教学目标的一致性,本课的教学评价主要围绕着学生对"制度创新推动社会发展"这一大概念展开,因此,笔者将《隋唐制度的变化与创新》一课的教学评价设计如下,并对本课教学实践的效果进行初步反思。

1.教学评价设计

(1)评价方式

以多元评价为原则,促进学生核心素养发展。对在课堂上积极回答问题的学生、有进步表现的学生、认真完成小组合作探究的学生,以及高质量完成作业的学生的学习情况特别表扬。

(2)评价设计

水平一:能够知道从三国两晋南北朝到隋唐时期选官制度、中枢政务机构的基本演变情况,理解隋唐时期各项主要制度的基本概念和基本内容。

水平二:能够通过史料阅读和对比分析,掌握科举制度、三省六部制的创新之处,并能够结合隋唐时期的时代背景分析隋唐制度变化与创新的原因。

水平三:能够理解隋唐时期各项制度设计的目的与作用,并结合隋唐社会的高度繁荣,认识到隋唐制度创新的意义和中国古代的政治智慧。

水平四:能够理论联系实际,认识制度创新与社会发展之间的关系,并尝试结合史实予以说明。体会制度创新在国家治理中的重要作用,树立创新意识,形成正确的历史价值观,增强道路自信、理论自信、制度自信、文化自信。

2.教学反思

(1)教学过程中的闪光点

第一,围绕着"制度创新推动社会发展"这一大概念,以"隋唐制度的变与新"为主线,从"如何变""因何变""变之思"三个角度出发,线索明确,在完成基础知识学习的同时利用史料教学培养学生论从史出的能力。从变化中去感受隋唐制度的创新之处,引导学生理解隋唐制度的创新对社会产生的影响,并思考"制度创新与社会发展"之间的关系。

第二,课堂结构完整,注重学法指导,运用史料教学、学生自主学习、小组合作探究等教学方法,尊重学生的课堂主体地位,符合新课改的要求,培养学生的历史思维和历史能力。

第三,采用对比的方式分析隋唐时期选官制度、中枢政务机构发生的变化,使学生更好地理解隋唐制度的创新之处,培养学生的时空观念。

第四,采用的史料恰当明确,难度适中,符合初中学生的认知,且具有一定的探究性,能够培养学生的史料实证和论从史出意识。

第五,关注家国情怀,注重发挥历史学科的育人作用,通过对本课的学习,感悟隋唐制度创新所体现的政治智慧,培养学生的文化自信和制度自信。课程最后采用问题留白,联系现实,引发学生对当下制度创新的思考和感悟。

(2)教学过程中的不足与再设计

第一,依据本课课题"隋唐制度的变化与创新",在设计中不应该将"变"与"新"割裂开来,应当是"变中有新",重点落在"创新"上面。再设计时可进一步突出创新的地位,重心从单一的"变化"转向多元"创新"。

第二,对隋唐制度的影响分析不充分,并且不应只强调积极作用,还应关注制度本身存在的弊端,培养学生全面、辩证地看待问题的能力,借此使学生真正理解没有任何一个制度是亘古不变、适用万世的,应该随着时代的变迁而改革创新,潜移默化地渗透制度创新对社会发展的推动和促进作用,进而让学生认识到制度创新是推动国家发展的不竭动力。

第三，本课环节三直接利用本课的大概念进行问题设置——探究"制度创新与社会发展"之间的关系，较难且宽泛，指向性不明确，对于初中学生来说较难完成，不符合学生的学情。可基于本课史实，引导学生分析隋唐制度变化与创新的影响，认识中国古代国家治理的政治智慧。

第四，课堂时间较紧，小组讨论和合作探究不充分，学生参与度不高，缺乏一定的有效性，没有关注到学生的课堂生成。可采用每位学生写下讨论的精华点，老师随机抽取小组代表回答的方法督促学生认真讨论，关注并正确评价学生的课堂生成。引导学生分析材料解读问题不充分，对学生的评价过于单一，须进一步加强教学技能和教学方法的训练。

综上，学科大概念运用于初中历史学科教学实践具有很强的可操作性，是提高教师教学业务水平和培育学生历史学科核心素养的重要方式之一，但也仍然存在一些困难和疑惑，还需要各位专家学者和一线教师们在不断的实践中进行改进优化。

第三节 历史跨学科主题教学

进入21世纪以来,随着科学技术的不断发展,人类社会已经迈入数字化、信息化的时代。一方面,人类社会生产活动需要跨学科人才;社会生产技术的不断精进是科学高度发展的结果,而现代科学技术领域的发明创造、社会科学领域的理论创新,越来越需要自然科学和人文科学的结合,需要多学科交叉、渗透。因此,时代呼唤具有跨学科思维的创新型人才。另一方面,我们处理现实社会中的问题也需要跨学科的思维模式;现实生活的世界是错综复杂的,对于某一实际问题,我们往往不是以单一的学科思维去思考,而是综合各类学科观点去探究问题的本质以找到最终的解决方案。跨学科主题学习旨在帮助学生形成良好的思维模式,增强跨学科知识整合的意识以及通过合作交流解决实际问题的素养和能力。良好的跨学科主题学习能够有助于学生的全面发展,以便适应复杂多变的社会。

一 核心概念解析

"跨学科主题学习"是一个新概念,要想对其进行研究就必须进行概念界定。要厘清"跨学科主题学习"的概念和内涵,首先就必须明晰"跨学科""主题""主题学习"等概念。

1.跨学科

"跨学科"(interdisciplinary)一词最早可以追溯到20世纪20年代的美国,最初仅见于美国社会科学研究理事会(the Social Science Research Council)会议速记的记录文字。而后,在1926年,由美国哥伦比亚大学伍德沃斯教授正式提出了这一概念,指超越一个已知学科的界限、涉及两个或两个以上学科的实践活动。1937年,"跨学科"一词首次被收录到《牛津英语词典》(增录本)以及《新韦氏大学词典》中,这也标志着"跨学科"正式走进大众的视野。经历了近一个世纪的发展,国内外专家与学者对于"跨学科"的解释日趋多样化。

跨学科研究者克莱因从行为学的角度对其进行了界定,指出跨学科是一项不同学科间的交流行为。美国科学院研究协会从科研模式的角度对其进行界定,认为"跨学科"可以是团队研究模式,也可以是个人研究模式,是将两个及以上学科的所有内容综合起来,解决单一学科和研究领域无法解决的问题。20世纪80年代,"跨学科"一词传入我国,随后我国的专家与学者也开始了关于跨学科的研究。我国学者庚光蓉、黄萍认为跨学科研究是在科学分化基础上,打破学科界限,在解决复杂问题的同时加深学科渗透的研究手段。[①]我国学者张华认为,跨学科既是一种知识与生活、科学与人文、不同学科领域之间彼此融合的价值追求与时代精神,又是一种强调互动建构、合作探究知识的学科研究的知识论与方法论。[②]

国内外专家学者对于"跨学科"的理解虽然不完全相同,但是其核心要义都是整合,都强调对学科知识的融合、学科视野的跨越以及学科元素的整合,目的在于通过打破原有的学科界限解决单一学科无法解决的问题。

2.主题

"主题"一词来源于拉丁语"thema",最早出现在音乐领域,表示的是音乐的核心要素——音乐的主旋律,而后广泛应用于生活中,最后发展为文学艺术领域和教育学领域的一个重要概念。在文学艺术领域,"主题"指文学、艺术作品中所表现的中心思想,是作品思想内容的核心。

在教育领域,"主题"最早出现在"主题班会"之中,具有主旨的意思,指的是班会的核心思想与核心内容。随着教学研究的不断发展,教育领域对"主题教学""主题学习"的关注度日趋上升,"主题"的概念也日渐丰富,众多专家和学者从不同的角度对"主题"进行了界定。窦桂梅从促进学生发展与人的成长的角度出发,立足于教学中主题的价值与意义,认为主题属于生命价值观的范畴,指向人的精神生命的成长。[③]冯伯虎从教学内容的角度指出,主题是指每一次教育教学活动的核心目标,指向特定的中心内容。[④]袁顶国将主题界定为整合、凝

[①] 庚光蓉,黄萍.高校社会科学跨学科研究的路径[J].吉首大学学报(自然科学版),2011(4):120-124.
[②] 张华.让学生创造着长大:2022年版义务教育课程方案和课程标准核心理念解析[M].北京:教育科学出版社,2022:142.
[③] 窦桂梅.小学语文主题教学研究[M].北京:人民教育出版社,2015.
[④] 冯伯虎."主题活动式教学"要叫停吗?[J].中小学信息技术教育,2006(12):57-59.

聚、统摄教学系统诸要素,使其相互支持、协调运转,以实现系统功能最大化、最优化的内核。[1]

本节采用袁顶国对主题的界定,强调主题对教学系统的核心支撑作用,而不拘泥于其形式。

3.主题学习

"主题学习"的理念最早可以追溯到1931年,当时美国芝加哥大学的著名教授莫里逊提出了"单元教学法",提倡让学生在一段时间内学习一种教材或解决一个问题,以促进其人格的发展。[2]1955年,美国教育学家哈纳在《小学单元教学》一书中首次将"主题教学"界定为聚集于对某一具有社会意义的课题的理解而展开的有目的的学习体验。[3]顾小清从课程建构与实施的角度提出主题学习是一种以主题为中心的新型课程形式,并强调主题是信息技术支持的课程单元的核心载体。[4]窦桂梅从学习主体的角度深入分析了主题教学与主题学习的融合点,认为主题学习就是围绕特定的主题,充分重视个体经验,通过过程中的理解与生成,实现课程主题意义建构的一种开放性学习方式。[5]李祖祥提出,主题教学是通过跨学科领域的主题探究活动来发挥学生的主体建构性和主观能动性,从而实现学生全面发展的教学活动方式。[6]

国内外专家与学者对"主题学习"的定义与解释不一而足,但是都强调主题在教学中的引领作用,注重通过主题串联起各个教学活动的要素。

4.跨学科主题学习

跨学科主题学习是"跨学科"与"主题学习"的融合。前者强调"跨学科"的特性,将其与"多学科"和"超学科"进行区分,突出学科之间相互融合的特点。

---

[1] 袁顶国.从两极取向到有机整合:主题式教学研究[D].重庆:西南大学,2008.
[2] 转引自:窦桂梅.小学语文主题教学研究[M].修订版.北京:人民教育出版社,2018:28.
[3] Hanna L A. Unit Teaching in the Elementary School[M]. New York: Rinehart, 1955: 177−183.
[4] 顾小清.主题学习设计:信息技术与课程整合的实用模式[M].北京:教育科学出版社,2005.
[5] 窦桂梅.窦桂梅与主题教学[M].北京:北京师范大学出版社,2006.
[6] 李祖祥.主题教学:内涵、策略与实践反思[J].中国教育学刊,2012(9):52−56.

后者强调以主题的形式开展学习活动,将其与传统的学科教学形式加以区分,并且凸显主题的整合作用。将"跨学科"与"主题学习"进行融合的跨学科主题学习一方面淡化了学科的界限,通过主题学习的方式将不同学科的内容进行统整,另一方面又没有完全摒弃学科的特点与方法而陷入过度活动化、经验化教学的困境,因此能够有效整合不同学科的内容与方法。

任学宝从教学理念与教学实践的角度出发,认为跨学科主题教学是以主题为媒介,通过问题导向的整体设计与实施,促进学生全面发展的教学理念与实践。[1]陈艳茹从国内外关于课程整合的理念出发深入分析了跨学科主题学习的本质,她认为跨学科主题学习是以素养培育为根本方向,整合两种或两种以上的学科知识、思维方法,来深化学生对学习主题的理解与掌握的方式。[2]苏传清和占小红从跨学科教学的核心理念出发,立足于学科教学的背景,将跨学科主题教学界定为以一门学科为中心,综合不同学科的知识和方法而开展的教学活动。[3]孟璨将跨学科主题学习界定为以某一研究问题为引领,以某一学科课程内容为主体,运用并整合其他课程的相关知识和方法,引导学生开展综合学习活动。[4]

综上,本研究将跨学科主题学习界定为:以主题为媒介,综合不同学科知识和方法,引导学生开展综合学习活动的过程。

二 跨学科主题学习的特点与价值

跨学科主题学习虽然根植于学科教学,但是强调学科之间的融合与跨越,因而与传统的学科教学具有本质上的区别,这些也决定了跨学科主题学习所具有的特点与价值。

---

[1] 任学宝.跨学科主题教学的内涵、困境与突破[J].课程·教材·教法,2022,42(4):59-64,72.
[2] 陈艳茹.素养培育视角下跨学科主题学习设计案例研究[D].上海:华东师范大学,2022.
[3] 苏传清,占小红.化学课程中跨学科主题教学设计的探索:以"指纹破案"为例[J].化学教学,2019(10):49-53.
[4] 孟璨.跨学科主题学习的何为与可为[J].基础教育课程,2022(11):4-9.

(一)特点

1.情境性

跨学科主题学习不是存在于抽象的、理想的环境之中,而是依赖于一个个真实情境的构建,基于真实的情境提出问题与任务,从而引导学生开展学习活动。其情境性主要体现在三个方面:一是教学活动来源于真实的生活情境,从学生的生活实际出发;二是学生在真实的情境中理解与运用所学知识;三是面向社会,致力于学生社会责任感的培养与实践能力的提升。

在教学过程中,教师不是教授给学生抽象、孤立的学科知识,而是强调引导学生将知识与实际生活中的情境相联系,结合学生的生活实际中可能会出现的、富有挑战性的问题组织开展学习活动。在传统的学科教学中,教师在课堂上依据学科的固有特点进行学科知识的传授,教学过程主要围绕抽象的学科知识。虽然学科知识是学生学习的基础,但是学科知识过于抽象,往往以间接经验的形式存在,而且只围绕一个特定学科。因此,教师在课堂中常常通过视频展示、语言描述等形式创设抽象的情境,引导学生回答相应的问题,这些问题虽然有助于学生理解,但实际上过于理想化,与学生现实生活相脱节,属于理想化的情境,不是真实的情境。

相比之下,跨学科主题学习根植于真实的生活情境,促使学生从真实的情境中洞察问题,并且解决真实情境中可能遇到的问题,助力真实情境与课堂学习的融合,让学生在课堂上解决生活中遇到的问题,在生活中思考和应用课堂中所学习的知识,实现在生活中学习,在学习中生活。

跨学科主题学习的情境性是跨学科主题学习有效实施的前提条件,在生活情境中发现问题,才能够整合各学科知识与方法解决实际生活中存在的问题,并进行相应的实践操作,培养学生的核心素养。

2.整合性

跨学科主题学习的整合性既体现在不同学科知识与学科方法的整合,又体现在课堂中学习活动与学生生活的融合。

在传统的学科教学中,教学活动的开展重视学科知识的价值,强调学科知识的传授。学科知识是人类认知逐渐发展并总结、归纳的产物,是无数前人、先辈总结出的间接经验,具有层次递进清晰、结构体系完整等特点。学科知识的学习无疑有助于学生间接经验的增长,有助于学生建立完整的知识结构体系。

但是,学生所学习到的知识是基于特定学科的,难以避免片面性,因而学生看待问题的视角并不全面。跨学科主题学习的开展立足于传统学科的立场,同时又打破固有的学科界限,超越传统学科的视野,体现了不同学科知识的整合。

整合性还体现在对不同学科方法和学科技能的综合利用上。学生在围绕特定的主题进行学习时面临的是相对具体的问题,这些具体问题的解决不是某一学科可以实现的,往往需要学生从多学科的视角看待任务或问题,综合利用多种方法与技能,才能够完成相应的任务或解决相应的问题。由此,学生在学习过程中就实现了不同学科方法与技能之间的整合与跨越。同时,由于跨学科主题学习根植于学生的现实生活,现实生活本身具有复杂性、整体性等特征,因此跨学科主题学习的开展又连接了学生的学习与生活,实现了学生学习与生活的整合与跨越。

整合性是跨学科主题学习的本质特征之一,融合不同学科的知识与方法是实现跨学科主题学习的必要路径。

3.系统性

系统性既指各学科的知识与方法共同组成教学活动的有机整体,又意味着整个教学活动的进行是一个循序渐进的过程。

从横向上看,跨学科主题学习中的各个要素围绕主题进行编排,具有整体一致的目标,从而组成多个学科的知识与方法有机结合的整体。跨学科主题学习不同于传统的学科教学,传统的学科教学往往围绕具体的学科知识展开,从学科知识角度看,学科知识本身具有很强的逻辑性与层次性;从学生认知发展的角度看,学科教学已经规定了特定的课时,教学的进度可以据此进行设置。但是跨学科主题学习融合了多个学科的知识与方法,相对而言,没有学科知识那么严密的逻辑性,因此要通过一个特定的主题将多个学科的知识与方法进行融合,组成一个有机的系统。跨学科主题学习如果缺乏了系统性,各个学科之间就缺少了有机的联系从而导致学科之间割裂,进而导致整个教学活动的零碎,最终造成"拼盘式"教学的发生。

从纵向上看,跨学科主题学习要考虑学生各个学科所达到的水平以及学生的认知发展水平,从而循序渐进、层层递进地设置相应的教学活动。如果缺乏纵向上的系统性设计,教学活动的开展就会缺乏逻辑性,从而导致学生对学习任务的认识不够清晰,甚至导致学生的认知发展出现一定的偏差,进而影响学生的学习效果。

系统性是不同学科知识与方法融合的关键所在,也是跨学科主题学习开展时必须遵循的内在逻辑。

4.实践性

实践性不仅体现在学生学习过程的活动性,即通过具体的活动开展学习,而且体现在学生学习结果的外显性,即学生的学习结果是明确而具体的。

首先,从教学方式上看,由"被动学习"变为"主动探索"。实践性指跨学科主题学习不是"纸上谈兵"与"被动接受",而是强调学生真正地参与学习过程并实实在在地解决具体的问题。传统的学科教学主要是通过教师讲授与传输知识、学生接受的方式进行,学生在教学活动中处于被动接受的地位。相比较之下,跨学科主题学习不是通过传统的知识"授—受"的方式实现学生知识的积累与技能的增长,而是通过具体的实践活动推动教学活动的进程。跨学科主题学习活动的开展围绕现实生活中存在的具体问题,打破学生的认知平衡,通过问题推动教学活动的开展,通过解决方案的设计、解决问题的过程促进学生能力的发展与思维的进阶。学生是教学活动的参与者,也是具体问题解决的实践者、教学进程的推动者。跨学科主题学习的设计以学生为中心,活动的设计立足于学生的主体地位。此外,跨学科主题学习强调学习的实践性——通过学生具体学习成果的外显性得以彰显。通过跨学科主题学习,学生可以具体完成某项任务或解答某个问题,例如学生作品的呈现、问题的解决、方案的设计等,学生的学习成果通过外显的形式表达出来。可见,实践性是跨学科主题学习的突出亮点,实践活动是跨学科主题学习开展的重要形式。

(二)价值

1.有助于学生核心素养的发展

在技术不断发展、充满不确定性的现代社会,拥有学会学习的能力以及应用已有知识解决问题的能力,比单纯地掌握事实性的知识更为重要。为此,世界各国都注重人才培养,强调培养学生在现代社会的核心竞争力,即核心素养。我国也提出了中国学生发展核心素养,即学生应具备的,能够适应终身发展和社会发展需要的必备品格和关键能力。

核心素养可以分为学科核心素养和跨学科素养。我国的课程设置通过规定各个学科课程中的学科核心素养来助力学生在各个学科领域内核心能力的培养与发展。相比较而言,跨学科素养既包括综合运用多门学科知识解决复杂问题的能力,也包括不局限于某一特定领域的知识或技能,即可以应用到一系列不同的任务、情境、目的和领域中的共通性素养。跨学科素养具有更强的普适性和迁移性,对学生的成长具有重要意义,但是却没有在当前的学科课程的实施中得到充分落实。而跨学科主题学习的出现正好弥补了这一空缺,通过打破学科的藩篱,实现不同学科的整合与跨越,开展相应的教学活动,推动学生跨学科素养的发展。因此,在传统学科教学的基础上,开展跨学科主题学习,实现跨学科主题学习与传统学科教学的相互补充、相互促进,有助于推动学生核心素养的发展。

2.有助于学生主动学习的进行

跨学科主题学习是围绕具体的现象或者解决具体的问题而开展的,其根本目的在于学生通过系统化的课程学习能够自主解释一些现象或解决相关问题。学生在进行跨学科主题学习之初就对自己所要完成的任务有了清晰的认识,学习的成果也是可以预见的。学生在心中就有了关于自己为什么要学习,以及课程结束之后能够做什么的明确而具体的目标,不会出现"我们为什么要学这些东西""我这辈子都不会用到这些"等类似的叛逆情绪。基于此,学生在课程学习之始就能够有强烈的学习效能感,这也是促进学生主动学习的原动力。学习动机的激发不仅体现在教学活动之初,还应贯穿于教学活动开展的各个环节。学生在跨学科主题学习中解释现象或解决问题的过程不是一蹴而就的,而是一个环环相扣、层层递进的过程,教学活动是在一个个问题或现象的推动下进行的。学生在这样一系列的现象阐释或者问题解决的过程中能够及时获得关于任务进展的反馈,任务完成了学生可以得到成功的体验,收获满足感,从而获得积极的心理效应,投入下一个阶段任务的完成。如果一个阶段任务的完成效果不尽如人意,学生就通过自行的反思或者在教师的指引下发现自身存在的问题,从而投入学习活动的下一个环节。在这个发现问题的过程中,学生不仅可以收获困难得以克服的喜悦,而且能逐步地发现自身存在的问题并且进行不断自我提高与总结。这种循序渐进获得反馈的过程符合学生的认知规律和心理发展规律,能够有效激发学生的学习动机,推动学生主动学习的进行。

3.有助于学生对知识的理解与运用

传统的学科教学是根据学科的性质将具体的内容进行抽象,从而进行的教学活动,强调学科知识的学习。其学习的流程是"学习—运用":在课堂上学习相应的知识,在学习完一个阶段后在对应的作业中对知识进行运用。在这样的流程结构中,学生学习与实际运用的过程是割裂的,相互之间的联系不够密切,因此在整个过程中很容易出现教学过于强调知识的获取而忽略了知识的运用。但是,跨学科主题学习的实施过程是学习与运用交织循环的过程。在具体的问题解决中发现自身知识上的不足,然后学习相应的知识,再进行运用,进而再次投入问题解决的环节。学生在这样循环往复的过程中实现了知识理解与运用的衔接,在理解知识的前提下进行运用,在运用知识的过程中发现不足,再进行学习。在这个过程中不断增长学生的知识与技能,达到促进学生有效学习,推动学生全面发展的目的。

跨学科主题学习对学生学习的促进作用不仅体现在知识的获取上,还体现在知识的运用上。在传统学科教学中,学生在解决问题时面临的是单一的、抽象的、理想化的情境,但是在实际生活中学生所面临的问题往往不是靠单一学科的知识能够解决的。因此,学生在课堂上所学到的知识需要经过二次加工与处理才能在现实生活中加以运用。相比之下,跨学科主题学习所面临的情境是复杂的、接近现实生活的情境,学生的学习来源于真实情境中直观的感受与理解。因此,学生在课堂上学习的内容往往可以运用到现实生活当中,能够有效促进学生对知识的理解与运用。

4.有助于学生跨学科概念的学习与建构

跨学科概念是指在不同学科领域都能适用的主要概念,它们提供了一种联系不同学科的方法。跨学科概念有助于学生建构起不同学科之间的联系,从科学的视角全面地认识世界。由于跨学科概念对学生学习具有重要意义与价值,美国国家科学研究委员会(National Research Council)将其与学科核心概念以及科学与工程实践置于同等地位,成为NGSS(Next Generation Science Standards)的重要组成部分。跨学科概念本身就具有联系多学科的特性,例如NGSS中的七个跨学科概念之一——结构与功能,在生物学中涉及生物体的结构与相对应的功能之间的关系,例如生活在不同环境中的动植物有不同的形态构造,在水里游的鱼有鱼鳍,在天上飞的鸟有翅膀;同样,在物理学中也涉及不同物体有不同结构,并对应不同的功能,例如凸透镜被用作老花镜的镜片,凹透镜被用作近视眼镜的镜片;在化学中也涉及物质的结构与功能,例如核外电子分布决定了元素的化学性质。由于跨学科概念联系多个学科的本质属性,学生难以通过传统的学科教学的形式对跨学科概念有全面的理解。而跨学科主题学习的出现恰好融合了多个学科的知识与方法,超越了原有学科的界限,是促进学生跨学科概念学习的不二方式,因此开展跨学科主题学习有助于学生跨学科概念的学习与建构。

5.有助于教师的专业成长

教师是教学活动的重要组成部分,教师的教学素养、能力水平以及对所教授学科的理解在很大程度上影响教师的教学理念与教学方式,进而影响学生的学习效果。就跨学科主题学习的特点而言,教学内容的选择并不是局限于单一的学科,而是涉及多个学科之间的跨界与融合,强调学生从不同学科的视角看待问题并解决问题。

这就要求教师自身须具备扎实的学科专业基础知识,将教学活动中所涉及的学科知识与方法都了然于心。因此,跨学科主题学习的开展也对教师提出了新的要求,要求教师拓宽自己的知识面,对不同学科的知识与方法都有所涉猎,或者有比较深入的理解。除此之外,跨学科主题学习还能够加深教师对教育教学的理解。跨学科主题学习的实施离不开广大学科教师,而现有的科任教师大多是由传统的学科背景教育模式培养出来的,他们完成相应的跨学科融合的教学设计具有很高的难度。因此,跨学科主题学习的实施与开展往往需要科任教师与其他学科的教师进行合作,共同探讨教学活动的设计、教学内容的选择,以及学生学习需要达成的目标水平等。教师在与其他不同学科背景的教师进行交流探讨的过程中,也实现了思想上的碰撞和启迪。这不仅能够拓宽教师的视野,拓展教师的知识面,而且促使教师对教育教学活动的理解不断加深。

总之,跨学科主题学习超越了学科的界限,促使教师从不同学科的视角看待问题,与不同学科的教师进行探讨并解决问题,夯实了教师的学科理论知识基础,促进了教师对教育教学的理解,推动了教师的进步与发展。

三 初中历史跨学科主题学习活动设计路径

经过对《义务教育历史课程标准(2022年版)》中两则跨学科主题学习示例的分析,以马克思主义哲学观为依据,可以发现共性寓于个性之中,换言之,历史跨学科主题学习的"个性"也反映出各学科跨学科主题学习的"共性",历史教学活动的一些方法和策略也适用于其他学科。因此,笔者以历史学科为例,从设计学习主题、确定教学目标、重构学习内容、开展学习活动、设计评价方式五个角度整体总结跨学科主题学习的一般设计路径。

(一)设计学习主题

在跨学科主题学习中,主题是教学的核心,而在主题之下,知识的重组则是实现跨学科学习的必要条件。跨学科主题必须具有合适的应用范围,如果主题过于狭窄,就会造成不能涵盖与之有关的学科的后果;而主题过于笼统、宽泛,则会让学生在进行跨学科主题学习时,出现对主题内容的深度认识不足,以致不能达到教学目标。同时,还要确保主题具有积极的价值,可以在潜移默化中培养学生的正确价值观念,所以开展跨学科主题学习活动,首先要科学、合理地选择主题。

要确定一个跨学科主题,通常有四个途径:一是对课标进行深度探究,从各科的基本学习内容中寻找"交叉点";二是与现实生活紧密相连,与学生的社会经验相融合;三是与热门话题相联系;四是利用网络进行信息资源检索。例如,《义务教育历史课程标准(2022年版)》中的示例1"历史上水陆交通的发展"就来源于历史课程内容,可以归类于第一种;示例2"在身边发现历史"联系了学生的日常生活,可以归类于第二种。但是不论主题来源何处,设计跨学科学习主题时都有不能违背的原则,具体如下。

1.符合课程标准的要求

跨学科主题学习是分科教育前提下的跨学科学习,具有课程归属性。在对跨学科主题学习的主题、目标、内容、过程与评价进行设计时,都需要以跨学科课程层次为基础依据,例如课程层次的主题设计对主题的选择范围进行了限定,而课程层次的学科指向性则对主题学习内容的选择进行了限定。历史跨学科主题学习作为历史课程内容的一部分,不能脱离历史课程的框架,设计主题时必须以历史课程为主干,符合历史课程理念,基于历史课程内容,满足历史课程标准的基本要求,其他学科也应如是。

2.结合学生学情选择有意义、有深度的主题

主题作为跨学科学习的核心,其选择应该具有一定的广度和深度,应该是具有教育意义和研究意义的,只有主题具有历史或社会意义,学生在进行主题学习时才可以确实地进行深层次思考并且有所收获。此外,还应该重视学情,学生已有的学习基础不仅对主题的选取具有指导作用,而且为教学目标的设定和教学内容的选择打下了坚实的基础。根据维果茨基的"最近发展区理论",教学应走在学生的发展之前,所以要设置难度合理的主题活动,包含一定形式的小组合作、探究性学习、开放性问题等。

(二)确定教学目标

确定了跨学科主题,接下来应该设定教学目标,教学目标应当明晰学生在跨学科主题学习活动中通过什么方式能够得到什么。当前,我国基础教育处于强调核心素养的时代,核心素养是进行教学活动的出发点与落脚点。从上述两则示例中也可看出跨学科主题学习的教学目标具有素养取向性。核心素养作为当前教育理念与方针向实际教学转化的关键桥梁,体现了教学目标的具体需求,并易于教师等教育工作者理解,深刻影响了专注于培养学生的"必备品格和关键能力"的教学设计地位,这与基于知识灌输的传统学习模式有本质上的不同。因此,教师制订跨学科主题学习目标时须明确其素养指向。

(三)重构学习内容

在学科课程中,可以依据课标对所学的知识进行明确规定。而跨学科主题学习却是另一种情况,在某种意义上,跨学科并没有形成一个与传统学科一样的固定的教学体系,它的教学过程中涉及的学科与知识并不明确,这就要求教师在确定所要跨学科学习的方向之后,对不同学科的课程内容进行重新整合与建构,将不同学科之间的知识、方法、技能进行有机结合,并与学生的实际生活建立联系。跨学科主题学习的学习内容的基本结构通常为"主学科加辅助学科",因此教师重构跨学科主题学习内容时应依据学生的知识水平及掌握的技能,将其他学科的知识和方法与主体课程科学、合理地相结合。

跨学科主题学习的内容构成表明,为培养学生的跨学科素养,跨学科主题教学离不开学科知识和技能的支持。跨学科主题学习不仅使不同学科所学的课程知识得到综合运用,而且还能加深学生对学科内容的认识,两者并不矛盾,而是相互支持,共同促进学生的核心素养提升。因此,历史教师在设计历史跨学科主题学习活动时应以历史课程标准为依据,注重同其他科目的教学内容与教学手段的有机结合。在现实生活中,对一些较复杂问题的处理,需要多学科交叉的知识、技能和素养的结合。在研究中,即使是针对相同或相似的事物,不同学科也有着各自不同的看法和思路。在历史课程中,跨学科主题学习要以历史知识和方法为指导,以历史学习的方式和过程为支持,并与其他学科的知识和方法进行融合,对融合的跨学科内容进行细致的规划。

历史课程以表格的形式呈现跨学科主题学习活动的知识图谱是值得参考的,这种方式使教学内容定位更加清晰且更具有逻辑性,但是把知识按学科划分也让学科间的界限更加分明。教师在教学过程中应当注意不同学科知识的内在联系,使其自然融合。知识图谱表格仅是呈现教学内容的一种方式,教师可以根据实际需要灵活选择教学内容的呈现形式。

此外,教师还应重视对教学资源的开发与运用,以丰富学习内容,如使用现代信息技术工具为跨学科主题学习提供更多资料。在历史跨学科主题学习活动中,还可以通过图书馆、博物馆、历史现场见证人的口述、历史图片或影像等开发教学资源。

(四)开展学习活动

学习目标要在学生的学习活动过程中实现。笔者总结出开展历史跨学科主题学习活动的两点建议,具体如下。

1.创设情境,提出问题

《义务教育历史课程标准(2022年版)》中的两个跨学科主题学习活动示例都将主题分解成了一系列问题和任务,将主题问题化、任务化。问题是推动学生深入学习的动力,教师通过问题链的设置推动学习任务的进展。但是问题也不是凭空产生的,而是教师创设情境,基于情境自然引出问题。从情境中自然引出的真实性问题能够帮助学生明确学习目的,激发学生的学习兴趣,发现现实生活中存在的问题,共同探究并解决问题。在选取跨学科主题学习活动的情境时,要以贴近实际生活为导向,将知识生成的环境进行还原,让学生掌握多门学科的知识和方法,并在遇到问题时可以自觉地进行迁移和应用。基于现实创设的问题情境可以为学生创造出一种积极、愉悦的学习氛围,让他们可以完全沉浸在学习中,精神高度集中地解决问题,促进学生的创造性发展。

2.开发多种多样的活动方式

跨学科主题学习的教学过程可以以多种方式进行,例如访谈、调研、撰写论文、举行座谈会等。在历史课程中,跨学科主题学习通常包括主题式教学、项目式教学、单元式教学等多种典型的教学方式。教师应解放思想,认识到除了传统的学校、课堂与教材可以作为学习活动的场景或资源外,还可以开发多种学习场景、资源,比如走向社会,学生在真正进入社会生活时方可认识到解决现实中的问题单靠一个学科是不行的,从而激励他们能够运用跨学科的知识和技能解决现实问题。这就需要教师在学习活动中为学生创造进行跨学科探究、体验的机会。

综上,在开展历史跨学科主题学习活动过程中,教师可以创设基于学生现实生活的问题情境,通过引导学生完成任务来递次解决主题问题链中的一系列问题,促进学生对学科知识、技能、方法和思维模式的综合理解、运用和迁移,有效提高学生的核心素养。

(五)设计评价方式

学习评价是检验学习目标实现情况,促进学生反思和改进学习方法的重要手段,在跨学科主题学习中也是如此,因此设计科学、合理的评价方式是必要的。在此过程中应明确评价的主体和内容,并选择恰当的评价方法,即教师和学生应该都是评价的主体,要以素养为导向,把过程性评价和终结性评价结合起来。

1.师生共同作为评价主体

跨学科主题学习评价需要历史教师和相关课程教师相配合,学生虽然是评价的主要对象,但是也是评价的主体,应该改变仅由授课教师单独进行教学评价的模式。学生作为评价主体之一,主要分为两个部分:一部分是学生的自我评价,另一部分是学生的相互评价,体现以学生为中心的教学评价思想。

2.评价内容以历史为本位、以素养为导向

为准确反映学生在进行课程学习的过程中以及学习完成后核心素养的发展水平以及课程目标的实现程度,义务教育阶段的各学科课程标准均制定了义务教育学业质量标准。这些标准依据学习内容的不同层次,对学生在面临现实情境和执行对应的学习任务的时候所展现出的正确价值观、必备品格和关键能力做了明确界定。跨学科主题学习是课程内容的组成部分,其目标与课程目标相一致,因此在进行跨学科主题学习评价时应坚持以课程目标为本位。

教师还应对学生的个性、特长和学习情况等基本信息有一个全面的认识,从而可以帮助他们实现更好的发展,将学习积极性和潜力发挥到最大。要尽可能对学生的学习状况进行全方位的评价,评价的内容要涵盖多个方面,不仅要对学习成果进行评价,更要重视学生在学习时展现出的各方面素养。这样便于将学生的学习过程和知识结构转化成核心素养达成情况,对学习目标的实现情况进行检验。

3.过程性评价与终结性评价相结合的评价方法

在开始课堂教学前可以利用诊断性评价来确定学习的出发点,从而达到提高学习效率的目的。在开展学习活动的时候,教师应指导学生学会记录自己的学习情况并展开反思,使学习活动适应学生的实际情况。因此,在开展学习活动的过程中,教师要时刻关注学生的反应,合理评价学生的表现,并及时给学生以有效的反馈。在学生的学习活动完成或者问题得到了解决之后,教师应创造便于学生之间相互展示学习成果或者互相交流的机会,可以通过测试、成果汇报等形式了解学生的学习成效,并基于此进行合理的终结性评价,将学习评价贯穿于整个主体学习过程中,保证教、学、评具有一致性,使评价对学生的指导功能完全发挥出来。

教师应该在核心素养培养的基础上,根据学生在跨学科主题学习活动中的表现,探索建立跨学科主题学习的评价任务体系。另外,历史课程标准里没有明确的跨学科主题学习评价,所以历史课标修订组在《义务教育历史课程标准(2022年版)解读》里进行了补充,具体见表4-3-1。

表 4-3-1　跨学科主题学习活动评价表[①]

项目	等级		
	水平1(一般)	水平2(良好)	水平3(优秀)
对跨学科主题学习意义的认识	一定程度地表达了对学习主题的理解	比较充分地表达了对学习主题的理解,并对学习意义有明确认识	清晰地表达了对学习主题的理解,并对学习意义有深刻认识
综合运用跨学科知识探究问题的意识与能力	缺乏跨学科分析问题的意识	具有一定跨学科分析问题的意识与能力	能够综合运用多学科的知识与技能分析问题
小组活动的参与表现	参与程度不高	较积极参与	深度参与
成果展示形式与表达	成果呈现形式一般,表达欠明确	成果呈现形式有一定创新,表达明确	成果呈现形式新颖,表达精准
历史素养及共通性素养表现	核心素养表现不明显或表现一般	具有1—2方面核心素养表现,并表现良好	具有3方面以上核心素养表现,并表现出色

四　初中历史跨学科课程融合实践与思考:以部编版《世界历史》九年级上册第14课《文艺复兴运动》为例

《义务教育课程方案(2022年版)》明确要求"统筹设计综合课程和跨学科主题学习","开展跨学科主题教学,强化课程协同育人功能"[②]。《义务教育历史课程标准(2022年版)》(以下简称"新课标")指出,历史课程在总课时中专门规划出10%的课时用于开展跨学科主题学习。[③]跨学科课程融合是聚焦发展学生解决问题的能力,基于主题(问题)、任务(项目)、观念和学生活动需要,把两门或两门以上的学科思想方法、内容知识、活动经验等进行整合、融通的课程实践。

[①] 徐蓝,马敏.义务教育历史课程标准(2022年版)解读[M].北京:北京师范大学出版社,2022:202.
[②] 中华人民共和国教育部.义务教育课程方案(2022年版)[S].北京:北京师范大学出版社,2022:5.
[③] 中华人民共和国教育部.义务教育历史课程标准(2022年版)[S].北京:北京师范大学出版社,2022:40.

核心素养导向下的跨学科课程融合是当下一线教师教学研究的热点,涌现了不少跨学科课程融合的研究成果。目前的跨学科研究仍处于理论研讨的阶段,跨学科课程融合的规划设计、实施推进、多元评价如何操作,才能实现学校课程的综合育人价值？新课标颁布后,这些都成为亟须探讨的问题。笔者以历史和美术两个市级名师工作室围绕部编版《中国历史》九年级上册第14课《文艺复兴运动》所开展的跨学科理论学习、研讨、课程实践、总结反思为例,谈谈核心素养导向下的跨学科课程融合的实践与思考。

（一）开展学科研讨,寻找共通元素

学校现有的以分科课程逻辑取向为指导的课程组织和管理体制,与跨学科课程不尽匹配,因此亟须增强教学管理的弹性,促进跨学科教研。笔者作为市级历史名师工作室的领衔人,利用一些机会多次联合市级美术名师工作室,邀请相关专家举行讲座,一起开展跨学科研讨,共同发掘历史和美术教材的融合点,并就如何开发跨学科融合系列课程、精选学科资源展开热烈讨论。历史教师和美术教师分工合作,从初中历史和美术教材中寻找各自学科中可以融合的共通点展开研讨。通过分享和交流,我们发现两个学科可融合的地方远远超出预期。如美术作品的成功,离不开其创作的时代背景……从以史入画,到以画入史,美术学科与历史学科之间存在着本质的内在联系,两者在目标、内容、手段等方面相互依存。在教学实践中,如果积极发掘与其他学科的相关元素,有目的地渗透、融会贯通,不仅有利于促进本学科的学习,还有利于带动其他学科成绩的提升,使学生达到美术创造能力与历史认知能力共同提升的目标。教师发掘历史文本中的美术元素,寻绎美术作品的厚重历史,互鉴历史与美术的课程资源。通过美术与历史课程的对接、融合,促进学生综合素养的发展。

下面以笔者领衔的名师工作室成员选取的《世界历史》九年级上册的《文艺复兴运动》,以及美术学科付闻冰美术名师工作室成员选取的《人性的崛起——文艺复兴美术》为例,阐述如何开展跨学科课程融合实践。

（二）聚焦核心问题,找准"融合点"

学科间的课程融合,指向学科知识的课程融合。它主要是根据学生发展需要,以特定的一门或者两门学科为主,深度融合其他学科相关内容,构建成结构化、体系化的课程。这类课程融合的关键是找准"融合点",围绕"融合点"将内容交叉的不同学科知识进行提炼,合并为一系列主题课程。当前的实践中主要方式是以大概念或者主题为基础的单元课程设计等。经过两个名师工作室的多方研讨,根据学生发展需要,找准"文艺复兴"融合点,两位授课教师用任务驱动的方式进行情境创设:美术教师从美术作品中的人物造型、色彩、构图等方面去细致地分析不同时期的画作特点,从而知道文艺复兴是人类历史上的一次"精神解放"运动。而历史教师从历史学科角度对美术作品进行时间排序,有效结合两学科的共性知识,帮助学生直观地感受西方文艺复兴时期神权与人权在美术作品中的呈现。

在教学环节,历史教师用2022年卡塔尔世界杯开幕式上作为世界杯大使身份出现的没有下半身的卡塔尔残疾人的视频导入,引出人身上的精神美,开启了本节课的教学。历史教师将本课设计成"人文之美·初见——蒙昧中的觉醒""人文之美·暂默——束缚中的无望""人文之美·新生——神权下的自我""人文之美·思维——人性美的真谛"四个部分,从古希腊罗马时代的人文精神萌芽到黑暗的中世纪被压抑的人性,再到文艺复兴时期重新肯定人的价值,最后回到现实,鼓励学生要做自己命运的主宰。整节课的设计引导学生从品鉴各个时期的文艺作品入手,通过强烈的对比和对相关史料的解析,循循善诱,层层推进,从而突出重点、突破难点,学生的史料实证和历史解释能力得到提升。

美术教师首先通过猜一猜哪一幅作品是文艺复兴时期的作品这一活动导入课堂。然后,引导学生从作品的人物造型、色彩、构图等方面去细致地分析不同时期的画作特点,通过作品的排序,再次印证作品创作的不同时代背景。最后,通过创设驱动式的情境,并将学生分成五个美术鉴赏小组,分别对不同的作品进行赏析并上台分享,培养了学生的审美感知能力和语言表达能力。值得一提的是,美术教师的板书精心地设计成眼睛的形状,不仅很好地呈现了本节课的知识体系,而且体现了美术学科用眼睛发现美、用智慧创造美的学科底色。

两位教师以人文主义概念为驱动,而不是以知识点为驱动,通过探究性学习,学生对人文主义概念有了深度理解。在不同学科领域,学生的观察视角和理解角度不同。学生发现美术学科加进历史知识,更有深度;而历史学科加入美术元素后,则更有魅力。美术的视觉美和历史的逻辑美拓宽了学生的视野,帮助学生提升了思维能力。

聚焦文艺复兴核心概念,美术教师引导学生聚焦问题展开探究:为什么在倡导以人为中心的文艺复兴时期,会有那么多的艺术家不约而同地选择了宗教作为自己的艺术表现对象呢？为什么在他们的作品中，会出现以宗教题材来表现人文精神的现象呢？在历史课后，历史教师布置了如下课后任务：结合在历史课上所学，对已有的知识经验进行迁移——对美术作品进行时间的排序，了解神权和人权的地位；从美术学科角度，按照描述、分析、解释和评价四个步骤对美术作品进行赏析和评价，直观地感受神权和人权。

（三）指向核心素养，提高综合能力

跨学科主题学习不能脱离学科而单独存在，应以学科内容，尤其是学科核心知识和思想方法为主干，运用和整合其他学科的相关知识和方法，围绕一个中心主题、任务、项目或问题，开展综合性学习活动，发展学生的跨学科核心素养。跨学科的中心是生本立场，基点是站在学生学习的角度。

在跨学科教学中，应关注跨学科课程融合是否真正满足了促进学生全面发展、提高学生的综合素质和实际问题解决能力等要求。尤其是要从简单的跨学科知识、技能拼盘，转为指向问题解决的跨学科知识、技能整合和价值关切，重视培养学生在真实情境中综合运用相关学科知识解决问题的能力，培养学生整体的世界观，促进完整的人的发展。如美术课侧重讲构图、技法、色彩分析，培养学生的鉴赏能力；历史课侧重培养学生学会观察人物的细节，判断图片反映的时代，让学生知道在文艺复兴时期，亟须提高人的地位，挖掘人的潜能，赞美人的力量，学生运用唯物史观对史料进行分析得出：一定时期的文化是一定时期政治和经济的产物，资本主义发展到一定的程度，随着资产阶级力量的壮大，需要鼓励更多的人冲破牢笼，在文化领域作出反应。因此，通过不同学科与历史学科的联系，引导学生将历史知识放在不同的学科背景下去体会、理解，获得新的历史观。这需要教师去开发更多能体现出历史教育特质的活动或项目，让学生从不同角度去探索历史与现状，理解个人、社会、人文等方面的相互联系。以本课《文艺复兴运动》为例，学生围绕人性之美展开对跨学科理念下的公共素养和学科本位的阐释。

历史的唯物史观、时空观念、史料实证、历史解释、家国情怀五大核心素养与美术的审美感知、艺术表现、创意实践、文化理解四大核心素养相互映衬，通过历史学科的史料实证和历史解释帮助学生达到美术的审美感知和文化理解，二者有机融为一体。两学科作为人文学科，其最终的目标都是培养学生的人文素养，具体而言，通过历史和美术的课程学习，培养健康的审美情趣，追求真善

美,激发积极向上的探究、奋斗、创造的内在动力,进而上升到以人为本,尊重、同情、关心和理解别人,关注人类命运的人文主义精神。

(四)创新评价方式,促进师生成长

重视发挥评价的育人功能是新课程改革的重要理念。相比于具体学科知识的评价,跨学科实践活动因其自身的跨学科性、情境性、体验性和挑战性给评价带来了一定困难。跨学科实践活动到底该评价什么、如何评价,这些是教师在教学中必须面对和解决的现实问题。新课标指出:"跨学科主题学习评价需要历史教师与相关课程教师合作,对学生的学习进行评价。评价的主要内容:一是学生参与跨学科主题学习活动的表现,以历史学科为本位,兼从多学科的角度进行评价;二是对学生在语文、道德与法治、地理、艺术等课程的学习过程中表现出来的历史素养进行评价,如时空观念、史料实证、历史解释;三是对学生表现出来的具有各学科共同特征、共通性素养进行评价,如唯物史观、家国情怀。"[1]评价主体的多元化,要求对学生和教师进行全面、客观的评定,例如:通过两节课程,学生增长了哪些知识,习得了哪些方法,积攒了什么经验,升华了什么情感;跨学科知识如何在跨学科课程活动中得到延伸、综合、重组和提升;以此促进学生的全面发展和教师的专业成长。

历史和美术作为人文学科,在培养学生的人文素养方面发挥着十分重要的作用。通过涵盖这两门学科的跨学科学习活动,培养学生健康的审美情趣和高尚的道德情操,引导学生追求真善美,培养学生关心他人、善待生命、积极进取的精神,由此培养学生的创造力、分析力和鉴赏力。

两节课以"人文之美"作为两节课教学设计的核心大概念,用两圆相交的集合来凸显这一概念。历史学科用图像、文字等丰富的史料进行教学建构,通过配台词、看图说话、文字游戏、连连看等师生互动形式,引导学生更好地参与到课堂中,从而达到用历史学科育人,让学生感受穿越时空的人文之美这一目标。而美术学科则采取将本节课的教学目标分解成数个小任务的教学策略,教师在带领学生完成一个个活动的同时,完成了对文艺复兴时期走下神坛的美术的理解,最终让学生明白美术作品能反映不同时代不同国家和地区的历史文化内

---

[1] 中华人民共和国教育部.义务教育历史课程标准(2022年版)[S].北京:北京师范大学出版社,2022:63.

涵。跨学科主题学习既不是简单的多学科累加,其旨向是核心素养的多学科建构,教师需要具备跨学科学习的课程观,并渗透在学生历史课程所有的学习之中,在教学实践中探索研究、反思修正,如此来实现学生跨学科之间理解的交融,彰显出跨学科主题学习的教育价值。

注重评价以人为本,以美育美。教师通过美术学科的图像识读和历史学科的史料研读带领学生发现美,然后用文化理解和时空观念的素养培养来引导学生理解美,并让学生运用审美感知和历史解释的能力来表达美,最后让学生用学科融合的知识和技能去创造美,从而达到各学科都能用自己的学科特色来共同育人的目标。

课堂最后,两位教师采用访谈学生的方式对学生进行质性评价。有的学生提到从不同角度理解文艺复兴内容,让自己感受到对知识展开多维度联系和探究有助于拓展思维和培养能力。有的学生说这次跨学科主题学习活动让自己第一次感受到学科的分界线可以是模糊的,学科之间的知识是相通的:历史是美术创作的背景,而美术创作则体现鲜明的时代特征,这两节课带给自己的美好感受将永远留在心中。还有的学生深刻感受到跨学科融合让自己受益匪浅:历史学科的侧重点在于探索人与社会的状态——社会的政治、经济、文化发展等以及人的思想的改变;从美术学科角度而言,文艺复兴时期有许多耳熟能详的历史人物,其中在课堂上主要学习了达·芬奇的画作,探究了蒙娜丽莎微笑背后的秘密与达·芬奇的绘画技法,印象最深刻的是给《最后的晚餐》配音,同学们纷纷举手,揣测人物的心理活动,模仿他们的表情和动作,课堂气氛活跃。大家从不同的角度去欣赏文艺复兴时期的艺术作品,多方位、多角度思考问题,思维得到提升。跨学科课程是生本立场的课程,学生的反馈是我们检验教学成效的标准,我们应尊重学生的感受,每位学生都是课堂的主人。

总之,教师要重视通过评价方式的转变和创新来促进学习方式和育人方式的转变,以此推动跨学科实践活动的有效实施,切实促进学生核心素养的全面发展。

(五)实践反思与深度感悟

第一,跨学科的专业容量的比例需要更加合理,须把握好学科本位和它科地位的平衡。

第二,加强跨学科集体备课研讨,加强学科思维的融合,呈现综合性。跨学科主题学习需要综合运用多学科知识与技能，贴近社会、贴近生活，去探究、解决问题。我们借此可将多学科领域的知识进行整合，综合利用多种方法，将史料研习与社会实践有机结合。

第三，在跨学科学习中，学生是跨学科学习的主体，应该充分尊重学生的主体地位，充分利用学生资源。跨学科主题学习活动应充分体现新课程理念，例如：树立以学生为中心的教学观念，重视学生自主探究的学习活动，鼓励教学方式的创新。因此，在进行主题学习活动设计时，要让学生学会自主探究和分享。在本主题学习活动中，学生有独立的思考、阅读、观察，也有集体参与和分享，这些都有助于实现深度学习的目标。

第四，表面上是跨学科，本质上是跨向生活。每个主题和项目背后需要我们具备相关的知识。

第五，跨学科主题学习是新课标增加的重要学习板块，与传统教学相比，它更重视学习活动的综合性、实践性、多样性、探究性。对教师来说，组织跨学科主题学习活动，不仅要改变教学理念，还要积极探索实践，以学生为主体，引导学生将历史学习与现实探究有机结合，将史料研习与社会实践有机配合，促使学生将学科知识应用于社会问题的探索、解决，促进学生的全面发展。

跨学科的探索道路我们才刚刚起步，路途必然充满艰辛曲折，"道阻且长，行则将至，行而不辍，未来可期"，相信只要我们坚定地在这条道路上不断积极开拓尝试，终将达到我们心中的目标，遇见不期而遇的美好！

附：王翠霞历史名师工作室和傅闰冰美术名师工作室的跨学科课程实践——聚焦西方文艺复兴的初中"美术+历史"课程实践

授课教师：郭婧　罗雪　指导教师：傅闰冰、王翠霞

跨学科主题学习课程规划表1

姓名	郭婧	学校	厦门市集美区西亭学校	年级	九年级
跨学科主题学习名称	聚焦西方文艺复兴的初中"美术+历史"课程实践				
跨学科主题学习涉及学科	美术：欣赏中世纪与文艺复兴时期的美术作品，了解美术发展历史，体会美术的多样性；感受文艺复兴时期美术作品的特点，培育审美感知，增强文化理解。 历史：从品鉴各个时期的美术作品入手，用历史解释、史料实证等学科技能，了解文艺复兴运动和人文主义精神的内涵，进而品鉴人文之美和感受历史之美，培养历史价值观等学科核心素养。				

续表

姓名	郭婧	学校	厦门市集美区西亭学校	年级	九年级
跨学科主题学习任务	课程采用项目式学习方式,以文艺复兴时期的美术作品为载体,运用美术鉴赏的方法进行作品赏析。通过美术、历史、地理、信息技术等多学科融合实践课程,品鉴艺术之美和感受历史之美,提高学生的图像识读、审美感知、文化理解、史料实证、历史解释、家国情怀等学科核心素养。 课程需要教师带领学生从美术、历史学科不同角度对美术作品进行赏析,师生互动,角色扮演,共同完成教学任务,用学科融合的知识和技能体现学科本体特色,达到共同育人的目标。					
跨学科主题学习目标	1.结合美术、历史学科的课程资源,理解文艺复兴的人文之美,从古希腊罗马时代的人文精神萌芽到中世纪被压抑的人性,再到文艺复兴时期重新肯定人的价值,最后回到现实,鼓励学生做自己命运的主宰。(文化理解、唯物史观、时空观念、历史解释、家国情怀) 2.从历史和文化的角度分析文艺复兴美术作品,与同学交流自己的感受和想法,知道文艺复兴时期所创作的经典美术作品,能运用美术语言,描述、分析、解释、评价文艺复兴时期的美术作品,尊重并理解美术的多样性。(图像识读、审美感知、文化理解、史料实证、历史解释)					

课程实施规划

学习主题任务	实践任务	课时
选题	大观念:西方文艺复兴是对文明和世界的全新理解。 基本问题:西方文艺复兴时期的艺术家是如何通过心灵和思想将人和空间连接起来的? 选题意义:突出美术学科的育人目标,培养学生的审美感知能力和语言表达能力,体现美术学科用眼睛发现美、用智慧创造美的学科底色。	课时1
规划	了解西方文艺复兴时期美术走下神坛的历史背景,用任务驱动的方式进行情境创设。从美术作品中的人物造型、色彩、构图等方面去细致地分析不同时期的画作特点,知道文艺复兴是人类历史上的一次"精神解放"运动。从历史学科角度对美术作品进行时间排序,有效结合两学科的共性知识,帮助学生直观感受西方文艺复兴时期神权与人权在美术作品中的呈现。在教学环节引导学生通过游戏、小组合作、交流探究等方式完成五个学习任务。	

续表

姓名	郭婧	学校	厦门市集美区西亭学校	年级	九年级
实施	课前任务:学生填写课前问卷,了解学生对文艺复兴时期美术的认识和理解,提出对文艺复兴艺术的兴趣点和困惑。 任务1:游戏"谁是卧底",趣味导入。 任务2:将不同时期相同题材的美术作品按创作时间排序。 任务3:聚焦分析中世纪与文艺复兴时期的艺术差异。 任务4:探究《蒙娜丽莎》,理解艺术与科学的有机结合。				课时1
总结 (分享小组 研究成果)	任务5:运用"四步赏析法"(描述、分析、解释、评价),结合历史学科角度进行分析,欣赏文艺复兴时期的美术作品,完成学习研究单。				

跨学科主题学习课程规划表2

姓名	罗雪	学校	厦门双十中学	年级	九年级
跨学科主题 学习名称	聚焦西方文艺复兴的初中"美术+历史"课程实践				
跨学科主题 学习涉及学科	美术:欣赏中世纪与文艺复兴时期的美术作品,了解美术发展历史,体会美术的多样性;感受文艺复兴时期美术作品的特点,培育审美感知,增强文化理解。 历史:品鉴不同时期的美术作品,了解其创作的时代背景,认识一定时期的文化艺术是一定时期历史时代发展的产物;感受文艺复兴时期人文主义精神的内涵,进而品鉴人文之美和感受历史之美;发展历史学科唯物史观、史料实证、家国情怀等核心素养。				
跨学科主题 学习任务	课程采用项目式学习方式,以文艺复兴时期的美术作品为载体,运用美术鉴赏的方法进行作品赏析。通过美术、历史、地理、信息技术等多学科融合实践课程,品鉴艺术之美和感受历史之美,提高学生的图像识读、审美感知、文化理解、唯物史观、时空观念、史料实证、历史解释、家国情怀等学科核心素养。 课程需要教师带领学生从美术、历史学科不同角度对美术作品进行赏析,师生互动,角色扮演,共同完成教学任务,运用学科融合的知识和技能体现学科本体特色,达到共同育人的目标。				

续表

姓名	罗雪	学校	厦门双十中学	年级	九年级
跨学科主题学习目标	\multicolumn{5}{l	}{ 1.结合美术、历史学科的课程资源,理解文艺复兴的人文之美,从古希腊罗马时代的人文精神萌芽到中世纪被压抑的人性,再到文艺复兴时期重新肯定人的价值,最后回到现实,鼓励学生做自己命运的主宰。(文化理解、唯物史观、时空观念、家国情怀) 2.从历史和文化的角度分析文艺复兴时期的美术作品,与同学交流自己的感受和想法,知道文艺复兴时期所创作的经典美术作品,能运用美术语言,描述、分析、解释、评价文艺复兴时期的美术作品,尊重并理解美术的多样性。(图像识读、审美感知、文化理解、史料实证、历史解释) }

	课程实施规划	
学习主题任务	实践任务	课时
选题	大概念:"文艺复兴运动"是对文明和世界的全新理解;"人文主义"精神是近代西方社会进步的重要力量。 基本问题:西方文艺复兴时期的艺术家是如何通过将"人文主义"精神表达于艺术之中,进而达到思想解放的真实目的。 选题意义:"人文主义"是全人类共同的价值追求,是"文艺复兴"时期的核心思潮。以"品鉴人文之美"为主题立意,结合美术学科开展跨学科教学,聚焦活动主题,关注大概念、大单元教学,在落地历史学科核心素养的同时,进行美育的培养。	课时2
规划	以"人文之美"为教学立意,实践活动由四个任务组成。从品鉴各个时期的艺术作品入手,了解古希腊罗马时代的人文精神萌芽到黑暗的中世纪被压抑的人性,再到文艺复兴时期重新肯定人的价值,最后回到现实。教学过程进行对比和相关史料的解析,层层推进,突出重点,突破难点。	

续表

姓名	罗雪	学校	厦门双十中学	年级	九年级
实施	任务1:人文之美·初见——蒙昧中的觉醒(古希腊罗马时代) 任务2:人文之美·暂默——束缚中的无望(黑暗的中世纪) 任务3:人文之美·新生——神权下的自我(文艺复兴时期) 任务4:人文之美·思索——人性美的真谛(百年间的回荡)				课时2
总结 (分享小组研究成果)	1.布置课外延伸活动,并将成果进行自愿展示。 2.结合当今时代,为现在的"自我"或未来期许中的"自我"画一幅自画像。				

第四节 历史项目式教学

历史项目式教学是一种凸显学生主体地位的教学方法,它鼓励学生通过实施时长不一的实际项目,来解答真实且具有深度的历史问题。在项目执行期间,学生须自主规划项目主题、制订计划,并付诸实践,最终形成项目成果。相较于传统的45分钟课堂教学,项目式教学能使学生更深入地参与历史的探索过程,并在这一过程中锤炼语言表达、时间管理以及团队合作等能力。学生在唯物史观的指引下,结合宏大的时空背景,通过搜集、阅读和整理史料,以满足史料实证和历史解释等不同层面的要求,实现历史与现实的交融,解决真实世界中的问题,从而培养深厚的家国情怀。

一 核心概念解析

1. 项目

在《现代汉语词典》(第7版)中,"项目"一词被定义为:"事物分成的门类。"在英文语境中,"项目"通常被表述为"project",《英汉辞海》对其给出了以下三种详尽且权威的解释:(1)具体的计划或设计方案;(2)预先规划好的事业,如明确阐述的研究工作或研究项目;(3)课外自修项目,通常作为课堂学习内容的补充和应用,由一组学生共同研究,内容涵盖学生所感兴趣的多样化智力和体力活动。"项目"这一概念,起初源自管理学领域,依据管理学理论,它指的是一种以独特且相互关联的任务为基础,通过高效利用资源,为达成特定目标而所做的努力。其本质在于创造特定产品或服务,并有明确的时间限制。然而,随着时代的演进与需求的不断变化,"项目"的应用范畴已逐渐超越了管理学的边界,进一步渗透到经济学、教育学等多个领域,展现了其广泛的应用价值和深远影响。1918年,著名教育家克伯屈率先在教育学领域引入"项目"这一概念,并发表了《项目(设计)教学法:在教育过程中有目的活动的应用》一文。此举标志着"项目"在教学领域的正式延伸与发展,同时也体现了其在教育领域的实际应用价值。克伯屈将"项目"定义为个体基于已有经验和知识,通过自主规划,运用实践手段解决实际问题的过程。这一定义凸显了教育领域中的"项目"是围绕学生兴趣展开的,旨在解决真实世界问题的探究活动,其具有真实性与探究性的双重特征。此外,无论项目规模大小或周期长短,均须最终呈现具体的项目成果。综上所述,我们可以将教育领域中的"项目"定义为:以学科内容为导向,构建真实学习情境,学生以分组形式进行合作探究,共同设计并实施项目,最终达成并呈现特定项目成果的教育实践活动。

2.项目式教学

针对项目式教学的概念界定,当前学术界存在多种观点。美国巴克教育研究所(Buck Institute for Education)对其给出了以下定义:项目式教学是一套结构化的教学模式,它涵盖了学生对实际问题的深入探究过程,以及项目活动的计划、布局与实施阶段。在这一过程中,学生不仅能够获取知识,更能通过面对和克服挑战来增强个人技能。马卡姆提出,项目式教学是一种以主题为核心的教学模式,教师负责设计并规划任务,引导学生参与项目活动,持续进行研究,最终实现学生知识的构建与能力的增强。国内学者刘景福、钟志贤亦指出,项目式教学是一种探究型教学模式,它围绕学科原理和概念展开,在真实世界环境中利用多种资源进行探究,并在限定时间内解决一系列相互关联的问题。[①]在《项目化学习设计:学习素养视角下的国际与本土实践》一书中,夏雪梅明确指出:"项目式教学是指学生在特定时间内,针对真实、吸引人且复杂的问题或课题进行研究和应对,通过实践体验,掌握关键知识和技能。"[②]

尽管不同学者对项目式教学的理解各有侧重,但其核心本质是一致的。基于广泛的学术研究和深入的理解,笔者对项目式教学进行如下界定:项目式教学,即在真实的学习情境下,紧扣相关学科的概念和原理,以具有驱动性的问题为起始点,引导学生通过小组合作的方式开展探究性学习活动,最终以项目作品展示为教学目标的一种教学模式。

---

① 刘景福,钟志贤.基于项目的学习(PBL)模式研究[J].外国教育研究,2002(11):18-22.

② 夏雪梅.项目化学习设计:学习素养视角下的国际与本土实践[M].北京:教育科学出版社,2018.

二　项目式教学的要素及特点

(一)构成要素

一般而言,"项目式教学"由内容、活动、情境、结果四个要素构成(见图4-4-1)。

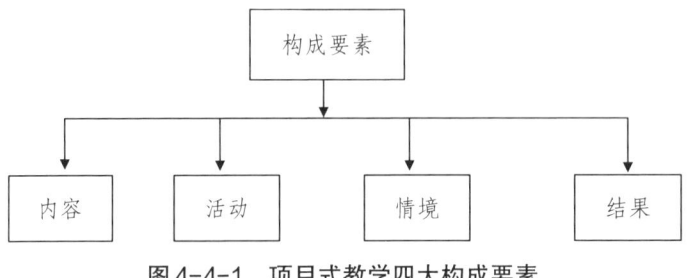

图4-4-1　项目式教学四大构成要素

1.内容

在项目式教学的实施与运用中,项目课程的参与和建设始终秉持以现实世界为项目探索与内容开发的首要资源。项目课程内容的构建不再囿于逻辑严密的学科知识框架,而是以生活中的实际案例作为项目的核心活动主题与内容,实现了跨学科的深度整合,并贯穿于项目完成的整个流程。

2.活动

项目式教学的活动指以完成特定项目任务为导向的团队协作探究过程。在此过程中,学生的学习活动不再囿于传统教材与网络资源,而是须广泛搜集相关资料,深入钻研,并付诸实践。此类活动往往具备一定的挑战性与建设性,旨在提升学生的实际操作能力和问题解决能力。

3.情境

为学生创设的学习情境,既可以是信息技术支持的虚拟环境,又可以是真实的现实环境。通过精心设计的情境创设,项目活动得以顺利生成,此举旨在提高学生的参与度和合作实施能力,进而助力学生全面发展。

4.结果

在项目式教学完成后,所取得的学习成果通常包括多个方面,如合作能力、沟通能力,以及学科知识和实践知识等。这些成果不仅展现了学生在特定领域内的知识积累和能力提升,而且以项目作品和具体成果的形式呈现,体现了多样性的教学成效。

(二)基本特点

项目式教学,作为一种"以研代教"的新尝试,具有其他教学方式难以企及的优势,有效调和了分科教学与综合培养、知识传授与能力发展的矛盾。其显著特征主要体现在以下六个方面。

1.课程标准的中心性

项目式教学作为一种教学实践方法,其核心价值在于紧密围绕学科的核心概念和基本原理,绝非偏离教学目标的产物。在其实施过程中,从项目主题的甄选、项目计划的周密部署,直至项目成果的展示,每一步骤均须严格遵循新课程标准的指导原则。历史教师积极采用项目式教学模式,旨在依据课程标准进行系统化的教学规划,有效引导学生参与并体验具有实质意义的项目学习,促进学生对知识的深入理解与应用。

2.学习情境的真实性

项目式教学探究的活动内容主要围绕生活情境中出现的多种复杂、难以量化以及多学科交叉融合的问题展开。在此过程中,情境作为项目式教学不可或缺的核心要素,发挥着至关重要的作用。在精心设计的学习情境中,教师结合书本知识,设计出适宜于学生进行深入探究的学习项目。这种教学模式能够有效推动学生将学科知识与实践生活紧密相连,使问题和学习情境更加贴近现实,从而为学生提供更为真实、深刻的学习体验。

3.学习内容的综合化

项目式教学的基本要素之一在于学习内容的综合化呈现。项目的选定往往根植于现实生活,而现实生活中的各种现象错综复杂、相互交织。因此,学习的内容并非仅限于书本知识,而是涉及跨学科的综合性知识。通常,一个项目的成功完成需要依托地理、语文、历史等相关学科的知识,并要求学生能够灵活运用这些跨学科的知识。

4.学习途径的合作化

项目活动的实施直至项目作品的完成,始终依托于小组合作学习的模式。学生以团队为组织形式,进行与项目相关的学习与研究,通过实践体验、实地考察调研等多种协作方式,共同完成既定的项目作品。在此过程中,不仅有效激发了学生的学习热情和主动性,还高度契合了学生对知识的探索兴趣,同时满足了学生展示个人能力和追求成就感的需求。这一模式显著提升了课堂教学的效率与效果。

5.项目成果的可视化

在项目式学习中,活动结束时须有一项或一系列明确的产出结果,该结果被定义为项目作品,它象征着学生在项目式学习过程中的劳动结晶。这也是项目式学习与其他教学模式显著区别。每个项目活动小组,在充分利用多媒体和网络信息技术的基础上,应致力于创造出多样化、可视化、高质量且具有深远意义的项目作品。例如,可以通过PPT演示、撰写调研报告、组织辩论或演讲等方式进行项目成果的展示。

6.评价系统的开放性

从内在本质审视,项目式教学显著革新了传统以教师为主导的单一评价模式,构建了一个更具开放性的评价体系。首先,在评价方式上,项目式教学摒弃了单一的以分数为衡量标准的做法,转而更加注重学生综合运用知识解决实际问题的能力。其次,在评价主体上,实现了多元化参与,教师、学生、家长以及学校领导均可共同参与到整个项目活动的评价过程中。最后,在评价内容上,项目式教学更为综合,特别是在项目活动的实施阶段,尤为强调对学生基本技能及思想品德的全面评价。

三 初中历史项目式教学设计路径

(一)项目准备环节

1.项目内容选择分析

在传统历史课堂教学中,讲授式教学无疑是应用最为普遍的教学方式之一。随着教育理念的更新与教学方法的多样化,项目式教学作为一种创新的教学模式,为历史科目的课堂教学注入了新的活力,增添了新的色彩。然而,值得注意的是,并非所有教学内容均适宜采用项目式教学。正如姬秉新教授所指出的那样,历史过程因其无法重现、无法实验以及无法直接体验的特性,使得讲授式教学在课堂教学中所发挥的重要作用,是其他教学方式所无法比拟和替代的。[①]

对于历史教学而言,我们不能轻率地否定讲授法的重要价值。所有历史课堂教学一律采用项目式教学的方式并不明智,传统教学方法一无是处的论断,不仅缺乏理性分析,更是对常识的忽视。作为教育工作者,我们应审慎选择教学方式,将项目式教学与传统教学有机结合,充分发挥项目式教学的优势,以弥补传统教学的不足。在此过程中,教师应根据教学内容的特性,精准判断哪些内容适宜通过项目式教学进行,哪些内容仍须借助教师的讲授以达到更佳的教学效果。举例来说,"资产阶级革命"和"资本主义世界市场"等概念性内容,由于其深度和广度,学生单凭个人探索可能难以获得全面而透彻的理解。然而,教材中涉及的关联性较强的内容,如特定时代背景下政治、经济、文化的发展,这些元素之间存在着固有的联系。通过组织项目活动,可以有效地将这些内容联系起来进行学习,从而帮助学生更好地把握和理解这些复杂概念。

在传统的课堂教学模式下,一节历史课的时长通常维持在40至45分钟。然而,当考虑将项目式教学融入常态课教学时,教学模式面临一个挑战,即如何在有限的课时内有效实施,同时避免过多占用学生的课外时间。为此,精心规划项目活动的规模是确保项目式教学顺利融入常态化教学的关键策略。我们应根据学生不同成长阶段的需求与能力,从小规模的项目式教学开始逐步探索。随着学生思维能力与知识水平的提升,逐步丰富、拓展项目式教学的内容,并相应地提高项目的难度。最终,我们期望实现单元项目式学习,甚至跨学科的综合性项目学习,以全面提升学生的学习效果与综合素质。在应试教育的背景下,鉴于学生学习负担繁重和时间紧张的现状,教师往往难以投入充分精力来设计大型项目式教学方案。然而,为了在初中历史课堂中实现教学方式与学习方式的革新,我们可选取教材中的3至4节内容,采用学科项目式教学的策略,以小项目、微项目的形式逐步引导学生适应项目式学习方式,从而培养其独

[①] 姬秉新.传统讲授方式在历史新课程中的运用[J].历史教学,2007(3):18-20.

立思考和解决问题的能力,使学生能够对历史知识有更深入的理解和掌握。

2.学情分析

精准把握学情是项目式教学顺利展开的前提与基础。

在推进项目式学习活动的过程中,首要任务是深入了解和精准分析学生的实际情况。鉴于项目式学习活动对学生历史基础与思维逻辑的较高要求,教师在策划与实施过程中,必须审慎考量初中生的实际水平。对于初中低年级的学生,鉴于其学习任务相对轻松,但历史思维与综合能力尚待提升,建议优先开展小型的项目活动。这类项目活动周期短、任务难度适中,能够较好地融入日常教学之中,可在一学期内多次实施。而初中高年级的学生,由于面临中考压力,学习时间紧张且任务繁重,教师应根据时间规划,为这些学生设计中长期的项目活动,以确保学习效果,建议一学期内实施1至2次。同时,在项目式教学实践中,教师须特别关注学生之间的个体差异。每个学生作为独立的个体,在成长的过程中会受到诸多外部因素的综合影响,因而他们在认知发展水平、学习习惯、文化观念以及气质性格等方面呈现出显著的多样性。因此,教师在对学生进行学情分析时,必须摒弃简单、草率的主观判断,力求进行全面、深入的分析,以避免以偏概全的情况发生。为实现这一目标,教师应积极运用课堂观察、私下交流、多元智能检测表等多种手段,以全面了解学生的个性差异,并据此实施有针对性的个别化教学,确保因材施教的原则得到切实贯彻。

3.项目主题选择

项目主题作为教学方向与学生学习内容的核心,对项目式教学期望实现的教学效果具有显著的影响。鉴于此,项目主题的选择不宜随意、盲目进行。在历史教学中,确立项目主题应当紧密依据课程标准并结合具体的学情分析,同时须恪守任务适中的原则,以确保教学目标的达成。

(1)项目主题要以历史课程标准为参照

课程标准作为教学活动的基础和行动准则,为教师教学与学生学习提供了明确的方向。所有教学形式的实施,包括项目式教学,都必须以国家课程标准为参照。在项目主题确定的过程中,最有效的途径是依据课程标准与教材内容,提炼项目活动中的关键概念与核心能力。在实际教学中,许多教师在实施项目式教学时,面临着不知如何让学生自主探究的难题。他们担心学生的自主活动会偏离教材内容,因此往往不自觉地以自己的观点引导学生,将问题直接交给学生,这可能导致项目式教学转化为传统的授课模式。

因此,在实际操作中,教师应深入理解课程标准与教材内容,根据课标要求选择学科核心概念,并围绕这些核心概念构建上位问题。随后,教师应引导学生围绕这些上位问题提出具体的、相关的问题,而非直接将问题抛给学生。这样的做法有助于确保项目式教学的有效实施,同时促进学生自主探究能力的提升。

(2)项目难易程度要与学生现有水平相符合

在项目主题的选择上,应确保主题的规模与范围既能体现广度也能体现深度,其难易程度必须与学生的实际能力水平相契合,并依据具体的学情动态地进行调整。确立一个合适的项目主题,不仅需要教师具备选择性整合现有教学资源的能力,以构建完整的历史知识框架,还须充分考量学生的实际知识掌握程度以及学生的兴趣倾向。针对教师普遍担忧的学生自身能力不足、可能无法顺利完成项目研究的问题,我们强调师生之间、教师与教师之间应进行充分的沟通交流,通过不断地调整与修正项目主题,确保其难度与学生的现有水平相匹配,从而确保项目活动的顺利实施与高效推进。项目主题的设定可"大"可"小",在设计项目主题的过程中,建议根据学生的实际发展水平,精心选择教材中的某一单元或某一课作为活动设计的核心。基于学科的核心概念,将项目主题细化为若干个子项目,旨在进一步降低项目难度,确保学生能够在循序渐进中深化理解和提升能力。通过不断地评估和调整,最终确定最符合教学目标和学生需求的项目主题及其子项目。

(3)项目主题要以学生学习兴趣为基础

在项目活动中,尊重学生的学习兴趣是确保学生主体地位得到充分体现的基本前提,同时,它亦是项目主题选择的重要依据。在项目主题的确定过程中,我们必须充分尊重学生的个人兴趣,以其兴趣与问题为指引来设计项目主题,从而确保学生在项目伊始便能产生强烈的学习探究热情。此外,师生双方应基于学习实际需求,共同筛选,力求选择出既能够吸引学生积极参与,又能与历史教学实际紧密结合的项目主题或活动。

(二)项目实施环节

1.设计项目计划书

项目式教学相较于传统教学模式而言,其实施流程更显繁复,对教师的教学技巧、课堂管理能力及组织协调能力均提出了更高要求。在项目式教学的实施过程中,设计项目计划书是确保教学顺利推进的核心环节。在此环节中,教师须依据国家课程标准、教材及相关可用资料,与学生共同规划并制订详尽的项目计划书,以辅助学生深入理解项目内容,确保项目活动的有序进行。项目计划书的设计涵盖以下六个主要部分。

(1)项目简述

项目简述旨在对项目研究的核心内容进行系统而全面的概括性解释说明,以确保项目活动的主要形式得以明确界定和阐述。

教材作为学生学习的重要载体,承载着传授知识的核心任务。而课程标准,作为国家基础教育课程的基本规范和质量要求的权威文件,为教师教学活动的开展和评估提供了明确的依据。因此,对于项目所涉及的教材部分,必须进行全面而深入的了解,以清晰把握其结构框架,确保项目内容与课程标准的要求相契合。这一举措旨在确保项目在国家课程框架内稳步推进,有效避免项目活动与教学实际相脱节。

(2)项目目标

为确保项目活动的有效实施,务必使学生明确了解所需达成的预期目标。这一目标不仅是学生行动的导向,更是引导他们向正确方向前进的旗帜。此举旨在预防课堂表面看似热闹,而学生因缺乏明确目标而盲目活动,从而导致其能力未能显著提升、知识增长有限的情况发生。

(3)子项目划分

在项目推进过程中,须对项目进行细致的拆解,以精确识别其内容问题与核心挑战。接着,将内容问题进一步细化,划分为若干个子项目,这有助于学生分步实施并逐个解决。学生在逐步完成这些子项目的同时,也在逐步攻克核心问题,确保项目能够围绕其核心目标展开。核心问题不仅是项目的核心所在,更是整个项目实施的基石。

(4)驱动性问题

在项目主题确立之后,驱动性问题的设置构成了项目推进的核心动力机制。优质的驱动性问题能有效推动项目活动的有序进行,同时能够激发学生内在的学习动力。这种积极的学习动机源于学生对所参与的学习活动的浓厚兴趣与积极投入的意愿。理想的驱动性问题应摒弃固定答案,其答案应展现开放性、探索性和挑战性,要求学生通过深入思考、努力探索方能获得,这是培养学生自主学习能力的重要途径。驱动性问题作为项目活动的核心,明确指出了学生需要深入探索的方向,是项目主题具体化的重要体现。在设定驱动型问题时,我们强调其与学生现实生活的紧密联系,旨在通过与学生日常生活密切相关的问题作为出发点,引导学生积极探究未知领域,寻找活动的起始点与归宿。此举旨在构建历史学习与现实生活之间的桥梁,赋予历史知识以实际应用的价值,从而使学生能够更好地理解并应用所学知识。

(5)建立学习小组

在确保项目式教学得以顺利推进的过程中,组建一个优质的合作团队尤为重要。构建一个协作高效、默契配合、分工明确的学习小组,能够使学生最大限度地发挥自身潜能,并在相互帮助与协作中共同取得进步,形成积极向上的学习氛围。我们建议遵循组间同质、组内异质的原则进行混合分组,旨在确保团队间的公平竞争,同时实现团队内部学生能力的互补,以促进整体教学效果的提升。

(6)项目成果要求

项目式教学旨在引导学生通过实践探究,最终呈现具体的研究成果。然而,其核心价值并不局限于追求特定的结果或产品产出,而是侧重于使学生在学习过程中掌握学习方法,同时在知识积累的基础上,培育其未来生活与工作中不可或缺的能力与素质。在历史学科的教学实践中,学生项目作品的创作过程实质上是一个全面培养学生的自主学习与团队协作能力、信息收集与处理能力的过程,更是一次深化学生历史思维,落实历史学科核心素养培育,以及带领学生领略历史文化独特魅力的宝贵机会。

2.实施项目计划

项目计划的实施过程是项目式教学的中心环节,是最能体现学生在"做中学"特点的环节。

首先,项目小组在选定活动子项目后,务必明确组内成员的分工。项目式教学强调以学生为活动主体,以合作学习为主要形式,这一特性正是众多教师难以完全放手让学生自主学习的关键所在。鉴于学生在自控能力和学习主动性方面存在的差异,确保合作学习中组内成员的责任落实显得尤为重要。因此,为了充分激发每个学生的参与热情,实现个人价值的最大化,教师应积极引导学生建立健全责任落实机制,以减少"旁观者"现象的发生。

学习小组的构成通常为四至六名成员,具体人数可根据项目的复杂程度及班级实际人数等因素进行适当调整。在组建过程中,应遵循"异质分组"的原则,确保每个团队由具有不同特点、不同优势的学生组成,使每个学生都能在团队中扮演不同的角色,发挥独特的作用。明确每个学生在团队中的职责,是合作学习取得成功的关键。首先,团队须通过内部推选并结合教师的协调,选拔出具备领导能力的组长。担任组长能锻炼学生的领导与组织能力及处理人际关系的能力。特别是在团队内部实现轮流担任,能为更多学生提供锻炼机会。团队内部的其他成员则根据个人能力与兴趣,分配具体的任务角色。分工完成后,由组长填写组内分工表,将任务落实到个人,确保在项目进行过程中每位成员都能明确自己的职责。明确责任分工,能够有效地防止以往合作学习中优等生积极参与、学困生消极对待的情况,从而最大限度地让每一位学生都参与到学习活动中。各小组须以表格形式(见表4-4-1)填写相关信息,确保责任划分明确,防止课堂出现混乱无序的情况。

表4-4-1 学习小组分工表

项目主题	
成员	任务
组　长:	
整理员:	
记录员:	
主讲人:	

此外,依据项目计划书详细了解项目内容,进而组织团队成员协作搜集所需的相关材料。在资料搜集的过程中,教师应指导学生广泛利用书籍、报刊、网络资源等多种渠道,同时强调不同史料所承载的价值差异,引导学生掌握辨别史料真伪的技能。对于每一种资料的选择与应用,学生应进行深入分析,教师在这一过程中应积极发挥辅助和引导作用。当资料搜集工作完成后,各小组须

对所收集的资料进行严格的甄别、选择、分析、解释,这一过程旨在培养学生的史料实证能力和历史解释素养。通过学生的集体智慧与深入讨论,去伪存真,最终形成完整的活动成果。

(三)项目反馈与评价环节

1.展示项目成果

项目式教学作为一种强调探究性的教学方式,其核心在于引导学生通过项目探究活动深化知识理解。然而,在实际操作中,教师须警惕对学生知识掌握情况的忽视。教师应明确,项目仅是学生学习知识的一种手段,若过分侧重于探究过程的体验,仅追求形式上的活跃,而未能使学生在心智层面得到锻炼与成长,则此类项目式教学将流于形式,无法有效培养学生的创造能力与思维能力,从而失去了项目活动的真正意义。项目式教学强调学生须公开展示高质量的项目作品,这些作品直接且直观地反映了学生的学习成果。项目式教学所追求的作品形式,即学习成果的可视化表达,不仅增强了项目学习的真实性和实践性,也为学生提供了自我回顾和反思项目过程中表现的机会,从而激励他们持续深入学习。项目式活动作品的展示形式丰富多样,学生可自主选择包括PPT演示、历史人物展、演讲稿、手抄报、思维导图等在内的各种形式进行展示。无论采用何种形式,教师都应避免在活动初期即向学生展示完整的成果范例,以防止学生陷入刻板的模仿之中。

在考量学习成果时,教师应着重评估学生个人的学习成效以及团队协作的成效。在以往的项目式教学实践中,过于倚重团队成果的呈现,而忽视了对学生个人学习质量的保障,这导致了项目探究过程中虽然表面热闹非凡,但实际上学生在知识和能力方面并未实现实质性的提升,使项目学习沦为一种形式化的存在。鉴于此,我们必须在项目化学习的实施过程中,更加凸显对个人学习成果的重视和考量。

2.多元评价方式

评价并非旨在为学生"贴标签",亦非单纯衡量学生成绩优劣的工具。恰当的评价旨在激发学生的学习热情,其标准应聚焦于促进学生对学习过程的积极反思与自我评估,而非直接给出定论。项目式教学的评价方式具有丰富性与多元性,摒弃了传统"唯分数论"的评价模式。该模式不仅涵盖学生的过程性评价与终结性评价,强调学生在项目实施中对知识与技能的掌握,以及思想道德、情感、态度、价值观等方面的培养,还融入了学生自评、互评以及教师评价等多元评价主体。鉴于项目式教学评价参与主体的多样性和考查范围的广泛性,制订明确的评价标准显得尤为重要。

在项目评价标准的制订过程中,为确保其全面性和公正性,教师须摒弃过去仅由教师单方面制订评价标准的传统模式,相反,应采取一种更加开放和协作的方式,鼓励学生与教师共同参与项目活动评价标准的制订。这一举措不仅旨在增强学生的参与感和主人翁意识,以调动其投身于项目活动的积极性;而且,通过让学生亲自参与评价标准的制订,他们能够对项目活动的具体要求有更深入、更直观的理解,从而在制作项目成果时能够更加明确目标,保持清晰的方向,进而更有效地指导其行动。

在项目式教学的评价体系中,尽管其方法与传统评价方式有所区别,但必须明确的是,这并不意味着纸笔测验在项目式教学中失去了其价值。实际上,在项目式教学的评价阶段,传统的纸笔测验仍然占据着不可或缺的地位。这是因为纸笔测验作为直接检验学生知识掌握情况的方式,能够确保项目式教学不是停留在表面形式上,而是真正让学生能够深入理解和掌握知识,避免出现只注重外在形式而忽略内在学习的现象。

四 项目式学习在初中历史教学中的优化策略:以活动课"倾听历史流淌,走进鼓浪屿'万国建筑'"为例

《义务教育历史课程标准(2022年版)》强调要树立以学生为主体的教学观念,注重学生自主探究的学习活动,鼓励教学方式的创新,实现历史课程育人方式的变革。[①]项目式学习则很好地契合了这一点。项目式学习是一种动态的学习过程,它以具有挑战性的问题为驱动,学生在持续探究的过程中积极搜集信息、获取知识、形成方案,最终创造性地解决具有现实意义的问题,促进"知识"向"素养"的转化。而在具体的实践中,项目式学习遇到诸多问题,例如课堂实践难以真正开展、课外的集体参观考察难以实现、项目式学习结束后的拓展延

---

① 中华人民共和国教育部.义务教育历史课程标准(2022年版)[S].北京:北京师范大学出版社,2022:3.

伸较少等。下面以部编版《中国历史》八年级上册活动课《考察近代历史遗迹》为例,结合对厦门鼓浪屿"万国建筑"的考察,谈谈项目式学习在初中历史教学中的优化策略。

(一)项目主题选定:适切性与民主性

项目主题的选定要契合教材内容和课程标准。八年级上册历史教材为中国近代史,其中诸多知识点涉及厦门乡土历史。此次活动课的授课对象是厦门学生,引导学生从身边熟悉的历史入手,有助于学会在中国历史的发展脉络和厦门地方史的细节中找到契合点,拓展知识的广度,增加知识的深度,提升对家国的热爱。因此,教师在开学初期整理出厦门乡土资源与历史教材的契合点:如抗英名将陈化成(鸦片战争)、鼓浪屿万国建筑(《南京条约》)、胡里山炮台(洋务运动)、中山公园"天下为公"标志和醒狮球(孙中山与辛亥革命)、厦门大学囊萤楼(福建省第一个中国共产党党支部、中共党史)、五通码头"万人坑"遗址(日本侵华史实)、爱国华侨陈嘉庚与鳌园(抗日民族统一战线)等。

项目主题的选定还要遵循学生的认知规律和身心发展的内在需求。八年级学生已经具备一定的搜集整理资料、分析论证历史问题的能力。同时,他们自主意识逐渐增强,思维活跃,敢于尝试。因此,项目式学习主题的选定要体现"民主性",充分发挥学生的"主人翁"作用。例如,利用"问卷星"等工具进行问卷调查,筛选出学生感兴趣、操作性强的项目主题,促使他们更加乐在其中、学在其中、思在其中。调查问卷包含如下(节选):

本学期我们将开展各种丰富有趣的历史学科实践活动,你对以下哪些厦门乡土历史更感兴趣?(可多选)

A.抗英名将陈化成 B.鼓浪屿"万国建筑" C.胡里山炮台 D.中山公园"天下为公"标志和醒狮球 E.厦门大学囊萤楼(福建省第一个中国共产党党支部) F.五通码头"万人坑"遗址 G.爱国华侨陈嘉庚与鳌园 H.其他

写出你选择它的理由:_____

经过调查问卷的统计,学生对厦门乡土历史感兴趣的内容比例较高的为:鼓浪屿"万国建筑"(69.94%)、胡里山炮台(60.11%)和五通码头"万人坑"遗址(39.04%)等。综合历史教材、乡土资源以及民主投票,最终选择了"鼓浪屿'万国建筑'"作为项目式学习的研究主题。

(二)项目实施策略:课内与课外"双轨并行"

常规历史课堂一节课只有45分钟,学生的课堂实践难以真正开展;课外的集体参观考察,由于涉及出行安全等问题,也难以实现。因此,教师在活动课"倾听历史流淌,走进鼓浪屿'万国建筑'"的开展上,进行了课堂与课外"双轨并行"的尝试。

1.课外实践,走进历史现场

相比于"灌输式"教学,课外实践是获得感性认知的重要途径。教师在充分备课、到鼓浪屿踩点的基础上,考量项目化方案的可行性。在活动课前至少一个月发布推介海报(放置在年段宣传栏)以及实践任务(二选一完成)。

【任务1:景点解说】假如你是导游,请选择一座或若干建筑,写一篇解说词,介绍万国建筑的前世今生吧!以A4纸上交(语文跨学科)。

【任务2:Vlog短视频创作】相信这一次鼓浪屿万国建筑的探索之旅,如游览前的资料搜集、和同伴或家长现场游历或制作作品的过程,一定让你收获满满。不妨试着拿起你的手机或Pad,记录下这些学习过程或美好瞬间。鼓励进行个性与创意剪辑。以MP4形式上交(与信息技术融合)。

学生通过周末的实地参观考察、查阅文史资料等方式,了解鼓浪屿"万国建筑"风貌,以及鸦片战争以来厦门被迫开放为通商口岸的史实与影响。同时跨界其他学科,借助多学科的逻辑思维和表现形式来形成学习成果。例如,在"景点解说"任务中,借助语文学科的语言书面表达,培养学生的语言组织和表达能力;在"Vlog短视频创作"任务中,利用现代信息技术手段,如手机、Pad、相机、电脑等工具,进行短视频录制与剪辑,提升学生敢于自我展示、创意表达的能力。

2.课堂互动,促进内化生成

近代历史遗迹的考察不仅需要学生亲身走进现场去触摸实物、感受特点,更需要学会在不同的时空定位下理解历史遗迹的成因与价值。因此,要在课堂中"趁热打铁",巧妙地将学生的实践经验融入课堂的教学设计中,通过师生、生生之间的互动交流,达成感性共情力与理性思考力的统一。课堂教学实录如下。

(1)导入

播放"学生视角"的鼓浪屿参观Vlog视频,从学生的亲身实践经验出发,在学生的互动分享中调动学生的参与热情,开启本课的学习。

(2)环节一:初印象

①既有印象

播放视频集:学生小分队在鼓浪屿采访厦门本地人、国内游客和外国游客对于鼓浪屿的印象。从采访中,学生总结发现大家对鼓浪屿的初印象,大多停留在"郑成功雕像""海岛风光""文艺打卡""鼓浪屿馅饼"等关键词。

②认知冲突

教师展示联合国教科文组织世界遗产中心官网对鼓浪屿的评价——"历史国际社区"。其中提道:"鼓浪屿见证了清朝晚期的中国在全球化早期浪潮冲击下步入近代化的曲折历程,是全球化早期阶段多元文化交流、碰撞与互鉴的典范。"由此,学生形成认知冲突:鼓浪屿被成功列入"世界文化遗产"的原因远远不止于大家日常的既有印象,从而激发学生继续探知"万国建筑"的兴趣,由感性认识逐渐上升到理性认识。

(3)环节二:走进历史

问题1:"万国建筑"为什么在厦门?为什么在鼓浪屿?

材料一:

开放广州、福州、厦门、宁波、上海五处为通商口岸。

——中英《南京条约》(1842)

材料二:

若论居住,厦门远没有鼓浪屿惬意。所有的洋行和海关都在厦门这一头办公,而传教士和领事则全在鼓浪屿做事……因为有微风从四面八方吹来,鼓浪屿要比中国其他港口更有益于健康。

——何丙仲编译《近代西人眼中的鼓浪屿》(厦门大学出版社,2010年版)

材料三:

英国巴麦尊外相于1841年6月2日的《致海军部各长官函》就明确训令:"可以占领厦门附近的一个岛屿(鼓浪屿),它将使英国军队可以控制该城与大陆之间或该城与海上之间的所有联系"……英军攻占厦门以后……把三艘军舰和三艘运输船以及500名士兵留在鼓浪屿,然后离开厦门继续北上。

——摘编自何丙仲《鼓浪屿公共租界》(厦门大学出版社,2015年版)

自主学习:结合八年级上册所学以及给出的三则材料,分析"万国建筑"在厦门、在鼓浪屿的原因。该环节的设计,旨在引导学生联系所学的中国近代史知识,并从材料中获取有效历史信息去综合分析历史问题,培养史料实证和历史解释的学科核心素养。

问题2:鼓浪屿上的"万国建筑"景点解说词过于简单,不够生动,你会如何优化解说?

上台展示:学生在实地考察、搜集和整合资料的基础上,在希沃白板上借助图片、动态地图等,分别对英国和日本等各国领事馆、厦门海关副税务司公馆旧址、万国俱乐部旧址、黄家花园、天主堂、救世医院、英华书院、毓德女中等鼓浪屿建筑进行生动有趣的解说。如何才能形成"接地气"、引人入胜的解说词,也是对学生的一大考验。每位解说者在讲解结束后,教师还可以引导他们介绍自己搜集资料的方法,最后总结出获取资料的方法或渠道——如实地考察、访问景点官方网站、关注景点公众号、去图书馆查阅相关书刊、阅读相关专业书籍、查找文史资料、利用小红书、咨询家长或老师等。这一环节旨在通过学生通俗易懂的景点解说,帮助更多学生认识到鼓浪屿乃至厦门,在政治、经济、文化、思想、建筑、医疗等方面客观上被卷入了近代化的进程,理解鸦片战争对中国近代社会产生的影响,从而回归到教材内容以及课标要求,学会多渠道获取历史信息的方法。

问题3:以上能不能说明外国侵略对中国产生了积极的影响?

材料四:

(工部局)他们每次都率领巡捕在街头巷尾鸣枪抓人……工部局除了《鼓浪屿工部局律例》外,还先后擅自制定了54种"条例",用来束缚中国人民的手脚……工部局除了产业税,还巧立名目、横征暴敛……连备自行车,养狗、羊也必须交税。1903—1940年的牌照税收:1903年4502.53元,1913年4736.98元,1923年13500.25元,1933年29494.73元,1940年88488.40元。

——摘编自何丙仲《鼓浪屿公共租界》(厦门大学出版社,2010年版)

材料五:

19世纪四五十年代(第一次鸦片战争后),厦门是当时中国最大的"苦力贸易"中心之一。据不完全统计,1845—1853年第一季度从厦门出口的苦力人数如下:

年份	运往地点	人数
1845	波旁岛	180
1846	波旁岛	200
1847	哈瓦那	640
1848	悉尼	120
1849	悉尼	150
1850	悉尼	406
1851	悉尼	1478
	夏威夷	199
1852	悉尼	1077
	夏威夷	101
	卡亚俄(即喀劳,秘鲁)	404
	地麦拉拉	1257
	地麦拉拉	2442
	加利福尼亚	410
1853(1—3月)	悉尼	254
	卡亚俄(即喀劳,秘鲁)	500
	地麦拉拉	320
	地麦拉拉	2123
总计		12261

——吴凤斌《契约华工史》,转引自何丙仲《鼓浪屿公共租界》(厦门大学出版社,2010年版)

材料六:

厦门外港和集美常年都各停泊着两艘囤聚鸦片的趸船……据1878年英人的统计,鼓浪屿上人口不到3000人,却有4家鸦片烟馆。

——摘编自何丙仲《鼓浪屿公共租界》(厦门大学出版社,2010年版)

小组合作:学生结合材料,关注平时在参观鼓浪屿时容易忽略的建筑遗址,如鼓浪屿工部局遗址、和记洋行货栈遗址等。这一环节旨在引导学生学会一分为二、辩证地看待租界时期近代化的发展,挖掘建筑背后更加残酷的真相,学会透过历史建筑看到背后的深层历史,认清列强对中国侵略的本质。

问题4:"万国建筑"是不是厦门鼓浪屿独特的存在?

"教师视角"的参观Vlog:教师在游历了福州烟台山风景区(被誉为福州版"万国建筑")后,同样制作了一段参观Vlog视频,播放视频,展示烟台山的建筑介绍。这一环节旨在引导学生找出两处景点的相似之处,以厦门、福州为例,形象直观地感受到其实近代以来开放的通商口岸都受到近代殖民侵略的影响,理解这些相似建筑背后的时代底色。学会运用迁移、应用的方法去自主探究身边的近代历史遗迹,建构国家历史与地方历史之间的链接,深化对历史的理解。

(4)环节三:走出历史

问题5:如何保护好历史遗迹?

材料七:

(亚细亚火油公司)由于保护不当,这栋建筑历经了被违法搭盖的干货卖场侵占,主楼还被改成家庭旅馆……在申遗的推动下……鹰眼形状的窗户恢复之后再次炯炯有神。

——张锦乾、雷彬《世界文化遗产地旅游资源保护与开发——以鼓浪屿为例》

同桌讨论:以亚细亚火油公司为例,讨论历史文化遗产面临的问题以及我们应该如何传承和保护历史遗迹。这一环节旨在让学生通过对鼓浪屿具体案例的研讨,思考如何对历史文化遗迹进行保护和活态传承。

问题6:学完本课,你会如何向游客推介鼓浪屿"历史文化深度游"?

开放性练习:请你任意组合以下选项,设计一份鼓浪屿游客旅游指南,并用线上地图制作或手绘旅游路线图。
- 角色:厦门本地人/外地游客/外国游客……
- 形式:长辈游/同学伴游/亲子游……
- 时长:半日游/一日游/两日游……
- 主题:"万国建筑"之旅/红色印迹之旅/休闲生态之旅/闽南传统体验之旅/历史名人建筑之旅/混搭之旅……

你的组合方式是:_____、_____、_____、_____。

你的路线规划是:_____、_____、_____、_____。

小组合作:小组讨论,进行个性化方案设计,并派小组代表上台,结合希沃白板中的鼓浪屿地图进行动态展示。这一环节旨在检测学生本节课学习之后对鼓浪屿"万国建筑"的"再认识"。引导学生进行合作学习、问题解决和多元化

构想,学会认同地域历史与文化,挖掘历史文化遗产的价值,促进景观旅游开发,增强责任担当意识和创新意识。

(三)项目成果评价:多元化与发展性并重

教学评价的重要目的之一是促进学生的发展,因此评价时心中要有学生。优化评价方式,如综合运用多种评价方式,注重评价主体的多元化,探索增值性评价等。

1.学生互评,激励学生的自我反思

约翰·哈蒂在《可见的学习》认为,同伴之间的高质量对话可以促进认知发展。[①]学生作为项目式学习的局内人,最了解项目执行的情况,因此应该将评价权还给学生。引导学生在生生互评中进行自我诊断、反思和调整。例如,学生提交的实践作品评比(创意Vlog短视频),随机从各班选出学生代表,讨论制订评价量表,并进行作品的筛选、评比(见表4-4-2)。

表4-4-2 "主题式旅游线路设计"评价量表

评价维度	☆☆☆	☆☆	☆
学科理解能力	能够在多渠道、全面搜集史料的基础上,紧密围绕主题线路设计相关元素,富有创意和震撼力。	能够在搜集部分史料的基础上,基本围绕主题进行线路设计,有一定的创意。	设计线路脱离主题。
合作交流能力	分工合作高效,能辩证地看待别人的观点,积极地与他人合作探讨、解决问题。	有一定程度的分工合作,能够倾听他人的观点。	无分工合作,没有听取他人的观点。
理由表达	紧扣主题,表达自信,逻辑清晰,语言优美,让人迫不及待地想要加入该主题旅游线路。	能够比较清晰地表达和展示理由,所设计的线路有一定的吸引力。	不敢表达和展示理由。

---

① 约翰·哈蒂.可见的学习:最大程度地促进学习(教师版)[M].金莺莲,洪超,裴新宁,译.北京:教育科学出版社,2015.

2.教师评价,关注学生的阶段成长

虽然项目式学习强调充分发挥学生的主体性作用,但这并不意味着教师是"旁观者"。教师需要参与到整个项目式学习的过程中,成为"观察者""指导者""激励者"等身份。教师评价,不应仅关注项目结果的静态呈现,更应该从整个过程出发,关注学生在自主学习能力、分工合作能力、尊重和倾听他人的能力、反思与创新能力等方面的增值成长,关注学生的点滴进步。增值性评价有利于学生从项目开展中获得成就感,激发学习内驱力,点燃指引前进的灯塔。"学生成长记录袋"的设计如表4-4-3所示。

表4-4-3 "学生成长记录袋"设计示例

_____同学"成长记录袋"

标准	项目开展前					项目开展后				
	很好	良好	一般	较差	突出事件	很好	良好	一般	较差	突出事件
自主学习										
合作分工										
倾听并尊重他人										
反思与创新										
综合评价	该生特长: 进步之处: 建议改进:									

3.社会评价,扩大项目的广泛影响

项目式学习是基于真实问题、真实情境而开展的学习,因此项目成果具有一定的解决实际问题的意义。以本次鼓浪屿"深度游"主题线路的个性化设计为例,无论对厦门本地游客、国内外地游客还是外国游客,都有一定的参考价值。因此,可以利用QQ、微信公众号、问卷星等发起"我最喜欢的鼓浪屿深度游线路"投票。这既是家长、社会等对学生学习成果的一种评价,也是对鼓浪屿深度游的推介和宣传。

(四)项目经验优化:拓展性与延伸性

在本次项目式学习的探索过程中,学生表现出了极大的热情,也使他们对身边的历史文化遗迹有了更深刻的认识。本节课的结束并不是项目式学习的终点,而应该是项目式学习的新起点。在总结经验和收获的基础上,我们围绕厦门"深度游"的概念,提出了"你我皆是城市探路人,让我们自觉成为历史的见证者、记载者和传承者!"的口号。在第二期的项目式学习实践中,我们整合八年级上、下两册历史教材,以重要专题"中共党史"为依托,开启了下一阶段的探索。学生开始走访厦门大学囊萤楼(福建省第一个中国共产党党支部、中共党史)、厦门总工会旧址(国民大革命时期福建工人运动)、厦门破狱斗争旧址(国内革命战争)、厦门五通码头"万人坑"遗址(日本侵华史实)、爱国华侨陈嘉庚与鳌园(抗日民族统一战线)、厦门革命烈士陵园(解放战争等)、厦门市铁路文化公园(鹰厦铁路)、马塘精神主题馆(改革开放)、厦门经济特区纪念馆(改革开放)等历史文化遗迹。

每一个项目的开展是学习者不断学习、发展、反思和自我建构的过程。而项目化经验的"持续化"延伸,不仅是对教材广度和深度的拓展,更是推动学生知识不断丰富、能力不断迭代、素养持续提升、家国情怀不断涵养的途径。

综上,项目式学习在初中历史教学中的优化策略贯穿项目的全过程。项目主题选定的适切性与民主性、项目实施策略的课内课外"双轨并行"、项目成果评价的多元化与发展性、项目经验优化的拓展性和延伸性等,都强调以学生的"学"为中心,在持续动态的过程中搜集信息、获得知识、解决问题、优化经验等,促进"知识"向"素养"的转化。教师在整个过程中也起着至关重要的作用,可以是"观察者""指导者""倾听者""激励者""协助者"等。

当然,在实践的过程中,还有一些值得继续优化的地方。项目式学习的开展,尤其是持续化项目式学习的开展,必须要有学期、学年,乃至初中三年的统筹规划,给学生留足实地考察的时间与空间,因此对执教者有较高的能力要求。还有,在亲子实地考察期间,他们是否能够围绕主题搜集资料、去伪存真、准确呈现?因此今后应该提供更加清晰的学习支架、示范案例,或者组成学习互助小组,确保实地考察的有效性和科学性。

[本案例由福建省厦门市思明区厦门外国语学校瑞景分校易红提供,系福建省厦门市教育科学"十四五"规划2022年度立项课题"项目式学习在厦门乡土历史教育中的实践研究"(课题编号:22143)的阶段性成果]

第五节 "问题链"教学

一 "问题链"教学的内涵与特征

(一)问题链的内涵

1.问题

《现代汉语词典》(第七版)针对"问题"一词提供了几种主要释义:首先,它指的是那些需要回答或解释的题目;其次,它指那些需要研究讨论并加以解决的矛盾、疑难……我国学者林定夷曾对"问题"给出以下理解:问题即事物当前状态与目标状态之间的差距。①在林定夷等学者的研究基础上,幸小勤进一步补充和完善了"问题"的定义,她将问题阐述为:一种能够引起人们注意,既具有可解性又具备一定难度的不理想状态。②美国心理学家西蒙则持以下观点:当个体面对一项不知如何执行的任务时,即意味着其面临了一个问题。德国心理学家卡尔·邓克尔亦对"问题"有类似的解读,他认为当有机体拥有明确目标但不清楚如何实现时,问题便随之产生。基于上述理论,多数心理学家认同问题包含三个基本要素:已知的条件、目标状态以及实现目标过程中可能遭遇的障碍。

在全面审视问题的表述后,笔者基于中学历史教学的视角,对"问题"作出如下定义:问题是指学生在学习历史知识、构建历史认知以及达成核心素养目标的进程中,所遇到的需要经过深入分析、透彻理解并最终予以回答的学习任务。在教师的科学指导下,学生借助问题的解答过程,可以有效培养并提升自身的历史思维能力。

---

① 林定夷.问题与科学研究:问题学之探究[M].广州:中山大学出版社,2006:73.
② 幸小勤."问题"及其构成要素的哲学考察[J].重庆大学学报(社会科学版),2013,19(2):141-145.

2."问题教学"的概念

西方的心理学家对"问题"进行了精确的界定,将其描述为:一种刺激情境,其中在给定信息与目标之间存在需要被克服的障碍。从更广泛的角度理解,问题即从当前状态出发,为达到理想状态而必须面对并解决的疑惑或障碍,这些疑惑与障碍的解决均依赖于有效的思维活动。在实际教学环境中,问题通常指学生在特定学习情境下,基于自身已有知识基础所遭遇的难以独立解决的疑惑或困惑。以问题为导向的教学方法,其历史可追溯至古希腊哲学家苏格拉底的"谈话法"。苏格拉底在传授知识时,并不直接给出答案,而是通过与学生进行对话,引导学生表达对某一问题的个人见解。随后,他会根据学生的表述找出其中的逻辑矛盾,使学生认识到自己在此问题上的知识空白或理解不足。近现代美国教育家杜威提出了著名的"五步教学法",该教学法依据思维发展的逻辑过程,将问题教学解构为五个核心步骤:第一步,教师通过创设真实的日常情境,激发学生的学习兴趣并促使其产生探究的意愿;第二步,鼓励学生自主解决情境中浮现的问题;第三步,引导学生对问题解决方案提出合理的假设与猜想;第四步,对不同的解决方案进行逻辑排序与筛选;第五步,学生通过实践操作验证其假设的有效性。杜威的这一教学理念深刻体现了对问题解决过程的重视,为后世问题教学的研究奠定了坚实的理论基础。进入20世纪60年代,苏联教学论专家马赫穆托夫进一步丰富了问题教学的内涵,他明确指出问题教学是以问题为导向的教学方法,学生在解决问题的过程中不仅学习了知识,还掌握了学习方法。马赫穆托夫对问题教学的全面阐述,标志着问题教学理论体系的正式形成。

3."问题链"的概念

关于"问题链"的定义,王后雄阐述道:"'问题链',是教师为了实现一定的教学目标,根据学生的已有知识或经验,针对学习过程中将要产生或可能产生的困惑,将教材知识转换成为层次鲜明、具有系统性的一连串的教学问题。"[①] 其他学者亦持有相似观点:问题链乃依据教学目标及内容,结合学生既有知识与经验,将教材内容转化为一系列既独立又相互关联的问题,这些问题层层递进、

---

① 王后雄."问题链"的类型及教学功能:以化学教学为例[J].教育科学研究,2010(5):50-54.

相互衔接,旨在通过解答这些问题,最终达到全面理解、把握主旨、深化主题之目的。由此可见,学者们对问题链的理解在核心层面具有较高的共识。经过上述深入的分析,我们可以明确"问题链"的定义。在教学实践中,教师基于学生既有的知识体系,预先推测学生可能遭遇的疑惑点,进而围绕这些疑惑点,以层次性和逻辑性为准则,进行有针对性的设问。通过这种一连串问题的解决过程,学生得以有效锻炼其解决问题与深入思考的能力,同时,教师亦能达成预定的教学目标。

问题链教学策略对于提升学生的思维能力、深化其对知识的把握具有显著效果。同时,这一教学方法能够有效激发学生的学习兴趣,促进学生自主思考意识的形成,使学生成为课堂学习的主体,从而让教师能够更好地发挥其引导职能,学生发挥其主体作用。此举旨在打破传统课堂教学模式的束缚,实现教学模式的创新与优化。在"问题链"教学中,"问题"是其核心要素,而"链"则是连接各问题、形成完整思维路径的纽带。

"问题链"作为"问题"的深化与阐释,是"问题"的进一步升华。它强调"问题"之间的内在关联,成为连接不同知识节点的纽带与桥梁。具体而言,问题链在内容上呈现出相互依存的逻辑关系,在形式上则体现为层次分明的递进结构。通过精心构建的问题链,我们能够有效激发学生的思维活力,促进他们思维的碰撞与飞跃,进而启迪学生的历史思维,并培养他们的自主学习能力。

"问题链"是教师为了实现某一明确的教学目标,根据学生的已有知识和心理特点,将教学内容转化为一系列层次鲜明且具有系统性的教学问题。确切而言,问题链并非教师课堂上随意设问与学生即兴回应的集合,而是教师在教学设计阶段,为实现既定教学目标而精心筹划的,旨在促进师生深度互动的问题情境。它代表了教师与学生在知识探索上的共同旅程,呈现为一连串具有明确目的性的设疑、解疑、释疑的动态过程,其最终目标是推动学生独立思考能力的提升和创新思维的拓展。

问题链是一系列具有层次性、系统性,且既相互关联又相对独立的问题集合。这些问题之间紧密相连,前一个问题的提出为后一个问题奠定了基础,呈现出逐层深入、层次递进的逻辑关系,从而形成了一个紧密相扣的问题网络。通过问题链的构建,教师能够有效发挥其在教学中的主导作用,引导学生按照预设的思维路径进行深度思考,进而提高课堂的教学效率。同时,问题链的设计也充分尊重了学生的主体地位,通过激发学生的好奇心和求知欲,促进他们对所学内容的深入理解。因此,问题链既是教师提升教学技能的重要工具,也是学生优化学习策略的有效途径。

经过对问题链的深入剖析,从中学历史教学的专业角度出发,笔者将"问题链"的内涵界定为:问题链是教师在明确的教学目标的指引下,基于对学情的全面把握,将历史知识精心组织成一系列层次鲜明、系统性强且逻辑严密的教学问题。这一教学策略既充分发挥了教师的引导作用,通过逐步深入的问题设计促进教学层次的递进,又充分考虑了学生的主体地位,通过问题的逐步推进,不断激发学生的学习兴趣和求知欲,进而深化学生对所学内容的理解,提升其知识掌握能力,并有效培养学生的历史思维能力。

(二)问题链的典型特征

1.整体性

问题链的构成并非随机拼凑或彼此独立,而是呈现为一种紧密相连、互为依存的逻辑关系。确切地说,每个问题链都须作为一个统一的整体来考量,其设计应基于整体视角,深入剖析问题间的内在联系与差异,并从全局高度分析每个问题在问题链中的定位,以合理把握整个问题链的固有结构。问题链的整体性特征凸显其为一个不可分割的有机体系,其中的每个问题均具有举足轻重的地位与无可替代的价值,任何单一问题的随意替换都可能影响,甚至破坏整个问题链的完整性。在进行教学设计时,问题链设计的整体性要求教师应秉持跨学科主题教学的宏观视野,全面统筹教学全局。在深刻理解并准确把握历史课程标准的基础上,教师应提炼出与课程紧密相关的核心内容,并以此为核心,开展全方位、多角度的问题链设计。此举旨在确保课堂教学中学生思维发展的全面性和整体性,进而实现教学效果的最优化。

2.逻辑性

逻辑性是指在问题思考与解决过程中,应当保持思路明晰、条理清晰,且严格遵循既定的逻辑规律。历史学科的知识逻辑以及学生在学习过程中的认知逻辑,共同构成了问题链设计所必须具备的逻辑性特征。问题链的设计并非随意为之,而是教师经过对教材的深入剖析,以及对学生实际情况的准确把握后,依据教材知识的组织逻辑以及学生的认知逻辑进行精心设计的。此外,问题链内部的逻辑结构亦非单一,其逻辑特性因教学目标的不同而呈现显著差异。例如：针对探究事件因果的问题链，其设计须体现问题之间的因果关系；对于解析过程的问题链，则须根据事件发展的进程来安排问题的顺序与难度；而在归纳梳理知识结构的问题链中，则须注重问题间由表及里、从现象到本质的层次性差异。在构建问题链的过程中，其逻辑性特征要求教师须必须具有很强的条理性和很高的思维清晰度。这一目标的实现，离不开对教学目标的精确把握和定位。因此，教师在进行问题链设计的准备阶段，应当全面且深入地研究教材，并细致分析学生的实际情况，以确保对课程标准的准确解读。基于这些分析，教师应确立问题链设计的明确目标，进而系统地构思和规划问题。通过这种方式，教师可以借助逻辑严谨的问题链，有效推动学生的历史逻辑思维能力的发展。

3.层次性

问题链的核心价值在于其鲜明的层次性特征。问题链并非多个问题的随机组合，而是呈现出一种严谨的逻辑关系，其中问题之间紧密相连、层层递进，形成具有显著层次性的问题体系。在问题链中，前置问题为后续问题的展开提供了基础与引导，而后置问题则是对前置问题的承接、延续与深化，共同构成了完整且富有逻辑的问题链条。学生的身心发展遵循从低级到高级的自然规律，这决定了其思维发展的路径。因此，我们在呈现问题时，应遵循由浅入深、由简到繁、由具体到抽象的层次性排列，确保教学内容的循序渐进。这种层次性特征是问题链设计的直观体现，它要求教师在设计问题链时，须全面考量多种因素，在学情分析和教材知识处理之间找到恰当的平衡点，确保问题的层次递进和布局的合理性。同时，在课堂教学中，教师应充分发挥其引导作用，有目的地引导学生逐步深入思考，积极参与问题探究，从而在真实的投入中提升其思维能力。

4.适度性

问题链设计的核心目标在于精准培育学生的历史思维能力，这就要求教师在设计问题时对难度进行精准的把握。若问题难度过高，可能导致学生产生抗拒心理，从而严重削弱教学效果；反之，若难度过低，则难以激发学生深入思考与探索的热情，进而无法实现对学生思维能力的有效锻炼。此外，问题的数量与质量同样是影响教学效果的关键因素。因此，教师在设计问题链时，必须充分考虑到问题的适度性特征,这是进行问题链设计的基础与前提。为实现适度性要求,教师应深入理解并掌握学生的心理认知特点,其中维果茨基的"最近发展区理论"为教师提供了宝贵的参考,有助于教师更为精准地把握学生的学习规律,进而实现问题链设计的最优化。"最近发展区"指的是学生在当前的能力水平与其在得到适当支持后所能达到的潜在能力水平之间的差距。根据"最近发展区理论",学生的现有能力与潜在能力之间存在一个显著的差异,而教师若欲有效提升学生的思维能力,则须精准地把握这一差异。具体而言,教师在设计问题时,须对问题的难度进行恰当把控,结合学生的心理认知特点,设计难度适宜的问题序列,从而激发学生的求知欲,并在解决问题的过程中帮助学生锻炼和提升其历史思维能力。

5.开放性

现代学习过程的显著特征在于其复杂性和不确定性的日益增长,因此,学生所获取的知识已不再是单一、静态的低阶认知水平内容,而是趋向多维化和动态化的高级认知层次知识。这种转变必然要求问题教学的策略向开放化方向发展,凸显开放性作为问题链教学的核心特征。实际上,问题的开放程度越高,对于学生而言,其挑战性便越显著,进而更能激发学生的主动性和探索欲望,这也促使教师通过设计富有发散性的问题,有效促进学生创造性思维的培养与发展。与此同时,开放性问题的重要性不言而喻,它们能够引导学生超越单纯的知识记忆,深入联系现实生活。学生在处理这类问题的过程中,实际上也在训练自身解决实际问题的能力,从而实现理论知识与实践经验的融合。值得注意的是,问题链的开放性特点体现在其不确定性、发散性、探究性和创新性等方面,这些特性使得问题链教学成为一种高效的教学方式。通过开放性问题的引导,学生能够结合已有的经验,经历观察、分析、对比、归纳和演绎等一系列学习过程,这一过程对于培养学生的思维能力和创造性具有显著效果。问题链的开放性特征揭示了其内部的部分问题并非只有绝对唯一的解答,这种答案的不确定性鼓励学生从多元化的视角出发,深入探索各种潜在的结果。由此可见,通过实施问题链教学,我们能够有效地培养学生的发散性思维能力。因此,问题链的开放性特点彰显了问题链教学在教育改革中的核心价值,即其能够推动课堂教学模式的创新,并显著增强学生的合作意识、创新能力和问题解决的实践能力。

二 运用问题链提升学生历史解释素养的路径

(一)创设问题链,建构知识体系

1.依据教学目标设计

教学目标作为教学活动的核心,是指导教师教学行为的关键所在。为了科学设计问题链,首先需要明确教学目标,因为优质的问题链对于提升学生历史解释素养具有不可忽视的重要性。在设计教学目标时,我们必须紧密围绕课程标准展开,深入解读课程标准,明确学生应当掌握的知识点。在此基础上,结合学生的实际情况和学情,整合教材内容,制订具有针对性的教学目标。随后,根据已确立的教学目标,精心设计与之相匹配的问题链,以确保教学活动的有效性和针对性。

2.围绕立意,优化整合教材设计

教材作为课程标准的具象化体现,不仅是教师开展教学活动的基石,更是师生之间进行知识传授与学习的桥梁,为课堂教学活动的顺利进行提供了必要的支撑。在狭义层面,历史教材特指经过国家教材委员会审核通过的历史教科书;而在广义上,历史教材则涵盖了包括历史教科书在内的所有历史资源与媒介。历史教科书的编排不仅体现了国家当前的育人导向,而且融合了当前历史学界关于历史知识的主流观点,并充分考虑了学生的成长与发展需要。因此,在问题链的设计过程中,对教材的深入研读和分析尤为重要。教师在教学过程中,应深入钻研教材,确保对教材知识体系有全面而精准的掌握。在此基础上,结合学生的实际情况与教学目标,教师应审慎地对知识点进行整合,对于重要知识点,应辅以相关史料进行必要的补充、拓展与深化。同时,教师应对教材的重难点进行细致梳理,并通过打散与重新优化整合的方式,形成有层次、逻辑严密的问题链,进而提升课堂教学质量与学生的学习效率。对于教材的优化整合工作,必须明确主题,并在主题的指导下进行融合。只有在主题明确的背景下,对教材进行整合并设置问题链,才能确保问题紧密围绕主题展开,使学生在解决问题的过程中,对课程内容有更为深入和全面的理解。

3.依据课标,恰当进行史料设计

《义务教育历史课程标准(2022年版)》明确指出,历史学习的基础在于对史料的深入研究。[①]史料实证不仅是进行合理历史解释的必要前提,更是历史解释过程中不可或缺的一环。实际上,史料实证的本质即为一种历史解释。同时,历史教科书中存在大量结论性的表述,这些结论的得出均离不开对史料的严谨验证。通过设置与史料相关的问题链,引导学生深入思考:这些史料究竟反映了哪些历史事实?如何准确理解这些史料?如何通过史料推导出结论性的观点?鉴于初中阶段的学生正处于思维发展的探索阶段,直接呈现结论性的历史事实可能难以让他们完全理解。因此,需要精心选择恰当的史料,为学生构建一个贴近历史真实的情境,并通过一系列的相关问题引导学生在研究史料的过程中逐步认识历史、理解历史、解释历史。

(二)落实问题链,锻炼解释能力

在授课完成后,为确保学生的学习成效得到充分检验,教师应当遵循"评价主体多元化、评价方式多样化"的原则。这意味着教师、学生、家长等各方都应作为评价的主体,共同参与评价过程。为实现这一目标,教师需要综合运用多种评价方式,如课堂提问、纸笔测试、实践活动、自我评价与反思、同伴互评、教师评价以及家长评价等,从而全面、客观地呈现学生在历史学科核心素养方面的发展水平。及时进行结果评价,对学生的学习成果进行验收,是确保问题链教学有效促进学生历史解释素养提升的关键环节。

1.学生自评,加深历史解释

在课堂告一段落之际,学生应对自身在问题链探究中的表现进行简要的自我评估。这包括审视在问题链的引导下所获得的学习成果,评估问题链中各项问题的解答深度与准确性,以及是否能够运用历史术语和历史思维对历史事件、历史概念进行准确阐述。

2.教师点评,升华历史解释

为确保学生在成功解决"问题链"后获得应有的成就感,教师应当对学生的解答过程及结果实施及时、公正且合理的评价。评价内容应涵盖学生回答问题

[①] 中华人民共和国教育部.义务教育历史课程标准(2022年版)[S].北京:北京师范大学出版社,2022.

的准确性以及完成任务过程中展现的相互合作与交流能力。教师的评价须体现全面性和整体性,确保评价内容覆盖学生的多方面表现。同时,评价方式应多样化,以适应不同教学环节的需求。在教学过程中,教师应根据具体情况,灵活运用诊断性评价、形成性评价与终结性评价,以全面、准确地评估学生的学习效果。在解决"问题链"的过程中,对于学生所展现出的新颖观点和独到见解,教师应及时给予肯定和赞赏,从而进一步激发学生深入探究和思考的兴趣。同时,针对学生在理解和解答问题过程中存在的不足之处,教师应进行适时的引导和帮助,指导学生对问题有一个全面的理解,以此不断提升学生的综合能力。通过自评和点评的有机结合,实现教师和学生之间"教、学、评"的深度融合,从而促进双方共同成长,进而提升学生的历史解释素养。

3.教学检验,巩固历史解释

教师精心设计的问题链旨在培养学生的历史解释能力。然而,这一目标的实现与否,须通过教师在课堂上的实际运用和验证来加以确认。鉴于课堂上教师和学生各自独特的认知和心理活动,以及可能存在的人为因素,历史课堂的教学过程不可避免地存在一定的不可预测性和不可控性。在历史课堂中,教师与学生分别扮演着问题链的实施者与接受者的角色。教师是否能流畅自然地抛出问题,学生是否能根据教师的引导并结合自身思考解答问题链,均取决于问题链的有效实施情况。除了学生自评和教师点评外,采用试卷检验亦是一种切实有效的方法。通过将学生在课堂上的学习成果转化为具体的试题,并对其进行考查,不仅可以检验教师的授课效果,同时也能有效评估学生的学习成效。

三 基于问题链的初中历史深度学习活动设计:以部编版《世界历史》九年级上册第20课《第一次工业革命》为例

在新课程改革背景下,初中学生需要培养深度学习的各项能力,如综合运用能力、批判思维能力和创新能力,这与问题链教学的思维理念相契合。因此,以问题链教学为载体设计学习活动,可以使学生在问题解决的过程中建构新知识,亲历知识的发现、形成和发展的过程,通过思考问题把握知识的内在联系和本质,逐步将所学知识转化为能力,并与知识建立意义关联。学生学会运用这些知识去理解世界,解决问题,学以致用,获得人格的健全和精神的成长,达到落实核心素养培育的目的。下面,笔者以部编版《世界历史》九年级上册第20课《第一次工业革命》为例,谈谈初中历史教学如何以问题链为基点引导学生深度学习。

(一)基于问题链的历史深度学习设计理念

1.历史深度学习的特征

美国教育家布鲁纳提出的深度学习为新课改下的历史教学指明了方向。布鲁纳提出深度学习要注重批判思维的培养。深度学习强调引导学生主动建构知识体系,迁移应用到真实情境,并能依据所学解决实际问题,达成学习目标,发展高阶思维能力。核心素养视域下的初中历史深度学习,是指学生在初步理解的基础上,经教师引导学习新知识,发现并解决新问题。同时,穿越历史的时空将历史与现实学习活动相结合,在纷繁的史事间质疑和分析,不断激发出自身的问题意识,推动学生批判性思维的形成。

(1)立足于真实情境的问题解决

依据教材内容判明本课问题所在,从学生现有的知识水平出发设计教学方案。教师在教学中要遵循初中生的认知规律,结合其思维特点,精巧设计教学问题链,创设教学新情境,推进各个教学环节,帮助学生认清自身的学习特点,评判自我学习能力,从而激发学生探究新知的愿望,促使学生在学习中开始新一轮的思考和探索。教师应依据教学内容,创设情境,设计相互关联的"问题串"引导学生学习,让"学"于生,使学生在新情境中进行学习,逐步形成自身学习历史的"问题意识",培养学生的批判能力和思维能力。总之,深度学习将鼓励教师深入研究教学规律,探讨学生的学习规律,从而真正去帮助学生提高与成长。

(2)指向综合思维的整合性学习

学生围绕具有挑战性的学习主题,通过信息加工整合,联系建构,建立单元历史知识的结构体系;借助迁移应用,总结反思,对历史观点、现象、原理、规律,根据其各自属性归纳总结成一个统一的整体,培养学生的综合思维能力。依据初中生的好奇心强、活泼好动、注意力持续集中时间短等特征,为了让学生真实参与学习过程,提高课堂学习效率,教师在课堂上可采用直观的、交互性强的新媒体新技术辅助形式,推动学生的深度学习。

（3）突出深度思辨的思维指向

布卢姆按照人类认知的复杂程度，将人类的思维与认知过程具体化为记忆、理解、运用、分析、评价和创造。其中，分析、评价、创造能力为高阶思维能力的表现形式。《义务教育历史课程标准（2022年版）》关于课程目标的描述出现了知道、了解、理解、分析、综合、概括、比较、认识等动词，其中分析、综合、概括、比较、认识等都是与高阶思维相关的词语。《义务教育历史课程标准（2022年版）》要求学生应该具备对问题的分析能力、综合概括能力和批判思维能力。在平常的教学教研中，教师应着重研讨如何锻炼学生的思辨能力，尽力在符合学情的前提下，以一个主题为中心，提出由浅及深且内在联系紧密的一系列问题，形成问题链，层层递进引导学生进行分析、综合、概括、比较、认识等思维活动，拓展思维方式方法，提升思辨能力，推动深度思考过程，帮助学生深度感悟问题背后蕴含的历史思想方法，从而提升历史核心素养。

2.基于问题链的历史深度学习活动

课堂提问是教师引导学生解读历史概念、历史事件的"钥匙"，但我们不能满足于课堂上即兴式的提问。美国心理学家布鲁纳曾说，向学生提出挑战性的问题，能够引导学生发展智慧。这种挑战性的问题通过问题链设置，引导学生分析和质疑，推动学生历史思维能力的提升。因此，充分重视、精心设计课堂提问的问题链，对培养学生的历史深度学习能力十分必要。

"问题链"是教师根据学生已有的认知水平，为实现指定的教学目标，把教材知识设计为一连串有主题指向的问题群。问题链包含两个方面：一是以问题为中心开展教学，促使学生分析和质疑；二是依据教学线索，问题与问题之间相互联系，学生在层层剖析问题的过程中掌握教材知识并促进其思维的发展。问题链是由一组或多组问题组成的思维活动系统，问题链的关键是知识问题化、问题情境化。问题链需要设置一系列有效问题，其主要依据是学生的认知结构、认知水平和教学目标，既要让学生看到知识的产生、形成和发展过程，又要给学生的学习过程设置有效问题。问题环环相扣，由此及彼，让学生的学习带有挑战性，又要把学生的学习引向思维的深处，激发学生发自心底的求知欲望，进而打造历史深度学习课堂。

(二)创设有效问题链,助推学生深度学习

现代教育理论认为,为了让学生在审问和释问中萌生自主学习的动机和欲望,借助以问题为载体贯穿授课过程的问题教学,将有助于学生的自主能力、学习能力和思维能力的形成。精准而富有吸引力的问题作为切入点,能够激发学生的思维活力和驱动学生求索,问问相连、环环相扣的问题链能够更好地启发学生思维。

1.针对教材的重难点,凸显问题设计的逻辑性

根据教材的重难点设置问题链,师生围绕核心主题设置环环相扣的因果问题,进行逻辑严密、形式多元、思维多角度多层次的共同探讨。这样的问题链既达到发现问题、主动质疑和解决问题的目的,又能将问题逐级细化,层层深入,师生在思考问题和解决问题的过程中突破教学的重难点。《义务教育历史课程标准(2022年版)》中关于部编版《世界历史》九年级上册第20课《第一次工业革命》的内容要求是这样表述的:"通过了解珍妮机、蒸汽机、铁路和现代工厂制度,初步理解第一次工业革命的影响。"[①]由此可以得出本课的教学重点是工业革命中的重要发明,教学难点是工业革命的原因及影响。于是,笔者以教材中的课前导言作为问题探究的对象,师生在互动中形成如下问题链:工业革命为什么会首先出现在英国?它将给世界带来怎样的惊喜与冲击?这场革命带来了哪些技术革新?为什么工业革命开始的标志是珍妮纺纱机的发明,而蒸汽机被广为赞颂?为何工业革命的先进技术和生产经验向欧洲大陆和北美传播,不向其他地方传播?工业革命有哪些魅力,面临哪些挑战?工业革命带给我们哪些反思?什么是工业革命?引领学生围绕工业革命的学习主题,设置问题,学生带着问题进行探究,形成对单元宏观、整体的认识。教师引领学生运用历史思维和历史学习方式,把握历史学科的本质、逻辑思想和方法,培养历史学科核心素养。学生在思考问题的过程中和在教师追问下生成富有挑战性的问题,由学会到会学,点燃创新精神的火苗。

---

① 中华人民共和国教育部.义务教育历史课程标准(2022年版)[S].北京:北京师范大学出版社,2022:32.

2.分解知识的原因点,彰显问题引领的时代性

在教学中,教师依据教学情境和学生学情来分解设置有效的问题,对历史事件的因果关系或规律性的方面作出的判断,也就是在"解释事实"或弄清楚"为什么"的判断。笔者在分析工业革命的原因时,以2012年伦敦奥运会开幕式上重现工业革命场景的视频片段创设教学情境,让学生概括一下"工业革命"的含义,引导学生思考生产领域有哪些革命性的变化,这些变化在生产部门的具体表现是什么,这次工业革命首先发生在英国的原因等。教师通过以下四则典型的史料引导学生思考问题。

材料一:

著名学者钱乘旦先生认为,光荣革命后英国建立了一个合适的政治制度。这个制度保证社会有宽松、平和的环境,让人们追求个人的目标,最大限度地发挥创造能力。①

问题:这里合适的政治制度是指什么制度?

材料二:

1449年,英国产生了世界上最早的发明专利。1624年,英国正式颁布《垄断法》。1851年,英国共颁发了13023项专利。

——哈特曼《全球通史》

问题:英国针对发明专利颁布《垄断法》,营造了怎样的社会氛围?

材料三:

依据以下图片思考:为什么工业革命首先发生在英国?

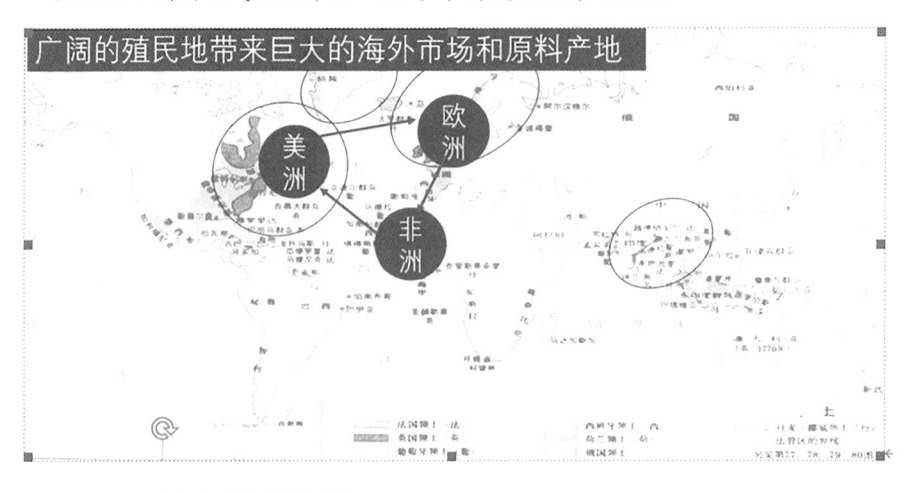

---

① 钱乘旦,许洁明.英国通史[M].上海:上海社会科学院出版社,2002:222.

材料四：

依据下列图片描述18世纪中叶英国棉纺织业的发展状况。

根据以上几则材料分析论证工业革命首先发生在英国的原因，锻炼学生提取有效信息的关键能力。在学生思考的基础上，教师用思维导图（见图4-5-1）解释工业革命发生的原因。

图4-5-1 工业革命发生的因素

3.梳理事件的过程点，把握问题对接的整体性

在问题链的教学中，学生可以依据课文主题探索历史问题是怎样生成的，思考它们之间有何关联。通过反复训练，培养学生的问题意识。这既能促进学生的知识学习，又能让学生把握问题对接的整体性。当我们再次回顾课文，让学生朗读课文的导言时，学生就有了新的思考。

课文单元导言如下：

18世纪60年代英国开始进行的工业革命，极大地推动了生产力的发展。从18世纪后期起，工业革命逐渐从英国向欧洲大陆和北美传播。后来，工业革命又扩展到世界其他地区。工业革命不仅是一次技术革命，也是一场深刻的社会变革,对人类社会产生了深远的影响。

教师追问:请你围绕工业革命的主题制作大事年表,你能对表中事件作出合理的解读吗?各个事件间有何内在联系?学生在教师的追问下,在建构一定的时空观念后,逐渐形成一定的知识框架,教师把它整理成思维导图,帮助学生建构起关于工业革命的整体知识框架(见图4-5-2)。

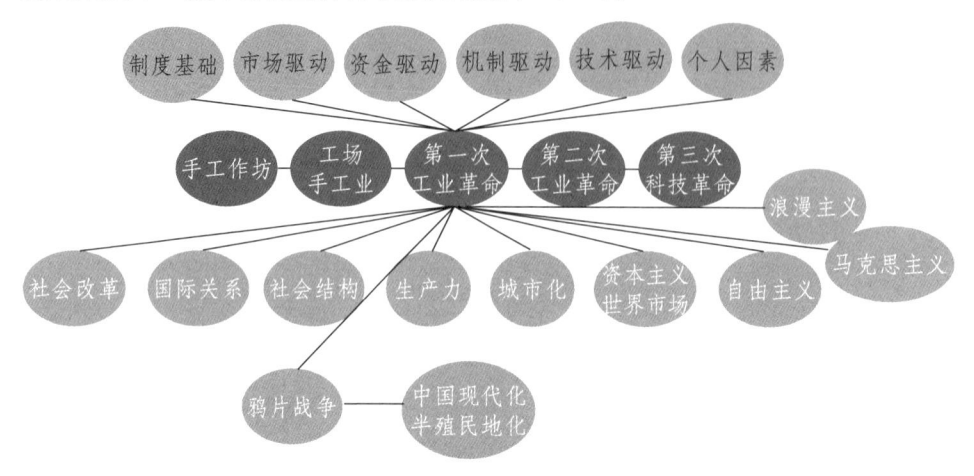

图4-5-2 "工业革命"知识框架

4.剖析历史的影响点,提升问题挖掘的思想性

教师展示工业革命三个重要历史人物的逆袭之路:

哈格里夫斯:1765年的一天,英国普通纺织工哈格里夫斯一天晚上回家,开门后不小心一脚踢翻了他妻子正在使用的纺纱机,这时,詹姆斯注意到纺锤从水平位置翻到了竖直位置,但却还在继续转。他突然想到:好几个纺锤可以并排竖立在一个框架里,这样就可以同时纺好几根线了。他马上尝试着做,功效一下子提高了8倍。他用女儿的名字珍妮称呼这架机器——"珍妮机"。哈格里夫斯不断地改进、创新珍妮机,1770年申请了专利,到了1784年,"珍妮机"的纱锭由8个增加到80个。珍妮机很畅销,他也因此成了富翁。

瓦特:瓦特(1736—1819)原是一个普通的机器修理师,他从朋友那里得知了较早的蒸汽机(效率低,只能用来矿井抽水),他便想尽办法得到了一台旧式蒸汽机,从1763年开始对它潜心研究,1776年初步改进蒸汽机,1785年再次完善蒸汽机并首先在纺织业投入使用。1785年,瓦特因贡献重大,被选为皇家学会会员;后人为了纪念他,将功率的单位称为"瓦特"。

史蒂芬森:从小没受过教育,家境贫寒,是一个放牛娃、矿工;1825年发明的火车运营成功;负责一些重要线路的选线工作;任机械工程学会第一任主席。

——摘编自[美]哈特曼《全球通史》

教师通过以上材料引导学生思考:从材料中你能提炼出什么观点?如何评价这三个重要历史人物?评价这些人物需要具备哪些历史知识?需要运用哪些评价历史人物的方法和观点?从中你将得到怎样的历史认识?通过问题设置驱动学生思维的发展,提高他们的历史思维能力和批判能力。

由以上三则材料,引导学生得出历史认识:创新是社会发展的动力;符合历史潮流的新事物尽管常常发展曲折,但拥有强大的生命力;坚持不懈、勇于创新、追求卓越的精神可以改变个人命运并推动社会进步等。通过问题挖掘提升学生的思想品质。

(三)问题链教学设计须注意的几个问题

第一,问题设计须从学生的兴趣和需求出发。从学生的兴趣和需求出发,创设能够引起学生心理共鸣和心灵呼应的情境,运用问题链激发学生思考、探究,让学生走进历史并亲近历史。

第二,给足学生时间去阅读史料和思考问题。考虑到学生间的差异,给学生留下适当的思考时间和空间。教师必须减少课堂上的话语"霸权",让学生有更多的时间,产生更精彩的话语交锋、更激烈的思维碰撞,引起学生对史料和问题的深度思考。

第三,问题链设计与呈现必须具有梯度性和层次性,唯有遵循这种规律,学生的思维水平才能逐级提升,学生才能学有所得。将核心问题串起来具体化,从解决一个个小问题开始,进行梯度设问,由表及里,由浅入深,并腾挪出时间、空间,促成学生的自主探究和认识的升华。

教育的使命是培根、铸魂、启智、润心。好的教育注重培养、提升学生的问题解决能力。教学中一个巧妙的提问,常常可以打开学生思维的闸门,让学生通过思考回答出来,帮助学生登上知识探索的阶梯,感受到成功的喜悦,由"要我学"变为"我要学",从而增强学习的兴趣。通过问题链环环相连的设计,培养学生多角度、有创意地思考和解决问题的意识及能力,在反思和批判中拓展思维空间,提高课堂学习效率,无疑是当前和今后的历史教学发展趋势。

第五章

基于思辨能力培养的问·道历史教学

人的思维能力是未来社会发展的核心能力,未来人才的竞争从某种意义上来说就是思维能力的竞争。作为思维能力的重要组成部分,思辨能力不仅能够帮助学生在良莠不齐的信息化时代中去伪存真、去粗取精,保持思想的独立性,而且能够帮助学生客观、全面地看待历史,从历史中吸取经验教训。因此,在中学历史教学中培养学生的思辨能力是十分必要的。同时,中学生的认知水平、历史教材中具有思辨意义的内容以及新课程改革的背景也为历史教学中培养学生的思辨能力提供了有利条件。

第一节 思辨能力的内涵与构成

一 思辨能力的深层解析

追溯至古代,"思辨"乃中西方思想家的智慧结晶,从历史的长河中我们可以深刻地理解思辨能力的丰富内涵。在西方,思辨的源头可追溯至苏格拉底的"产婆术",这是一种通过教师不断提问,引导学生自我思考并得出结论的教学方法。在这一过程中,学生自我探索的每一步都是思辨能力提升的体现。

在中国古代,孔子提出的"学而不思则罔,思而不学则殆"强调了学习与思考紧密结合的重要性。他主张学生在获取知识的同时,必须进行深入的思考。孟子则更进一步,提倡学习中的独立思考和见解,他提出的"深造自得"学习方法,强调学生在学习与研究过程中,必须形成自己的收获和见解,将书本知识转化为自身的智慧,灵活应用于现实问题的解决中。思孟学派在《礼记·中庸》中提出的"博学之,审问之,慎思之,明辨之,笃行之",将学习过程具体化为学、问、思、辨、行五个步骤,强调在积累知识的基础上积极思考,并能清晰分辨,形成明确的判断力。这里的"思"指的是分析与思考,"辨"则指的是辨别与辨析。思考须审慎,辨析须明确,未达到"慎"与"明"的境界,则决不放弃。从这些古代学者的读书学习理念中,我们可以得出,思辨能力即运用逻辑思维对问题进行思考与辨析的能力。显然,在我国传统教育中,很早就将"思"与"辨"视为学习的高级层次。然而,这些古代学者对思辨能力的认识是朴素的、直观的,尚未形成系统、完整的理论体系。

进入现代,对思辨能力的研究达到了更为深入和成熟的阶段。学术界对于思辨能力的定义存在多种观点。美国思辨中心(Foundation for Critical Thinking)科研主任理查德·保罗指出,思辨是解读、应用、分析、综合、评估支配信念和行为信息的过程,这些信息通过观察、实验、反省、推理或交流而产生,思辨能力则是支撑这一过程进行的能力。

"思辨能力"一词源自英文"Critical Thinking"的翻译。最初,它被译为批判性思维能力。后来,在黄源深、文秋芳等学者的积极倡导下,该术语被翻译为思辨能力,从而在"Critical Thinking"的含义中融入了分辨、反思等内容。刘儒德在西方相关研究的基础上,将"思辨能力"概括为对所学知识的准确性、真实性、特性与价值进行思考和判断,从而作出合理决策的思维能力。他认为思辨能力由批判性思维技能和批判精神两个方面构成。[1]吴楠则认为思辨能力是由"思"和"辨"两方面形成的能力;"思"是指思考问题和看待问题的思维方式和方法,"辨"则是指辩证、辨别、辨认事物的过程和结果;思辨过程中,"思"与"辨"相辅相成,先"思"而后"辨","思"中有"辨","辨"中有"思",思辨合一。[2]李钢则在思辨能力的基础上,进一步解释了历史思辨能力。他认为历史思辨能力是指用辩证的方法去认识历史问题,从历史的角度去考量社会实际问题和预知未来问题,并在此基础上创造性地解决实际问题的能力。[3]

思辨能力是一种综合性的思维能力,它涵盖了逻辑推理、质疑反思、辨析判断等多种因素。这种能力不仅要求我们能够运用逻辑思维对问题进行深入的分析和思考,还要求我们能够具备质疑和反思的精神,对所学知识的准确性和真实性进行深入的考量和判断。同时,思辨能力还要求我们能够清晰地辨别和辨析事物,形成明确的判断力,并在此基础上作出合理的决策和行动。因此,思辨能力是一种非常重要的思维能力,它对于我们的学习和生活都具有重要的意义。

二 思辨能力的多维解构

"思辨能力"这一近年来频繁出现于公众视野的词汇,常被简单地与批判性思维能力画等号。然而,经过深思熟虑,笔者认为思辨能力的核心构成应涵盖以下几个层面。

---

[1] 刘儒德.批判性思维及其教学[J].高等师范教育研究,1996(4):62-67.
[2] 吴楠.浅析高中历史教学中培养中学生思辨能力的重要性[J].山东青年,2014(5):60.
[3] 李钢.例谈高三历史复习课中学生思辨能力的培养:以"近代中国的不平等条约"教学为例[J].时代教育,2014(4):167-168.

1.独立思考

独立思考能力是思维能力发展的基石,是思辨能力不可或缺的组成部分。那些思维能力出众的个体,无一不是独立思考的高手。人与机器的最大差异,在于人类拥有独特的思想和见解,而非机械地接受他人的观念。遗憾的是,社会上普遍存在着盲目模仿他人观点的现象,个体懒于探究问题的本质,学生更是习惯于将教师和家长的话奉为圭臬,遇到问题便求助于他们。然而,教育的真谛在于培养有思想、会思考的人才,而非制造千篇一律的背书机器。具备良好的思辨能力,首要之务便是摆脱对他人的依赖,拥有独立思考的能力。这不仅是所有思维能力发展的源泉,也是思辨能力的重要组成部分。

2.逻辑推理

尽管人人都在思考,但思维的品质却大相径庭。有的人思维敏捷、缜密,且开放;而有的人则思维迟钝、草率,且狭隘。要想拥有敏锐的思维,首先必须具备出色的逻辑思维能力。逻辑法则是人类全部思维实践最根本、最重要、最伟大的经验总结和理论成果。正如黑格尔所说的:"任何科学都是应用逻辑。"华罗庚也指出,现代科学的突飞猛进有两大基础,其中之一就是从尽可能少的假定出发,解释尽可能多的问题。历史经验告诉我们,在漫长的文化教育发展历程中,曾经由于对逻辑和理性的重要性的认识不足,忽视科学合理性,无视规律和客观事实,因而社会上迷信迂腐、盲目蛮干的不良现象频发。在当今这个信息爆炸的网络时代,逻辑思维和理性精神已成为每个人追求更好生活所必备的素质。逻辑具有一定的顺序性,在思辨的过程中,每一步都离不开逻辑推理的参与。以历史学科为例,它具有科学性的特点,有其内在的规律。逻辑推理是一个由简单到复杂、由浅显到深奥不断探寻事物规律的过程,这一过程对于促进学生思辨能力的提升具有积极意义。

3.批判性思维

批判性思维是指以一种怀疑的态度去看待问题,用批判性的观念去分析问题,对事物的真理性始终保持探索与观望的态度。批判性思维的外在表现是质疑,即人们对某一问题的结论或问题本身产生怀疑,并勇敢地提出自己的异议。就学生而言,其批判性思维是建立在对问题进行逻辑推理、辨析判断的基础上所产生的更高层次的思维活动,是思辨能力发展到一定高度的体现。同时,学生的批判性思维能力强也代表着他们能够不惧教学权威而独立思考学习,能够崇尚科学与追求真理。这不仅有利于他们思辨性思维品质的发展,对他们未来的生活和学习也会带来极大的帮助。批判性思维的价值在于试图将人类的优良品质转化成为显性化的思维方式,训练成一种可以解释的思维习性,使之成为人的基本素养。

4.创造性思维

创造性思维并非仅仅等同于思维的独特性。具有独特思维的学生往往充满想象力,不拘泥于固定的答案和结果。笔者认为,创造性思维是批判性思维更深层次的发展,它还包含求异思维、联想思维、发散性思维等多种思维形式。求异思维是构成创造性思维的主导成分,它指的是对同一个问题探求不同甚至相反答案的思维过程。这一过程使得不同的思路如同百川归海般汇入创造性思维的汪洋大海中。创造性思维就像奔放的思考,没有这些思考就无法实现创新,就会陷入僵局。创造性是思辨能力发展到最高级别所具有的特性,它代表着个体在思维领域的最高成就。

第二节 学生思辨能力培养的必要性与可行性

在新一轮基础教育课程改革背景下,促进学科核心素养真正落地是现阶段亟待解决的问题。思辨能力是培育历史学科核心素养的前提,因此在历史课中培育学生的思辨能力不仅具有必要性,而且具有可行性。

一 学生思辨能力培养的必要性

随着科技的飞速发展,互联网已成为人们获取信息的主要途径。然而,网络信息的多样性和碎片化特点,使得学生在获取信息时容易受到误导,对其正确的世界观、人生观、价值观以及系统认知结构的形成产生不利影响。思辨能力作为一种重要的思维品质,能够使学生在面对网络信息时保持审慎和实证的态度,有助于他们辨别信息的真伪,形成更为准确和全面的认识。同时,从历史学科的特点、历史课程的目标以及历史课程内容的学习要求来看,培养学生的思辨能力也是不可或缺的一环。

(一)基于创新型人才培养的迫切需求

自20世纪80年代以来,全球范围内越来越多的国家开始将思辨能力视为人才培养的核心要素。在知识经济的浪潮下,美国和英国等发达国家率先展开了对学生思辨能力培养的深入研究和探讨,涉及思辨能力的定义、培养策略等多个方面。进入21世纪后,随着我国教育改革的不断深化,培养学生的创新精神和实践能力已成为教育改革的重中之重。在这个变革的时代,创新被视为经济发展的核心动力,而培育创新型人才则成为当前教育的核心任务之一。思辨能力作为创新思维的基础和核心部分,对于创新型人才的培养具有至关重要的作用。

从社会的角度来看,在新时代背景下,实现国家战略目标需要创新型人才作为支撑。一个国家的未来发展前景,往往取决于其软实力和智力资本,创新是其中非常关键的要素。而知识创新则是创新的前提和基础。一方面,强化思辨能力的培育为知识创新提供了重要的平台。在传统教育模式下,学生往往被动接受知识,缺乏质疑和批判精神,这在一定程度上阻碍了他们的创新思维发展。而强化思辨能力的培养,则有助于学生发挥思维的创造性,通过充分地论证、批判、质疑和反思,为知识创新提供新的思路和方向。另一方面,强化思辨能力的培育也有助于推动有价值的问题的提出。创新思维往往始于问题意识的觉醒。中学生在思辨过程中,喜欢怀疑和争论,喜欢探究事物现象的根本原因。这种思辨精神不仅促使他们思考思想方法的准确性,还促使他们逐步学会全面而深刻地分析客观事物的规律性和主观思想方法的正确性,从而为掌握哲学思维提供前提。而突破思维定式,批判性思维则是关键所在。

从个人发展的角度来看,人工智能时代的到来给人类带来了前所未有的机遇和挑战。技术变革引发了创新型人才培育的深刻变革。随着部分工作被智能机器人取代,人类不得不朝着更高层次的创新进化。一方面,人类拥有了更多的时间和精力来发挥创造性;另一方面,科技进步也带来了诸多难题和挑战,人类有可能被技术所"异化"。这就要求教育必须回归本真,致力于培养全面发展的创新型人才,实现人的全面价值。因此,在当今倡导创新型人才培养的时代背景下,开展思辨能力教育显得尤为重要和迫切。

(二)基于历史学科特性的内在要求

历史学科作为一门具有复杂性、综合性和过去性特点的学科,要求研究者和学习者必须具备强大的思辨能力。

首先,历史学科的复杂性和综合性特点使得思辨能力成为学习和研究历史的重要支撑。历史学科的内容极为丰富,史料浩如烟海,涵盖范围极为广泛,涉及古今中外人类社会的各个领域。同时,这些知识之间还存在着内在的、纵横交错的联系。要使学生更好地掌握和运用历史知识,厘清各个历史事件、历史人物之间的内在联系,就必须依靠他们的思辨能力。思辨能力能够帮助学生对错综复杂的史事进行演绎归纳和联系比较,从而构建起历史的整体框架,形成对历史的深刻认识。

其次,历史学科的过去性特点也使得思辨能力成为学习和研究历史的关键。历史是已经发生的过去的事情,今人想要了解历史真相只能通过前人留下的史料。然而,史料并非都是客观真实的,尤其是第二手史料往往会受到作者所处的时代背景、人生经历、价值观、政治立场和学术水平等多方面因素的影响。而学生所获得的史料往往是第二手史料,这就需要他们能够辨析史料作者的写作意图,联系作者的生活时代、人生经历和政治立场等思考史料中所传递的信息的真实性和客观性。在这个过程中,思辨能力发挥着至关重要的作用。

(三)基于历史课程标准的明确要求

为了适应新时代对人才的更高要求,《义务教育历史课程标准(2022年版)》(以下简称《课标》)提出了历史学科核心素养的新理念,成为初中历史课程的重要目标之一。该标准凝练出历史学科的五个核心素养:唯物史观、时空观念、史料实证、历史解释和家国情怀。在对这些素养的定义中,《课标》多次提及"分析""辨析""认识""理解"等词汇。这充分表明思辨能力与历史学科核心素养的培养密切相关,是培养学生历史学科核心素养的关键方式,也是衡量学生历史素养的重要标志。

1.唯物史观与思辨能力的紧密联系

唯物史观作为科学的历史观,能够帮助学生透过历史纷繁复杂的表象认识历史的本质,形成对历史客观、科学、全面的认识。然而,唯物史观理论较为抽象,是学生在历史课程中学习的难点之一。培养学生的思辨能力有助于他们正确理解唯物史观以及为什么唯物史观是唯一科学的历史观。通过思辨能力的培养,学生能够区别唯物史观与其他历史观,并能够运用唯物史观的方法一分为二地看待历史事件与历史人物。

2.时空观念与思辨能力的相互促进

《课标》对"时空观念"这一素养培养目标的描述是:"了解历史发展的时间顺序和空间要素,初步掌握计算历史时间和识别历史地图的方法,并能够在历史叙述中运用这些方法;能够将事件、人物、现象等置于历史发展的特定或总体进程及具体的地理空间中加以考察,并从历史发展的角度认识其地位和作用。"[①]时空观念在一定程度上就是一种联系和发展的观念,它要求人们认识万

---

① 中华人民共和国教育部.义务教育历史课程标准(2022年版)[S].北京:北京师范大学出版社,2022:7.

事万物是相互联系并都处在变化发展之中的,同时还能探索事物发展变化的规律。思辨能力可以使学生以联系的眼光和发展的眼光看待万事万物,从而更好地帮助他们构建时空框架和史实与史实之间的联系、历史与现实之间的联系,进而强化他们的时空观念。

3.史料实证与思辨能力的相互支撑

《课标》对"史料实证"这一素养的定义是"对获取的史料进行辨析,并运用可信史料努力重现历史真实的态度与方法"[1]。从这一定义中可以看出,培养史料实证素养需要学生具备辨析史料的能力,即思辨能力中的"辨"的能力。因此,思辨能力是培养学生史料实证能力的基础和前提。

4.历史解释与思辨能力的相辅相成

《课标》对"历史解释"这一素养的培养目标的描述是:"能够初步区分历史叙述中的史实与解释;能够客观叙述和分析历史,有理有据地表达自己的看法;在理解和辨析相关史料的基础上,尝试发现和提出新的问题,加以论证,形成自己的历史认识。"[2]思辨能力是思考和辨析能力的综合体现,它使学生能够以辩证的态度看待历史并从历史角度去分析现实问题。在此基础上,思辨能力还能促使学生创造性地提出解决实际问题的方法,这与课程标准中关于历史解释这一核心素养的培养目标高度契合。因此,要想实现培养学生历史解释素养的课程目标,思辨能力是关键所在。

此外,思辨能力具有反思性的特点,并强调怀疑精神,这对提高学生的历史解释素养也大有裨益。历史教材和历史教师对某一历史事件往往只给出一种历史解释而非多种。具有怀疑精神的学生会产生疑问并思考教材或教师给出的结论的可信度及其史料源头。他们会自发、自主地搜集更多的历史解释并进行比较和分析,在不知不觉中发展了自身的历史解释能力。

---

[1] 中华人民共和国教育部.义务教育历史课程标准(2022年版)[S].北京:北京师范大学出版社,2022:5.
[2] 中华人民共和国教育部.义务教育历史课程标准(2022年版)[S].北京:北京师范大学出版社,2022:7.

5.家国情怀与思辨能力的相互融合

家国情怀是对国家的高度认同感、归属感、责任感和使命感。思辨能力的培养有助于帮助学生树立正确的家国观念。《课标》对"家国情怀"这一素养的培养目标之一是这样描述的:"了解并认同社会主义先进文化、革命文化、中华优秀传统文化,认识中华文明的历史价值和现实意义,增强民族自尊心、自信心和自豪感。"[①]这里的文化和文明不仅仅指汉族的优秀传统文化和文明,也包括要了解、尊重和认同其他民族的文化和传统,培养学生的多元文化意识。思辨能力强调多元意识,启发学生多角度思考,能够让学生在尊重其他民族和其他国家文化的基础上形成开放的家国情怀。

思辨能力的培养不仅是学习历史的应有之义,而且适应了现代学生学习途径多元化的背景和新课程改革的要求。因此,历史教师应注重培养学生的思辨能力,改变学生机械记忆的历史学习方式,促进学生历史思维能力的不断发展。通过培养学生的思辨能力,我们可以帮助他们更好地应对信息时代的挑战,提高他们的创新能力和解决问题的能力,为他们的未来发展奠定坚实的基础。

二 学生思辨能力培养的可行性

历史课程的深入改革为思辨性教学提供了广阔的空间,历史教材中丰富的思辨性内容更是为历史教师提供了宝贵的教学资源。

(一)初中生认知发展的黄金时期为思辨能力培养提供契机

培养学生的思辨能力,必须遵循个体认知发展的规律。心理学研究表明,个体的认知发展具有鲜明的阶段性特征。皮亚杰的认知发展四阶段理论将青少年的认知发展划分为四个连续的阶段。根据这一理论,初中阶段的学生正处于从具体运算阶段向形式运算阶段过渡的时期,这一阶段的学生抽象思维和逻辑思维开始逐渐发展,是培养其思维能力的关键时期。这为历史教师在教学中培养学生的思辨能力提供了重要的心理学依据。在教学过程中,历史教师应善于激活学生的思维,引导他们积极思考,使学生能够辩证地、全面地、联系地看

---

① 中华人民共和国教育部.义务教育历史课程标准(2022年版)[S].北京:北京师范大学出版社,2022:7.

问题。教师应抓住学生思维发展的关键阶段,卓有成效地促进学生思辨能力的发展。

(二)初中历史课程改革为思辨能力培养创造有利条件

进入新世纪以来,为了革除传统历史教育的弊端,全面实施素质教育,历史课程进行了大刀阔斧的改革。这一改革为培养学生的思辨能力提供了良好的契机。

在课程目标上,2022年版新课标摒弃了以往历史课程过于注重知识传授的倾向,转而强调培养学生的历史学科核心素养。这一课程目标的转变也间接推动了教师教学方式的转变。越来越多的历史教师在进行知识点教学时,会补充相关史料,结合多方面的史料来引导学生探究、思考,从而获得知识。他们鼓励学生对课本知识质疑,并引导学生搜集资料展开讨论,这对于提高学生的思辨能力具有重要意义。一些教师还创造性地开展了历史讨论会、资料研讨课、历史专题展览、历史人物扮演、社会调查、专题演讲等多种多样的历史学习活动,这些方式都有利于教师生动活泼地培养学生的思辨能力。

在课程内容上,2022年版新课标改变了以往课程内容难、繁、偏、旧等不足,致力于建立开放、动态、发展的课程内容体系。新课程中增加了与社会生活和学生经验相联系的内容,凸显了课程内容的生活性,使学生能够更加亲切地感受到历史与生活的联系,从而有利于他们思考当下生活的变迁。同时,这些内容也便于学生搜集相关的信息资料,开展探究活动,为培养学生的思辨能力提供了丰富的素材。

在教学方式上,2022年版新课标积极倡导学生和教师转变传统的学习方式和教学方式,强调改变课程实施过于强调接受学习、死记硬背、机械训练的弊端,注重培养学生搜集处理信息、获取新知识、分析和解决问题等能力。相比以往传统的教学方式和教学活动,新课标倡导的教学方式和活动更有利于学生思辨能力的发展。

(三)初中历史教材内容为思辨能力培养提供丰富素材

历史教材中收录了古今中外历史上发生过的重大历史事件,这些事件具有大量富含思辨意义的内容,为初中历史教师培养学生的思辨能力提供了丰富的素材。

首先是对历史人物的分析评价。例如,在学习部编版《中国历史》七年级上册第三单元《秦汉时期:统一多民族封建国家的建立和巩固》时,教师可以将前面第二单元学过的统治者尧、舜、禹与本单元涉及的统治者秦始皇、秦二世联系起来学习。引导学生分析为什么同样是帝王,尧、舜、禹能够流芳后世,而夏桀、秦二世则是遗臭万年。分析这些历史人物的成功和失败,能够让学生真切地明白"君,舟也;民,水也;水能载舟,亦能覆舟"的道理。通过这样的教学环节,学生不仅可以在脑海里深深印下在将来的工作中要谨记密切联系人民群众和为人民服务的准则,而且学生的思维也得到了有效的锻炼。

其次是对历史事件或历史现象的辩证分析。历史事件产生的原因、发生的过程与结果之间是一个联系、发展和变化的过程。世界上的万事万物都是相互联系的,没有任何一个事物可以孤立存在。因此,对于历史事件和历史现象,教师要指导学生将其放在当时特定的历史背景下综合地去分析。比如我国四大发明传入欧洲后,其与后来欧洲掀起的航海热潮、地理大发现以及后来的工业革命都有着千丝万缕的联系。工业革命使得西方国家走向资本主义和对外侵略扩张的道路,这些事件又反过来影响了中国的历史。对于这一系列的历史事件,教师在讲授时要引导学生把它们联系起来分析,用联系的、发展的眼光来看待,而不是把它们作为孤立的事件。由此可见,历史教材中收录的重大历史事件和历史现象是教师带领学生进行探究性活动的良好素材。

最后是对历史发展规律的认识问题。历史、现实与未来之间有着密不可分的联系,这种联系的本质就是社会发展规律。我们学习历史的一个重要目的就是探讨社会发展规律,以指导当下和未来的实践。历史教师可以通过引导学生探究历史规律来培养学生的思辨能力。在引导学生探究规律时,教师要注意不能片面,应将某一历史事件或现象放在广阔的社会历史背景中去探究。既要放在纵向的历史长河中去认识,又要放在横向的历史联系中对比分析。例如,在我国历史上,唐朝在经济、政治、文化以及中外交往等方面都取得了斐然的成绩。唐玄宗开元年间政治清明、经济繁荣、文化昌盛、国力富强,史称"开元之治",这是唐朝极盛的时期。教师在讲授时要注意引导学生将"开元之治"和盛唐现象放在整个中国封建社会的历史发展中去研究,而不仅仅局限于唐朝的历史。这样才能发现封建王朝兴旺衰亡的发展规律,并在此过程中发散学生的思维,发展学生的思辨能力。

第三节 学生思辨能力培养的途径

历史课堂不仅是传授知识的场所,更是培养学生思辨能力的重要舞台。作为历史课堂的主导者,历史教师在学生思辨能力的发展过程中起着举足轻重的作用。面对教育领域的深刻变革,新的历史教育理念迫切要求教师更新教学观念,重视并致力于学生思辨能力的培养。

一 更新观念,重视思辨:历史教师的使命与责任

随着教育改革的深入,历史教育也面临着前所未有的变革。这一变革要求历史教师及时更新自己的教学观念,从传统的只注重知识传授的教学模式中走出来,更加重视对学生思辨能力的培养。联合国教科文组织对未来教师角色的描述,明确指出了教师职责的转变:从单一的知识传授者转化为学生能力的促进者。这一转变赋予了历史教师更多的责任与使命。

教师的教学观念直接影响其教学行为。因此,历史教师应当认真研读新课程标准,深入理解其中阐述的教学理念,更新自己的教学观念。同时,结合教材内容,思考如何进行有效的教学设计,以在教学中落实新课程的培养理念。将对学生思维能力的训练融入日常的教学活动中,这是培养学生思辨能力的重要前提。历史教师不仅需要关注学生历史知识的掌握情况,更需要注重培养学生的思辨能力,使他们能够在历史学习中思考、分析和评价。

二 终身学习,提升素质:历史教师的专业成长

教师是学生学习的引导者,教师自身的专业素养在很大程度上影响着学生思辨能力的培养。因此,树立终身学习的理念,对于历史教师而言至关重要。即使在工作岗位上,历史教师也应保持继续学习的良好习惯,不断更新自己的专业知识储备。

除了在教学中向其他有经验的教师学习外,历史教师还应经常阅读史学和历史教学方面的书籍、报刊,关注史学和历史教学的最新研究动态,以提升自己的理论素养和专业素质。这样,教师才能更好地适应教育教学的需要,为学生提供更高质量的教学。

树立终身学习理念,要求历史教师需要具备问题意识。问题意识是教师专业成长的基石。拥有问题意识的教师,更能设计出具有探讨价值的问题,从而避免探究式教学流于形式。在备课时,教师应多问"为什么",深入理解教材内容,并设计出能够有效培养学生思辨能力的探究性环节。同时,教师还应结合学生的认知特点和生活背景,思考学生会提出什么样的问题,以便在授课时更好地引导学生思考。

此外,历史教师还应对现实生活中发生的事有敏锐的感知和思考,思考现实与历史的联系。历史学科具有时代性的特点,教师应将现实中与历史有关的现象放到历史的长河中去思考,将相关的历史事件联系起来,寻找其前因后果。结合教材上的相关内容,将现实社会中的问题带到课堂中引导学生思考。这样不仅可以帮助学生更好地理解和回答问题,还可以培养他们的演绎归纳能力。

三 师生平等,民主氛围:创设思辨的课堂环境

要想帮助学生养成主动思辨的习惯,就必须创设民主和谐的课堂氛围。在轻松的课堂氛围中,学生才会敢于表达、勇于提问,思维才能够被激活,慢慢形成主动思辨的习惯。而创建民主和谐的课堂氛围,良好的师生关系是关键。

历史教师应树立师生平等和教学相长的观念,成为学生的良师益友。同时,教师还应有一颗包容的心,包容学生在课堂中出现的错误。面对学生答错问题的情况,教师应多多给予鼓励,而不是一味批评和指责。只有这样,学生才不会因为害怕受到教师的批评和同学的嘲笑而选择沉默。

此外,教师还应有承认自己不足的勇气。在教学中,教师难免会遇到被学生问倒的情况。面对这种情况,教师应敢于承认自己的不足,与学生共同探讨问题的答案,在教学相长中不断提高自己的专业知识水平。这样的教学态度不仅能够赢得学生的尊重和信任,还能够激发学生的求知欲和探索精神。

除了以上几点外,历史教师还要注意教学语言的运用。用幽默诙谐的语言

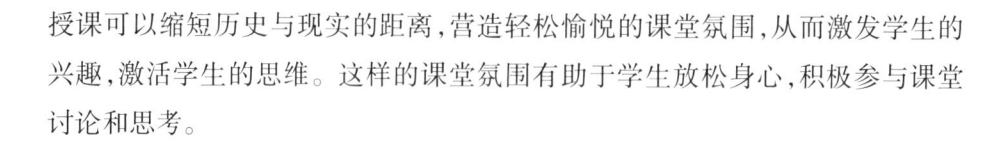

授课可以缩短历史与现实的距离,营造轻松愉悦的课堂氛围,从而激发学生的兴趣,激活学生的思维。这样的课堂氛围有助于学生放松身心,积极参与课堂讨论和思考。

四 改变惰性,激发探究:培养学生思辨能力的策略

探究式教学是培养学生思辨能力的主要途径。为了避免探究式教学流于形式,激发学生的探究精神是关键。为此,教师应当采取以下策略。

首先,发挥学生的自主性。在历史课堂上,教师应给予学生充足的探究时空和充分的自由,让他们经历探究的过程并成为历史课堂的主人。只有让学生自己思考历史现象、探索历史问题,才能最大限度地促进他们思辨能力的发展。同时,在学生自主探索的过程中,教师应时时关注他们的研究进度和方法,并给予适当的启发和帮助。

其次,尊重学生的多样性。在探究式教学中,教师应包容学生的多样性,鼓励不同的学生运用不同的方法进行探索,并包容学生提出的多种观点。同时,教师还应给予学生课后探讨的空间,并根据学生的不同情况进行有针对性的指导。这样的教学策略有助于激发学生的创新思维和求异思维。

再次,培养学生的问题意识。好的问题可以帮助学生事半功倍地理解事物的本质。因此,教师不仅要培养学生的问题意识,还要引导他们不断提高提问的水平。一开始学生可能无法自主提出问题,这时候教师可以自己先进行设问,启发学生回答,以此逐步引导学生自主发现问题。在学生有能力发现和提出问题后,教师要继续引导,帮助他们逐步提高提问的质量。这样的训练有助于培养学生的批判性思维和独立思考能力。

最后,鼓励学生进行合作探究。探究式学习常以小组合作的方式进行。学生在教师的指导下进行小组讨论和思维碰撞,更有利于他们理解和掌握历史知识并发展思辨能力。例如,在教学某一历史课题时,教师可以让学生选择一个感兴趣的主题或辩题进行小组合作探究。在小组合作的过程中,学生不仅能够取长补短、增长知识,还能够提高他们的思辨能力和表达水平。这样的学习方式有助于培养学生的团队合作精神和沟通能力。

五 开辟"第二课堂",丰富思辨途径:拓宽学生的历史视野

为了解决中学历史每周课时数较少的问题,教师可以利用互联网平台开辟"第二课堂",丰富师生进行思辨探究的途径。"第二课堂"是对课堂教学的补充和延伸,可以为学生提供更多的学习机会和更大的思辨空间。

教师可以搭建历史线上学习资源平台,鼓励感兴趣的学生自愿加入。在该平台上,教师可以给予学生较大的自主权,让他们自由发表看法或提出相关历史问题进行探究。同时,教师可以在学生讨论过程中提出一些启发性的问题,引导他们联系生活实际,主动搜集相关资源并进行线上小组合作探究。这样既可以拓宽学生的学习视野和知识面,也有助于帮助他们养成良好的思维习惯并增强创新意识。通过这样的"第二课堂"活动,学生可以更加深入地了解历史知识并培养自己的思辨能力。

第四节
在活动课中培养学生历史思辨能力的实践策略

思维品质"指人的思维个性特征,反映学生在理解、分析、比较、推断、批判、评价、创造等方面的层次和水平。思维品质的提升有助于学生学会发现问题、分析问题和解决问题,对事物作出正确的价值判断"[1]。

厦门市王翠霞名师工作室依托福建省厦门市教育科学"十四五"规划市级课题"基于问题链的初中历史课堂高阶思维培养路径研究"(课题编号:21006)、2022年度立项课题"项目式学习在厦门乡土历史教育中的实践研究"(课题编号:22143)和教育部福建师范大学基础教育课程研究中心2023年度开放课题"基于'读、思、达'教学法的初中历史学科实践活动研究"(课题编号:KCA2023232),开展课题研究。2023年,工作室先后邀请专家开展4场讲座,举行5节省级公开课、8节市级活动课,以真实探究主题驱动学生学习,专家们也从"学术史回顾""资料搜集""实地考察""辨别资料""确定体例""组织串联""补充修改"等方面为工作室成员带来了一场场精神文化盛宴,体现出他们严谨治学的态度和丰厚的专业素养。工作室教师充分挖掘本地区的乡土历史,带着学生走进现场,查阅文献,调查访谈,具有很强的行动力和创造力。教师不仅是学生学习活动的"发令员",更是学生学习活动的"陪伴者"和"参与者"。在参与、陪伴过程中,教师用创造性的方式引导学生沉浸式开展学习活动,为学生呈现了一节节生动、有趣、有深度的地方史活动课。

下面笔者以初中历史活动课为依托,以培养学生历史思维品质为目的,对以下内容进行分析、探讨:对活动课进行认真观察、仔细品评,探究学生如何在教师引导下通过多种方式考察身边的历史,了解历史发展的来龙去脉,并学会对自己的思维活动进行监控和调整,淬炼思维的明晰性和批判性,从而培养自己的历史思维能力,提升历史思维品质。

---

[1] 中华人民共和国教育部.义务教育英语课程标准(2022年版)[S].北京:北京师范大学出版社,2022:5.

一　以生为本,任务驱动:铺设思维培育的基石

《义务教育历史课程标准(2022年版)》明确提出要树立以学生为主体的教学观念,注重学生自主探究的学习活动,鼓励教学方式的创新。[1]历史课程教学以学生为本,充分考虑学生学习历史、认识历史的特点,通过学生自主探究的学习活动,体现学生在教学中的主体地位,实现历史课程育人方式的变革。可见,"以生为本"就是要求教师在一个更长的课程链上来思考怎么为每一位学生的学习而设计。初中历史活动课,就是让学生"动"起来,以任务驱动,让学生亲自动手搜集资料,分析材料,与历史资源零距离接触,再通过小组讨论、班组辩论、参观考察、撰写心得、采访编演等方式,走进历史,感悟历史,理解历史,从中汲取历史智慧,丰富个人体验。同时,初中历史活动课,还要让学生"活"起来,在合作交流中摆脱自我中心,在相互探讨中养成批判与认同的态度,在探究与观察中形成历史思维方式,以促进学生思维发展,铺设学生学会学习、发现和解决问题的基石,为创新型人才成长奠定基础。

二　情境为引,问题为桥:拓宽思维培育的路径

"让我们感受历史、体验历史活动课"活动课广泛选取地方史素材,在课前准备阶段,让学生感受许多真实的社会情境、生活情境和学术情境。例如:田秀莉老师上的七年级活动课,以"中秋博饼民俗"为引线,融入项目式学习方式;借助课后的自主查阅资料、参观考察和课上的问题链设置、分组讨论等多种途径探究历史,理解民俗活动背后蕴含的文化根基和精神意涵;最后在静思中感悟历史,思考如何更好地传承和推广鹭岛的非物质文化遗产。再如:易红老师上的八年级活动课,以鼓浪屿的"万国建筑"为切入点,引领学生走进百年建筑,穿越时空,聆听历史回响;课前,学生通过实地考察、史料搜集等方式,初步感受文物之美;课中,学生围绕问题链探究鼓浪屿万国建筑形成的原因,挖掘建筑背后的历史本质,思考历史文化遗迹的保护与传承;在梳理探究中,学生掌握了搜集史料的途径和方法,逐步建构起中国大历史与身边历史之间的关联,培育家国

---

[1] 中华人民共和国教育部.义务教育历史课程标准(2022年版)[S].北京:北京师范大学出版社,2022:3.

情怀，树立责任意识。教师们在课堂教学中都会根据学生的生活经验和水平，创设真实情境，设计核心问题来考查学生的学科能力和学科素养。在情境的应用上增强了情境和任务的关联，问题基于情境产生，情境为问题服务。这有助于引导学生关注现实生活，学会运用所学知识发现问题、分析问题和解决现实问题，实现从"解题"到解决问题的转变，从而引导学生关心社会，关注现实，学以致用。例如：通过设置融合德智体美劳"五育"考查要求的问题情境，实现情感的自然植入，将立德树人的要求变成可量化、可检测的问题，以润物细无声的情感熏陶，增强学生对中华优秀传统文化、革命文化、社会主义先进文化等的认同，彰显历史学科培根铸魂的育人功能。

三 素材多元，解读多源：深化思维培育的内涵

历史活动课有文献材料、实物史料和口述史料等多种类型，教师带着学生现场走访，查阅文献，亲近历史。许多教师把跨学科主题学习和项目式学习运用在课前、课后和课中，设计探究性、开放性问题。例如：林艺婷老师的课以厦门市海沧区霞阳村口的中国民主革命先锋杨衢云的雕像导入，与学生一起走进海沧区红色革命遗址，探寻隐藏在海沧各个角落的红色革命历史人物和事迹；课堂中，让学生通过绘制海沧红色研学路线图和写红色解说词，感悟发生在海沧的红色事迹背后的精神力量；最后，回到杨衢云雕像在现实生活中的遭遇，种下树立文物保护意识的种子，并鼓励学生走进身边的历史，牢记所有在海沧为革命事业作出贡献的革命先辈。再如：陈美玲老师通过"回望近代同安历史文化名人"这一学习主题展开项目式实践，以四大核心问题驱动本节课的核心任务；在突破"同安有哪些近代历史文化名人"这一开放性、探究性的学习问题的过程中，各小组代表通过PPT和解说相结合的方式展示了他们在前期开展的查询资料、社会调查等多种形式的学科实践活动。什么是历史？历史是发现真的过去，在发现的过程中感受人性，感受人类和社会的延续与变换。学历史就是做侦探，这是一句很有趣的话。历史是复杂的，因为创造历史的人是复杂的，由人组成的社会等一切也是复杂的——复杂多变，真假交织，在众多不确定性中寻找唯一的确定性是不容易的，甚至是无法找到的。所以，要多维度、多角度看待历史。阎步克教授说过这样一句话：大学不一样的地方是对同一个问题尽可能多地掌握不同的答案……每一个墓碑下都是一部世界史，每一个人心中都有

自己的宇宙。笔者认为不用加前缀,不能只是在大学,而是应在教育中。真理不止一个,这是历史的有趣之处。

四 学科实践,沉浸体验:活化思维培育的过程

活动课是学生主体特殊的实践活动,学生调动多种感官,通过活动,在做中学,在学中做。它强调理论与实践结合、直接经验与间接经验的统一。学生实践活动主要有三种形式。一是再现历史情境类,如角色扮演,演历史剧;文物仿制等。二是历史思辨类,如小组讨论、主题辩论、专题探究等。三是调查参观类,如调查研究、参观访谈等。在上述活动中,学生须动脑、动手、动口,具有较强的实践性。学科实践不仅激发了学生学习历史的兴趣,拓展了他们的学科视野,使他们了解了更多学习历史的方法,培养了学习自觉性,体验到小组合作的快乐等,而且对推动课程实施也大有益处。课程实施应以学生为主体,以学生发展为目标,学生必须改变单一的历史学习方式,丰富学习内容,体验历史学习的乐趣,并将获得的知识内化成促进自身发展的内驱力。历史活动课,不能局限在历史学科的核心素养,而要落脚在中国学生发展核心素养。活动课对责任担当、文化底蕴、科学精神的素养提升都很显著的作用。它可以让学生认识到弘扬中华优秀传统文化和红色文化是活动课最关键的任务,当学生意识到不是老师让自己去完成学习任务而做这个事情,而是自己主动想为历史文化遗址保护出谋划策、为中华优秀传统文化和乡土英烈传承记忆时,一节活动课的教育价值就达成了一大半。除此之外,活动课应该让学生认识到历史学习不仅在课内,历史学习的价值也不止于考试,活动课是让历史和现实接轨的重要实践课程。教师通过展示自己搜集的史料,与学生搜集的史料或互证,或冲突,在这些矛盾中探寻教学的生长点,而学生在教师的引导下,也逐渐养成史料实证的求真意识,这就是活化思维培育的过程。

五 多元评价,层层推进:观照思维品质的内化

从活动课的课堂观察量表(如下表5-4-1和表5-4-2)上看,教师们都能结合身边历史,探究历史背后的因果,贴近学情,起到激趣作用。同时,在核心问题点设计递进式问题探究链,分解复杂问题为有序的梯度问题,让学生能在思

维"最近发展区"思考问题、解决问题。从问题解决上看,易红老师和田秀莉老师在设计学习活动时均设计有课堂观察评价量表,如任务驱动课堂观察表和问题链课堂观察表。观课的张孟杰老师认为,任务驱动教学是学生在真实任务情境中,通过教师的引导进行探究合作学习。教师从身边的历史出发,从学生的亲身经历入手,通过探究博饼民俗园、参观鼓浪屿万国建筑等方式来走进身边历史,引导学生参与体验,以任务群为支架推动小组合作探究,共同感悟民俗与建筑背后的价值与情感体验。从生活走回历史,再从历史走进生活,进而形成传承之意。结合"因材施教"这一课堂观察观测视角,对课堂呈现进行分析。"因材施教"中的"材"不仅仅是指学生,也要包括"取材",即教学资源。教师的选材都是厦门本地为人熟知的习俗和文物景点,能够引导学生挖掘身边的历史资源,将教材内容与现实有机结合,不仅让学生的关注点拓展到课外,更能激发学生的历史敏感性和历史思维。在具体的教学实施过程中,授课教师亦都结合学生的认知水平和知识可接受性,鼓励多样化的展示形式,从不同学习能力水平上给予学生肯定,增强学生学习的自信心。教师听取小组汇报,并给学生发放了评价量表,学生通过口头评价、完成评价量表的方式对其他同学学习任务的完成情况展开评估,评价形式丰富,评价主体多元,既保证学生"学有所得",又能使学生得到相应的训练,思维从低阶走向高阶,实现"举一反三",在思考中取得乐趣,在思考中取得成果。在这一学习任务完成的过程中,教师凸显了"教、学、评一体化"的理念,对学科实践进行了一次有效的尝试。

表5-4-1 "教师教学维度之问题的生成和交互"历史学科课堂观察量表

时间: 讲课人: 观察者: 课题:

观察点	观察记录					结果统计	评价反思
	问题1	问题2	问题3	问题4	问题5		
1.问题类型 ①知识记忆 ②浅层理解 ③因果解释 ④史料实证 ⑤判断评价 ⑥深入理解							所提问题能否提升学生的认识能力,发展其高阶思维?

续表

观察点	观察记录					结果统计	评价反思
	问题1	问题2	问题3	问题4	问题5		
2.问题是如何生成的？①直接生成②学生提出③课堂生成							生成的问题是否围绕主题和教学目标？
3.学生参与的人数							所提问题能否引发学生思考的兴趣并积极参与？
4.问题有无情境依托？什么情境？如何创设情境？							所提问题是否真实有效？是否考虑了学情？
5.教师如何理答？①直接②纠正答案③追问启发							教师的理答是否引导学生深入思考、推动学生自主生成了结论？

观察点——情境类型：A.历史 B.生活 C.现实；史料类型：①实物②文献③图像④口述

表5-4-2 "问题设置有效性"历史课堂观察量表

时间		班级				执教教师				
学科		课题				观察教师				
	教师行为						学生行为			
	教学资源选择	典型问题记录	问题类型			对话深度	学习方式		学习状态		评价方式
教学环节			是何（是什么）	为何（为什么）	如何（运用）	若何（创新）		自主学习	合作探究	探究学习	参与人数	参与时间	

287

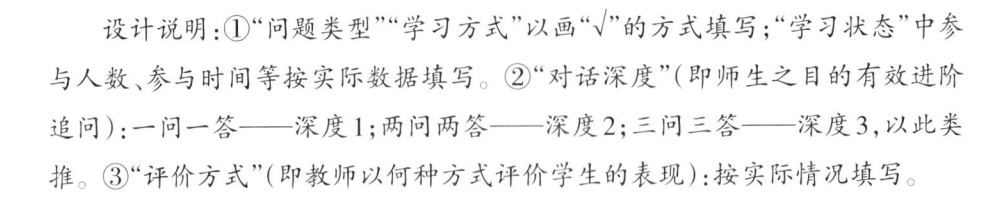

设计说明:①"问题类型""学习方式"以画"√"的方式填写;"学习状态"中参与人数、参与时间等按实际数据填写。②"对话深度"(即师生之目的有效进阶追问):一问一答——深度1;两问两答——深度2;三问三答——深度3,以此类推。③"评价方式"(即教师以何种方式评价学生的表现):按实际情况填写。

六 对初中历史活动课历史思维品质培养的建议

初中历史活动课有助于学生素养的"落地生根"。教师在活动课设计时,要把握恰当的思维品质培养的"尺度"——从"低度"到"坡度",再到"高度"。

1.低度

遵循学生已有经验和认知规律,是进行教学设计的基础。因此,教师应该在情境创设、材料选择、活动设计等方面,考虑学生能否参与、完成。

2.坡度

根据"最近发展区理论",在教师的指导下,学生能够"跳一跳,可摘桃"。因此,课堂的设计可以从问题链的梯度、任务的难度等方面逐步进阶。学生的"真探究"不应该沦为一场表演,而应该是循序渐进,不断爬坡,最终到达学习的目的。此外,课堂板书应该也是在师生合作下,与思维的进阶同频共振形成。

3.高度

一节课的最后,学生的感悟应该是通过触及心灵的学习,建构自己的见解,形成自己的价值判断,助力生命的成长。

如何在乡土活动课进行历史思维品质的培养,是摆在中学历史教师面前的一道思考题。历史研究不仅仅是对过去的回顾,更是对现在和未来的思考。教师要超越表面的事实,探索历史的深层次结构和内在逻辑;要强调历史的连贯性和整体性,构建一个全面的历史观,将历史视为一个连续的、有意义的过程,而不仅仅是一系列孤立的事件;要引导学生更好地理解历史的复杂性和多样性,以及历史对现实和未来的影响,从而历史中汲取智慧,为解决现实问题提供参考和启示。思维品质的培养需要我们在教学实践中不断摸索,推动其有效落地。它是一个长期的过程,不是一蹴而就的,需要渗透在日常的教学之中,使其不断发展。千里之行,始于足下。我们只有行动了,尝试了,才有可能找到合适的路径,使学生的思维品质在体验、实践、探究中得到提升。

(本节内容根据笔者发表于《中学历史教学参考》2024年第25期上的文章《"动"起来的课堂 "活"起来的思维》整理改写)

第六章

基于"教—学—评"一体化的问·道历史教学

2022年4月,中华人民共和国教育部发布了《义务教育历史课程标准(2022年版)》,确立了以核心素养为导向的"教—学—评"一体化评价体系,要求教师转变育人方式,重视评价的育人功能,树立"教—学—评"一体化意识,实现"教—学—评"的有机融合。"教—学—评"一体化,即基于"教—学—评"一致性理念,将教、学、评三要素有机融合,形成课程育人的合力,协调发展学生的核心素养。"教"是教师以核心素养为导向,通过教授学科之"眼"、学科之"魂"、学科之"法"实现学科育人;"学"是学生在教师的引导下,积极主动地参与教学实践活动,内化所学知识与技能,形成关键能力和必备品格,发展核心素养;"评"是教师以核心素养为导向,将教学评价整合入教与学的共同活动中,以评促学、以评促教。"教—学—评"一体化是新课标背景下落实立德树人根本任务、实现学生核心素养发展的重要方式。

第一节 "教—学—评"一体化的概念与内涵

一 "教—学—评"一体化概念的深度解析

(一)"教—学—评"一体化的深入理解

《现代汉语词典》(第7版)对"一体化"给出了明确的定义,即"使各自独立运作的个体组成一个紧密衔接、相互配合的整体"。从这个定义出发,"教—学—评一体化"显然是指"教""学""评"这三个核心元素相互配合,形成一个趋向整体化的过程。关于"教—学—评一体化"的学术概念及其内部"教""学""评"元素的内涵,学界经历了长期而深入的探索。

随着新课程改革的持续推进,教育者们愈发重视教学目标、教学实施与教学评价三者之间的一致性,以期打破以往教学中普遍存在的目标与评价相脱节的现象。在此背景下,教育者们强调在课程标准的引领下,以核心素养为统领,整合教学的各个环节,强化各环节之间的逻辑联系与紧密性,确保教学目标能够真正融入教学实践,并与评价保持一致,从而实现课程标准的有效落地。这一改革趋势推动了"教—学—评一体化"和"教—学—评一致性"成为研究的热点。从现有的文献资料来看,国内学界并未对这两个概念进行严格区分,研究者们往往认为它们内涵相同,甚至在同一篇文章中交替使用这两个术语。然而,在深入分析现有研究的基础上,笔者认为这两个概念虽然基本内涵和主要目标一致,都旨在通过增强教、学、评的契合度来提升教学效果,但它们在出现的时间、具体含义以及侧重点上存在一定的差异。

"教、学、评"一致性的概念出现时间相对较早,最早由美国教育心理学家科恩于1987年提出,后来教育评价专家韦伯对其进行了全面而深入的阐述。相比之下,国内对"教、学、评"一致性的研究起步较晚,且概念的界定相对笼统。一般而言,它强调的是教、学、评三个元素在内在一致性、指向一致性和一一对应性方面的要求。例如,张顺清认为:"'教、学、评一致性'强调的是教学目标、评价任务、教学活动三者内在的一致性。"[1]而马泽燕、傅兴春则指出:"教、学、评一致性原则主要指课堂教学中的教、学、评应当具备目标的一致性。"[2]

"教—学—评一体化"理论并非中国的首创,它是基于建构主义理论、多元智能理论等逐渐发展起来的。实际上,很多国家(如美国、日本、芬兰等)已经在这些理论的基础上相继提出了"教—学—评一体化"理论,或者与之相类似的"教学与评价一致"和"教学与评价相融合"的概念。国内关于"教—学—评一体化"的概念界定基本始于2010年,各学者之间的观点虽略有差异,但核心思想相同,都强调教、学、评一体化要求教学目标、学生的学习目标、课堂教学评价目标的一致性,并要求一体化地设计教、学、评。完整的教学活动应包括教、学、评三个方面。"教"是指教师把握历史学科核心素养的培养方向,通过有效组织和实施课内外教与学的活动,达成学科育人的目标;"学"是指学生在教师的指导下,通过主动参与各种课堂实践活动,将学科知识和技能转化为自身的学科核心素养;"评"则是指教师依据教学目标确定评价内容和评价标准,通过组织和引导学生完成以评价目标为导向的多种评价活动。

这一阐述对"教""学""评"三个元素进行了清晰而具体的界定。

综上所述,笔者认为,"教、学、评"一致性更多地属于定性论述,它描述了一种课程实施的取向与状态,旨在强调教、学、评三者在目标上的高度吻合。而"教—学—评一体化"则更多地被视为课程实施的方式与过程,它旨在推进教师的教、学生的学和教学评价三者融为一体,在这个过程中必然渗透着一致性的思想。"教—学—评一体化"这一概念包含了三个关键元素:教师的教、学生的学以及教学评价。其中,教师的教涵盖了教师的备课(包括学情分析、文本分析、评价任务的预设等方面)、教师的教学设计、教师的课堂活动、教师的批改作业等一切发生在教学中的教师活动;学生的学则包括了学生的预习、学生的课堂活动、学生在经过学习后提升的程度、学生的课后作业和复习等一切学习活动。在"教—学—评一体化"的视角下,教学评价更为多样,它与教与学的联系更加紧密,可以渗透到教与学的各个环节中去,实现全过程评价,而不仅仅是针对学

---

[1] 张顺清."教、学、评一致性"与"教、学、评一体化"的起源和含义[J].中学化学教学参考,2019(13):4-5.
[2] 马泽燕,傅兴春.基于新课标的教、学、评一体化研究进展[J].化学教与学,2020(5):11-15,42.

习成果的评价。简而言之,"教—学—评一体化"是以目标为指向,以学生为核心,以评价为纽带的一种课程实施理论。它旨在推动教师的教、学生的学以及教学评价三个方面有机融合、互相渗透,从而增强教学活动的有效性,进而达成学科育人的目标。

在历史教学的实践中,"教—学—评一体化"策略的实施涵盖了一系列紧密相连的环节,其核心在于充分发挥学生的主体作用。在此前提下,教师须精心组织并引导学生参与指向明确教学目标的历史问题探究活动。学生在清晰了解历史课堂的学习目标后,能够带着目的性和针对性进行自主探究和合作探讨,通过实际解决问题和任务完成的程度来达成学习评价。这一策略的转变旨在打破传统教学中教师机械讲授历史知识、学生被动接受知识的模式,从而凸显学生的主体地位,实现以评价促进学习、以评价促进教学的良性循环。

(二)教学目标的设定

判断教、学、评是否一致的核心标准,在于教学、学习与评估是否能围绕同一目标协同展开。因此,目标的科学制订是实现教、学、评一致性的关键环节。教学目标是对教学活动将使学生发生何种具体、明确变化的表述,它预示着教学活动中所期望学生获得的学习成果。在教学设计中,教学目标的设计是首要问题,它规划了教学活动过程预期要达到的结果。教学目标不仅是一节课的出发点,更对整节课起着重要的导向作用。在"教—学—评一体化"的理念下,初中历史教学目标的制订须从整体出发,全面考虑教学目标的设计与实施,确保各个维度教学目标之间的紧密联系以及各个阶段教学目标的连续性和一致性。

(三)教学评估的实施

在"教—学—评一体化"的框架中,"评"已超越了传统意义上的评价,而更多地体现为评估。传统评价的主要目的是"作出判断",对学生的学习结果进行等级划分;而评估则更注重"改进表现",它依据学生在整个学习过程中的表现来指导下一步的教学工作。要实现教、学、评的一致性,教师必须注重以教学评估替代传统的教学评价。这种替代不仅强调了学生素养的培养,更代表了评价理念的进阶发展。当前的教育评价已经逐渐从"成绩导向""选拔为先"转变为"素养导向""发展为先",这标志着评价理念的突破性进展。与传统教学评价更注重教学结果且在教学完成后进行不同,教学评估强调将评价贯穿于教学过程的始终,即注重全过程评价。在明确教学目标后,就需要考虑评估的实施了,而且评估需要贯穿教学的全过程,周而复始。这意味着在教学评估开始之初,教师就需要明确预期的教学结果,并据此制订出具体的教学目标。同时,在教学过程中,教师还需要持续收集学生的学习信息,以便及时调整教学策略和评估方法,确保教学评估的有效性和准确性。通过这样的全过程评估,教师不仅可以更好地了解学生的学习状况和需求,还可以为学生的学习提供更有针对性的指导和支持。

二 "教—学—评"一体化的内涵分析

"教—学—评"一体化所凸显的核心理念是"一体"而非简单的"一致",它强调的是"一体化的动态过程"而非静态的"性质状态"。在综合考量国内外相关研究的基础上,我们可以发现,"教—学—评"一体化相较于"教—学—评"一致性,在内涵上展现出更为鲜明且独有的特征。

首先,"教—学—评"一体化在理论构建上更为丰富和全面,它广泛吸收了形成性评价、动态评价以及学习导向评价等多个领域的理论精华和实践经验。这一观点得到了王蔷、李亮等学者的认同,他们认为"教—学—评"一体化的概念正是在这些理论成果的基础上得以形成和发展的。[1]同时,张顺清也指出,"教—学—评"一体化的教学设计应当符合"教—学—评"一致性的基本要求。[2]而吴星、吕琳的研究则进一步表明,"教—学—评"一致性的实现过程,本质上也是"教—学—评"一体化的体现。[3]这些研究结论共同揭示了"教—学—评"一致性作为"教—学—评"一体化理念的重要组成部分,是"一体化"理念在实践中的具体表现之一。

其次,"教—学—评"一体化强调的是教、学、评三者的深度融合与有机统一。在这一理念下,评价不再是独立于教、学之外的孤立环节,也不是简单地追

---

[1] 王蔷,李亮.推动核心素养背景下英语课堂教—学—评一体化:意义、理论与方法[J].课程·教材·教法,2019,39(5):114-120.
[2] 张顺清."教、学、评一致性"与"教、学、评一体化"的起源和含义[J].中学化学教学参考,2019(13):4-5.
[3] 吴星,吕琳.核心素养培养需要"教、学、评"一体化[J].江苏教育,2019(19):22-25.

求教、学、评三者之间的"一致"或"对应"。相反,教的活动、学的活动和评价活动被看作一个有机的整体,它们相互渗透、相互支撑,共同构成了一个完整的教学过程。在这个过程中,评价被巧妙地嵌入教和学之中,成为调节和优化教学进程的有效工具,通过及时的判断和反馈来促进教和学的不断改进和提升。

再次,"教—学—评"一体化的关注点不仅仅局限于教学目标的达成或教、学、评三者之间的关系协调,它更关注于人的全面发展。在这一理念中,"一体"不仅意味着教、学、评三者的融合与统一,更意味着它们共同构成了一个完整的教学生态系统。在这个生态系统中,各要素之间相互协作、相互促进,共同致力于改善学生的学习体验、发展学生的学科核心素养以及关注人的全面发展和成长。如果说"教—学—评"一致性是"目标导向"下的教学追求,那么"教—学—评"一体化则是"人的发展"理念下的教学实践。

最后,"教—学—评"一体化强调教、学、评三要素之间的动态互动和螺旋上升的一体化发展过程。它是一个教、学、评相互融通、相互作用的循环过程,也是一个即教、即学、即评的实时反馈过程。在这个过程中,师生之间、生生之间以及师生和教学内容之间形成了良性的互动关系,不断催生出新的学习需求、新的教学策略和新的评价方式。综上所述,我们可以认为,"教—学—评"一体化不仅包含了"教—学—评"一致性的核心理念,还进一步强调了教、学、评三要素的整体融合与相互作用。它们在动态互动和螺旋上升的过程中不断改善学生的学习体验、发展学生的核心素养并实现教学目标。

第二节 "教—学—评"一体化的历史教学设计路径

一 教学设计的特性解析

(一)教学目标预设,单元主题导航

"教、学、评"一体化的实施并非随心所欲,而是基于明确的教学目标展开的。单元教学设计的首要任务是确立单元教学目标,这一目标的制订须以学生的实际情况和课程标准为基石。唯有合理且科学的教学目标,方能确保单元教学设计的各个环节切实可行。单元教学目标是从整个单元视角出发进行设计的,它具体表达了引领性的单元主题。

单元主题的精髓在于其"通"与"统"的特性,即它在历史知识系统构建中的通感、通透、通性、通识,以及在历史教学实施中的统筹、统观、统摄和统领作用。单元内容的主题是单元教学设计的核心,它贯穿于单元教学活动的始终,可以被理解为一个大的概念、大的主题或大的问题,通常具有高度概括性。这是教学设计者在深入解读教材、把握课程资源、全面分析学生实际的基础上,精心提炼出来的,是对整个单元内容的升华性总结。它为教师在教学设计、课堂教学和课后反思中提供了教学工作的着力点,也为学生提供了课堂学习的立足点。

(二)内容详略得当,评价重点明确

在核心主题的引领下,单元教学需要覆盖教材中的所有教学内容,并考虑到每位学生的接受水平。然而,初中历史教学时间有限,教学任务相对繁重。因此,进行单元教学设计时,必须合理规划教学内容,以确保教学用时。合理规划的前提是教师充分、熟练地掌握教材,了解学生情况,并拥有深厚的教学功底。在具体单元教学中,教师可以通过整合学习内容、压缩讲解、突出重点、妥善安排详略等方式来提高学习效率和质量。对于难以理解和掌握的知识内容,则根据教学需要进行细致讲解。这对于教师的教学准备、教学功底和教学经验来说都是一项不小的挑战。

有了详略得当的教学内容，也就明确了评价的重点。某个单元或某节课的重点是知识点的背诵，还是历史概念的掌握；是历史时空关系的演进，还是知识点之间的逻辑关系，都可以通过有针对性的评价项目来加以检验。这有助于激发学生学习的主动性，了解学生知识掌握的情况，以及教师教学的情况。

(三)逻辑关系强化，评价辅助推进

建构主义知识观强调整体大于部分之和。单元教学即一个整体，它并非单课时的简单累加，也不是将整单元的内容笼统地放在一起，用一两节课的时间就给学生灌输完。其内部是有着合理的逻辑关联的。

笔者所研究的历史单元教学设计立足于单课，从单课出发，以单元核心概念为引领，统揽各课，从而形成教学单元。在这一视角下，进行教学设计时须着重考虑课内各部分在单元主题统摄下的逻辑关系、课与课的教学内容间的逻辑关系，以及单课与整体教学单元间的逻辑关系。笔者通过分析部编版教材单元内各课内容发现，单元内部联系性很强，层次由浅入深，内部的逻辑关系是非常合理的。教师的教学结构遵循教材安排即可。

"教、学、评"一体化的设计会逆向完善单元教学设计内部逻辑。"教、学、评"一致性通过设计评价任务将学习目标融入教学，通过教学活动完成评价任务，进而实现学习目标。评价本身的重要功能是检测，它是按照一定的逻辑关系、层级顺序展开的，伴随单元教学全程。在这一过程中，评价项目的设计与教学结构相辅相成，实现"教、学、评"一体化对教学的反向完善。

(四)系统结构严谨，双线教学并进

在单元主题的引领下，教学重在强调单元意识、引领意识和总体意识，即从单元主题的角度展开单元教学。单元教学设计不同于单课教学设计，其最鲜明的特点是系统性。这主要包含两个方面。一方面是对教材内容的处理上，单元教学设计会对单元内各课内容进行系统化的分析和安排。每一个教学活动的设计、教学资料的选取、课程资源的运用都暗含着一定的目的性、设计的合理性，每一部分的教学活动都是环环相扣的。另一方面体现在单课时教学上，单

元教学会用单元主题联结起各课内容,使得单元内的课时教学联系紧密,构成系统。

以上是明线的教学实施,与之并行的暗线是"教、学、评"一体化。不同于明显的知识传授,教学评价具有隐蔽性,但同样是重要的教学手段,发挥着不可替代的育人作用。在大单元整体教学背景下,从目标出发,决定"要把学生带到哪里",通过参与学习任务,实现"怎样带到那里",利用评价手段反馈"是否把学生带到那里",基于评价结果向新的目标出发。"教、学、评"一体化与单元教学设计最重要的特点是在严谨的系统结构内两相结合,双线并进实施,共同实现教学目标。在这一过程中,教师需要具备深厚的教学功底、对学生的全面了解以及精湛的教学设计技巧,以确保单元教学的有效性和高效性。同时,学生也需要积极参与到学习过程中,通过完成任务、参与讨论等方式来提升自己的学习能力和综合素质。

二 初中历史教学设计的"教—学—评"一体化流程解析

基于"教—学—评"一体化的初中历史教学设计流程,其核心在于三个紧密相连的大步骤:明确教学目标、构建评价任务、规划教学活动。每一步骤都承载着特定的操作要求和原则,共同构成了一个完整且高效的教学设计体系。教学目标如同指南针,为评价任务与教学活动的设计提供方向;评价任务则像桥梁,既与教学目标紧密相连,又为教学活动的设计指明道路;而教学活动则是实现教学目标的最终途径,通过具体的教学实践来落实教学目标。

在进行这一教学设计时,需要特别注意的是,将评价任务的设计置于教学活动设计之前,并不意味着在实际的课堂教学中必须先进行评价再进行教学活动。这一设计顺序的意图在于,通过先设计评价任务来确保教学与评价的一致性,使评价任务紧密围绕教学目标,并为教学活动的设计提供明确的指导。在实际的课堂教学中,这些评价任务可以灵活应用,既可以是过程性评价,也可以是其他形式的评价。因此,教师需要明确区分基于"教—学—评"一体化的教学设计流程与实际课堂教学活动的流程,避免将二者混淆。

(一)明确教学目标:教学的灯塔

教学目标在教学设计中发挥着举足轻重的指引作用。一个清晰、有条理的教学目标表述,是评价任务和教学活动设计合理性的基础。一个完整的教学目标应包含四个核心要素:行为主体(即学生)、行为动词(如树立、养成、践行等)、行为条件(指采用的方法或途径)以及行为程度(描述做得如何)。为了清晰地表述教学目标,教师需要完成三项关键工作:深入解读课程标准、全面分析学情、细致研究教材内容。

1.解读课程标准:教学的指南针

教师在确立教学目标之前,必须深入解读课程标准,包括其性质、理念以及课程目标、内容和学业质量标准等部分。这些部分对教学提出了明确的内容要求和提示。教师需要提炼这些要求中的关键词,并扩展相关的行为动词、行为条件或行为程度词,以确保教学目标的准确性和针对性。

2.分析学情:满足学生的学习需求

教学的对象是学生,因此分析学情是制订教学目标的重要一环。教师需要深入了解学生的生活环境、当前面临的问题、学科核心素养的水平以及课堂教学需要重点帮助学生解决的问题。基于这些了解,教师可以在教学目标表述时设计不同的行为条件和行为程度,以更好地满足学生的学习需求。

3.研究教材内容:教学的基石

教材是学生学习的重要工具,涵盖了大部分要学习的知识。不同的单元具有不同的学习目标和内容。因此,教师在教学设计前需要熟悉教材的内容,合理划分和总结知识点,并结合课程标准和学情来概括每一课时的重点和难点。这包括按照单元划分知识大框架、按课时划分教材内容、对每一目的内容进行详细划分以及梳理所有内容的逻辑关系等步骤。

在完成以上三项工作后,教师可以综合教学需求来制订教学目标,回答"为什么教"和"教什么"的问题,并选择适当的教学方法来回答"怎么教"的问题。在选择教学方法时,教师应尽量多样化,以适应不同学生的需求。

(二)构建评价任务:教学的桥梁

按照逆向教学设计的思路,评价任务的设计环节位于教学目标确立之后、教学活动设计之前。评价任务在教学当中以教学目标为导向,发挥着"以评促教""以评促学"的重要作用。评价任务的设计实际上是一个从教学目标明确"为什么教""教什么""怎么教"到设计"为什么评""评什么""怎么评"的转化过程。它包括评价目标、评价的具体任务和评价规则三大部分,并需要遵循以下三个原则。

一是评价目标清晰性原则。评价目标应与教学目标一一匹配,并在教学目标的基础上更清晰、具体地表述学生须在哪些主要方面达成教学目标。实际上,评价目标是教学目标的具体化体现,并提供衡量学生达成教学目标的主要尺度。

二是评价的具体任务符合实际原则。教师在设计评价任务时必须贴近学生的实际状况,确保任务既不过于简单也不过于困难。同时,评价任务也要结合教学的具体条件来布置,以确保在条件充分的情况下学生能够完成任务。

三是评价规则具体化原则。评价任务应在具体的评价指标下划分不同水平的学生行为表现,并确保这些行为表现的表述尽量细致、递进有序,并能够让学生在易懂的情况下对自身和小组成员进行评价,从而帮助学生认清自身的表现水平。

(三)规划教学活动

规划教学活动,实质上就是构思"如何达成教学目标"以及"如何执行评价任务"的流程,主要聚焦于解答"学习内容的确定"与"学习方法的选择"两大核心问题。教学活动依然以教学目标为指引,它明确了评价任务的设置与执行,并据此选定特定的学习内容与学习策略,设计相关的问题与情境,以助力学生逐步达成学习目标。规划教学活动时,须坚守以下三大准则。

1.确保学习内容与评价任务的一致性

教师在策划教学活动时,须针对各异的评价任务精心挑选相应的学习内容,并经过深思熟虑,确认其能否有效助力学生实现学习目标。

2.激发学生学习的主动性

教学活动应深入学生的生活,选取他们在日常生活中遇到的思想热点、难以决断或解决的问题等,以此吸引学生参与到教学活动中来。否则,即便教学活动与评价任务相匹配,也难以激发学生的学习热情,难以满足他们的学习需求,导致"教"与"评"的效果大打折扣。

3.为教学目标服务

教学活动的规划最终旨在实现教学目标,提升学生的历史学科核心素养。因此,在设计教学活动时,应避免形式主义,必须以确保实现教学目标为基石。这意味着,每一个教学活动的环节与细节都应紧密围绕教学目标展开,确保教学活动既丰富多彩又切实有效,从而真正促进学生的全面发展。

第三节 基于"教—学—评"一体化的初中历史教学设计

下面以部编版现行初中历史教材《中国历史》七年级下册第4课《唐朝的中外文化交流》为例来具体阐述"教—学—评"一体化的初中历史教学设计。

一 目标设计

1.课程目标分析

了解鉴真东渡、玄奘西行等史事,从中外文化交流方面认识唐朝在世界历史上的重要地位,学会中外交流活动的相关内容,把握中国古代历史发展的基本线索及相关重要史事。掌握日本派出遣唐使、鉴真东渡、玄奘西行等历史发展中的重要史事。了解唐朝中外文化交流的盛况与如今文化交流的联系,了解唐朝中外文明的交流与汉朝"丝绸之路"的因果联系,了解唐朝中外文化交流频繁与当时政治、经济、文化的联系,了解中国与世界的联系。

2.教材内容分析

本课的导入部分讲述的是阿倍仲麻吕的两座纪念碑,以此来引出中日当时的交往,用历史人物的故事导入新课,激发学生的兴趣。本课设置了三个子目,分别是:遣唐使和鉴真东渡、唐与新罗的关系、玄奘西行。教材内容中文字部分比起其他课较少,主要讲述了唐朝与日本、新罗、天竺之间的文化交流。

第一子目:遣唐使和鉴真东渡,包含日本留学生、留学僧来华学习和鉴真东渡日本传播文化的内容。此部分配了三幅图片:《弘法大师行状绘词》描绘了日本僧人渡海入唐的情形;日本的和同开珎,与唐朝开元通宝很相似;日本奈良唐招提寺内的鉴真像,这是日本"国宝"级的文物。课文还讲了两个"相关史事",遣唐使将中国的风俗习惯传到日本,列举了一些传统节日,有些节日一直流传至今;鉴真东渡的困难,以及到日本后的结局。图片、史事与正文相呼应,是对正文的补充说明,更加丰富了学生对这段历史的认识,体现出日本向唐朝学习的相关历史,日本向唐朝进行了方方面面的学习,现今日本文化仍然带有唐文化的色彩。以此培养学生的史料实证和历史解释的能力,让学生学会依靠可信的史料,观察实物材料,提取信息以了解和认识历史,对史料进行整理后表达自己对唐朝和日本文化交流这段历史的看法。

第二子目:唐与新罗的关系,主要讲述唐朝与新罗之间的文化交流。本项目内容量很少,只有一个"相关史事":讲述了新罗受唐朝影响,新罗人崔致远入唐学习、生活的事情。用个人的生平经历体现出唐文化对朝鲜的重大影响,通过描绘历史人物展示时代特征,是唐朝与新罗交流的具体表现。本项目内容少,简单地叙述了新罗派遣使节到唐朝学习中国文化,许多新罗商人到中国经商,新罗仿唐制建立政治制度,引入中国科技成就,以及朝鲜半岛音乐传入中国等知识点。虽然不是本课重点,但要提醒学生不能因为内容量少从而忽视对本段知识的学习。让学生从唐朝的广泛影响力中树立文化自信,培养学生的家国情怀。

第三子目:玄奘西行,讲述唐朝与天竺的频繁交往,本子目就是在叙说玄奘法师西行取经并携带佛经回国的经过。此部分课文配了两幅图片:玄奘西行求法(邮票),此为历史名人系列邮票;玄奘西行与回国路线图。课文还讲了一个"相关史事",叙述了玄奘将天竺译为"印度"的称呼变化。邮票与相关史事体现出玄奘西行的影响之大、意义之深远,突出这个知识点的重要性。玄奘西行与回国路线图可以培养学生的时空观念,立体地学习玄奘求取佛经并回国的路线,了解当时唐朝与周边国家的方位,从地图中获取历史信息,在具体的时空下考察历史。

"问题思考"部分提出:鉴真东渡和玄奘西行都经历了千辛万苦,他们是如何面对重重困难的?二者都在过程中经历了重重困难,虽然目的地不同、目标不同,但是他们坚定的意志力、百折不挠的勇气都是可以传授给学生的美好的思想品德。让学生在思考时将自己代入历史人物所处的时代,培养学生历史解释的能力,表达自己对历史的看法。

"课后活动"可以帮助学生巩固本课知识,培养学生自主探究学习的能力。本课课后活动分为三个内容。第一题是找出日本文字"平假名"和"片假名"与汉字的联系,其实就是一个遣唐使在汉字的基础上创造出"平假名"和"片假名",体现了日本对唐文化的学习、借鉴。第二题是唐朝墓葬的三件文物:大食人俑、东罗马金币、非洲黑人俑反映出了什么？文物与历史相呼应这体现出唐朝对外文化交流的繁荣景象，唐朝的交流不局限在亚洲，与阿拉伯地区、欧洲、非洲都有交往。第三题是查阅资料，了解同一时期欧洲、非洲和美洲处于怎样的发展水平。三道题都需要学生查阅资料，思考并总结出自己的观点，让学生查找相关材料一方面是锻炼他们的史料实证和历史解释的能力，另一方面是使他们从文化角度树立文化自信，可以培养学生的家国情怀。

"知识拓展"的内容是唐朝与大食的友好往来的介绍，用课外知识扩展进一步加深学生对于唐朝的中外文化交流的理解。

本课的页下注释有三个：第一个是"珎"，同"宝"，是繁体汉字"寶"的异体字，一说同"珍"，是对日本钱币名字中的一个字的解释，体现了当时日本对唐朝文化的推崇与学习；第二个是"天竺"，唐朝时的称呼，包括今印度、巴基斯坦、孟加拉国等国，让学生对古代的国家有一定的地理概念；第三个是大食，我国古代称阿拉伯帝国为"大食"，同样是让学生对古代的国家有一定的地理概念。

通过对教材内容分析，了解到本课课程内容量较少，趣味性较强，有较强的操作性，有充足的时间设计课堂活动帮助学生拓展课外知识，完成"教—学—评"一体化教学构想。

3.学生特点分析

初一下学期，此时的学生已经初步了解历史，具备了一定的阅读、理解教材的能力，可以进一步指导学生解读史料，对史事进行分析，理解历史事件之间的因果关系，逐步学会判断历史事件。中国古代史部分对于学生来说太过遥远，有距离感，需要通过创设情境，辅助学生学习，调动学生学习积极性。经过一个学期的核心素养的培养，学生初步具备了相关能力，能理解评价的意义，能够主动地进行自我评价，积极和老师沟通，了解综合评价，在有问题时自我调整。教师在教学时更加突出以学生为中心的活动，做好引导学生进行活动的工作，注重把控全局。

学生学习本课时，对于本课的内容并不是毫不了解的，尤其是第三子目玄奘西行的部分，因为《西游记》的原因所有学生或多或少都有所了解，第一子目中唐朝文化在日本的传播，部分学生也有一定的了解。但是对于这些知识，学生没有系统地学习过，基本停留在听故事了解的阶段。所以本课在学习时要从学生熟知的角度入手，但是要注意引导学生深入理解相关史事，有条理地学习。

中国古代史距离现在太过久远,要避免学生用听故事的心态学习本课,把握好学习新知识与旧积累之间联系的度。

4.教学重难点

重点:唐朝与日本的相互交往、唐朝与天竺的相互交往。

难点:唐朝中外交往频繁的原因、唐朝中外交往与今天的开放的区别。

5.学习目标确定

唯物史观:认识到唐朝中外文化交流频繁的政治、经济原因。

时空观念:识读相关地图,明确唐朝中外文化交流的相关时间。

史料实证:通过获取、查阅、分析各类相关史料,获取有效历史信息。

历史解释:对遣唐使、鉴真东渡、玄奘西行等相关概念能作出阐释。

家国情怀:学习鉴真、玄奘的毅力与求知精神,认识到唐文化的影响力,树立起文化自信,用包容开放的眼光看待世界。

二 评价设计

(一)评价项目确定

1.学生行为过程评价

观察学生对于唐朝和日本、新罗、天竺之间交流的相关史实了解是否充分,资料查找是否全面,史料分析与理解是否准确,对于两国之间文化交流的意义和影响是否考虑到位。

2.学生活动成果评价

判断学生活动总体完整度达到了多少,在活动之后能否将本课的文化交流的相关内容和之前学习的政治、经济相联系起来,注意学生是否理解本课知识,从核心素养的五个方面进行评价。

(二)评价标准制订

1.评价方式

主要采用随堂练习评价、口头表达、汇报评价等方式,具体包括在课堂上进行课堂提问、课堂练习、课堂点评、学生自评、学生互评等方式评价。在学习活动中,学生完成活动汇报后,对于学生的分享进行评价,以提高学生的表达能力,也可以适当地夸奖以增加学生的学习信心。在每部分学习后,布置唐朝文化交流相关题目,及时让学生进行作答,检测知识点是否得到消化。

2.评价标准

(1)遣唐使与鉴真东渡

基础知识:对遣唐使的派遣、影响,鉴真东渡的精神、贡献知识点的掌握情况。

进阶拓展:对日本向中国学习文化、鉴真东渡的具体情况的了解,学生查阅史料的广度、深度,分享资料的表达能力。

(2)唐与新罗的关系

基础知识:对新罗派遣使者和留学生来唐学习,唐与新罗经济、文化交流知识点的掌握情况。

进阶拓展:对新罗与唐朝文化交流、经济往来的具体事例的了解。学生对于教材内容的学习情况,以及该部分被忽视的程度。学生查阅史料的广度、深度,分享资料的表达能力。

(3)玄奘西行

基础知识:对玄奘西行经历和译经生涯、《大唐西域记》的意义等知识点的掌握情况。

进阶拓展:对玄奘西行来回路线的观察,时空观念的培养情况。学生对玄奘西行的影响力的认知,对于玄奘是唐僧原型等例子的了解,学生查阅史料的广度、深度,分享资料的表达能力。分享结束后,对鉴真和玄奘两个历史人物的认识。

3.课堂习题设计

(1)在唐朝时期,中日两国交流频繁。日本多次派遣使节来华的主要目的是( )。

A.学习中国先进文化　　B.传播日本先进文化

C.侵略中国沿海地区　　D.学习唐朝书法艺术

(2)"传法为重,舍身为轻;六渡出海,终抵东瀛。"上述对联高度赞扬了鉴真不畏艰难、执着追求的精神。句中的"东瀛"指的是(   )。

A. 天竺　B. 朝鲜　C. 日本　D. 印度

(3)下列关于新罗与唐朝关系的描述中,不正确的一项是(   )。

A. 新罗物产居唐朝进口首位　　B. 新罗仿照唐朝实行科举制

C. 新罗引入中国的医学等科技　D. 中国音乐传入朝鲜半岛,广泛流传

(4)"遣唐使""玄奘西游""鉴真东渡"等客观史实,可以反映出唐朝的时代特征是(   )。

A. 对外开放　B. 经济繁荣　C. 政治清明　D. 交通发达

(5)下列有关唐对外交往的正确叙述是(   )。

A.唐朝政府鼓励各国商人到中国贸易,允许他们长期居住

B.天竺参照汉字创制了文字,在社会上至今还保留着唐人的某些风尚

C.唐太宗时,鉴真应日本邀请,东渡日本

三　教学活动设计

(一)活动主题确定

本课有三个子目,分别为遣唐使和鉴真东渡、唐与新罗的关系、玄奘西行,因为教材内容较少,地理概念较多,故依托教材内容设计主题活动,活动与每个子目相对应:探寻日本与唐朝文化有哪些相似之处;寻找新罗与唐朝文化交往的依据;如果你是玄奘,你西行的路线会怎么走?为什么?

(二)教学流程设计

1.课前准备

在第三课结束后告诉学生第四课活动主题,分别为:探寻日本与唐朝文化有哪些相似之处;寻找新罗与唐朝文化交往的依据;如果你是玄奘,你西行的路线会怎么走?为什么?让学生自主选择感兴趣的主题,自动分为三个小组进行准备,上课时根据课文顺序依次分享主题内容,每组分享时间不超过5分钟。小组内部自行进行分工,完成收集材料、整合材料、课上分享等活动环节的准备,在课上分享时说明每个环节的负责人。

2.课堂导入

用PPT播放唐人街的图片。

提出问题:有没有人了解唐人街?唐人街指的是什么,哪里有唐人街?

教师说明:唐人街是华人在其他国家城市聚居的地区,加拿大、美国、英国、马来西亚等国家都有唐人街。

提出问题:那为什么这样的地方叫作唐人街呢?

教师说明:由于唐朝对海外的巨大影响,在宋代时,"唐"就已经成了东南海外诸国对中国的代称。

【设计意图】初中学生对世界是充满好奇心的,学生可能在影视剧中接触过唐人街,有大致的印象,所以用唐人街的相关知识引发学生的兴趣,利于后续学习活动的开展。

3.新课讲授

三个小组分别进行活动探究,分享提前准备好的内容,不同的小组相互提出疑问并进行解答。教师把控活动进行,对遗漏的知识点进行补充说明。

活动一:探寻日本与唐朝文化有哪些相似之处

阶段目标:通过史料查询,分析了解遣唐使和鉴真东渡的相关史事。

学生活动:小组合作分享日本与唐朝文化的相似之处,学生介绍服饰、文字、货币、建筑等方面的相似之处。依据教材归纳遣唐使的含义、概况、贡献,总结唐朝对日本文化的影响。分析鉴真东渡相关史料,了解鉴真东渡过程,学习鉴真东渡的精神。

教师引导:学生介绍完相似之处后进行补充,用课件展示相关图片。播放《遣唐使》视频与鉴真东渡的史事材料,展示相关习题。

评价任务:通过习题检查目标完成状况,集中学生的课堂注意力,巩固学习重点遣唐使和鉴真东渡。通过讨论回答检查学生的史料阅读、分析能力。

【设计意图】先由学生进行分享,教师再用课件展示相关文字及配图,补充学生分享时未涉及的知识,辅助活动进行。利用多媒体课件展示图片的方式能较好地营造进入唐朝历史的氛围,激起学生的学习兴趣。让学生查阅相关资料,整理相关史事,直观地了解到日本向唐朝学习的内容,体会鉴真东渡精神的伟大,树立文化自信,以此突出教学重点。

活动二:寻找新罗与唐朝文化交往的依据

阶段目标:了解唐朝与新罗的政治、经济、文化等往来。

学生活动:小组合作分享唐朝与新罗交流的依据,学生介绍唐朝时期关于新罗的传说、绘画、笔记小说等作品,新罗在中央设立国学,学习儒学。根据教材内容和史料内容,将新罗与日本和唐朝的交流进行对比,了解新罗对唐朝的学习及双方的相互往来。

教师引导:学生介绍完交往依据后进行补充,用课件展示相关图片。展示新罗与唐朝往来的相关史料,展示相关习题。

评价任务:通过习题检查目标完成状况,集中学生课堂注意力,反复记忆唐朝与新罗往来的知识点。通过新罗和日本与唐朝的交流的对比区分等相关知识,以及学生的讨论回答检查学生的史料阅读、分析判断能力。

【设计意图】通过展示图片、史料等方法,同时运用对比引导学生较为直观地了解唐朝与新罗的往来关系,培养学生的识图能力和从文字史料中获取有效信息的能力,锻炼学生分析和归纳历史问题的能力。

活动三:如果你是玄奘,你西行的路线会怎么走？为什么?

阶段目标:学习玄奘西行的相关知识,通过玄奘西行的线路图培养时空观念,认识到玄奘的影响力。

学生活动:小组合作分享玄奘西行路线,学生在地图上标记出构想的路线,说明如此设计的原因,从地理、文化、政治等方面多角度考量,完成设计。根据史料内容了解玄奘西行的经历概况,阅读教材了解玄奘的贡献,分析《大唐西域记》的影响,感受玄奘身上的精神品质。

教师引导:学生分享完路线图后,用课件展示《玄奘取经图》《玄奘取经回长安图》,展示玄奘西行史料和相关习题。

评价任务:通过习题检查目标完成情况,集中学生的课堂注意力,反复展示知识点,强调本课重点内容。通过玄奘西行路线图了解西行的困难,学习玄奘的精神品质,通过相关图片认识到玄奘西行的贡献。

【设计意图】让学生规划路线,培养学生的时空观念,理解玄奘西行的困难,增加学习的趣味性,丰富教学内容,扩展学生的知识面,激发学生的学习兴趣与探究知识的动力。

4.课堂小结

本课三个子目都设计了学习活动,所以课堂总结与活动评价一起进行,教师在对每个活动的评价中加上每个部分知识点的总结归纳,通过这样的反复强调加深学生的记忆,合并总结又可以节省一些时间,避免学习活动占用太多时间影响教学进度。先由学生相互进行评价,再由教师从前期准备、呈现方式、质疑答疑三个方面进行评价。

评价完成后提出讨论问题:唐朝对外文化交流频繁有哪些原因?学生讨论回答后总结出原因,包括:国家统一,社会安定,经济繁荣,国力强盛;科技文化先进,领先世界,吸引各国来唐;陆海交通发达,为交往提供了便利条件;开放的对外政策;杰出人物的重大贡献,比如鉴真、玄奘等。

提出问题:唐朝的对外交往事件中哪个代表着外国来中国学习?哪个代表着中国向外国学习?哪个代表着中国主动向外国传播思想文化?让学生清晰地区分本课唐朝对外文化交往的几个事件的性质。展示相关习题。

【设计意图】通过活动评价引导学生了解自身不足,相互学习优点,推动核心素养的培养。评价完成后提出总结性问题,归纳本课重点,推动学生思维与表达能力的发展,升华主题。通过习题检查目标完成状况,串联起本课重点,反复考查进行强调。

5.课后反思

在活动过程中,教师应当留意学生可能遗漏的知识点,并对其进行详细的补充说明,因为本课的教材内容相对较少,因此需要设计三个活动,但同时也需要注意时间的把控。教师在活动中不断审视学生的表现和学习状态,时刻留意他们是否达成了活动目标。活动结束后,教师应及时总结反思并提出改进建议。在活动评估过程中,对那些准备充分、内容全面、表达流畅新颖、质询重点明确、回答自如的学生予以表扬,同时指出存在问题的学生,并鼓励他们在下一次的评估中积极改正。同时,还要关注学生的情感变化和内心感受,及时给予肯定或认可。为了激发学生对历史学习的兴趣,我们不能简单地对其进行批评,因为这样做会抑制学生的学习积极性。相反,我们应该通过各种活动来实现这一目标。在课堂上,以学生为主体,尊重学生的人格发展规律,关注学生的情感体验,引导学生积极参与教学活动。通过对学生学习情况和核心素养培养进展的分析,对本课的教学进行反思,优化教学设计和评估方案,并完善学习活动。

第七章

基于乡土课程资源的问·道历史教学

《义务教育历史课程标准(2022年版)》明确指出,在历史课程的实施中,教师要强化历史课程资源意识,合理开发与有效利用各种课程资源,其中就包括乡土历史文化资源的开发与利用。要重视与近代历史有关的乡土资源和口述史资源的利用。乡土资源,即独具地域特色的本土资源,在历史课堂教学中的深度应用,对于激发学生学习历史的热情具有显著作用。同时,这一做法亦有助于增进学生对民族传统和家乡文化的认知与理解,从而有效推动家乡优秀传统文化的传承与发展。

第一节 乡土课程资源的概念界定及分类

一 "乡土课程资源"的概念

在汉语词典的释义中,"乡"被定义为小市镇、个体生长的源地或祖籍所在,同时也是中国行政区划体系中的基层单位,隶属于县一级的行政单位领导。"土"则涵盖了疆域的概念、本地特色以及民间生产的范畴。深入探究,"乡土"一词并非仅限于城市之外的某一具体居住地,它蕴含了更为深远的抽象意义。在引申层面上,"乡土"承载着祭祀传统、风俗习惯、音乐艺术等丰富的文化内涵。因此,"乡土"并非由十余种独立概念简单堆砌而成,而是一个动态的概念,融合了自然地理要素与人文环境条件,体现了一种深刻的文化认同感。

就课程资源的界定而言,吴刚平提出,课程资源的概念有狭义与广义之分,"广义的课程资源涵盖各种有利于实现课程目标的因素,狭义的课程资源仅指教学内容的直接来源"[1]。范兆雄先生则认为,课程资源是指满足课程活动所需要的思想、知识、人力、物力等,它是与课程目标、内容、实施和评价有密切联系的课程外部系统。[2]即课程资源是一个涵括课程所有内容的系统,不仅包括在课程中所需要的文化、人力、物力等,也同时涵盖课程的目标、内容等。《基础教育课程改革纲要(试行)》中对课程资源概念界定为:"积极开发并合理利用校内外各种课程资源。学校应充分发挥图书馆、实验室、专用教室及各类教学设施和实践基地的作用;广泛利用校外的图书馆、博物馆、展览馆、科技馆、工厂、农村、部队和科研院所等各种社会资源以及丰富的自然资源;积极利用并开发信息化课程资源。"基于以上对课程资源概念的深入剖析,我们可得出如下定义:

---

[1] 吴刚平.中小学课程资源开发和利用的若干问题探讨[J].全球教育展望,2009(3):19-24.
[2] 范兆雄.课程资源的层面与开发[J].教育评论,2002(4):74-76.

课程资源指具有明确教育内涵的综合性体系,其内涵广泛,涵盖了课程内容、教育目标及课程评价等多个方面。简而言之,课程资源是一个集课程各项要素于一体的系统,它不仅包括文化、人力、物力等课程资源中的物质和非物质要素,同时也囊括课程所追求的目标和所涵盖的内容。

乡土课程资源是某一地区内课程资源的综合体现,涵盖物质及非物质两个层面。部分学者提出,乡土课程资源旨在助力课程目标的实现,并深刻反映该地区的独特风貌。另有学者强调,应从外延与内涵两个维度全面审视进入学校及课堂的乡土资源:从外延角度观察,乡土资源紧密关联于健康、积极的区域文化特色;而从内涵层面分析,乡土资源须具备受众特性,且应为人们所熟知与亲近。

二 乡土课程资源的分类

1.文字的历史乡土课程资源

文字的历史乡土课程资源涵盖一切以文字形式为历史课程提供乡土教育内容的资源。其中,历史教科书作为其核心资源,发挥着至关重要的作用。除此之外,其他如乡土教材、通俗历史读物、中学生历史刊物、历史档案、历史文献资料、地方志、家谱、族谱等,以及历史小说、科学技术史、文学艺术史等作品,乃至当地历史人物的回忆录,描绘家乡的散文、小说等文学作品,均属于文字的历史乡土课程资源的范畴。这些资源共同为历史课程提供了丰富多样的乡土教育内容。如福建省乡土历史教材,等等。

2.非文字的历史乡土课程资源

非文字的乡土课程资源,即以实物或活动的形式在历史教育中得到应用的资源。其中,实物形态的乡土课程资源涵盖广泛,包括历史遗址、历史文物、博物馆、纪念馆、档案馆以及爱国主义教育基地等,同时也包含专为历史教育教学活动而设计的历史教具。而活动的乡土课程资源则主要包括历史见证人、文史专家及非物质文化遗产传承人等。这些资源共同构成了历史教育中不可或缺的重要组成部分。

3.数字电子化的历史乡土课程资源

基于信息技术和网络技术的融合,数字电子化的历史乡土课程资源特指利用电子网络平台为历史教育教学提供的一系列资源。这些资源包括但不限于多媒体历史课件、历史资料数据库,以及当地图书馆、档案馆、博物馆等机构的在线服务,甚至涵盖部分影视作品。这些资源旨在丰富历史教育的内容和形式,确保历史乡土文化的传承与发展。同时,在提及数字电子化的历史乡土课程资源时,应当强调其不仅涵盖为历史课程提供信息来源的各类资源,更包括确保这些信息资源得以有效获取的硬件设施。这样的资源组合,对于历史课程的深入学习和研究具有不可或缺的重要性。

第二节 乡土课程资源开发运用的价值与原则

一 乡土课程资源开发运用的价值

中国是一个拥有悠久历史文化的国家,全国各地都有丰厚的乡土课程资源。在历史教育的实践中,将本土特有的乡土历史课程资源与中学历史教学有机结合,此举不仅能够有效弥补历史教学资料的不足,缩短课本知识与现实世界的距离,从而激发学生的学习兴趣和积极性,更对于培育学生的唯物史观、时空观念、史料实证、历史解释以及家国情怀等学科核心素养具有举足轻重的价值。

(一)把握历史规律,践行唯物史观

《普通高中历史课程标准(2017年版2020年修订)》明确指出,历史课程的教学方向须坚定不移地以唯物史观为指导,使历史教育成为形成和发展社会主义核心价值观的重要途径。[1]在教学实践中,历史教师应以唯物史观为基石,引导学生以科学辩证的视角全面理解和学习历史知识,确保教育内容的准确性和深度。唯物史观的基本观点与方法涵盖了人类意识形态的递进式演变,即从低级向高级的发展轨迹。同时,它深入剖析了生产力与生产关系之间的辩证统一,以及经济基础与上层建筑之间的相互作用关系。此外,唯物史观亦强调人民群众在推动社会进步中的核心地位。在历史教学的实践中,我们不仅要确保学生全面理解人类社会历史发展的总体趋势,深刻领会历史唯物主义的基本理念及唯物论的独特思考逻辑;更要引导学生坚定信念,将所学理论应用于日常学习、生活以及未来的社会实践中,以此指导个人的全面发展与健康成长。

---

[1] 中华人民共和国教育部.普通高中历史课程标准(2017年版2020年修订)[S].北京:人民教育出版社,2020:2.

历史学科,作为一门承载着人类文明记忆的人文学科,其研究的核心在于探寻和解读过去的人与事。然而,鉴于历史学科与当代学生日常生活的距离感,传统的课堂讲授方式往往难以激发学生的学习热情,进而削弱了他们的学习动机,这对唯物史观的学习与掌握构成了挑战。为了提升学生的学习体验与效果,我们在历史教学中应积极引入乡土资源,鼓励学生从身边的事物出发,进行历史学习。这种做法不仅有助于学生切实感受到历史知识的真实性与具体性,还能够促使他们通过由近及远、举一反三的方式,更深入地掌握和消化历史知识,进而加深对历史发展规律的认识。在初中历史教学过程中,虽无须强求学生全面系统地掌握唯物史观,然而,通过有效利用乡土资源来辅助历史教学,引导学生初步了解和领会唯物史观的基本观点与方法,是有一定必要性的。

(二)了解时代变迁,形成时空观念

历史是一个持续演变与进步的进程。在人类社会的历史长河中,人、时间、空间这三大核心要素构成了所有事件的基石。所有重大的历史事件,皆在既定的、特定的、具体的时空背景下孕育并不断发展。因此,在历史课程的教学中,我们必须致力于引导学生深入理解历史事件的发展脉络,帮助他们通过学习形成明晰且系统的历史时空观念。在历史教学环节中,务必引导学生形成基本的时空大局观,以全面审视历史事件。鉴于历史事件在形成与演变过程中,其成因和特性均存在显著差异,我们鼓励学生采取辩证、科学的态度来审视历史事件。同时,应使学生意识到历史事件发生的具体空间背景,从而深入理解在特定地理环境下,历史事件各方面因素之间的差异与联系。通过系统的历史教学,培养学生的时空观念,并教会他们运用这一观念来分析和解读历史,进而对历史事件作出合理、准确的解释。

在历史教学中,我们倡导将乡土资源作为教学素材,鼓励学生主动探索身边的资源,通过直观体验来感知历史,从而构建坚实的时空观念。此教学方法旨在引导学生摒弃传统的死记硬背模式,使他们能够依据时间顺序和地理因素,深入理解历史的变迁、延续、发展与进步,以形成更为全面和深刻的历史认知。

(三)善用历史资料,树立实证意识

历史资料,作为历史遗留的文字记载和实物遗存,构成了学生了解和认识

历史的宝贵资源。在历史教学过程中,教师应以严谨的态度,灵活运用各类历史材料,引导学生深入理解不同形式的历史资料,并教授他们搜集历史资料的有效方法。同时,教师应指导学生通过辨析历史资料,洞察作者意图,进而判断其真伪与价值,以此培养学生运用证据来证明历史事件的能力,树立实证意识。此外,学生还须学会从历史资料中提炼有效信息,基于这些证据形成自己的历史观点,以实证精神对待历史与现实问题。

乡土资源,作为一种丰富且富有趣味性的历史教学资源,对于历史教师的施教工作具有重要的补充价值。在教学过程中,教师应当依据学生实际的学习情况和需求,审慎筛选适宜的乡土资源,并将其有机地融入历史课堂教学之中,以提升教学效果。在乡土资源的整合利用中,教师应以严谨的历史态度为基础,对理论概念、历史事件及历史评价等进行深入剖析,务必借助恰当的历史资料予以详细阐释。不仅要向学生明确传达历史资料所陈述的"事实内容",更要揭示其背后的"历史逻辑"。对于历史资料所反映的社会背景及特定场景,教师应给予详尽的解读,避免孤立地依赖某一种历史资料。在历史教学中,通过合理运用历史资料,培养学生的实证精神以及求真务实的史学素养,确保学生能够在学习过程中形成科学的历史观念。

(四)运用历史解释,辩证看待历史

历史解释,乃是一种以史料为基石,对历史事件进行理性剖析与客观评判的态度、能力与方法。一切历史文献记载,皆可视作历史解释的一种形式。在文字记录者叙述历史事件的过程中,不可避免地会融入个人的主观意识,从而使得历史呈现主观与客观双重特性。所有的历史解释,既包含历史事实,也蕴含解释者的主观意识。由于个人所处的历史环境、社会地位以及立场观点的差异,对同一历史事件进行解释时,往往会形成截然不同的观点。历史解释作为历史学习中较为复杂的环节,亦是历史学科致力于培养的核心能力之一。

在历史教学的实施过程中,对于乡土资源的运用应当根据具体课堂情境进行审慎考量。在初中历史的教学环节中,教师应审慎地引入与乡土紧密相关的课程资料,并积极引导学生参与多样化的教学实践活动。此举旨在使学生不仅能够增强对相关历史事件的记忆,更能深入领会其背后的深层含义,从而产生更为丰富的联想。同时,学生亦能在这一过程中形成对历史事件的独特感悟与体会,更全面地把握历史事件之间的内在联系,并具备更为宏观的全局视野。

此外,学生还能学会运用辩证思维对历史事件进行解读,对历史人物进行评价,并据此提出个人的独到见解。

(五)传承本土文化,培养家国情怀

家乡作为个体成长的摇篮,是个体与乡土之间深厚的情感纽带。对于生活在这片土地上的每一位居民而言,家乡具有特殊且不可替代的意义。家乡的细微变化历来都是居民们关注的焦点。然而,随着时代的进步和社会的发展,家乡所经历的巨大变迁往往使得人们难以拥有足够的时间和精力,以及有效的途径去深入了解并体验家乡独特的风土人情。地方文化财富正不断遗失,旧居、故址变得残败不堪,特色习俗被渐渐遗忘。随着城市经济的迅速增长,乡土文化正面临前所未有的挑战。当前,众多青少年渴望深入了解家乡文化,但常感无从入手。针对这一紧迫问题,我们须积极探索乡土文化传承之道。具体而言,将乡土资源与历史教学相融合,通过历史教学这一途径,向新一代中学生传授本土文化之精髓,使他们在接受历史熏陶的同时,自觉承担起乡土文化资源的传承与守护之责。

在深入探讨爱国的内涵时,我们不难发现,其精髓亦体现于对身边人与物的深切关怀。在历史教学的实施过程中,通过融入乡土资源,我们能够以最贴近生活的"表面"事物为载体,展现最为深沉的爱国情怀,从而避免使爱国成为空洞的口号。此举不仅有助于学生形成坚实的文化基础和高尚的精神追求,更能将家国情怀的培养落到实处。此外,乡土资源的开发与利用对于地方文化的弘扬具有重要意义,它能够让那些鲜为人知的民俗传统得以传播,从而保护濒危的乡土文化。同时,这也为学生校园生活注入了新的活力,使课堂教学更加生动有趣,使学生能够从中汲取丰富的营养和力量。

二 乡土课程资源开发运用原则

通过深入挖掘与利用本土历史文化资源来扩充教材,以学生所熟知的本土历史知识为起点,不仅能有效激发学生的学习兴趣,更能培育学生的爱国情怀,进而提升历史课堂的教学效果。然而,在实际教学过程中,教师应根据教材的核心内容和学生的具体学情,审慎地选择并使用乡土课程资源,以确保其能够在历史课堂教学实践中充分发挥独特价值。

1. 目标性原则

历史乡土课程资源的运用具有显著的目标导向性。其核心目的在于更好地实现教学目标,进而确保核心素养的有效落地。运用历史乡土资源所追求的目标具有多样性。首要目标是通过引入乡土资源,丰富历史课堂的教学内容,增强课程的趣味性,从而缩短学生与历史现实之间的距离。同时,这一运用过程还旨在充分发挥学生的主观能动性,激发他们的学习热情,进而锻炼他们的历史思维和探究能力。

历史教师应当投入充分的时间和精力,深入研究和理解历史课程标准,并据此精心制订乡土资源融入历史教学的详尽计划。在教学过程中,历史教师须严格遵循课程标准,不得擅自使用乡土课程内容,更不可因课时紧张而随意添加与标准无关的乡土历史内容。此举旨在确保教学过程的系统性和连贯性,避免教学混乱,进而实现促进学生全面发展的教育目标。在制订教学计划和安排时,应充分考虑学生的年级、认知能力和课时分配,确保乡土资源的运用能够由浅入深、连贯有序地展开。针对初中不同年级的学生,教育策略应有所区别以契合其成长特点。七年级学生对新鲜事物充满好奇,因此,利用本土丰富的历史典故能有效激发他们的学习兴趣,拓宽他们的知识视野。进入八年级,学生已初步具备价值判断能力,此时介绍当地的历史人物,不仅有助于他们培养评价历史人物的能力,更能引导他们深入理解并铭记人物所展现的卓越品质。而对于思维渐趋成熟的九年级学生,应重点培养他们的逻辑和系统思维能力。通过深入学习当地历史发展的动态演变,他们可以探寻历史发展的内在规律,进一步增强家国情怀,为未来的成长奠定坚实的基础。

2. 科学性原则

在教学实践中,我们应当恪守科学性的核心原则。历史课程的本质基石在于其客观性和真实性,因此,向学生传授的知识必须严格基于真实、客观的史实。鉴于乡土资源涵盖的广泛领域与多样性,其在实际应用中的首要考量因素,即资料来源的真实可靠性。

第一,教师在教授过程中须展现高度的鉴别能力,对搜集到的历史资源进行深入而细致的筛选、甄别与考证。在此过程中,应广泛参考真实可靠的相关史料,特别是歌谣、传说等富含文化意蕴的内容。务必确保向学生客观、真实地展示和传达历史信息,以实现乡土历史资源教学效果的最大化。

第二,在利用乡土资源时,务必审慎对待那些模棱两可的素材。教师在实际应用过程中,可能会遇到史料存在的一些问题,具体表现为对同一历史事件可能存在不同甚至相互排斥的记述。这种差异的产生,一方面源于时间的流逝导致许多有传承价值的资料未能得到妥善保存,例如古建筑的损坏和文献的丢失,这些因素无疑会对传承的真实性造成一定程度的偏离;另一方面,也源于个人主观性的影响,历史材料的记述者因其所处的时代、立场和阅历的不同,可能在撰写过程中出现偏差。例如,近年来各省份之间对于名人归属地的争议愈演愈烈,然而能够支持归属权主张的史料往往已遗失或缺乏明确记载,这导致了归属地不明的情况。因此,在运用乡土资源时,应充分考虑这些潜在问题,确保信息的准确性和可靠性。

第三,务必坚守正确的价值导向。鉴于初中学生判断及思维能力尚不完全成熟,易受外界环境之影响,易于盲目跟风;同时,由于史学研究能力尚未成熟,他们难以有效甄别历史资料的真实性。学生在空闲时间所阅读的课外读物中的"野史"记录以及所观看的历史"神剧",其中不乏不符合历史事实的内容,可能误导学生的历史认知。因此,历史教师在运用乡土资源时,所表达的思想必须与教材内容主题相契合,符合学生的年龄特征和认知发展水平,遵循其成长规律,引导学生树立正确的历史观,将历史人物、事件置于相应的历史背景中进行分析和评价。必须摒弃封建迷信,全面、客观、公正地审视历史人物的真实形象,揭示历史发展的内在规律,以提升学生的家国情怀。

3.因地制宜原则

中国地域辽阔,自然资源丰富,地域特色显著,进而孕育出多样化的课程资源。然而,在教育资源的分布上,不同地区之间存在明显的不均衡现象。鉴于教学方式和教育环境的差异性,各地乃至同一地区不同学校、同一学校不同教师在利用乡土资源时,均展现出各自独特的风格和特色。

在历史教学中运用乡土资源,须切实立足于当地实际,充分尊重各地独特的文化特色,入乡随俗,审慎而有选择性地运用相关资源。同时,在运用过程中应全面考虑当地历史发展的实际情况,并对相关问题进行深入的剖析,以此为基础,强化本地历史学科的教学工作。此举不仅有效彰显了学校的办学特色,进一步发挥了历史学科的独特价值,而且能够充分发挥地区优势,促进教育教学工作的深入发展。在运用历史乡土资源课程的过程中,教师应积极探索具有个性化特色的教学模式,形成独特的教学风格和魅力,开发多样化的课题和校本课程,以此丰富教研成果,推动教育教学质量的持续提升。

在经济相对繁荣、基础设施完备的城市中,学校可以定期安排学生参观博物馆、纪念馆、展览馆等,以拓宽其知识视野,丰富其文化素养。同时,学校亦应充分利用图书馆和多元化的网络媒体资源,为学生提供个性化的学习与发展平台。

4.适度性原则

在贯彻适度性原则的过程中,关键在于精确掌握分寸,明确界定"过度"与"不足"的界限。在初中历史教学的实践中,虽然乡土历史资源的融入能够显著提升教学效果,但我们必须始终坚守以教材学习为核心的原则,将乡土历史资源作为辅助工具,确保教学的本末不倒置。

在课堂教学过程中,鉴于每节课的教学任务繁重且时间有限,教师应基于课标要求及实际需求,科学、合理地分配各个环节的时间安排。在利用乡土资源时,必须审慎选择,避免过度引用,以免过度占用教学时间,导致偏离教学中心,进而影响教学进度,无法达成既定教学目标,减弱教学效果,并可能增加学生的课业负担。乡土历史资源虽为教材内容的有益补充,但教师应以简明扼要的方式介绍相关乡土历史人物、事件或遗址遗迹,明确其辅助性质,不可替代历史教材上的核心知识。同时,亦不可完全忽视乡土资源的运用,以确保教学目标的顺利实现。鉴于初中学生尚未具备充分的教学重点辨别能力,历史教师应清晰地界定教学的主次、重难点内容,在讲授过程中详略得当,并在课堂教学中向学生明确阐述,以避免学生对教学内容的主次产生误解。

在组织开展校外乡土历史实践活动时,务必确保活动的适度、适量。尽管此类"第二课堂"活动旨在提升学生的综合素质并激发其学习兴趣,然而,若活动频率过高或任务过于繁重,恐引发学生的抵触情绪,导致他们在参与活动或完成任务时缺乏应有的认真态度,进而削弱教育实践活动的整体效果。因此,在规划与实施过程中,须充分考虑学生的实际情况与承受能力,确保活动既具有教育意义又不过于繁重。

第三节　福建乡土课程资源在中学历史教学中的运用

自古以来,福建便以其独特的区域性特征在诸多省份中独树一帜。其地理位置三面环山,一面濒临海洋,使得福建地区的风土人情与其他省份迥然不同。自唐朝开元二十一年(733年)起,朝廷正式设立福建经略使,标志着福建作为独立行政单位的诞生。历经唐、宋、元、明、清诸代及至近代,尽管行政区域有所调整,但总体上福建的行政区划保持了相对的稳定性。福建不仅是地理上的重要区域,更是中华文明发展历程中的具体体现之地。如福州的昙石山文化,以其独特的魅力,向世界展示了五千多年前新石器时代的辉煌文化。在两宋时期,南方经济的蓬勃发展,使得福建人从广东和江浙地区引进粮食,同时向这些地区输出茶叶、糖、木材等商品,并将江浙的丝绸、瓷器转运至海外进行贸易,从而获得了巨大的经济利益。此外,自宋、明以来,福建地区文化繁荣,文史领域涌现出诸多杰出学者,如宋代的朱熹、郑樵、袁枢,明代的李贽、柯维骐,以及近代的严复、林语堂等。将乡土历史融入教学之中,对于培养学生的家国情怀、激发其历史学科学习兴趣,以及提升史料实证和历史解释等学科核心素养,均具有举足轻重的作用。

一　初中历史教材中的福建乡土资源

乡土历史的教育与传播工作主要有以下三种方式。首先,基于课堂主体教学内容,教师在系统讲授部编版历史教材内容的过程中,应适时、适度地融入乡土历史知识,以此作为教材内容的补充与延伸,旨在引导学生深入理解并掌握教材内容,实现知识的有效衔接与拓展。其次,积极开设"第二课堂",组织学生亲临现场开展课外历史学习活动,此举旨在进一步拓宽学生的历史学习视野,丰富其课外生活体验,同时促进知识面的广泛拓展。最后,组织专业团队开设乡土史选修课,以系统、全面的方式推进乡土史的教学研究与知识普及。为确保福建地区乡土历史在教学中的深入融合,有必要对现行教材中与福建相关的内容或潜在涉及福建乡土史的部分进行系统性梳理。现就上述教材与福建乡土历史资源的整合情况进行详细列表说明,具体内容见表7-3-1。

表7-3-1 部编版历史教材与福建乡土历史资源的契合点

历史科目教材单元(课文)题目	与福建省直接相关的内容	福建地域范围内可对应利用的乡土历史资源
《史前时期:原始社会与中华文明的起源》		闽侯昙石山文化山遗址。
《秦汉时期:统一多民族封建国家的建立和巩固》		闽越国:公元前202年,无诸建立。现有牛头山遗址。
《三国两晋南北朝时期:政权分立与民族交融》		魏晋南北朝时期,"八姓入闽"。
《从隋唐盛世到五代十国》		唐朝时期,福建仕子开始崭露头角。五代时期,大批文人墨客入闽。福州三坊七巷的基本格局开始形成。
《经济重心的南移和民族关系的发展》		宋元时期,福建成为全国的理学中心;朱熹在南平、福州讲学。
《明朝的灭亡和清朝的建立》	明初,郑和下西洋,福州长乐天平港为其出发地。明中后期,戚家军、俞大猷在福建东南沿海地带抗倭。	福州市长乐区吴航街道塔山公园路2号郑和纪念馆。福州于山有为纪念抗倭名将戚继光而建立的"戚公祠"。俞大猷,泉州人,泉州市有俞大猷公园。
《两次鸦片战争》	林则徐,福州人,作为民族英雄,领导了虎门销烟;严复,福州人,其著作《天演论》促进了近代中国思想解放。中英《南京条约》:福州为五个通商口岸之一。	福州市鼓楼区三坊七巷林则徐纪念馆有"林则徐生平""林则徐与鸦片战争""林则徐,开眼看世界"等陈列馆。

续表

历史科目教材单元(课文)题目	与福建省直接相关的内容	福建地域范围内可对应利用的乡土历史资源
《近代化的早期探索与民族危机的加剧》	福州船政局:清洋务运动期间在福州创办,被称为中国近代海军的摇篮。 公车上书:原福州籍爱国华侨于1895年与康有为一同"公车上书"。 戊戌六君子:福州籍人士林旭为六君子之一。 黄花岗起义:福州籍人士林觉民为牺牲的七十二烈士之一。	福州市马尾区中国船政文化博物馆;福州市南桥后街辛亥革命纪念馆,其中有5幅是孙中山先生在福州活动的留影,十分珍贵。
《从国共合作到国共对立》	古田会议:中国工农红军第四军1929年在福建省上杭县古田村召开的第九次党的代表大会。	龙岩市上杭县古田会议纪念馆。该馆收藏文物20000余件,馆藏精品文物有第一套红军装、第一份铅印军报。
《中华民族的抗日战争》	福建事变:1933年11月—1934年1月,李济深、蔡廷锴等在福州成立中华共和国人民革命政府,抗日反蒋。	福州市鼓楼区古田路于山风景区的补山精舍为"福建事变"会议旧址。
《人民解放战争》		福州战役:中国人民解放军第10兵团,解放了福州市和周围县城9座及军港马尾。

自明、清以来,福建之地位渐趋显著,其在各类教材中的出现频次亦呈上升趋势。这些教材中蕴含的福建乡土资源,实乃当时中华民族时代特征之缩影,而现存的历史遗迹,则能从地域视角生动还原当时历史,使历史不再显得遥不可及。鉴于福建丰富的乡土历史资源,我们须审慎思考,如何进一步开发与应用,既确保课程教学的顺利进行,又强化本地乡土历史的宣传与教育,以取得双重效益。

1.融合历史教材与乡土史资源,增添课程亮点

历史教学不应局限于既定教材,可将福建的乡土史资源与教材知识有效衔接。例如,在学习与民族抗争相关的内容时,可引入福建当地抵御外敌的事例。福建在历史上有抵御倭寇、抗击西方列强侵略等史事,教师可以讲述当地的英雄人物或群体的故事,将这些乡土资源中的反抗精神与教材中的知识点相结合,深化学生对相关历史背景和事件的理解。

2.开展乡土史资源的参观活动,拓展"第二历史课堂"

福建有许多历史文化资源可供利用,如历史建筑、博物馆、文化遗址、遗迹等。教师可以定期组织学生进行实地参观考察,例如参观福建的土楼,了解其独特的建筑风格和历史变迁,感受其中蕴含的家族文化和生活方式;或者前往与海上丝绸之路相关的遗址或博物馆,通过展示的文物和资料,引导学生体会当时福建在贸易等对外交流中的重要地位。这样能让学生在真实的场景中增加历史认知,平衡好主课堂与"第二课堂",提升教学效率。

3.利用乡土史资源的新教学模式开展素质教育

福建乡土史中包含很多能加强学生情感素质教育的现实事例。比如,在近现代历史中,福建有一些重要的战役或事件,以及相关的历史人物。对这些内容的讲解,能够让学生联系家乡实际发生的事件来理解知识点,有助于学生从历史中感知国家的发展与建设,增强爱国情怀,提升综合素养。例如,在讲解中国近现代的革命历史时,可以介绍福建籍的革命先烈的事迹以及古田会议等重要历史事件,让学生了解福建在中国革命进程中的重要作用和贡献。

此外,还可以通过以下方式更好地将福建乡土课程资源应用于初中历史教学:

利用多媒体展示乡土资源:运用图片、视频等多媒体资料,向学生展示福建的乡土历史文化,如民间艺术、传统习俗等,使学生更加直观地感受福建的历史文化魅力。

开展乡土历史主题活动:组织与福建乡土历史相关的主题演讲、小组讨论、历史剧表演等活动,让学生更深入地研究和了解福建的历史。

引导学生进行乡土史研究:鼓励学生自主搜集福建乡土史资料,进行小课题研究,培养学生的探究能力和历史思维。

结合地方特色文化：福建有丰富多样的地方特色文化，如闽南文化、客家文化等。在教学中，可以将这些特色文化的形成和发展与历史背景相结合，让学生理解历史对地方文化的影响。

邀请专家或当地长辈讲解，开设校本课程：邀请熟悉福建乡土历史的专家、学者或当地长辈走进课堂，讲述他们所经历或了解的历史故事和文化传统，增强教学的生动性和真实性。

通过以上多种方式将福建乡土课程资源应用到初中历史教学中，可以让历史教学更具当地特色，使学生从熟悉的乡土史中加深对历史知识的理解和吸收，实现资源开发利用与人文素养培养的有机结合。同时，也能培养学生对家乡的热爱和对本土文化的认同感，促进高素质应用型人才的成长。

二 福建乡土资源与历史教材的有机结合：以中秋博饼民俗的探究为例

随着《义务教育课程方案（2022年版）》的发布，学科核心素养的培育成为基础教育"教—学—评"的共同目标。2022年版新课标从核心素养的视角为学科育人活动定标准，强调以学生为主体，实现学科的育人价值，从而培养学生的正确价值观、必备品格和关键能力，最终达到立德树人的终极目标。在新形势下，要如何改变教学理念，采用新的教学策略落实核心素养，成为学校教师亟须解决的问题。就历史学科而言，近年来，随着国家对地方史的重视和开发，很多乡土史料在不断更新和丰富，越来越多的历史教师为了践行新课标的教育理念，开始深度开发乡土资源，作为历史学习丰富的课程资源，并以此为历史教学新模式的抓手，进行历史课程校本化的行动研究。历史课程资源是指有利于历史课程目标实现、服务于历史课程的一切可资利用的物质和非物质资源的总和。乡土历史资源作为历史课程资源的重要内容之一，对于引导学生理解教材内容、进行深入探究有重要作用，教师要强化历史课程资源意识，采用合理有效的运用策略，充分运用乡土资源，使其成为落实学科素养、助力学生成长的重要资源库。

乡土资源指的是我们出生或久居的地方特有的能够被运用到教学中的资源，包括历史遗址遗迹、地方民风民俗、民间文化艺术等，它体现了一个地区人民共同的区域自我意识和思想文化内涵。以福建厦门为例,虽然厦门的历史不长,明朝时期才开始筑厦门城,但明清时期以及近现代发生在这片热土上的故事给后人留下了丰富的历史文化遗产。乡土史是发生在学生身边的历史,与学生的现实生活息息相关,是真正看得见、摸得着的历史,是历史教科书的延伸和补充,是初中历史教学的重要课程资源。《义务教育历史课程标准(2022年版)》在学习主题"在身边发现历史"中指出:"在每个学生身边,既有丰富的现实生活,也有无处不在的历史。"[1]真正有效的历史教学是要让学生深切体会到自己是身在历史中,而不是历史的旁观者。教师通过充分挖掘乡土资源,并引导学生用心地对身边的事物进行观察和探究,就会让他们发现"历史"就在身边,我们其实都是历史的参与者和创造者,从而提升学生对历史的认知,发展历史思维,增强对所生活的地区的热爱之情,涵养家国情怀。笔者以七年级上册第21课《活动课:让我们共同来感受历史》为依托,从身边的历史切入,设计了《鹭岛非遗考察——以中秋博饼民俗为例》一课,下面以本课为例,谈一谈如何充分使用厦门的乡土资源来厚植学生的历史学科素养。

1.运用乡土资源的"亲",在真实情境中构建时空观念

我国著名教育家、中国教育学会原会长顾明远指出:"情境教学就是运用具体生动的场景,以激起学生主动的学习兴趣、提高学习效率的一种教学方法。"[2]与以传授知识为重点的传统教学相比,基于核心素养培养的历史教学,十分重视历史情境的创设。《义务教育历史课程标准(2022年版)》在课程实施部分提出,教师要设计有助于核心素养形成和发展的教学过程,尤其要注意创设历史情境,因为历史是过去的事情,为了让学生更好地了解、感受和体会历史的真实境况,必须要在教学中设法引领学生在历史情境中展开学习活动,拉近学生与历史的距离。[3]

中秋节是中国的传统节日之一,古语有云,"小春节,大中秋",民间中秋的习俗以阖家团圆、赏月、吃月饼为主要内容。在闽南,向来有着最独特、最有趣

---

[1] 中华人民共和国教育部.义务教育历史课程标准(2022年版)[S].北京:北京师范大学出版社,2022:43.
[2] 顾明远.教育大辞典[M].上海:上海教育出版社,1999.
[3] 中华人民共和国教育部.义务教育历史课程标准(2022年版)[S].北京:北京师范大学出版社,2022:58.

的过节方式——博饼。2008年,中秋博饼正式成为中国国家非物质文化遗产民俗类项目。生活在厦门地区的学生,几乎每年中秋都要参加博饼活动,但中秋节的历史渊源和博饼的内涵并不是每个学生都了解,对中国的国家非物质文化遗产更是知之甚少。博饼活动到底是怎么形成并演变成今天的样子?它为什么能盛行千年在现代社会还这么受欢迎?厦门还有哪些非物质文化遗产?我们该如何更好地保护和传承这些非物质文化遗产呢?这些问题引发了学生的探究兴趣,探究主题源于真实情境下的真问题,因此情境的创设在教学中至关重要。于是,教师运用乡土资源的"亲",从学生身边的历史现象切入,通过设置一系列的真实情境帮助学生主动构建知识,增强其时空观念。比如:在课前,教师通过播放闽南语歌谣《中秋博饼歌》,营造欢乐的节日氛围,并让学生当场体验博饼,简单介绍中秋节和博饼,并抛出本节课的核心问题——"你知道中秋节的来历和博饼民俗活动的内涵吗?"教师通过创设学生熟悉的现实情境,并用核心问题来调动学生的学习积极性和探究欲望。当然,历史知识本身具有系统性,思维的深度也是逐级增加的,相应地,教学情境的设置也应当是有逻辑、系列化的。在课上,教师让学生化身鹭岛非遗宣传大使,基于课前的自主查找资料并制作PPT梳理博饼的历史渊源,并通过实地参观考察厦门博饼民俗园和分组合作剪辑旅游宣导视频,在课上对全体同学进行博饼民俗活动的宣讲。最后,从历史回到现实,再次设置情境,让学生用所学的查找资料、参观考察、调查访问等研究历史的方法了解、探究厦门的另一项非物质文化遗产项目——送王船,并以厦门市市长的身份,为宣传推广"送王船"献计献策。

任何事物都是在特定的、具体的时间和空间条件下存在的,只有在特定的时空框架中,才能对史事有更准确的理解。这样系列化的情境设置不仅可以帮助学生知道事物发展的来龙去脉,构建时空观念,而且可以引导学生学会透过现象看本质,并提升知识的迁移和运用能力。

2.利用乡土资源的"爱",在连环问题里培育史料实证素养

新一轮课程改革提出要将传统教学设计中基于知识授受的教学过程,转变为基于学生核心素养发展的教学过程,这就意味着教师在教学理念上要以学生的学习和发展为本。学生学习历史不是简单地接受和记忆现成的答案,而是在教师的引导下,通过学会搜集、整理、辨析史料,运用史料解释历史,从而加深对相关史事的了解,以及运用有价值、可信的史料来判明历史事实,形成历史认

识。基于此,在《鹭岛非遗考察——以中秋博饼民俗为例》一课中,就了解历史的途径教师设计了以下连环问题:①当你想了解博饼这一民俗活动时,你会通过什么途径,去快速搜集资料?②除了查阅文献,你还可以通过哪些渠道全面了解历史呢?③你可以用今天学到的哪些了解历史的方法去探究厦门其他的非遗项目?这些问题的设计,让教师的点拨与学生的学习呈现互动状态,不仅转变了传统的以教师为中心的知识讲授,而且也让学生掌握了研究历史的途径,通过亲身参与探究活动,他们也学会了将这些方法进行迁移运用。真正的历史学习不只是对现成的历史结论进行记忆,而是要面对历史学习中的问题,在解决问题的过程中提升自己的历史思维,由问题而思考,由思考而提出问题。教师通过精心设置问题,引导学生走上自主学习之路,追问根由,进而主动建构起自己对历史的认知。再比如,民间传说博饼是当年郑成功抗击荷兰殖民者时,中秋节刚好屯兵厦门,士兵无法回家团聚,郑成功和部将洪旭为了缓解士兵的思乡之情而发明的。事实真的是这样吗?史实和传说有什么区别和联系呢?教师在总结博饼的发展历程后,针对民间传说是郑成功发明的博饼设置了以下问题链:①民间传说的故事能等同于历史事实吗?②什么样的传说才是史实?怎么判断传说是否可信?③要如何辨别史料的真伪和可信度呢?④没有史料依据的传说为什么还会广泛流传呢?关于郑成功发明博饼这个民间传说,有专家查阅了厦门的地方志和记载郑成功事迹的文献,并未发现史书中有明确记载是郑成功和他的部将洪旭发明了博饼。针对这一认知上的冲突,教师通过问题链的设计,引导学生分析传说和史实的区别与联系,让学生知道了没有史料依据的传说之所以在民间广为流传,是因为郑成功驱逐荷夷收复了台湾,是我们中华民族的民族英雄,老百姓感念他的功德,就把这样的传说安在了郑成功身上。正如历史上我们也把很多发明创造安在了炎帝和黄帝的身上一样,这一做法除了肯定这些历史人物的贡献外,也寄托了人们的美好愿景。所以,这些围绕探究主题设计的连环问题由浅入深、层层推进,引导学生的思维训练也循序渐进,不仅利用乡土资源的"爱"培育了学生的史料实证意识,而且用批判性问题的设计引发学生的认知冲突,拓展学生的历史思维。

3.巧用乡土资源的"近",在学科实践上涵养家国情怀

如果说历史课堂教学是学生打开观察世界的窗口,那么教师不仅可以在课上把窗口打开得大一点儿,帮助学生看到更远处的风景,还可以多开几个窗口,

帮助学生在课后探寻不同窗口的风景。简而言之,除了目前普遍进行的课堂教学外,教师还可以大胆尝试其他的育人方式,采用多样化的教学方法。新一轮教育教学改革的亮点之一就是鼓励以学科实践活动为抓手,用学生的自主、合作、探究来代替传统的坐而论道,采取实践型的创新育人方式,这是落实核心素养、转变育人方式的重要途径。历史学科史实庞杂,但大多是在书籍文本中体会,学生对历史摸不到、走不进。历史学科实践活动聚焦历史学科核心学习主题,指向真实问题解决,实现了从间接认识走向直接体验、从书面知识走向实践提升、从历史感知走向现实观照的转变,帮助学生通过实践活动培养和提升核心素养,在实践中探索创新,是实现历史学科育人价值的重要载体。

厦门的乡土历史资源是学生从小就耳濡目染的,可以拉近他们与历史的距离。教师利用乡土资源的"近",因地制宜,就地取材,通过组织学科实践活动,可以减少学生在历史认知上的陌生感,让他们在做中学,在学中悟,更有助于活化学生对历史教科书内容的理解,增强历史活动课的实效性。为此,在本次活动课的课前准备阶段,教师组织了周末研学旅行活动,带领学生去实地参观考察厦门博饼民俗园、鼓浪屿郑成功纪念馆,并分组合作剪辑厦门旅游宣导视频。通过实地考察、参观访问等方式,学生不仅了解了郑成功的生平事迹,而且知道了博饼活动的奖项是根据古代科举制的等第设置的,寄托了广大考生想要高中状元的愿望。但科举制早在1905年就被废除了,为什么现在大家还是这么喜欢博饼？在参观考察的基础上引发学生的思考和讨论,让深度学习自然发生。学生通过在课上热烈的自主讨论和教师的引导,理解了博饼活动盛行千年不衰的奥秘,原来现在大家还是很喜欢博饼的原因不仅在于博饼的游戏规则简单公平、氛围轻松热闹,更重要的是这样的集体活动倾注了人们的情感寄托,体现了中国人重视家庭、渴求阖家团圆、追求幸福生活的愿望,展现了中国人以和为贵的"和"文化和对生活美好祝福的"福"文化。

家国情怀是中学生应具有的人文追求和社会责任,学习和探究历史应充满人文情怀并关注现实问题,而要培养学生的家国情怀素养,得从培养他们对家乡和家乡文化的认同开始,教师巧用乡土资源的"近"组织学科实践活动,不仅可以帮助学生更好地进入历史之中,让学生像历史学家那样学习和运用历史知识,实现从传统的学以致用到用以致学的转变,激发学生的学习和探究热情,而且通过乡土史的学习和实践,可以帮助学生更深入地了解自己的家乡,形成对家乡的热爱，从而上升到对国家和民族的热爱，涵养家国情怀，将核心素养的培养落到实处。

三　结语

乡土资源是国家课程资源的重要组成部分，是教师备课的重要素材来源，可以对教学内容进行很好的延伸和补充。作为一线历史教师，我们要重视对乡土历史资源的开发和运用。一方面，乡土历史资源的开发有利于增强历史教师的课程资源意识，完善教师的知识结构，提升教师的教学能力；另一方面，乡土历史资源的运用可以激发学生历史学习的兴趣，促进学生对历史知识的理解，培养学生的历史思维能力，助力学科核心素养培养的落实。

笔者在本次的教学实践中尝试运用厦门本地的乡土历史资源丰富学生的情感体验，通过情境创设、问题设置和组织学科实践活动，引导学生探究本课的核心问题，引发学生的情感共鸣，从而培育时空观念、史料实证、家国情怀等核心素养。笔者将乡土历史资源运用到历史教学中的尝试才刚刚起步，还有很多做不到位的地方，但是，在乡土资源的开发和利用中，教师唯有不断探索新的教学策略，提高自己的学养，拓展教学视野，才能给历史课堂教学带来新的思路，为学生提供更好的学习体验。希望在日后的教学中，除了课堂教学外，能在历史学科实践活动、历史试题命制、历史课外阅读等方面结合厦门的乡土资源不断地进行尝试和探索。当然，乡土资源的运用要把握好"量"和"度"，所有的校外资源选择应用都应该服务于课堂的教学目标和教学主题，并对其进行仔细甄别和筛选，精雕细琢，切忌喧宾夺主和粗制滥造。未来如果能发挥所在学校或地区历史教师的集体智慧和团队力量，对厦门地区的乡土资源进行充分的挖掘和整理，并运用网络技术手段形成校本化乡土课程资源库，实现优质乡土教学资源的共生和共享，相信会对历史教学有更大的裨益。

（本案例由厦门市王翠霞名师工作室成员田秀莉老师提供）

第四节 触摸乡土历史　涵养家国情怀

厦门,这座充满魅力的海滨之城,犹如一部厚重的史书,承载着数不清的岁月记忆与文化瑰宝。其乡土历史,不仅是厦门发展的生动写照,更是中华民族多元文化的璀璨分支。依名师工作室之翼,我们将深入探寻厦门乡土史韵,开启一场别开生面的教育文化之旅,于历史的长河中溯源追根,在教育的沃土里播种传承,让厦门乡土历史文化在新时代绽放出耀眼光芒,照亮莘莘学子的知识与精神世界,为中学历史教学注入无尽活力与深刻内涵。

一　名师工作室:科研领航,教育探新

厦门市王翠霞初中历史名师工作室凝聚了一批热爱厦门乡土历史文化、专业精深且教学经验丰富的中学历史教师。工作室的各位教师以教育科研为指引,深入开展"厦门乡土历史文化于中学教学的深度挖掘与融合创新"课题研究,积极参加《中学历史教学参考》期刊编辑部组织的高端学术会议,与全国教育精英交流互鉴,汲取前沿理念和方法,分享本土教学成果,为课程开发注入活力与创意源泉。

二　两条开发路径:内外联动,广纳博取

1. 走出去:亲践体悟,视野拓展

组织师生走出校园,深入厦门的街巷里弄、乡野古村、历史遗址等进行实地考察。例如,走进翔安古村落,探寻闽南传统建筑的精妙,了解古代乡村社会结构与家族传承脉络;踏入集美鳌园,感悟陈嘉庚先生的爱国热忱与教育伟绩;拜谒厦门革命烈士陵园,缅怀先烈,传承红色基因。前往海堤纪念馆,追溯厦门海堤建设的历史背景、艰辛历程,体会其对城市发展的深远影响,感受先辈移山填海的壮志豪情;走进厦门大学人类博物馆,探寻厦门地区人类活动的起源与演

进轨迹,了解从史前文明到近现代社会的变迁,使学生对家乡历史有更全面、深刻的认知;探访鼓浪屿虎巷8号,聆听中共福建省委机关在此的英勇斗争故事,感受革命岁月的波澜壮阔。积极参与厦门各区文化旅游活动,如鼓浪屿历史文化探寻之旅,挖掘异国建筑背后的多元文化交融奥秘;参加海沧青礁慈济宫文化节,领略传统民俗文化的独特魅力。此外,加强闽台交流,组织学生赴金门、澎湖等地开展文化参访,探寻闽台同源的历史纽带,感受两地民俗、建筑文化等方面的传承与发展,搜集素材丰富校本课程,增进学生对海峡两岸文化同根同源的理解与认同。

2.请进来:贤达引领,资源厚植

邀请厦门本土知名民俗专家陈耕、彭一万、洪卜仁等走进校园。陈耕深入剖析厦门民俗文化的多元特质与演变历程,揭示其背后的历史、社会与文化动因;彭一万畅叙厦门不同历史时期的文化交流盛景,讲述与南洋等地的互动如何铸就独特民俗风情与文化风貌;洪卜仁深度解读厦门民俗与重大历史事件、人物的内在关联及其传承脉络。同时,邀请台湾地区历史文化学者,讲述台湾从古至今的发展历程以及闽台在人口迁徙、经贸往来、文化传播等方面的紧密交织,如郑成功收复台湾后闽南文化对台湾社会的深刻塑造,清代以来两地民间信仰、家族制度、语言文字等方面的传承与交流。邀请民间艺人传授厦门传统手工艺,如珠绣艺人细述珠绣工艺自明清宫廷装饰艺术到近代民间传承工艺的发展历程,展示独特针法与艺术审美,让学生亲身领略传统文化的精妙绝伦。邀请老一辈革命家讲述厦门红色革命故事,如厦门破狱斗争中革命者的英勇无畏与智慧谋略,使学生深刻体悟革命先辈的崇高精神。与厦门的博物馆、纪念馆、文化馆等建立合作联盟,引入馆内文物展览、文化资料等资源,如举办"厦门历史文物展",让学生近距离品鉴珍贵文物,借文物洞悉家乡历史变迁;借助文化馆民俗文化数据库,丰富校本课程教学素材,拓宽师生知识视野,提升学校教育资源品质。

三 三类核心资源:多元汇聚,启智润心

1.馆校合作资源:深度交融,学思相长

与厦门众多文化场馆紧密携手,挖掘丰富历史文化资源。以厦门市博物馆

馆藏文物为历史教学实物教材,教师依托文物资源精设教学课程,如借"厦门古代陶瓷器展"引导学生探究古代厦门手工业发展与对外交流路径;借助图书馆地方文献资料,师生深入研究厦门历史,撰写翔实的研究报告;将文化馆民俗文化活动资源引入校园,如组织学生参与"闽南传统音乐欣赏会",在音乐教师指导下学唱南音等传统曲目,实现音乐与历史文化的有机融合,丰富教学形式与内涵。

2.传统文化资源:传承经典,涵育新风

深入挖掘厦门传统文化资源,涵盖闽南语、传统节日习俗、民间艺术等。在课程体系中增设闽南语教学课程,通过闽南语歌谣演唱、俗语解读等方式,引导学生领悟闽南语的起源、发展与文化底蕴,传承地方语言文化;以厦门传统节日为依托,如中秋博饼、端午赛龙舟等,开展主题教学活动,讲述节日历史渊源、传统习俗演变历程,让学生在参与中感受优秀传统文化的魅力;传承厦门民间艺术,如高甲戏、布袋戏等,邀请民间艺人到校展演并传授技艺,组建学生社团排练演出,培育学生对民间艺术的热爱与追求。将集美钟宅送王船民俗文化活动纳入教学资源,阐释其与海洋文化、民间信仰的紧密关联,解析活动仪式、道具、舞蹈、音乐等元素蕴含的文化意义,使传统文化在校园中薪火相传、创新发展。在专家引领下,结合陈耕、彭一万、洪卜仁等编写的校本教材,让学生系统领略厦门传统文化的独特魅力与深厚内涵。融入闽台共有的传统文化元素,如妈祖信仰,讲述其在闽台两地的传播轨迹与深远影响,以及对民众精神世界和社会生活的滋养;介绍台湾歌仔戏与厦门芗剧的渊源和交流,组织学生观赏两地戏曲表演并对比分析,增进学生对闽台传统文化一体性的认知与感悟。

3.红色革命故事资源:铭刻历史,铸魂育人

悉心搜集、整理厦门红色革命故事,如厦门破狱斗争、英雄三岛战斗事迹等。将这些红色故事编撰成校本教材,在课堂教学中生动讲述,让学生明晰革命先辈为民族解放事业作出的巨大奉献与牺牲;组织学生参观厦门红色革命遗址,如中共福建省委机关旧址、厦门总工会旧址等,开展现场教学,让学生在实地场景中真切感受革命氛围,厚植爱国主义情怀;举办红色革命故事演讲比赛、征文活动等,激励学生深入探究红色历史,讲述自身对红色革命精神的理解与感悟,将红色基因融入学生血脉,培育学生的民族责任感与使命感。

四　四类显著成果：教育赋能，成效斐然

1. 校本课程：特色彰显，体系健全

精心构建具有厦门特色的中学历史校本课程体系。明确课程目标，着力培育学生对厦门乡土历史文化的认同感、自豪感，提升学生的历史思维能力与人文素养。课程内容涵盖馆校合作资源、传统文化、红色革命故事等多元维度。依据不同年级学生的认知水平与兴趣特性，设定分层递进教学内容：初中低年级侧重了解基础历史文化常识与传统民俗，初中高年级则深入探究厦门历史变迁、文化交流与红色革命历史。课程实施采用多元教学方法，融合课堂讲授、实地考察、小组探究、文化体验等，让学生于多种学习方式中深度理解历史知识；课程评价注重过程性与终结性评价有机结合，综合考量学生课堂表现、作业完成情况、实地考察报告、考试成绩等多维度指标，确保校本课程教学质量与育人成效。其中，《鼓浪屿文物印记》校本教材的首发堪称亮点，其翔实地记录了鼓浪屿的历史变迁、建筑文化与文物故事，为学生深度了解这一世界文化遗产提供了珍贵资料，进一步增强了校本课程资源的多样性与独特性。

2. 综合实践：知行合一，素养跃升

开展形式多样、内容丰富的综合实践活动，并收获了丰硕成果。组织学生参与厦门历史文化调研项目，如针对某一历史街区变迁展开深入调查，学生通过实地走访、资料查阅、居民采访等方式，撰写严谨的调研报告，并提出历史街区保护与开发的建设性建议，有效锻炼了学生的社会实践能力与研究性学习能力。举办厦门乡土文化节，设置传统手工艺制作展示区、民俗文化表演舞台、历史知识竞赛等多元活动环节，让学生在活动参与中充分展示对乡土文化的理解与传承成果，增强学生文化自信与团队协作精神。开展红色革命主题研学旅行，引领学生重走革命先辈战斗路线，如参观大嶝岛战地观光园，让学生在实地体验中深刻感悟红色革命精神内涵，激发学生的爱国热情与民族责任感。积极组织学生参与闽台文化交流实践活动，如与台湾学校开展线上文化交流分享会，两地学生互介家乡民俗文化与历史故事；举办闽台传统手工艺联合展览，展示两地学生共创的手工艺品，有力促进闽台青少年在文化传承与创新领域的交流合作，提升学生的综合素养与文化交流能力。

3.常规课堂:创新驱动,活力迸发

在常规历史课堂教学中实现深度拓展与创新变革。教师借助走出去采集的素材与请进来的专家资源,极大丰富课堂教学内容。例如,讲述厦门古代历史时,展示教师在博物馆拍摄的文物图片或视频,让学生更直观地感知古代厦门的社会生活;邀请民间艺人在课堂展示厦门传统手工艺制作流程,有效激发学生的学习兴趣。同时,运用多种创新教学方法,如情境教学法,创设厦门历史事件模拟场景,让学生角色扮演历史人物,深入理解历史事件的背景、过程与影响;小组合作探究法,针对厦门历史文化问题,如"厦门在海上丝绸之路中的角色变迁",组织学生分组讨论研究,培育学生的合作学习能力与历史思维能力。通过这些创新教学手段,常规课堂焕发出崭新活力与魅力,显著提升了学生的学习效果。

4.教师成长:专业精进,示范引领

教师在参与厦门乡土校本课程资源开发与实践进程中,实现全方位专业成长,并积极发挥辐射、示范作用。一方面,教师通过组织走出去活动、策划请进来项目,以及开展校本课程研发、综合实践活动指导和常规课堂创新教学等工作,在教学设计、课堂组织、教学评价等教育教学能力方面实现了显著提升。另一方面,积极投身教育科研,依托相关课题深入探索厦门乡土历史教学融合策略,其教学案例与论文在各级教育期刊上广泛发表,如在《中学历史教学参考》上刊发文章分享实践成果与理论思考。此外,教师踊跃参与跨领域教育交流活动,拓宽教育视野,汲取多元教育理念与方法;积极参与唐琴名师工作室教学成果奖推广活动,将先进教学经验与成果广泛分享给更多教育工作者。在团队协作与交流中,名师工作室成员相互学习、携手共进,并与其他学校教师、文化机构专家密切合作,形成良好教育研究生态,打造一支专业素养高、创新能力强的中学历史教师团队,不仅为厦门地区中学历史教育提供坚实支撑,还通过成果推广与经验分享,在更大范围发挥示范引领效能,带动其他地区历史教育教学水平稳步提升。

(本节内容系笔者在2024年11月福建省教育协会历史教学委员会2024年学术年会上的交流发言)

参考文献

一、图书类

窦桂梅.窦桂梅与主题教学[M].北京:北京师范大学出版社,2006.

顾明远.教育大辞典[M].上海:上海教育出版社,1999.

顾小清.主题学习设计:信息技术与课程整合的实用模式[M].北京:教育科学出版社,2005.

何丙仲.鼓浪屿公共租界[M].厦门:厦门大学出版社,2015.

何丙仲.近代西方人眼中的鼓浪屿[M].厦门:厦门大学出版社,2010.

贾雪枫."问道历史"的教学实践[M].成都:西南交通大学出版社,2022.

李剑鸣.历史学家的修养和技艺[M].上海:上海三联书店,2007.

林定夷.问题与科学研究:问题学之探究[M].广州:中山大学出版社,2006.

陆学艺.当代中国社会流动报告[M].北京:社会科学文献出版社,2004.

马国旗.高中历史项目式教学实践研究[M].济南:山东科学技术出版社,2020.

毛经文.帮助学生寻找幸福生活密码[M].北京:中国书籍出版社,2019.

茅海建.戊戌变法史事考[M].北京:生活·读书·新知三联书店,2005.

钱乘旦,许洁明.英国通史[M].上海:上海社会科学院出版社,2002.

夏雪梅.项目化学习设计:学习素养视角下的国际与本土实践[M].北京:教育科学出版社,2018.

徐蓝,马敏.义务教育历史课程标准(2022年版)解读[M].北京:北京师范大学出版社,2022.

袁贵仁.马克思的人学思想[M].北京:北京师范大学出版社,1996.

张华.让学生创造着长大:2022年版义务教育课程方案和课程标准核心理念解析[M].北京:教育科学出版社,2022.

张庆海.唯物史观的教学设计与学业评价[M].广州:广东高等教育出版社,2020.

赵亚夫.中学历史教育学[M].北京:北京师范大学出版社,2019.

中共中央马克思恩格斯列宁斯大林著作编译局.列宁选集:第二卷[M].北京:人民出版社,1995.

中共中央马克思恩格斯列宁斯大林著作编译局.马克思恩格斯选集:第三卷[M].北京:人民出版社,1972.

中共中央马克思恩格斯列宁斯大林著作编译局.马克思恩格斯选集:第四卷[M].北京:人民出版社,1972.

中华人民共和国教育部.普通高中历史课程标准(2017年版 2020年修订)[S].北京:人民教育出版社,2020.

中华人民共和国教育部.义务教育课程方案(2022年版)[S].北京:北京师范大学出版社,2022.

中华人民共和国教育部.义务教育历史课程标准(2022年版)[S].北京:北京师范大学出版社,2022.

二、译著类

约翰·哈蒂.可见的学习:对800多项关于学业成就的元分析的综合报告[M].彭正梅,邓莉,高原,等译.北京:教育科学出版社,2015.

约翰·哈蒂.可见的学习:最大程度地促进学习(教师版)[M].金莺莲,洪超,裴新宁,译.北京:教育科学出版社,2015.

戴维·H.乔纳森,等.学习环境的理论基础[M].郑太年,任友群,译.上海:华东师范大学出版社,2002.

三、期刊类

冯伯虎."主题活动式教学"要叫停吗[J].中小学信息技术教育,2006(12):57-59.

姬秉新.传统讲授方式在历史新课程中的运用[J].历史教学,2007(3):18-20.

李钢.例谈高三历史复习课中学生思辨能力的培养:以"近代中国的不平等条约"教学为例[J].时代教育,2014(4):167-168.

李祖祥.主题教学:内涵、策略与实践反思[J].中国教育学刊,2012(9):52-56.

刘景福,钟志贤.基于项目的学习(PBL)模式研究[J].外国教育研究,2002(11):18-22.

刘儒德.批判性思维及其教学[J].高等师范教育研究,1996(4):62-67.

马泽燕,傅兴春.基于新课标的教、学、评一体化研究进展[J].化学教与学,2020(5):11-15,42.

楼建军,赵然.历史学科项目式学习出现的问题及改进建议[J].历史教学问题,2021(2):139-144.

孟璨.跨学科主题学习的何为与可为[J].基础教育课程,2022(11):4-9.

钱轶娜,沈清波.从"上海之源"到"上海之门"青浦历史项目式学习[J].中学历史教学,2023(3):35-37.

任学宝.跨学科主题教学的内涵、困境与突破[J].课程·教材·教法,2022,42(4):59-64,72.

苏传清,占小红.化学课程中跨学科主题教学设计的探索:以"指纹破案"为例[J].化学教学,2019(10):49-53.

王后雄."问题链"的类型及教学功能:以化学教学为例[J].教育科学研究,2010(5):50-54.

王蔷,李亮.推动核心素养背景下英语课堂教—学—评一体化:意义、理论与方法[J].课程·教材·教法,2019,39(5):114-120.

吴刚平.中小学课程资源开发和利用的若干问题探讨[J].全球教育展望,2009(3):19-24.

吴楠.浅析高中历史教学中培养中学生思辨能力的重要性[J].山东青年,2014(5):60.

吴星,吕琳.核心素养培养需要"教、学、评"一体化[J].江苏教育,2019(19):22-25.

夏雪梅.指向创造性问题解决的项目化学习:一个中国建构的框架[J].教育发展研究,2021(6):59-67.

幸小勤."问题"及其构成要素的哲学考察[J].重庆大学学报(社会科学版),2013,19(2):141-145.

庚光蓉,黄萍.高校社会科学跨学科研究的路径[J].吉首大学学报(自然科学版),2011(4):120-124.

张顺清."教、学、评一致性"与"教、学、评一体化"的起源和含义[J].中学化学教学参考,2019(13):4-5.

赵恒烈.论历史思维和历史思维能力[J].历史教学,1994(10):23-27.

赵亚夫.批判性思维决定历史教学的质量[J].课程·教材·教法,2013,33(2):71-77.

四、学位论文类

陈艳茹.素养培育视角下跨学科主题学习设计案例研究[D].上海:华东师范大学,2022.

袁顶国.从两极取向到有机整合:主题式教学研究[D].重庆:西南大学,2008.